AF525468

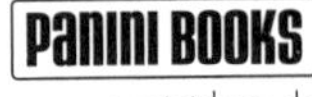
www.paninishop.de

GHIBLIVERSE – Ein Guide zu einer magischen Welt

Deutsche Ausgabe erschienen bei Panini Verlags GmbH, Schloßstraße 76, 70176 Stuttgart, alle Rechte vorbehalten.

Geschäftsführer: Hermann Paul
Head of Editorial: Jo Löffler
Head of Marketing: Holger Wiest
Übersetzung: Martin Gericke
Redaktion: Sonja Gebauer, Dinah Goebel, Sebastian Spietz
Satz und Layout: Michael Beck, LetterFactory
Presse und PR: Steffen Volkmer
Hergestellt in Slovenia, DZS Grafik

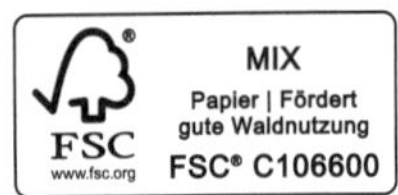

YDGHIB003
ISBN 978-3-8332-4549-7
1. Auflage, Oktober 2024

Englische Originalausgabe erschienen 2024 bei Welbeck, an Imprint of Headline Publishing Group Limited, a Hachette UK company.

Editor: Conor Kilgallon
Design: Russell Knowles
Picture Research: Julia Ruxton
Production: Arlene Alexander

Ghibliverse

Bücher, Musik, Manga und noch vieles mehr:
Ein Guide zu einer magischen Welt

MICHAEL LEADER & JAKE CUNNINGHAM
Die Macher hinter dem Ghibliothek-Podcast

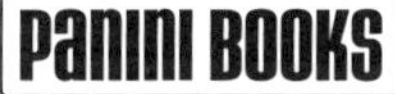

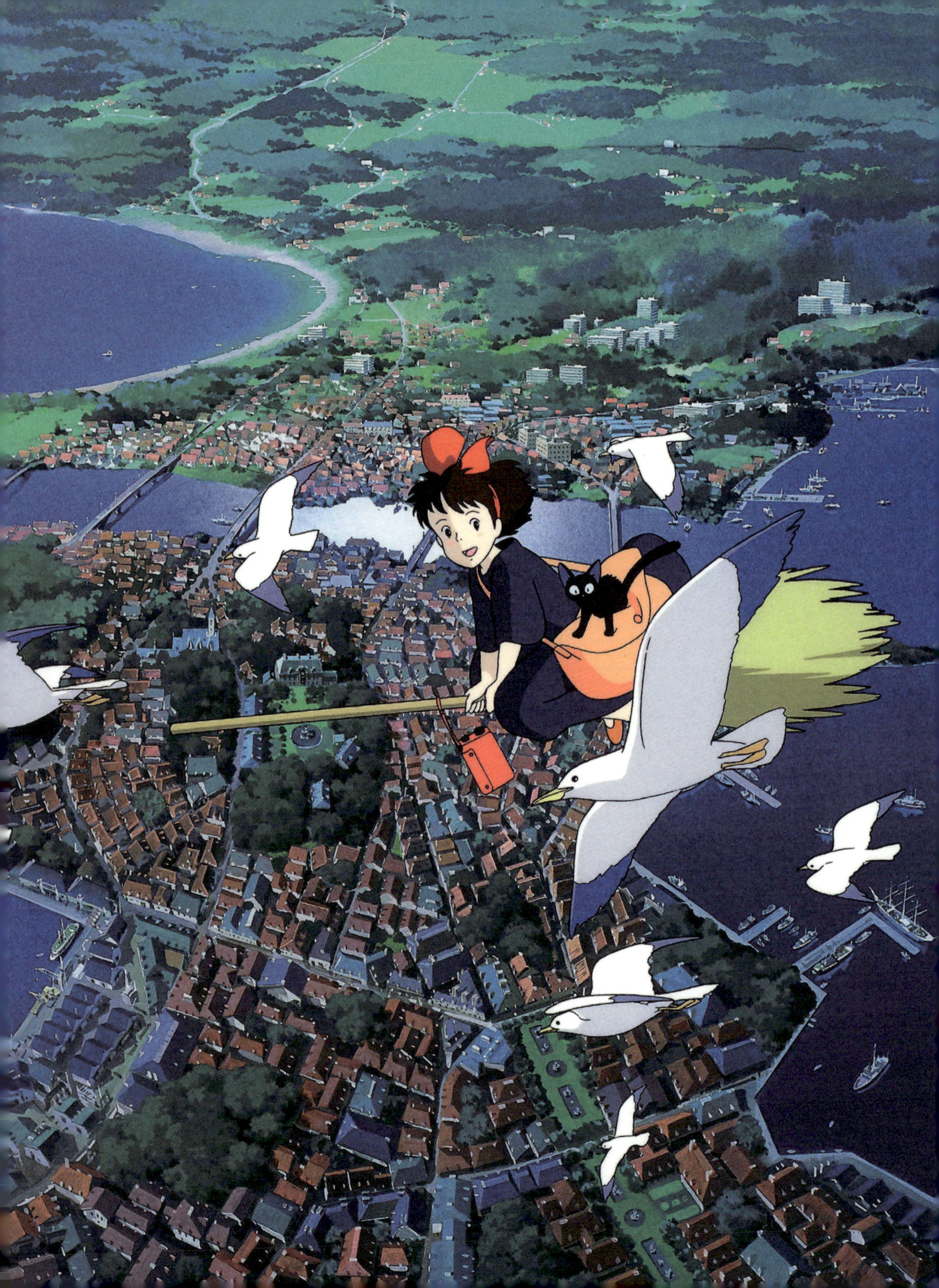

Inhalt

Einleitung

„Hi und herzlich willkommen bei der *Ghibliothek*, dem Podcast, der durch die fulminante Bibliothek des größten Animationsstudios der Welt fliegt: Studio Ghibli …"

So fing für uns damals alles an im Juli 2018, als wir die erste Folge unseres Podcasts *„Ghibliotheque"* aufzeichneten. Und wie jedes alte Ehepaar, das seit Ewigkeiten verheiratet ist, haben natürlich auch wir unsere ganz eigene skurrile Kennenlern-Story in petto. Wir arbeiteten damals beide für dieselbe Firma und kamen irgendwann im Gespräch darauf, dass Jake, obwohl er ein waschechter Cineast war, in seinem Leben tatsächlich noch keinen einzigen Film des legendären japanischen Animationsstudios Ghibli gesehen hatte. Weder *Chihiros Reise ins Zauberland* noch *Mein Nachbar Totoro*, nicht ein Werk aus Ghiblis einzigartigem Katalog unzähliger Meisterwerke und einer ellenlangen Backlist, die das Studio inzwischen vorzuweisen hat. Ganz ehrlich? Das konnte natürlich nicht so bleiben! Immerhin saß Jake niemand Geringerem gegenüber als mir, Michael, einem ausgesprochenen Ghibli-Fanatiker, einem Besessenen, der sofort die Lauscher aufsperrte, wenn das Wort *Ghibli* auch nur irgendwo geflüstert wurde. Er lehnte sich leicht nach vorn und warf diesen einen ikonischen Satz in den Raum, den wohl alle Jungs und Mädels Anfang, Mitte zwanzig gerne hören wollen: *„Hättest du nicht Bock, einen Podcast mit mir zu starten?"* Stichwort: Ghibli-Romanze und wie zwei Aficionados sich in ihr Sujet verliebten. Hunderte Podcast-Folgen später: zwei ausgiebige Japanreisen, Fahrten kreuz und quer durch England, um an diversen Filmvorführungen teilzunehmen, Workshops, Festivals, Interviews mit all den Größen aus der Animationsbranche, berühmten Fans und alteingesessenen Ghibli-Veteranen.

Unten: Filmplakate für zwei der bekanntesten Spielfilme von Ghibli, *Chihiros Reise ins Zauberland* (links) und *Mein Nachbar Totoro* (rechts).

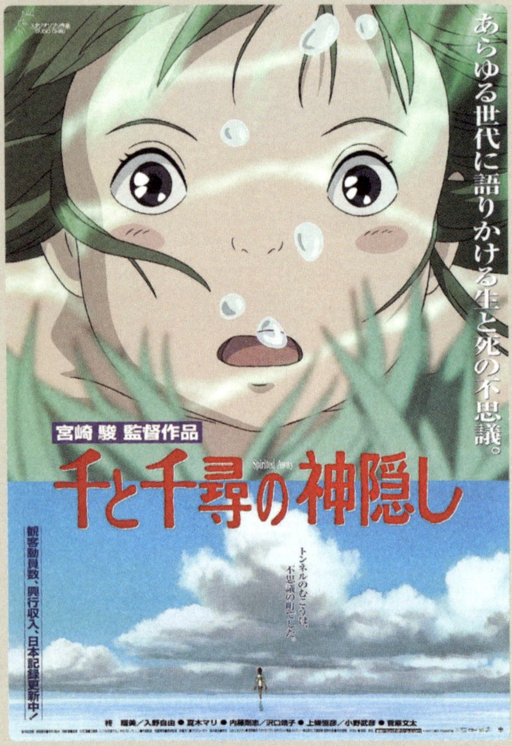

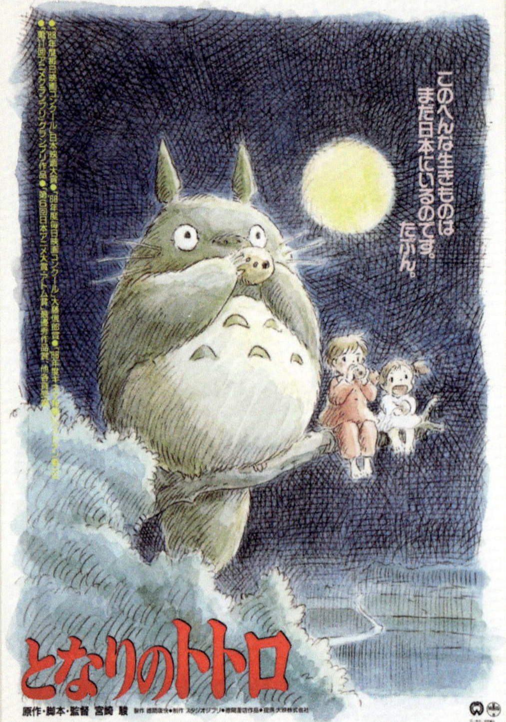

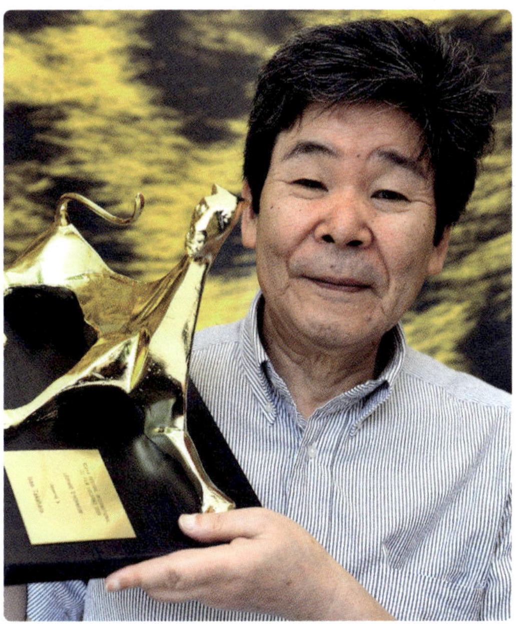

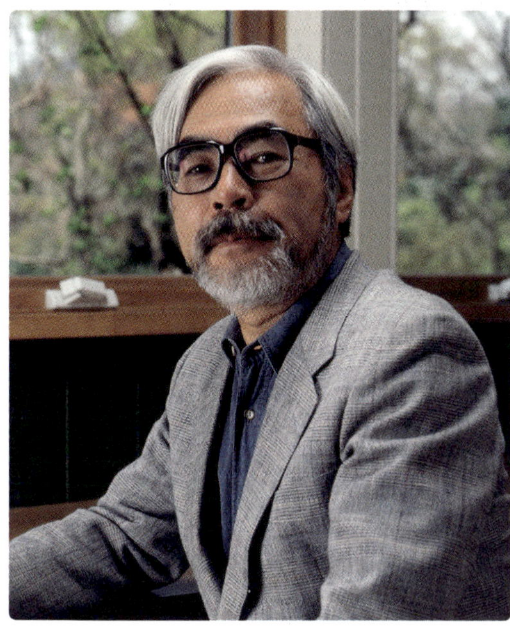

Dazu noch vier Bücher rund um Studio Ghibli, den japanischen Animationsfilm und das Kino Koreas. So sind wir hier gelandet, bei Buch Nummer fünf, das ihr gerade in Händen haltet. Wir hoffen natürlich, dass der Klappentext deutlich genug war, aber wir wollen es sicherheitshalber noch mal betonen: Das hier ist kein Buch über die Filme von Studio Ghibli. Das ist Schnee von gestern, das haben wir schon mal gemacht. Das hier ist unsere *„Ghibliothek – Der inoffizielle Guide zu den Filmen von Studio Ghibli"*. In diesem Buch haben wir jedes Kapitel jeweils einem der über zwanzig Spielfilme aus dem Ghibli-Katalog gewidmet und zeichnen die Entwicklung des Studios nach, von den Anfängen im Jahr 1984 mit *Nausicaä aus dem Tal der Winde* (der eigentlich noch vor der Gründung in die Kinos kam, aber erst nachträglich zur Filmografie hinzugefügt wurde) bis hinein in die Gegenwart. Michael beleuchtet dabei vor allem den geschichtlichen Hintergrund einzelner Werke, während Jake seine wohldurchdachten Filmanalysen und Reaktionen als Fan zum Besten gibt. Was uns von Anfang an in den Bann zog, war nicht die überragende, individuelle Stärke und hohe Qualität der Filme von Studio Ghibli (wobei das natürlich auch half), sondern die Tatsache, dass sie uns einen Einblick in die Gedankenwelt der wichtigsten kreativen Köpfe gewähren, die für all die Meisterwerke verantwortlich sind, allen voran Hayao Miyazaki und Isao Takahata. Nachdem wir uns die Filme noch einmal angesehen, mehrfach über sie gesprochen und sie mit Zuhörerinnen und Zuhörern weltweit geteilt haben, sind wir zu der Erkenntnis gelangt, dass die Filme von Studio Ghibli nicht nur unglaublich facettenreich, kunterbunt und universell sind, sondern dass ihre Strahlkraft und ihre Bedeutung auch noch lange nach dem Abspann anhalten und uns wohl ein Leben lang begleiten werden. Wie die Macher dieser Meisterwerke selbst erklären, existieren die Filme als Teil eines kulturellen Netzwerks, das in alle Richtungen Wurzeln treibt, Querverbindungen zieht und Anknüpfungspunkte schafft. Ob wir nun tiefer in die Welt der Animation eintauchen oder Kinos, Buchläden, Konzerthallen oder Theater besuchen: Die Welt von Studio Ghibli schenkt uns ein ganzes Multiversum an Erfahrungen, Erlebnissen und Offenbarungen. So wagen wir uns mit diesem Buch einen Schritt heraus aus der *Ghibliothek* und begeben uns auf eine fantastische Reise, um die Weiten des *Ghibliversums* zu erforschen! Während die vorherigen Bücher einer linearen, chronologischen Reiseroute folgten, wird dieser Ausflug in das Buch *Ghibliverse: Ein Guide zu einer magischen Welt* viel umfangreicher und globaler. Er führt uns weg vom Kino, hin zu den mannigfaltigen Ausdrucksformen und Disziplinen der Kunst. Einige Kapitel in diesem Buch sind Aspekten des Ghibliversums gewidmet, die so bekannt und beliebt sind wie das, was wir auf der Leinwand bestaunen dürfen:

Die traumhaft schönen und lebensbejahenden Soundtracks, die virtuosen Inszenierungen oder der Ghibli-

Oben: Die beiden Regisseure, die Ghibli prägten: der verstorbene Isao Takahata (links) und Hayao Miyazaki (rechts).

Nächste Doppelseite: Merchandise aus dem Universum von *Mein Nachbar Totoro*. Mei, Satsuki und eine blaue Totoro-Figur beim Seilhüpfen.

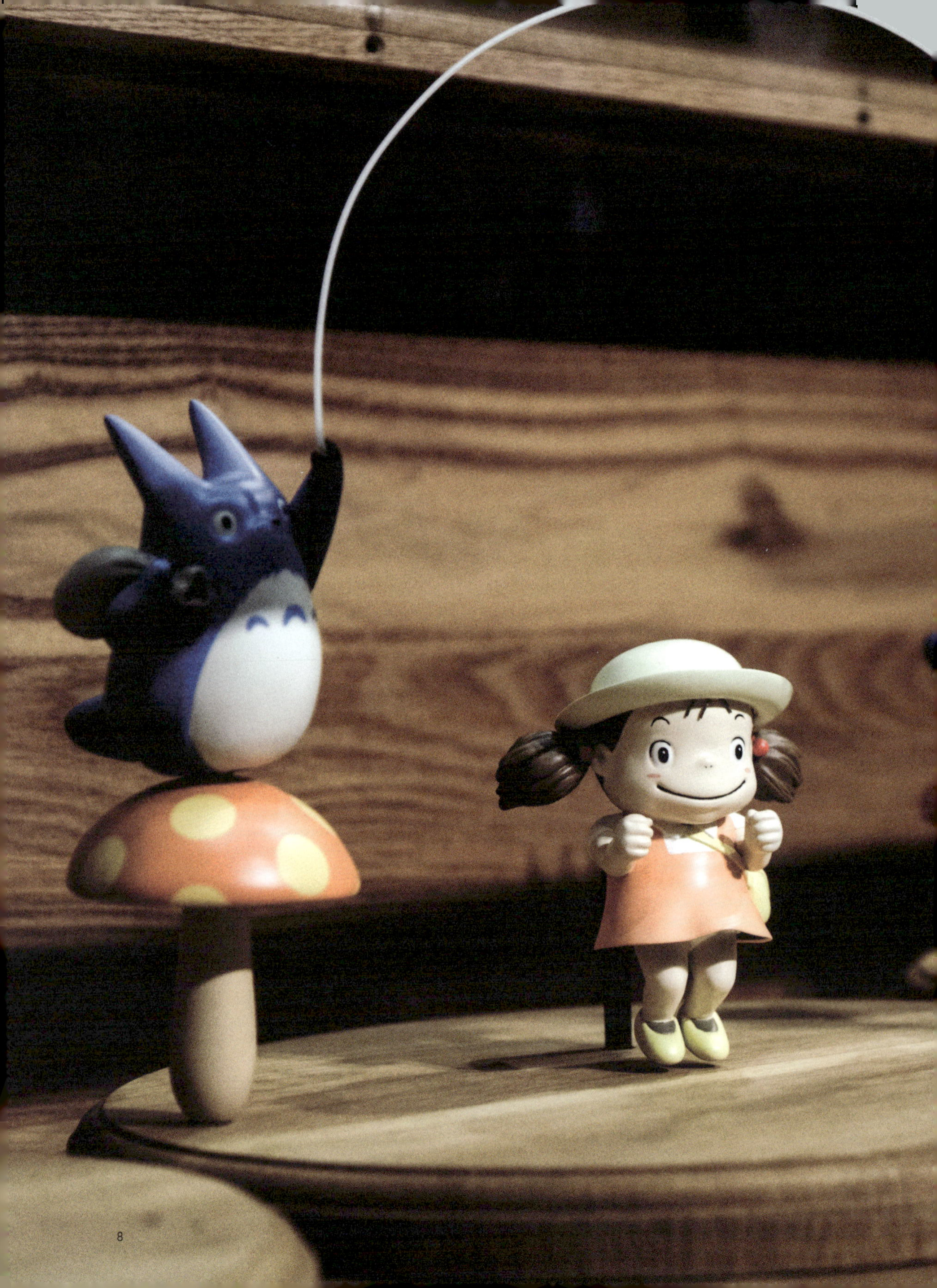

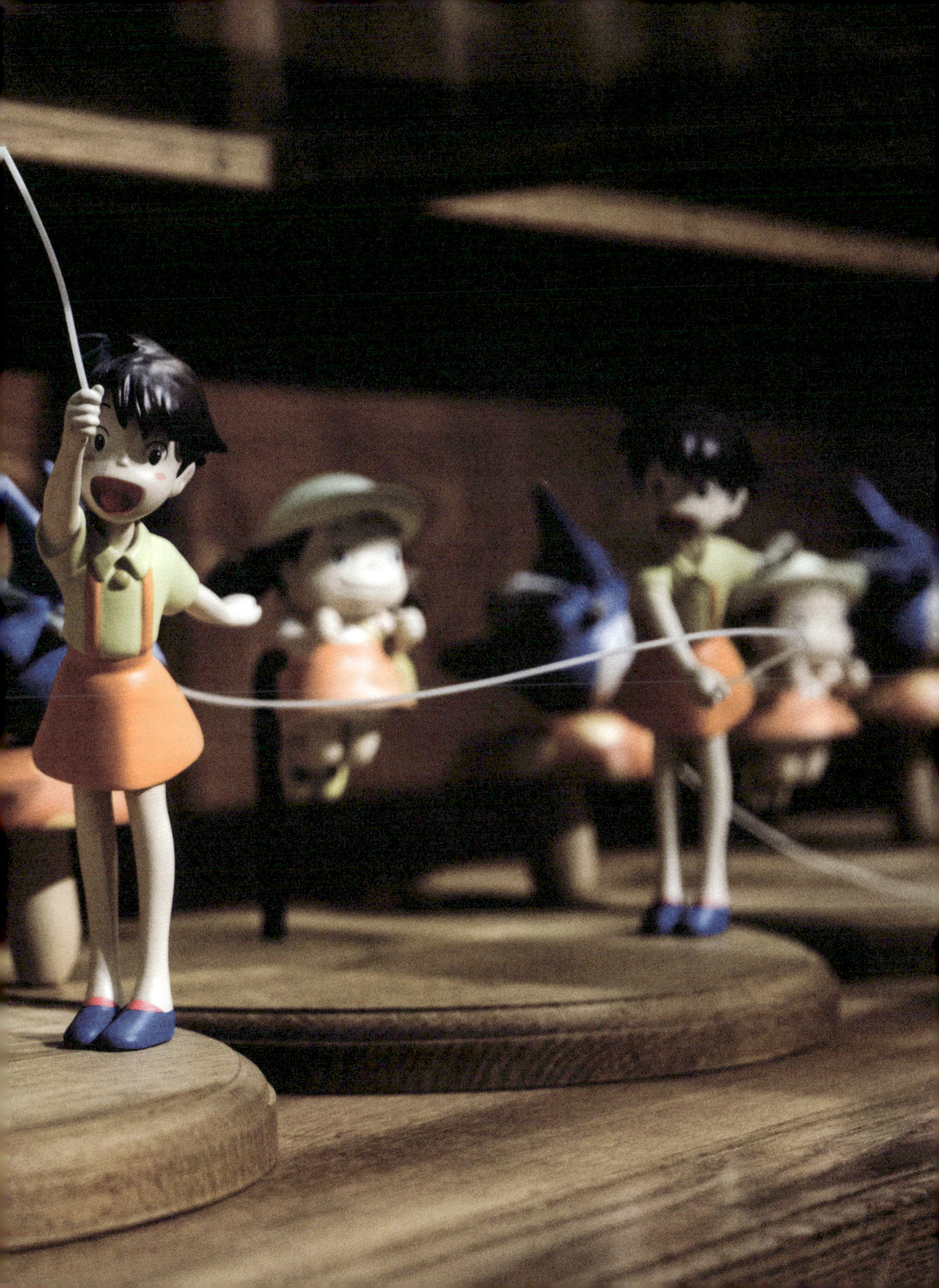

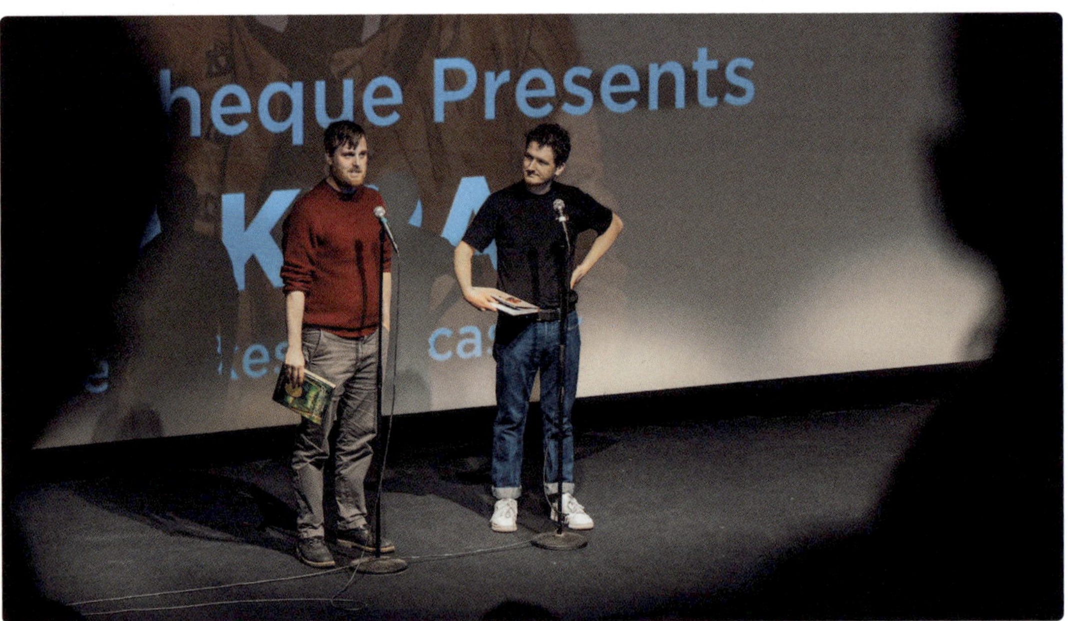

Oben: Die Autoren Michael (links) und Jake (rechts) bei einer Film-Vorführung von *Akira* im Dukes Theatre in Lancaster.

Gegenüber: Ghibli-Filme fühlen sich immer perfekt zusammengesetzt an und können sogar in Puzzleform verewigt werden.

Themenpark und das Ghibli-Museum, zwei einzigartige Bestrebungen, die Magie der Filme auch in unserer wirklichen Welt zu rekonstruieren. Andere Kapitel wagen sich in oftmals unerforschte Tiefen vor: von den „Deep Cuts", den versteckten Schätzen, Perlen und Kuriositäten, die sich durch die gesamte Filmografie ziehen und nicht nur für Kenner und Connaisseurs interessant sind, über Kurzfilme und Musikvideos bis hin zu Dokumentarfilmen über die Macher und Wegbereiter von Studio Ghibli. Wir schauen uns auch die Bücher von und über Ghibli an und werfen einen Blick auf die Autorinnen und Autoren, deren Werke für die Kinoleinwand adaptiert wurden. Wir verfolgen den Werdegang von Miyazaki und Takahata zurück, um einige der wichtigsten Werke zu präsentieren, die noch vor der Gründung des Studios entstanden sind und von denen etliche noch immer nicht das Licht der Öffentlichkeit erblicken durften – zumindest nicht in unseren Breiten. Denn ganz gleich wie absurd, grotesk, esoterisch oder ungewohnt die Werke auch erscheinen mögen, sie alle sind Teil des großen Ganzen und gehören zur Origin Story von Studio Ghibli dazu, zumal Geheimtipps und kleine Perlen überall zu finden sind. Ja, wir beantworten euch sogar die Frage aller Fragen, die sich wohl jeder hartgesottene Fan, der etwas auf sich hält, schon einmal gestellt hat: *„Wie schmeckt eigentlich Totoro?"* Seit dem Startschuss dieses Projekts haben sich die Ghibli-Filme in Bereiche vorgewagt, die bis vor etlichen Jahren noch völlig undenkbar schienen. Ihre Werke fanden nicht nur den Weg zu den einschlägigen Streaming-Anbietern wie Netflix oder HBO Max, sondern mit Hayao Miyazakis brandaktuellem Film *Der Junge und der Reiher* aus dem Jahr 2023, ein Film, der weltweit mit großer Vorfreude erwartet wurde, an die Spitze der amerikanischen Box-Office-Charts. Nachdem Studio Ghibli viele Jahre lang eine Art Nischenbetrieb war, der vor allem von englischsprachigen Fans und trendbewussten Familien gefeiert wurde, aber noch deutlich fernab des Mainstreams operierte, sind die Filme heutzutage dem neugierigen Publikum leichter zugänglich und einfacher zu konsumieren. Das Spannendste daran: Es gibt noch immer Unmengen zu entdecken, zu erforschen und zu lernen, der Spaß und die Freude an Studio Ghibli werden somit noch lange anhalten. Vielen Dank, dass ihr zu diesem Buch gegriffen habt! Mit der Möglichkeit, derart intensiv und tief in das unermessliche und immer größer werdende Universum von Studio Ghibli eintauchen zu können, wurde ein langersehnter Traum für uns endlich Wirklichkeit. Wir hoffen, dass wir euch mit diesem Buch eine Sternenkarte mit an die Hand geben können, die euch den Weg weist und leitet, wenn ihr eure ganz eigenen Odysseen in die Weiten des Ghibli-Universums unternehmt. Also noch mal *„Hi und herzlich willkommen im Ghibliverse!"*.

Michael und Jake
Irgendwo zwischen London, Sussex und Salford, während gerade der neueste Hayao-Miyazaki-Film in den Kinos läuft.
Dezember 2023

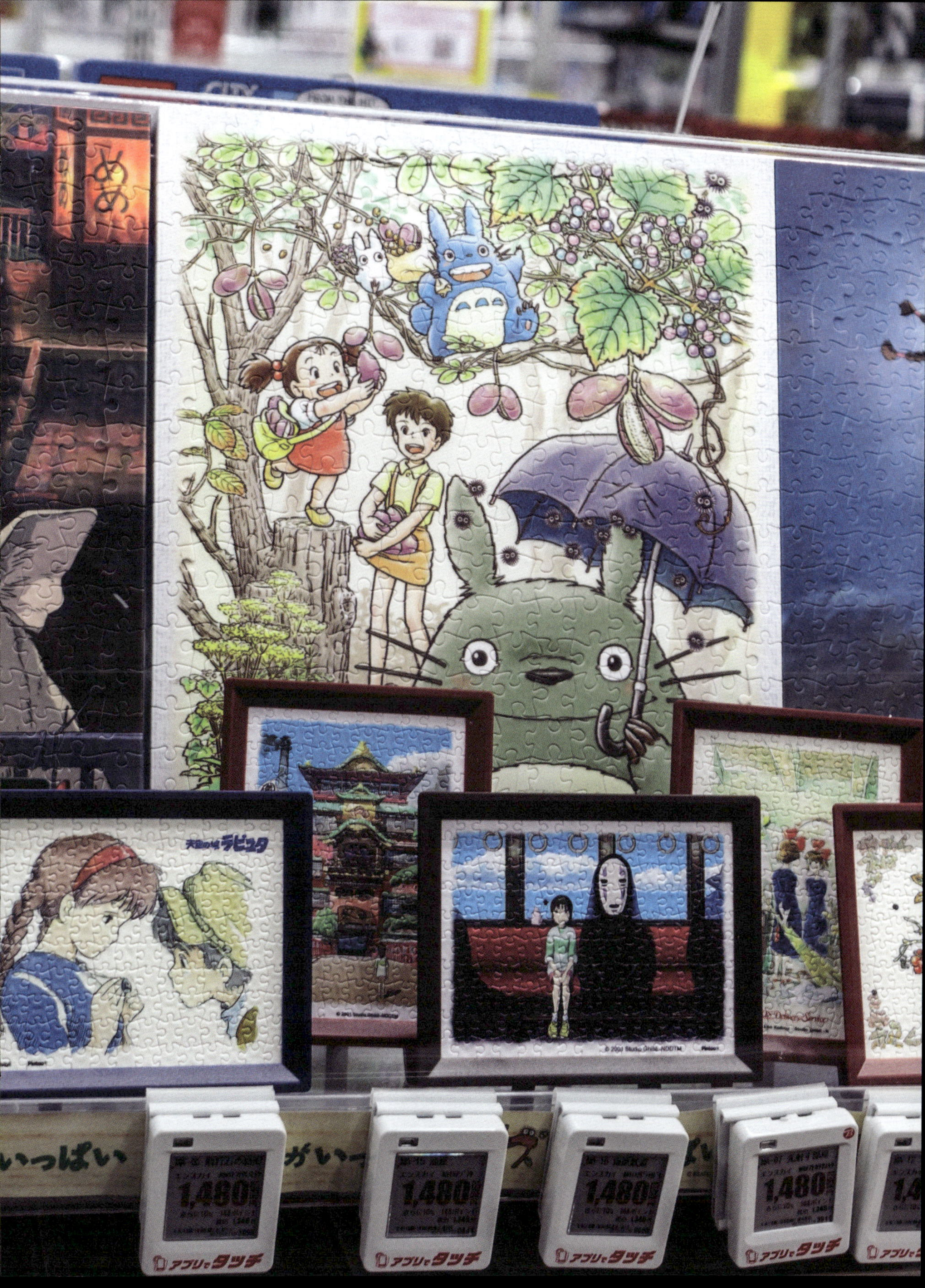

天空の城ラピュタ
いっぱい
1,480
1,480
1,480
1,480
アプリでタッチ
アプリでタッチ
アプリでタッチ

1

Bevor es Ghibli gab

Dachtet ihr etwa, alles fing mit *Nausicaä aus dem Tal der Winde* an? Ha, das hättet ihr wohl gern!

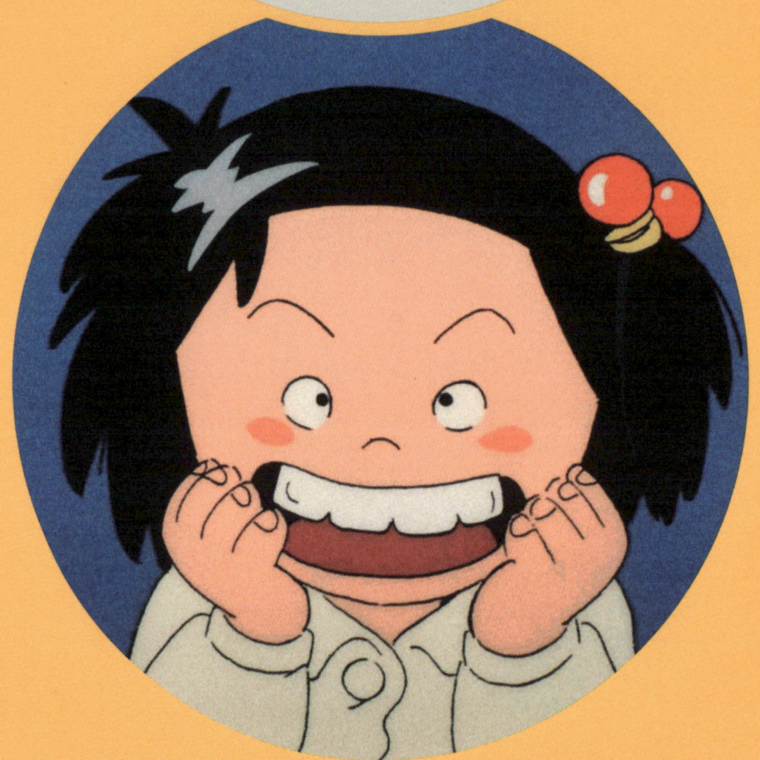

Die Geschichte von Studio Ghibli ist derart umfassend und faszinierend, dass man oftmals vergisst, dass sowohl Hayao Miyazaki als auch Isao Takahata vor der Gründung des Studios bereits eine lange und nicht minder ereignisreiche Karriere in der japanischen Animationsbranche hinter sich hatten. Vor allem im englischsprachigen Ausland wird diese Tatsache oft übersehen, da zahlreiche Werke aus der Zeit, bevor es Studio Ghibli gab, noch immer unveröffentlicht in den Schubladen liegen. Für viele Fans tauchten Miyazaki und Takahata als etablierte Regisseure erstmals mit Filmen wie *Mein Nachbar Totoro, Die letzten Glühwürmchen* und *Chihiros Reise ins Zauberland* auf der Bildfläche auf. Dabei gibt es noch Unmengen anderer Werke, die den Backkatalog mit weiteren Titeln füllen; Werke, die sie zu den Künstlern machten, die sie heute sind. Werke, die sie persönlich sehr schätzen und die ein erstes Aufblitzen des strahlenden Erfolgs von Ghibli, der später eine ganze Ära ihrer Filme erhellen sollte, in sich tragen.

The Little Norse Prince

Regie: Isao Takahata
Laufzeit: 82 Minuten / Jahr: 1968

Studio Ghibli wurde 1985 gegründet. Die beiden Regisseure, die das Studio zu dem machten, was es heute ist, arbeiteten jedoch schon zwanzig Jahre zuvor an einem Film zusammen.

Es mag kein perfekter Film sein, doch *The Little Norse Prince* (auch bekannt unter dem Namen *The Great Adventure of Horus, Prince of the Sun*) gab den Startschuss für die Zusammenarbeit zwischen Hayao Miyazaki und Isao Takahata. Allein schon dafür gebührt diesem Werk ein Ehrenplatz in den heiligen Hallen der Animationsgeschichte. Takahata arbeitete zuvor als Regisseur an der TV-Serie *Wolf Boy Ken* (1963–65) und wagte mit diesem Gemeinschaftsprojekt erstmals den Schritt auf die große Kinoleinwand. Thematisch allerdings war es ein Blick auf die Geschichte – ähnlich wie bei seinem letzten Film *Die Legende der Prinzessin Kaguya* (2013) war auch *The Little Norse Prince* die Adaption einer berühmten Volkssage aus dem 10. Jahrhundert: *Die Erzählung vom Bambusschneider* (Taketori-monogatari). *The Little Norse Prince* war ein Mythos, eine Legende, vor allem von den indigenen Ainu aus der nördlichen Region Hokkaido erzählt. Daraus entstand später ein Puppentheaterstück mit dem Titel *The Sun Above Chikisani*, das schließlich auch verfilmt wurde. Die episodenhafte Erzählung zeigt einen kleinen Jungen, der sich vornimmt, ein uraltes Schwert neu zu schmieden. Auf seiner abenteuerlichen Reise begegnet er gigantischen Fischen, verängstigten Dorfbewohnern, furchterregenden Wölfen, uralten Dämonen und anderen bösen Mächten. Der junge Miyazaki hatte sich bereits bei einem Gewerkschaftstreffen mit Takahata angefreundet, und als die Arbeiten an *The Little Norse Prince* begannen, schmuggelte er immer wieder beiläufig Zeichnungen, die er angefertigt hatte, in das Büro des Regisseurs. Und wie sollte es anders sein – kurze Zeit später war er selbst als einer der hauptverantwortlichen Zeichner mit an Bord und durfte ganze Szenenfolgen des Films mitgestalten (definitiv *„learning by doing"*, wie Miyazaki später oft betonte: *„Ich habe während der Entstehung des Films gelernt, wie der Produktionsprozess funktioniert."*). Es gibt Momente im Film, in denen das Talent und der ganz eigene Stil beider Filmemacher bereits unverkennbar zum Tragen kommen. Beispielsweise wird einem der Monster ein Splitter gezogen und so werden das Natürliche und das Übernatürliche durch Empfindsamkeit und Mitgefühl miteinander vereint – ähnlich wie beim Stinkgeist in *Chihiros Reise ins Zauberland* (2001), der einen fahrradförmigen Dorn im Rücken hat. Beides steht auch sinnbildlich für die nicht-anthropozentrische Weltsicht von Studio Ghibli. Feldarbeiter, die zur Feier der großen Sommerernte ein Lied anstimmen, vermitteln eindrücklich Takahatas immerwährende Faszination für Natur und Landwirtschaft. Und mit einem atemberaubenden Kampf zwischen Horus und einem Fisch liefert der junge Miyazaki einen kleinen Vorgeschmack auf die virtuose Inszenierung packender Actionszenen, mit denen er uns später noch so oft verzaubern wird. Ausufernde Budgets und versäumte Deadlines – später notorische Markenzeichen von Takahatas Karriere – führten dazu, dass ausgerechnet jene Szenen, die am meisten im Gedächtnis bleiben, so gut wie kaum animiert wurden. Schlüsselmomente wie der Angriff eines Wolfs oder eine Rattenplage wurden als simple Diashows inszeniert, da Zeit und Geld bereits aufgebraucht waren (doch es ist schön zu sehen, wie der komplette Verzicht auf jegliche Gewaltdarstellung sehr gut den moralischen Kompass und die pazifistische Einstellung seines Machers widerspiegeln). Im Mittelteil des Films wirkt *The Little Norse Prince* allerdings etwas verloren und der Fokus mit Blick auf die Charaktere verschiebt sich. Die Motivation hinter Horus' Handeln und der Antrieb für die verschiedenen Prüfungen, die er bestehen muss, verblassen über die gesamte Laufzeit etwas. So mag nicht immer echter Filmgenuss aufkommen, wenn man sich *The Little Norse Prince* ansieht, dennoch gibt es immer wieder kleine Momente und Szenen, in denen die kindliche Freude der Filmemacher und ihre aufblühende Kunstfertigkeit zur Geltung kommen. Der Film wurde nach fast drei Jahren Produktionszeit veröffentlicht und war zwar an den Kinokassen ein ziemlicher Flop, doch prägte er die Welt der Animation nachhaltig.

Gegenüber: Der Kampf mit dem Schwert. *The Little Norse Prince*, der zuvor als Puppenspiel erzählt wurde, basiert auf einem alten Mythos.

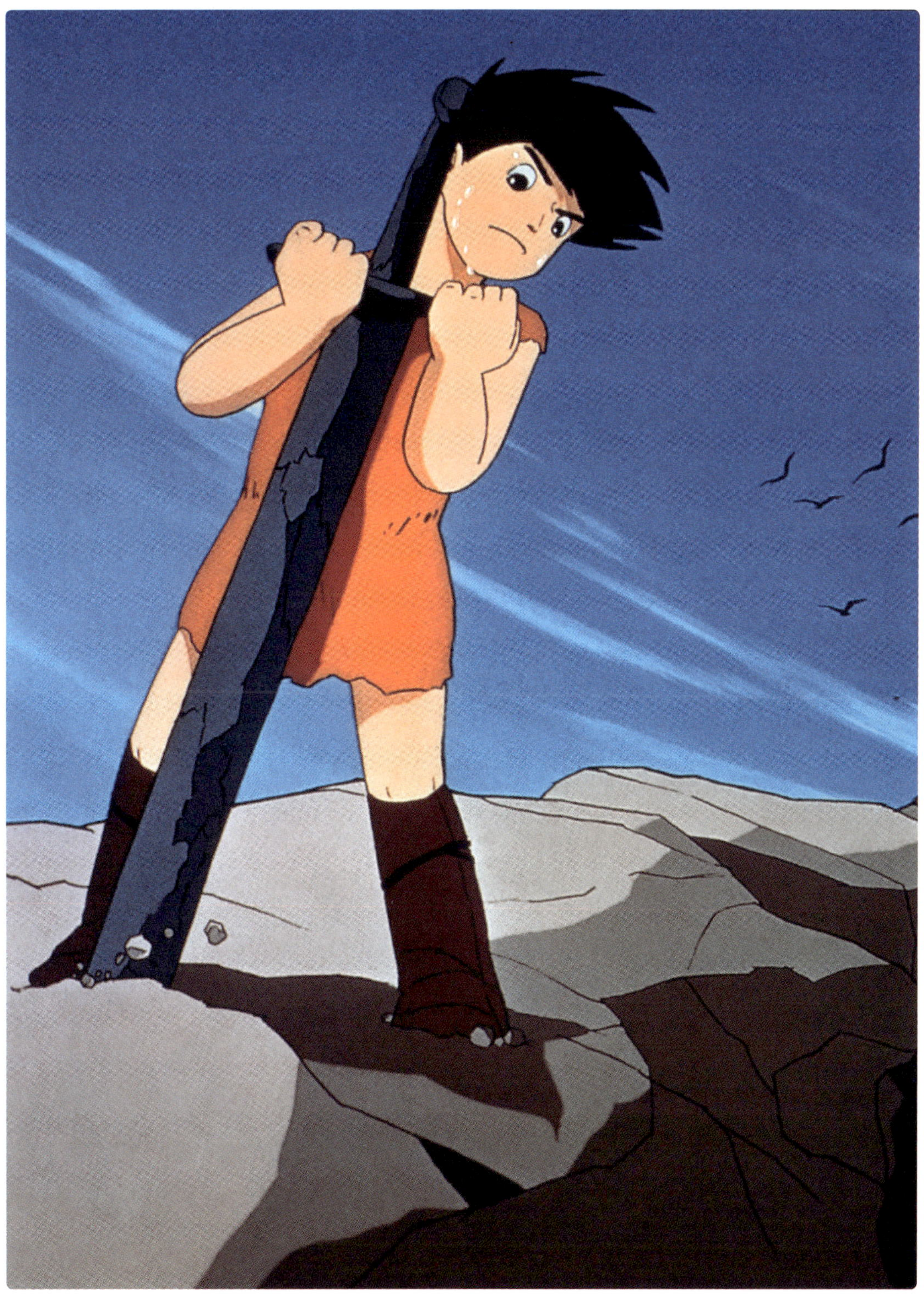

Yuki's Sun

Regie: Hayao Miyazaki
Laufzeit: 5 Minuten / Jahr: 1972

Meist nur als Fußnote innerhalb Hayao Miyazakis Schaffen angesehen, erfuhr dieses kleine, aber feine Werk kurzzeitig erhöhtes Interesse, als die Streamingplattform MUBI den Kurzfilm Ende 2023 in ihre kuratierte Sammlung aufnahm.

Im Beschreibungstext bezeichnete *MUBI Yuki's Sun* als *„5-minütigen Kurzfilm von Hayao Miyazaki"*, der 13 Jahre vor der Gründung von Studio Ghibli entstand. Im Wesentlichen handelt es sich dabei um eine trailerartige Montage mit stimmungsvollen, dynamischen Szenen, die als charmanter Vorgeschmack auf eine mögliche Adaption der gleichnamigen Manga-Serie von Tetsuya Chiba dienen sollte. Leider kam dieses Projekt nie über die Konzeptionsphase hinaus. Und für die hartgesottenen Fans und Liebhaber von Trivia: *Yuki's Sun* gilt irgendwie auch als Miyazakis erste Soloregiearbeit (zuvor war er gemeinsam mit Isao Takahata an einigen Folgen der TV-Serie *Lupin III* aus dem Jahre 1971 beteiligt). Miyazaki selbst führt jedoch lieber die 1978 entstandene Serie *Future Boy Conan* als sein eigentliches Regiedebüt an.

Unten: Quicklebendig. Der Pilotfilm *Yuki's Sun* stellt Hayao Miyazakis erste Arbeit als Regisseur dar.

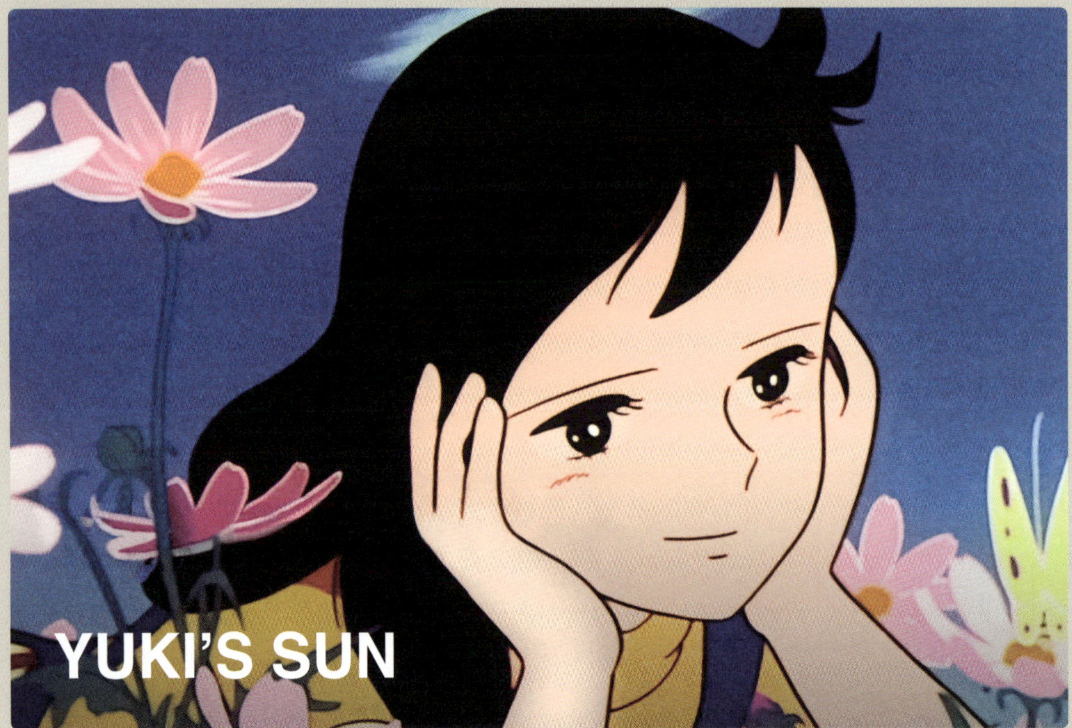

Die Abenteuer des kleinen Panda

Regie: Isao Takahata
Laufzeit: 33 Minuten / Jahr: 1972

Die Abenteuer des kleinen Panda: Der Zirkus im Regen

Regie: Isao Takahata
Laufzeit: 38 Minuten / Jahr: 1973

Kommt euch das Grinsen bekannt vor? Ein Panda, der bis über beide Ohren lacht wie ein dicker Vollmond mit perlweißen Zähnen? Ein echter Grinse-Panda – heiter, lustig, froh, aber auf Dauer vermutlich auch ganz schön nervig.

Es ist Totoros Lächeln, jenes legendäre Grinsen, das so viele von uns verzaubert (und einige wohl auch erschreckt) hat. Berühmt wurde dieses Grinsen durch Miyazakis Film *Mein Nachbar Totoro*, doch der erste große Grinser erblickte bereits 1972 unter der Regie von Isao Takahata das Licht der Welt. Es ist das Lächeln von Papa Panda, der zusammen mit seinem Sprössling Panny aus einem Zoo entflohen ist. Die beiden entdecken ein Häuschen im Wald (es erinnert ein wenig an *Goldlöckchen und die drei Bären*), wo sie auf ein kleines Mädchen namens Mimiko treffen. Sie ist allein zu Hause und entwickelt recht schnell mütterliche Gefühle für den kleinen Panda. In zwei kurzen Abenteuergeschichten, die es bis auf die Kinoleinwand schafften, entkommt das Trio bösen Entführern, wird in wilde Turbulenzen an einem Staudamm verwickelt, freundet sich mit einem Tiger an und überlebt eine apokalyptische Monsterflut – alles in geballten 71 Minuten Laufzeit! Dabei gibt es viele Merkmale, die die virtuose Handschrift späterer Ghibli-Filme in sich tragen, sowohl im ersten Film *Die Abenteuer des jungen Panda* als auch in der Fortsetzung *Die Abenteuer des jungen Panda: Der Zirkus im Regen* von 1973. Man sieht Ideen in diesen beiden Streifen durchschimmern, die schon bald wieder aufgegriffen werden sollten, nachdem Studio Ghibli die Bühne betreten hatte. Wir sprechen hier nicht nur von Werken, die bereits unmittelbar danach veröffentlicht wurden wie beispielsweise *Mein Nachbar Totoro* – sogar Jahrzehnte

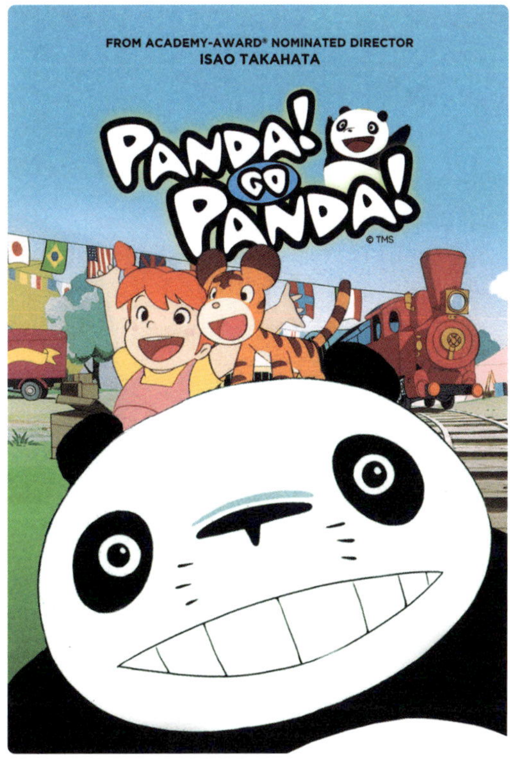

Rechts: Bitte lächeln! Das Artwork für den US-Release aus dem Jahre 2022 von *Panda! Go Panda!* zeigt das unverkennbare Grinsen von Papa Panda.

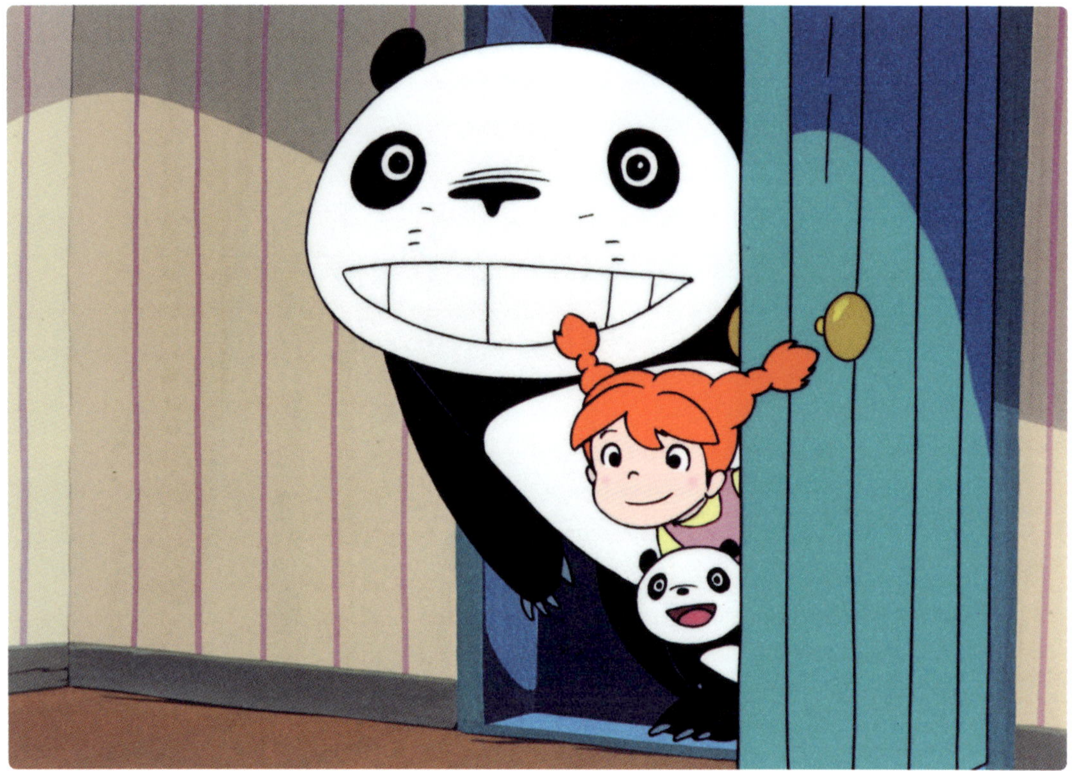

später finden sich noch Einflüsse und Bezüge aus dem Film *Die Abenteuer des kleinen Panda*.

Ob Charakterdesign oder einzelne Story-Elemente, selbst die Zugfahrten zeigen bereits, dass diese beiden Werke einige tiefverwurzelte künstlerische Ansätze verfolgen, ohne die Ghibli in Zukunft nicht mehr denkbar wäre. Noch bevor Papa Panda überhaupt die Leinwand betritt, fühlt sich der Vorspann vertraut totoroesk an: ein orangefarbener Hintergrund, darauf einfach gezeichnete, konturlose Charaktere und ein einprägsamer, fetziger Titelsong. Die darauf folgenden Szenen – die unter anderem von mutigen Begegnungen mit Geistern, seltsam befriedigenden Putzorgien, einem köstlichen Mahl und im dritten Akt sogar von einem verlorengegangenen Kind handeln – schaffen eine wunderbare Gratwanderung zwischen häuslichem Familienleben und der Härte und dem Schrecken des Lebens. Man bekommt direkt das Gefühl, einem Testlauf für Totoro beizuwohnen, wenngleich Totoro hier mit leicht europäischem Akzent spricht und sich mit der Wendigkeit der Figuren aus einem Hanna-Barbera-Cartoon fortbewegt. *Der Zirkus im Regen* holt etwas mehr aus als die Ursprungserzählung von *Die Abenteuer des kleinen Panda*. Ein Actionabenteuer, das auf Spektakel, Theater, Zirkus und große Gefühle setzt und in vielerlei Hinsicht als Vorläufer eines weiteren kinderfreundlichen Lieblingsfilms Miyazakis gelten kann, der in Zukunft ein Favorit vieler Zuschauer werden wird, nämlich *Ponyo – Das große Abenteuer am Meer*. In der ersten Hälfte trifft die Panda-Familie einen entflohenen Tiger, den sie schließlich zurück in den Zirkus bringt. In der zweiten Hälfte überrollt eine schreckliche Flut das Land und bedroht die Anwohner. Der Zirkus ist ein fröhlicher und verrückter Ort, der es Takahatas Animatoren (darunter auch der Regisseur von *Stimme des Herzens – Whisper of the Heart*, Yoshifumi Kondo) erlaubt, ihre Fähigkeiten unter Beweis zu stellen und die Liebe des Filmemachers zur Natur zu verdeutlichen, wobei sowohl der Tiger als auch dessen Elternteil die Erwartungen an die Angst untergraben. Später verschlingt die hereinbrechende Flut die Charaktere und versenkt sie in ein himmlisch anmutendes, wohltuendes Bad der Gezeiten, das an die versunkene Welt in *Ponyo* erinnert – mit exakt der richtigen Menge an Wasser, sodass sogar noch ein Zug über die schimmernde Oberfläche gleiten kann. Ein Bild, zu dem Ghibli in *Chihiros Reise ins Zauberland* später noch einmal zurückkehren wird. Etwas schrill, manchmal überzogen und plakativ, aber auch unschuldig, erreichen diese beiden Erzählungen leider nie den emotionalen Nachklang, den man von anderen Ghibli-Werken gewohnt ist. Als Entdeckungsreise kreativer Formwerdung sind sie jedoch nicht nur faszinierend, sondern auch äußerst unterhaltsam.

Oben: Klopf, klopf! *Die Abenteuer des jungen Panda* gewähren uns einen einzigartigen Blick auf die frühen Arbeiten von Miyazaki und Takahata.

Gegenüber: Heidi ho! Takahatas beliebte Serie *Heidi* brachte uns eine ganz neue Form der Animation näher.

Heidi

Regie: Isao Takahata
52 Folgen / Jahr: 1974

In unserer von abendfüllenden Spielfilmen besessenen und von Vertrieb und Verkauf geprägten Sicht auf den Werdegang von Isao Takahata und Hayao Miyazaki mag die Vermutung naheliegen, dass es nach Takahatas eher holprigem Regiedebüt mit *The Little Norse Prince* (1968) eine längere Flaute gegeben haben könnte.

Wie dieses Kapitel zeigen wird, war er jedoch alles andere als untätig und schuf in den 70ern, noch lange vor der Gründung von Studio Ghibli, einige seiner visuell imponierendsten, einflussreichsten und nachhaltigsten Werke für das japanische Fernsehen. *Heidi* wurde im Rahmen des TV-Zeichentrick-Franchises *Calpis Comic Theater* ausgestrahlt und basiert auf dem beliebten Kinderroman der Schweizer Autorin Johanna Spyri aus dem Jahr 1880. Es war nicht das erste europäische Werk, das adaptiert wurde – sowohl Tove Janssons *Mumins* als auch Hans Christian Andersens Märchen wurden zuvor auf die Leinwand gebracht – *Heidi* allerdings gab den Startschuss für einen völlig neuen Stil und eine Tonalität, die die Serie auch später stark definieren sollte und sie zu einem Teil der *World Masterpiece Theater-Serie* machte. Es war die erste Arbeit aus der Feder Takahatas, der zu diesem Zeitpunkt bereits eine enge kreative Beziehung zu Hayao Miyazaki und Yoichi Kotabe aufgebaut hatte.

Er selbst führte dabei Regie und Miyazaki war für Szenenkomposition und Layouts zuständig, während Kotabe als Charakterdesigner und Animationsregisseur

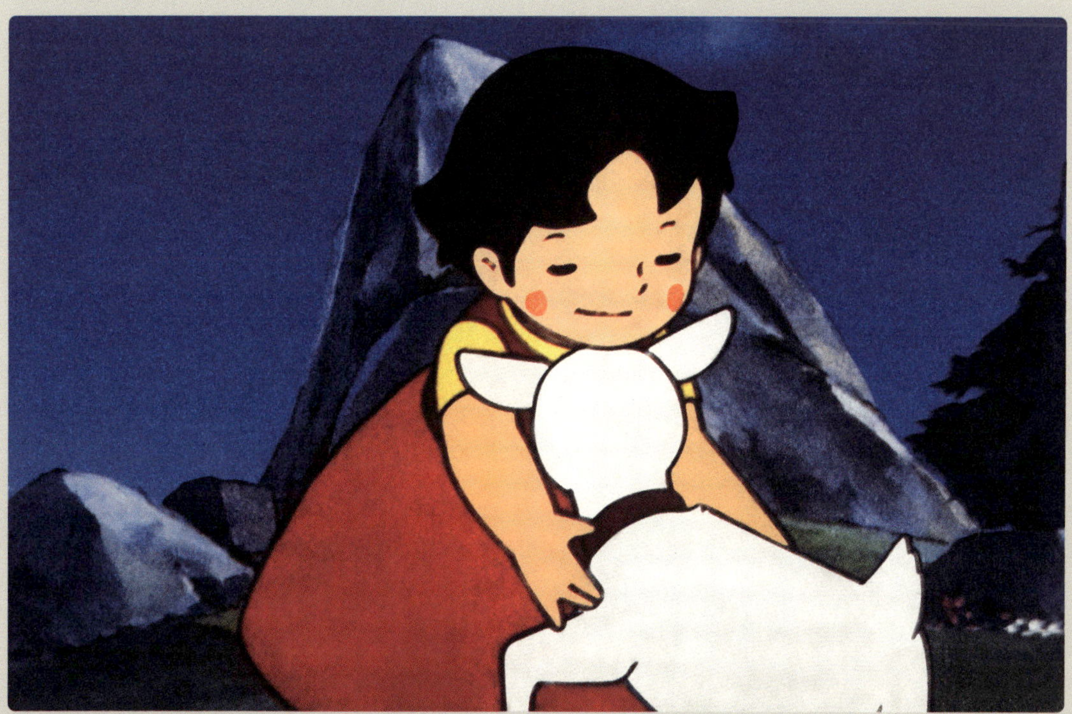

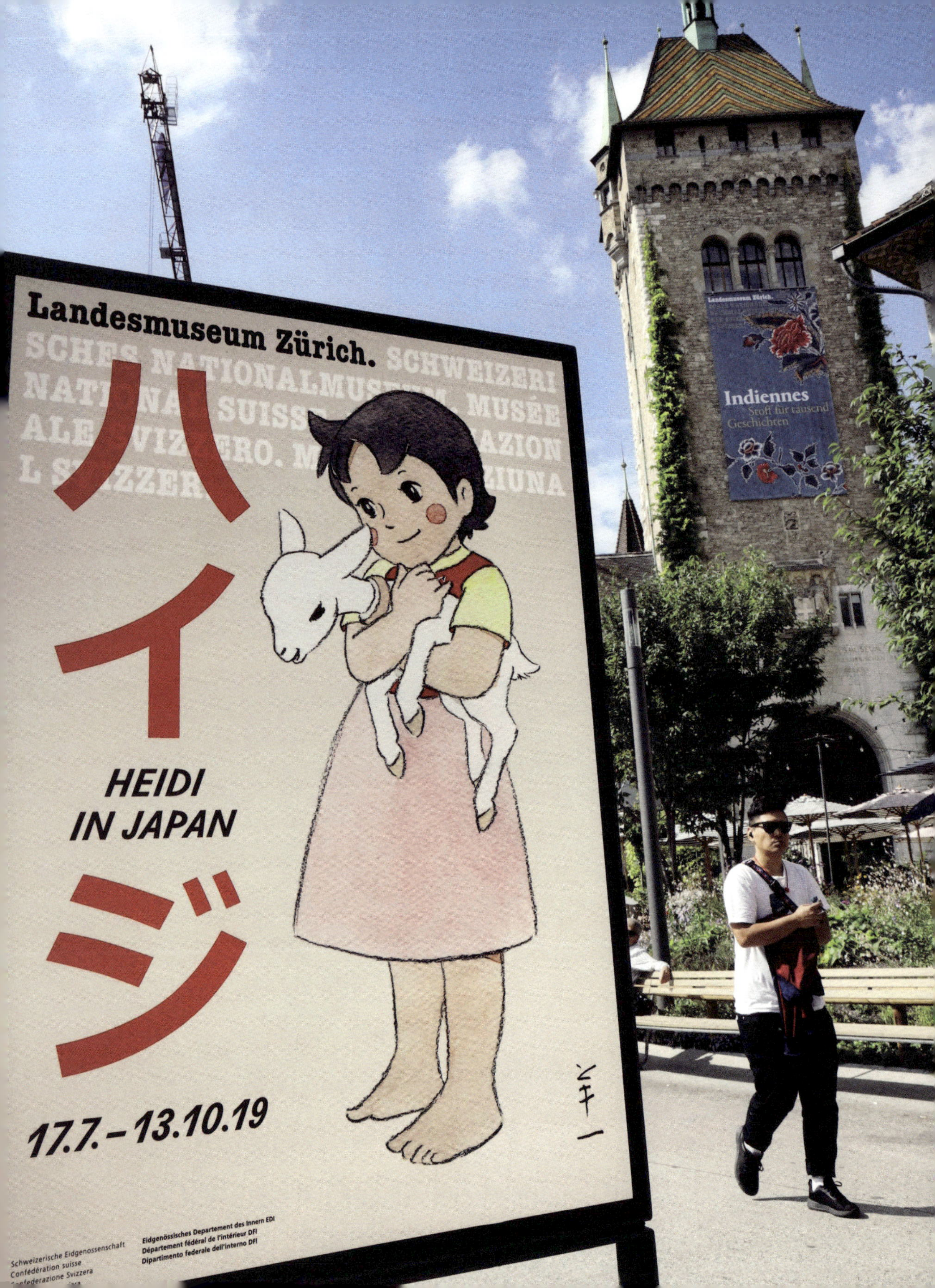
Landesmuseum Zürich.
ハイジ
HEIDI
IN JAPAN
17.7.–13.10.19
Schweizerische Eidgenossenschaft
Confédération suisse
Confederazione Svizzera
Eidgenössisches Departement des Innern EDI
Département fédéral de l'intérieur DFI
Dipartimento federale dell'interno DFI
Indiennes
Stoff für tausend
Geschichten

fungierte. Die enge Zusammenarbeit des Trios, das sich bei der Arbeit an *The Little Norse Prince* fand, setzte sich weiter fort, als die drei das Animationsstudio Toei verließen und sich anderen Projekten widmeten. Darunter war eine unverfilmte Adaption von Astrid Lindgrens Roman *Pippi Langstrumpf*, die die Richtung vorgab, die das Dreiergespann mit *Die Abenteuer des kleinen Panda* (1972–1973) und später mit *Heidi* einschlagen sollte. Die Möglichkeit, *Heidi* zu verwirklichen, ergab sich, als sich das kreative Trio im Rahmen von Takahatas ausgiebiger Recherchearbeit für die Produktionsfirma *Zuiyo Eizo* auf eine Europareise begab. Neben den bekannten Themen aus Spyris Roman über ein temperamentvolles junges Waisenmädchen, die Abenteuer mit ihrem Großvater in den idyllischen Alpen und die Hürden, sich im Großstadtleben zurechtzufinden, wollte Takahata vor allem die Kultur, die Landschaft und die Musik dieses einzigartigen Schauplatzes einfangen und so zu einer naturalistischeren Form des Geschichtenerzählens im Bereich des Animationsfilms beitragen. *„Wir waren äußerst ehrgeizig"*, erinnert Miyazaki sich später. *„Wir wollten ein Werk für Kinder erschaffen, das nicht albern oder belanglos ist. Vor allem aber wollten wir uns von den engen Vorgaben und albernen Zeichentrickserien der damaligen Zeit abheben."*

Heidi war nicht nur in Japan, sondern auch im Ausland ein großer Erfolg – doch dieser Erfolg hatte seinen Preis. Die hohen Ansprüche und Qualitätsstandards des Teams, gepaart mit dem gewaltigen Erwartungsdruck, 52 Folgen pro Staffel zu produzieren, führten zu einem absolut unmenschlichen Produktionsplan, der von den Animatoren teilweise verlangte, nächtelang durchzuarbeiten, um die Deadlines überhaupt irgendwie einhalten zu können. Spätere Folgen mussten angeblich sogar binnen zwei Wochen fertiggestellt werden. *„Wir blieben nächtelang wach und haben bis zum Umfallen geschuftet"*, erinnerte sich Kotabe im Gespräch mit Nintendos damaligem Präsidenten Satoru Iwata. *„Ich dachte wirklich, ich würde jeden Moment den Löffel abgeben. Es war schrecklich."* Die steigenden Produktionskosten überhäuften *Zuiyo Eizo* mit immensen Schulden, die bald nicht mehr zu stemmen waren, was das Unternehmen letztlich dazu zwang, sich rechtlich aufzuspalten: in *Zuiyo Co.*, im Wesentlichen für die Abwicklung von *Heidi* und anderer früher Werke zuständig, und in das neue Studio *Nippon Animation*, maßgeblich verantwortlich für die Produktion zukünftiger Serien, einschließlich zukünftiger Werke von Takahata und Miyazaki. Im Dokumentarfilm *The Kingdom of Dreams and Madness* (2013) hob Miyazaki die besondere Rolle von *Heidi* als Takahatas Meisterwerk zwar hervor, war sich aber gleichzeitig der riskanten und unhaltbaren Produktionsvorgaben hinter einer derart beliebten Serie wie *Heidi* immer bewusst. Dieses zweischneidige Schwert hinsichtlich der Arbeitsweise und der Produktionsbedingungen spiegelte sich auch in der Heidi-Ausstellung des Ghibli-Museums im Jahr 2005 wider. Sie zeigte das gewaltige Diorama einer alpinen Szenerie, das mit Modellbauten aus Ton und vielen Figuren bevölkert war. Auch eine liebevolle Nachbildung der Berghütte von Heidis Großvater war zu sehen, einschließlich der Ziegen, die Miyazaki mittlerweile in seinem privaten Atelier aufbewahrt und manchmal zur Bespaßung der Kinder vor Ort herausholt. Die Ausstellung sollte Takahatas Rechercheeifer, Kotabes Charakterdesigns und die atemberaubenden Hintergrundzeichnungen von Art Director Masahiro Ioka würdigen, gleichzeitig aber auch die Herkulesaufgabe zeigen, das Unmögliche möglich zu machen und eine solche Vision ins Fernsehen zu bringen. *„Takahata, der an* Heidi *arbeitete, war der Erste, der eine derart umfassende Methode der Regieführung anwandte"*, bemerkt Miyazaki und betont, dass sein einstiger Mentor nur aufgrund des Ehrgeizes und der flammenden Leidenschaft des gesamten Teams so erfolgreich sein konnte. Zudem erfüllten sie alle drei die Bedingungen, um ein so kräftezehrendes, kreatives Unterfangen überhaupt angehen zu können: *„Einer war jung, einer war unbekannt und einer arm."*

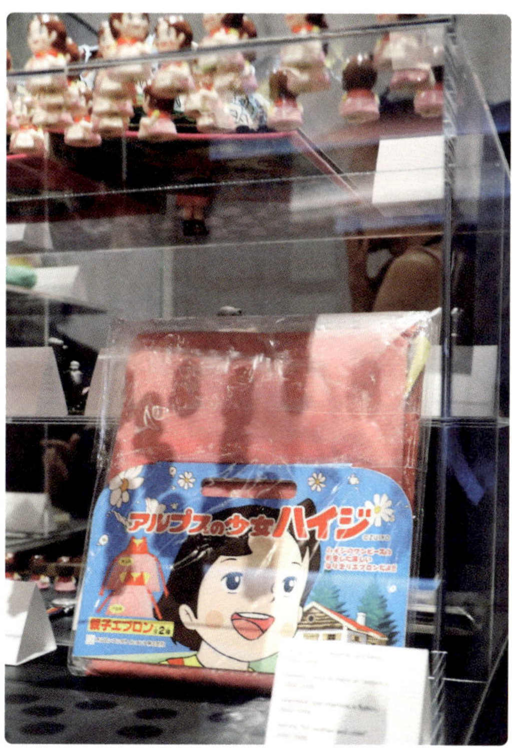

Gegenüber: Einmal Schweiz, bitte! Für eine Sonderausstellung der Zeichentrickserie in Zürich kehrt *Heidi* in ihre Heimat zurück.

Oben: Eine Vitrine mit Merchandise und Fanartikeln in der *Heidi*-Ausstellung Zürich.

Marco (3000 Leagues in Search of Mother)

Regie: Isao Takahata
52 Folgen / Jahr: 1976

Nachdem das Team mit *Heidi* das Medium revolutionierte und der Welt eine gänzlich neue Form der Zeichentrickserie bescherte, waren die Erwartungen natürlich hoch und Fragen wurden laut, ob ein solches Wunder zwei Jahre später erneut realisierbar sei.

Die TV-Animationsbranche ist anspruchsvoll, undankbar und unersättlich. Wer Erfolg hat, fördert dadurch den Hunger nach mehr. Konsum ist alles. Hayao Miyazaki bemerkte bereits 1987, dass *„das Fernsehen immer wieder das Gleiche verlangt. Die Gefräßigkeit macht alles banal"*. Das soll nicht heißen, dass die Nachfolgeserie weniger erfolgreich war – ganz im Gegenteil. In Japan genießt das Werk hohes Ansehen und auch auf ausländischen Märkten, insbesondere in Südeuropa, Südamerika und im Nahen Osten, ist die Serie gut vertreten. Wir im englischen Sprachraum dagegen haben das Nachsehen, da sich *Marco*, der mit mannigfaltiger Titelgebung daherkommt, nie wirklich durchsetzen konnte. Ob *3000 Leagues in Search of Mother*, *From the Apennines to the Andes*, *The Heart* oder eben einfach nur *Marco*: Das Werk wollte und wollte einfach nicht Schule machen. Selbst innerhalb dieser eher unbekannten Episode des Werdegangs von Takahata und Miyazaki kommt *Marco* auf besonders leisen Sohlen daher. Während *Heidi* und auch die Nachfolgeserie *Anne mit den roten Haaren* (1979) beide Buchadaptionen waren, ist *Marco* sehr viel freier gehalten und basiert auf einem Kapitel des Romans *Cuore* („Herz") des italienischen Schriftstellers Edmondo De Amicis aus dem Jahr 1886, einem Meisterwerk der italienischen Kinder- und Jugendliteratur. Die Serie begleitet den jungen Protagonisten *Marco* auf einer transatlantischen Reise von Italien bis nach Argentinien auf der Suche nach seiner Mutter, die bereits Jahre zuvor die gleiche Reise antrat, um dort als Dienstmädchen für eine wohlhabende Familie zu arbeiten. In der Adaption wird die Geschichte zu einem soziologischen Epos, das sich mit dem Stadtleben genauso auseinandersetzt wie mit der Armut und Notlage von Kindern. Takahata und Kazuo Fukazawa, der Drehbuchautor von *The Little Norse Prince* (1968), schufen hier ein atemberaubendes und ambitioniertes Werk mit einer Vielzahl an Figuren und Orten, die *Marco* im Laufe seiner Odyssee kennenlernen darf. Da *Marco* im englischsprachigen Raum nicht vertrieben wird, fällt es schwer, dieses Werk innerhalb der Filmografie Takahatas genau einzuordnen. Es heißt, dass die Geschichte von den Siegern geschrieben wird, doch in diesem Fall spielt wohl etwas ganz anderes eine Rolle: Hier wird die Historie von denen geschrieben und geprägt, deren Werke und Titel ins Englische übersetzt werden.

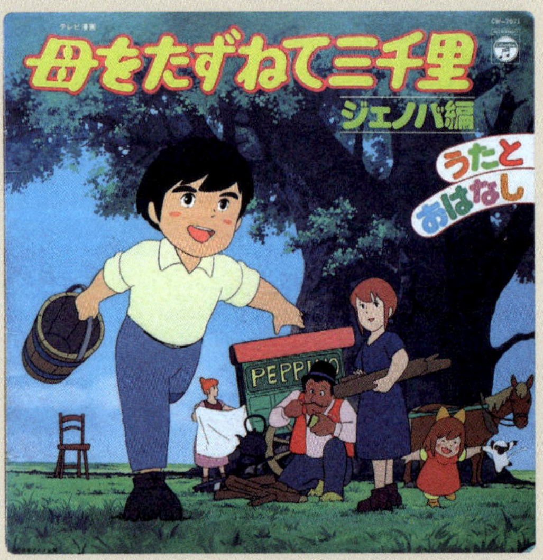

Gegenüber: Wie in der Kapitelüberschrift des italienischen Originals führt Marcos Reise ihn vom Apennin bis in die Anden.

Links: Auf einer Reise durch Argentinien lernt Marco den Wanderpuppenspieler Peppino und seine drei Töchter kennen.

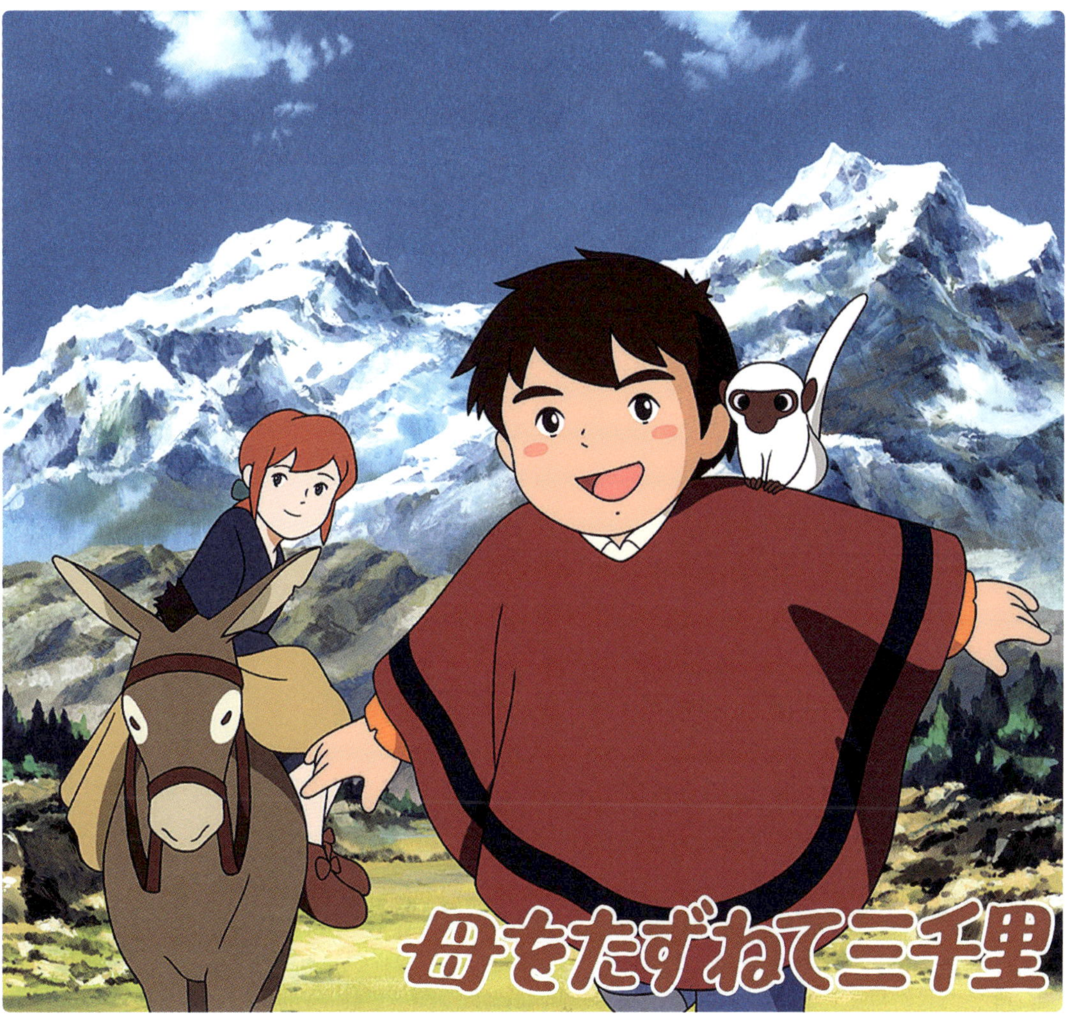

Zwar war *Marco* ein weiterer Erfolg für das Kreativteam hinter *Heidi*, doch bald darauf begann die Zusammenarbeit zu bröckeln. Wie auch bei *Heidi* hatte sich das kreative Kernteam – Takahata und Miyazaki, diesmal mit Art Director Takamura Mukuo im Schlepptau – auf eine Recherchereise begeben, die Mukuos üppige Hintergründe maßgeblich beeinflussen sollte und die den Mittelmeerraum und Südamerika umfasste. Doch erneut war die Produktion ein hartes Stück Arbeit, und Kotabe erinnert sich an Streitereien sowohl mit Miyazaki als auch Takahata bezüglich bestimmter Sequenzen. Miyazaki wiederum sieht in *Marco* eine Art Wendepunkt für sein eigenes Filmschaffen. In einem Interview, das 1984 in dem Buch *Starting Point: 1979–1996* abgedruckt wurde, beschreibt er die Serie als Inbegriff von Takahatas *„Animationen aus dem täglichen Leben, Alltagsgeschichten mit realistischen Schauplätzen, die Wert auf die alltäglichen Dinge des Lebens legen"*. Während er Takahatas Weg und seine Art des Filmemachens durchaus respektiert, beschreibt Miyazaki auch, dass ihre Geschmäcker *„recht schnell auseinanderdrifteten"* und es für ihn immer seltener die Möglichkeit gab, seine Fähigkeiten als dynamischer Animationskünstler und Layouter zu zeigen. Er musste zugeben, dass er sich mehr für Geschichten interessierte, die in der Welt der Fantasie und des Abenteuers verwurzelt waren als im wirklichen Leben. Für ihn fühlte es sich an, als sei er nach der Arbeit an *Marco* wieder *„ganz am Anfang"*, wie er sagt, und er war entschlossen, einen neuen Abschnitt seiner Karriere zu beginnen, weit weg von seinem einstigen Mentor.

Future Boy Conan

Regie: Hayao Miyazaki
26 Folgen / Jahr: 1978

Nachdem *Future Boy Conan* jahrzehntelang im englischen Sprachraum (offiziell) nicht verfügbar war, wurde das Werk in den Jahren 2021/2022 durch den Filmverleih *GKIDS* und den Vertrieb *Anime Limited* veröffentlicht. So kam einer der richtungsweisendsten Anime-Serien überhaupt endlich die gebührende Bedeutung zu.

Obwohl Miyazakis Regiedebüt bei der Erstausstrahlung 1978 kein großer Erfolg war, wurde *Future Boy Conan* oft als wichtigster Meilenstein seiner gesamten Karriere angesehen. In einer Retrospektive im *Animage*-Magazin aus dem Jahr 1990 wurde die Serie sowohl als Höhepunkt als auch als Startschuss für all die Werke, die darauf folgen sollten, beschrieben. Miyazaki selbst betont gern, er habe die Aufgabe, *Conan* zu inszenieren, eher widerwillig übernommen. Ernüchtert von Isao Takahatas Entscheidung, mehr und mehr realitätsnahe Dramen umzusetzen, wollte Miyazaki nach der etwas ernsteren Thematik rund um *Marco* (1976) lieber an etwas Heiterem und Leichtem mit einer gesunden Prise Action arbeiten. 1984 bemerkte er in einem Interview: *„Ich hatte Angst und war beunruhigt, gab es doch kaum andere Optionen zu jener Zeit."* Japans öffentlich-rechtliche Rundfunkgesellschaft NHK hatte sich seinerzeit an *Nippon Animation* gewandt, genau jene Produktionsfirma, die zuvor auch *Marco* produziert hatte, und vorgeschlagen, gemeinsam die allererste Zeichentrickserie des Senders zu produzieren: eine 26-teilige Adaption des postapokalyptischen Jugendromans *The Incredible Tide* des Schriftstellers Alexander Key. Nach eigenen Aussagen fand Miyazaki das Buch nicht sonderlich gut, vor allem die unverblümten Anspielungen auf den Kalten Krieg und die seiner Meinung nach viel zu düsteren Bilder missfielen ihm für eine potenzielle Kinderserie, die er sich vielmehr als unterhaltsame, lebensbejahende und fröhliche Erzählung ausmalte. Er nutzte daher die Originalstory lediglich als Denkanstoß für die Konzeption einer eigenen Serie. *„Der Produktionsplan ist für mich eher ein Rohling, eine Art Gefäß, das noch gefüllt werden muss"*, sagte er 1983. *„Teil meiner Arbeit ist es, herauszufinden, womit dieses Gefäß gefüllt werden soll und welche Form der Rohling am Ende annimmt."* Bei Miyazakis Adaption von *The Incredible Tide* blieb kaum ein Stein auf dem anderen und am Ende war von der ursprünglichen Geschichte bis auf das postapokalyptische Setting, die wichtigsten Romanfiguren und einige Kulturen, die im Buch vorkommen, nicht mehr viel übrig. Miyazaki füllte das neue Gefäß munter mit seinen ganz eigenen Ideen. Die Serie begleitet einen kleinen Jungen namens Conan, der uns als einer von nur zwei verbliebenen Bewohnern von Remnant Island vorgestellt wird, einer winzigen Kolonie, die von Überlebenden einer Raumschiffflotte gegründet wurde. Nach der gescheiterten Flucht vor einem verheerenden Krieg, der ihren Heimatplaneten zerstören würde, kehrten die wenigen Überlebenden zur Erde zurück. Als eines Tages ein junges Mädchen namens Lana am Meeresstrand angespült wird, ändert sich Conans Leben für immer. Die Isolation nimmt ein abruptes Ende, er entdeckt den Wert zwischenmenschlicher Beziehungen und erfährt, was es bedeutet, mit und in einer Gemeinschaft zu leben. Er lernt verschiedene Kommunen kennen, darunter das grüne Paradies High Harbour und Industria, eine dystopische Gesellschaft, die von einem machtgierigen Diktator regiert wird. Obwohl die Serie offenkundig Miyazakis Handschrift als Regisseur und Autor trägt, war er bei der Realisierung der Serie nicht auf sich allein gestellt. Sein ehemaliger Mentor Yasuo Otsuka war als Animationsregisseur und Charakterdesigner mit an Bord, und auch Isao Takahata half bei einigen Folgen mit Storyboards und auf dem Regiestuhl aus. Wirft man einen Blick in den Abspann, wird man auf Anhieb spätere Mitstreiter des Ghibli-Universums entdecken, darunter den Hauptanimator Yoshifumi Kondo, den Art Director Nizo Yamamoto, aber auch den Color Designer Michiyo Yasuda, einen von Miyazakis engsten Kollegen. Gräbt man noch tiefer, findet man Anime-Urgesteine wie Madhouse-Mitbegründer Yoshiaki Kawajiri, der eigene Animationen beisteuerte, oder den Schöpfer von *Mobile Suit Gundam*, Yoshiyuki Tomino, der an einigen Storyboards mitgearbeitet hatte. Und doch wird *Future Boy Conan* nicht ohne Grund als Miyazakis erste große Regiearbeit angesehen und gilt auch heute noch als klares Statement innerhalb seines Schaffens. Viele seiner späteren Themen, die er immer wieder aufgreifen wird, tauchen hier in geballter Form

Gegenüber: *Future Boy Conan* wies Hayao Miyazaki bereits einen neuen kreativen Weg, bevor er sich an die Produktion abendfüllender Spielfilme heranwagte.

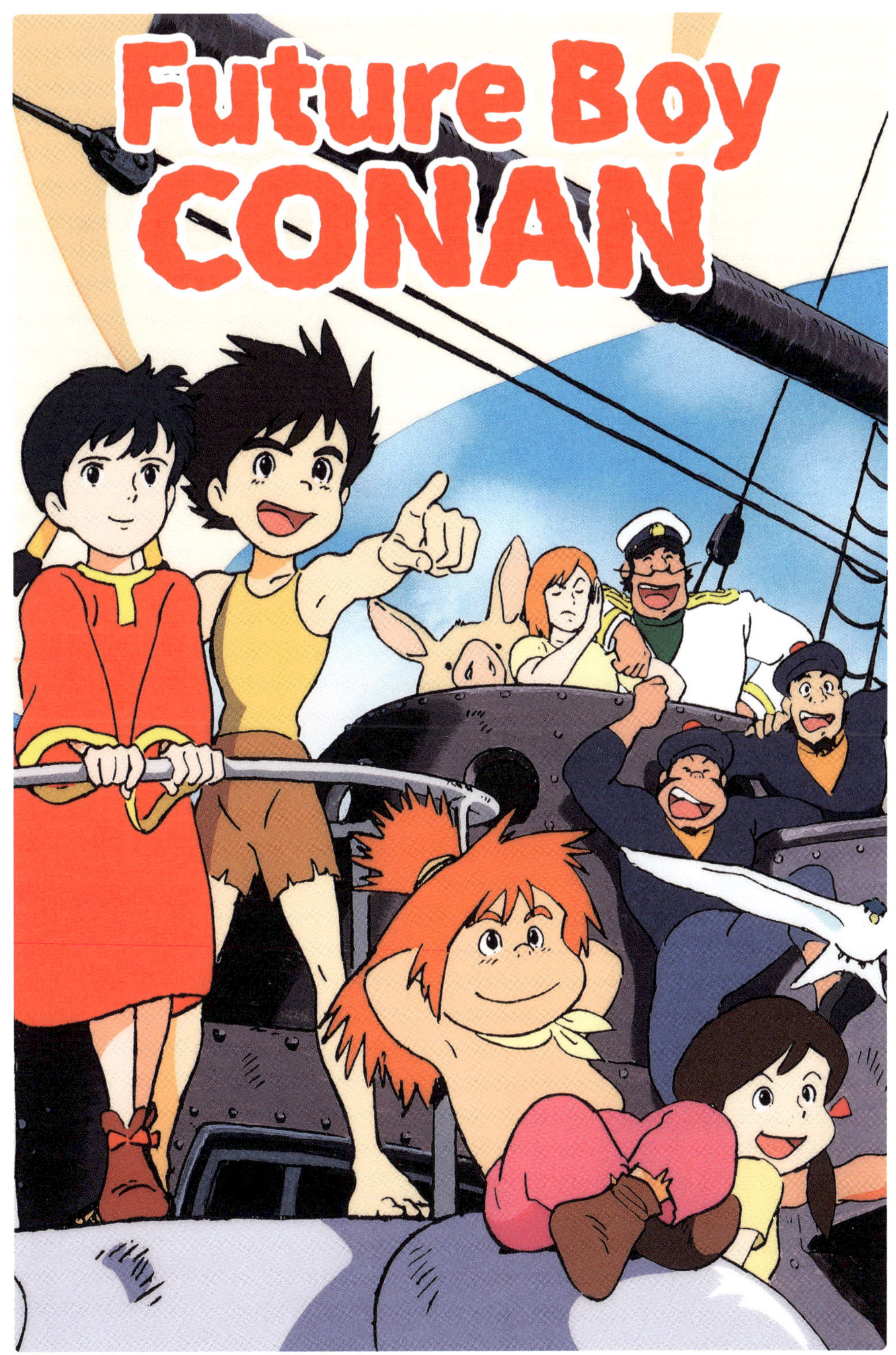
Future Boy
CONAN

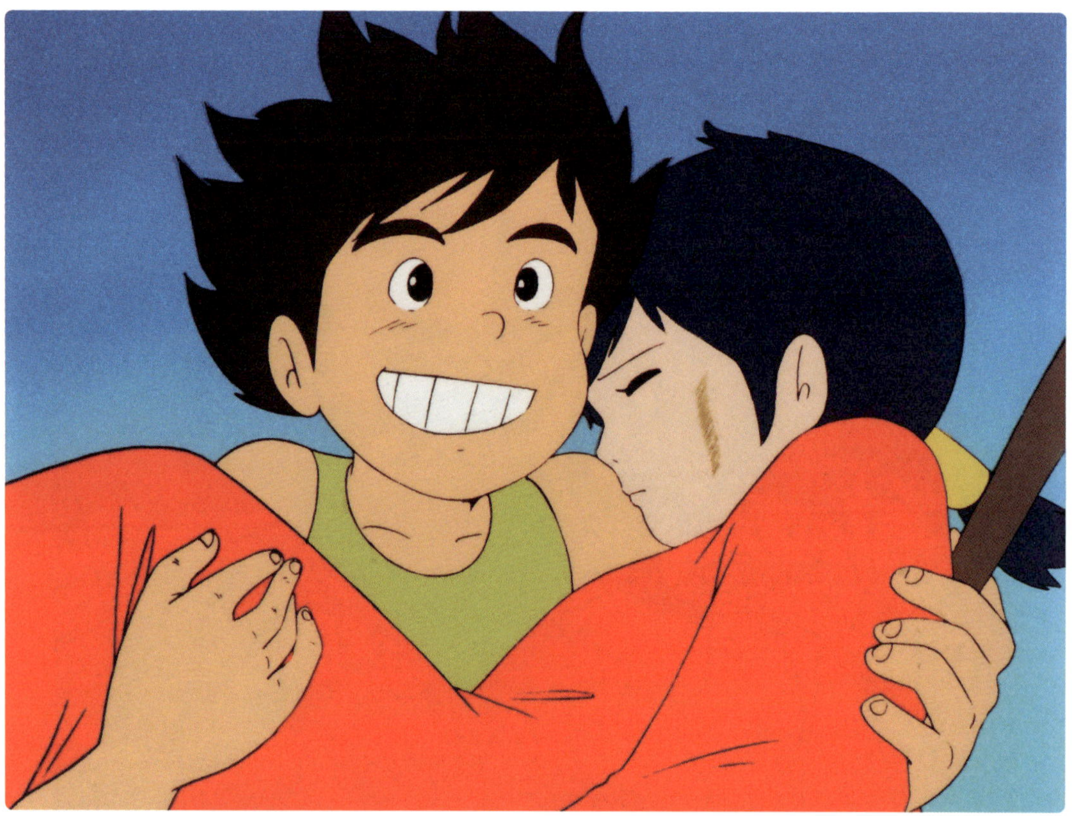

zum ersten Mal auf: junge Charaktere, die der älteren Generation mutig trotzen, die eine verkommene Welt erben sollen, in der Fortschritt und Industrie in ständigem Kampf mit Mutter Natur stehen, aber auch Figuren auf der Suche nach Hoffnung, nach Gleichgewicht und einem Gefühl inneren Friedens. Von *Nausicaä aus dem Tal der Winde* (1984) über *Das Schloss im Himmel* (1986) bis hin zu *Prinzessin Mononoke* (1997) hat alles hier seinen Ursprung.

Nachdem er zuvor jahrelang im Team gearbeitet hatte, machte Miyazaki sich nun erstmals als Solokünstler einen Namen. Yasuo Otsuka, der über 15 Jahre mit Miyazaki zusammengearbeitet hatte, erlebte diese Veränderung unmittelbar und meinte, „*es war, als würde man live mitansehen, wie ein Normalsterblicher sich in den unglaublichen Hulk verwandelt*". Wie Andrew Osmond und Jonathan Clements in ihrer Würdigung in einem Buch zitierten, das zusammen mit der britischen Blu-ray-Version von *Future Boy Conan* veröffentlicht wurde, bemerkte Otsuka: „*[Miyazaki] hatte unglaublich viel Erfahrung gesammelt. Er kombinierte sein geballtes Können als Techniker und Animator mit seinem grundlegenden Verständnis für Szenenaufbau und wie Charaktere sich zu bewegen hatten. Ich war wirklich verblüfft. Es war, als würde man mit einem Zauberer der Animationskunst zusammenarbeiten.*" 1983 erinnerte sich auch Miyazaki daran, wie er bei der Produktion von *Conan* eine Art Erleuchtung erlebte, die maßgeblich dazu beitrug, seine Idealvorstellung des Storytellings vom akribisch recherchierten Alltagsrealismus Takahatas zu unterscheiden. Miyazaki wollte das Publikum unterhalten, es begeistern und ermutigen, Hoffnung im Herzen zu tragen und diese Hoffnung auf eine bessere Zukunft auch an die kommenden Generationen weiterzugeben. Anstatt die Wirklichkeit durch die Animationskunst nur darzustellen, wollte er die Animation lieber nutzen, um fiktive Welten zu erschaffen, die das Unversehrte und Intakte der wahrhaftigen Realität in sich tragen. „*Lügen müssen auf Lügen geschichtet werden, um so Schicht für Schicht eine durch und durch glaubwürdige Welt zu erschaffen*", sagt Miyazaki. „*Und die Leute, die in einer solchen Welt leben, sollten ebenso realistisch denken und handeln ... Der Trick besteht darin, die Lügen, die man erfindet, in eine passende Welt zu verwandeln.*" Während *Future Boy Conan* im englischsprachigen Raum aufgrund einiger Missgriffe und frustrierender Fehlentscheidungen des internationalen Vertriebs leider oftmals übersehen wurde, war sein Einfluss doch bei mehreren Generationen von Filmemachern zu spüren, nicht nur in der Animationswelt, sondern auch im Spielfilmbereich.

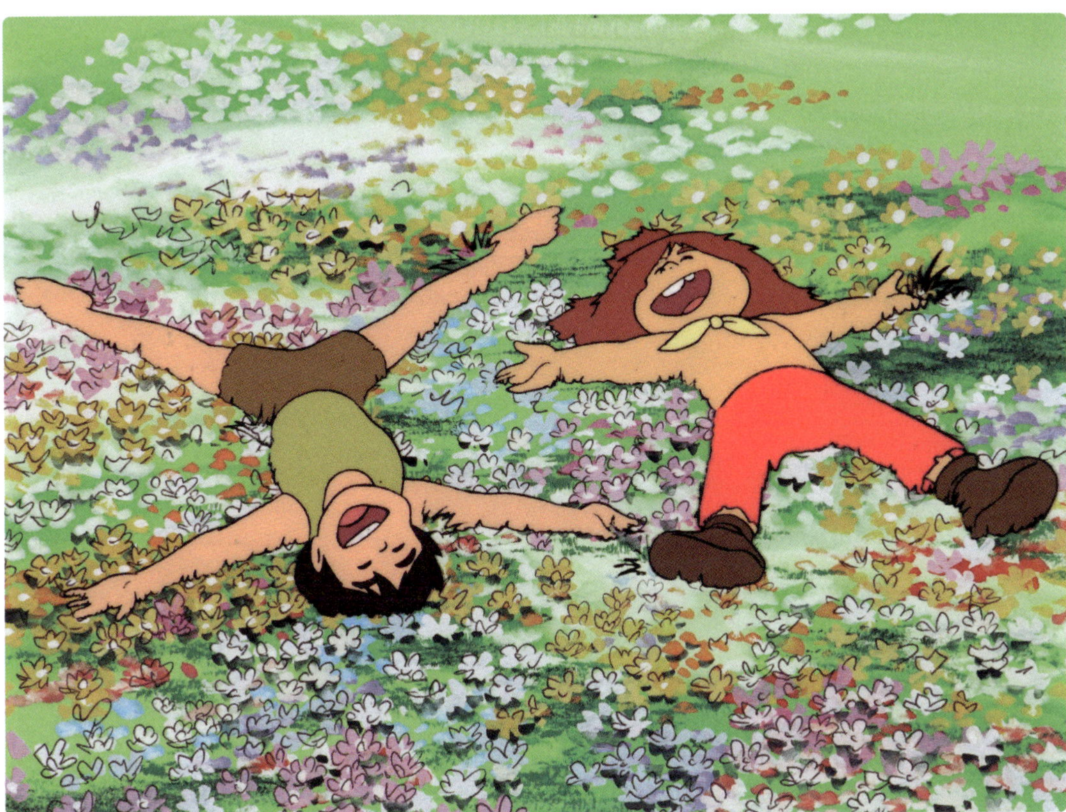

Jahre vor seinem Erfolg mit Filmen wie *Memories of Murder* (2002), *The Host* (2006) und *Parasite* (2019) sah Regisseur Bong Joon-ho sich während seines Studiums an der KAFA (der Koreanischen Filmakademie) die gesamte *Conan*-Serie an und bescheinigte ihr später, ihm das Regiehandwerk nähergebracht zu haben. Jüngst fand *Conan* auch in Masaaki Yuasas Animeserie *Keep Your Hands Off Eizouken!* (2020) einen Nachhall. Die Serie handelt von einer Mädchenbande, die eigene Amateur-Animationen produziert und deren größte Inspiration kaum kaschierte Kopien von Szenen aus *Future Boy Conan* sind. Ja, selbst innerhalb der engen Grenzen des *Ghibliothek*-Podcasts, in den wir Künstlerinnen und Künstler einladen, um über den Einfluss von Miyazaki, Takahata und Studio Ghibli auf ihr eigenes Schaffen zu sprechen, wird *Future Boy Conan* nicht selten über Filme wie *Mein Nachbar Totoro* und *Chihiros Reise ins Zauberland* gestellt. Die Schöpferin von *Steven Universe*, Rebecca Sugar, erzählte uns beispielsweise, wie sie sich von der Serie inspirieren ließ und die einzelnen Folgen akribisch studierte, um herauszufinden, wie Miyazaki und sein Team durch die anspruchsvolle Welt der TV-Animation navigierten und ein derart hohes Qualitätsniveau nicht nur erreichen, sondern vor allem auch aufrechterhalten konnten. Sie legte die Serie der gesamten Filmcrew von *Steven Universe* ans Herz und ließ in ihrer eigenen Produktion immer wieder kleine Anspielungen mit einfließen – am offensichtlichsten natürlich im gleichnamigen Titel der Folge *„Future Boy Zoltron"*. Ebenso verriet Pixar-Regisseur Enrico Casarosa, wie er als kleiner Junge in Italien *Conan* sah und die Serie einen so bleibenden Eindruck bei ihm hinterließ, dass er dem Werk in seinem Spielfilm *Luca* (2021) Tribut zollen wollte. Eine der Figuren in diesem sonnigen Pixar-Film trägt Kleidung, die der von *Future Boy Conan* frappierend ähnlich ist. Etwas weniger vordergründig diente die Serie auch seinem Animationsteam als Vorlage für die energiegeladenen Bewegungsmuster der Figuren, die Enrico Casarosa in *Luca* sehen wollte. Eine Qualität, die seiner Meinung nach für diese Ära von Miyazakis Schaffen charakteristisch ist. *„Man spürt eine regelrechte Freude in der Animation"*, erzählte er uns. *„Und auch eine kindliche Verspieltheit, die ich in seinen späteren Werken vermisse."*

Gegenüber (oben): Conan und Lana tragen beide denselben Abenteurergeist in sich, der auch bei späteren Miyazaki-Charakteren immer wieder auftaucht.

Oben: Wusstet ihr, dass Conans Outfit (links) das Aussehen von Alberto, halb Mensch, halb Seeungeheuer, in Pixars *Luca* inspiriert hat?

Anne mit den roten Haaren

Regie: Isao Takahata
50 Folgen / Jahr: 1979

Der dritte Teil von Isao Takahatas Trilogie der Kinderbuchadaptionen, die in den 70ern als Teil der *World Masterpiece Theater*-Serie (wie die Reihe bis zu diesem Zeitpunkt offiziell genannt wurde) entstand, war *Anne mit den roten Haaren*. Bedauerlicherweise geriet ausgerechnet diese Serie unter die Räder.

Die Serie basiert auf einem Roman der kanadischen Autorin Lucy Maud Montgomery aus dem Jahre 1908. Es geht um ein junges Waisenmädchen, das ein neues Leben auf der abgelegenen idyllischen Prince-Edward-Insel beginnt. Die Serie erfreute sich sowohl in Japan als auch international großer Beliebtheit und ist auch heute noch sehr angesehen. Sie sollte Takahatas letzter Teil der *World Masterpiece Theater*-Serie und somit die abschließende Produktion für Nippon Animation werden. Schon während der Arbeiten zu *Marco* (1976) gerieten die Dinge aus den Fugen, aber bei dieser Produktion entstanden zum ersten Mal irreparable Schäden. Yoichi Kotabe, der Animation Director, hatte die Produktion verlassen und wurde durch den aufstrebenden jungen Star Yoshifumi Kondo ersetzt. Der größte Verlust war jedoch Hayao Miyazaki, der nach 15 Folgen das Projekt verließ und dem Unterfangen einen herben Schlag versetzte – war er doch seit einem Jahrzehnt Takahatas engster Mitarbeiter. Miyazaki hatte bereits sein Regiedebüt mit der Serie *Future Boy Conan* (1978) gegeben, wahrscheinlich wäre ihm eine Rückkehr an Takahatas Seite als Layout Artist wie ein Rückschritt vorgekommen. Auf dem Regiestuhl würde er früh genug wieder sitzen, dafür sollte *Das Schloss des Cagliostro* (1979) schon bald sorgen.

Gegenüber: Das japanische Poster für die Kinofassung, die aus einem Zusammenschnitt der ersten sechs Folgen besteht.

Unten: Für die Fernsehdoku *Journey of the Heart* reist Takahata erneut auf die Prince-Edward-Insel, die inspirierende Kulisse für *Anne mit den roten Haaren*.

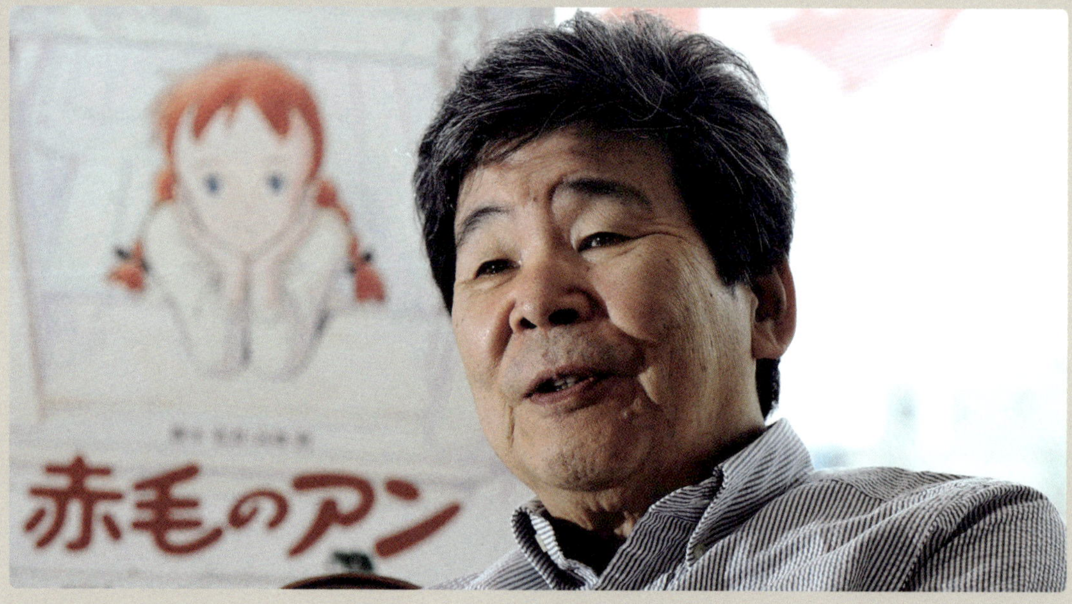

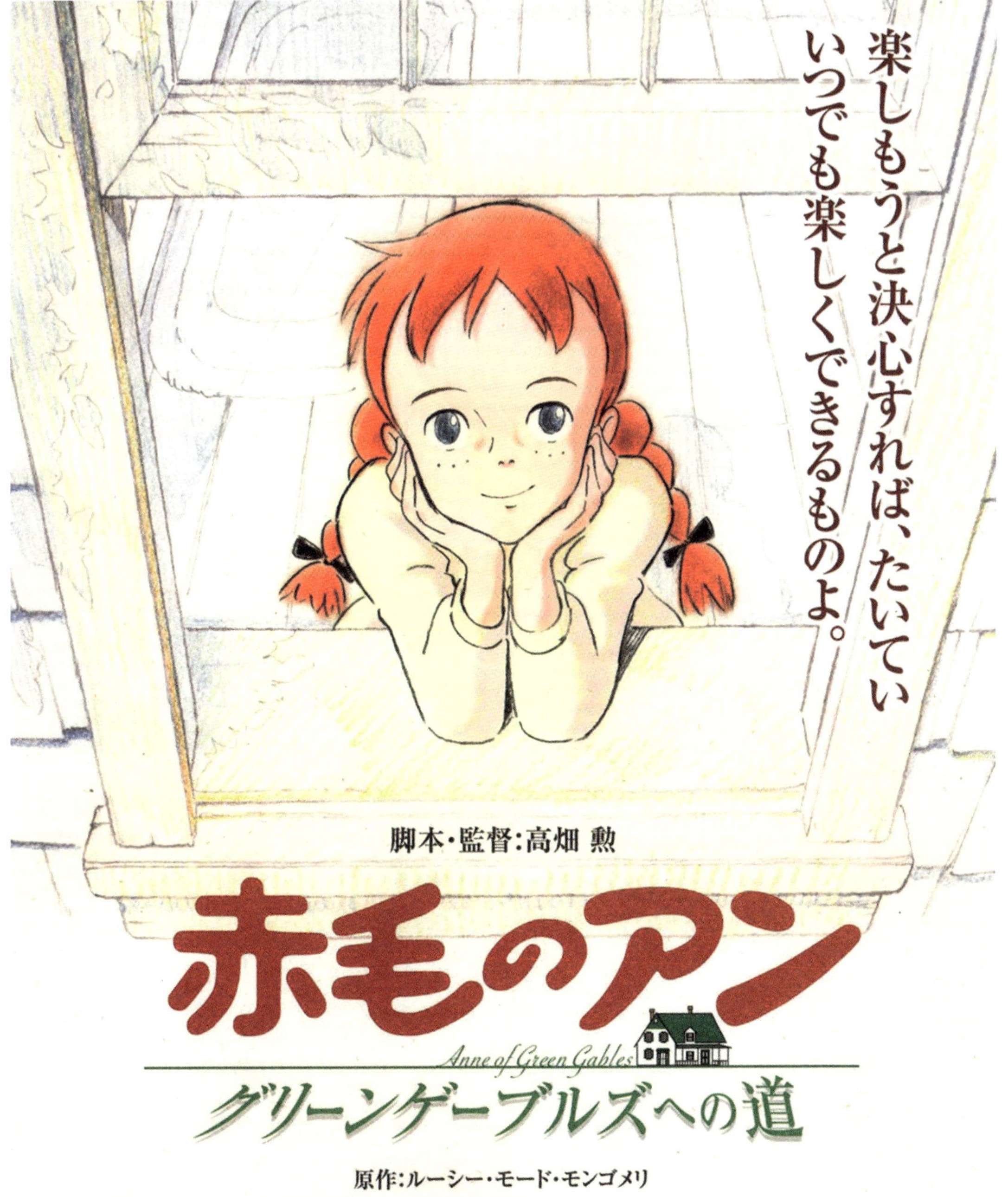
楽しもうと決心すれば、たいてい
いつでも楽しくできるものよ。
脚本・監督:高畑 勲
赤毛のアン
Anne of Green Gables
グリーンゲーブルズへの道
原作:ルーシー・モード・モンゴメリ
脚本:千葉茂樹／磯村愛子／神山征二郎　場面設定・画面構成:宮崎 駿
キャラクターデザイン・作画監督:近藤喜文　美術監督:井岡雅宏　音楽:三善 晃／毛利蔵人
声の出演:山田栄子／北原文枝／槐 柳二／羽佐間道夫
制作:日本アニメーション　提供:三鷹の森ジブリ美術館／スタジオジブリ／日本テレビ／ディズニー　特別協賛:日清製粉グループ
配給:三鷹の森ジブリ美術館
www.ghibli-museum.jp/anne/
©NIPPON ANIMATION CO., LTD
赤毛のアン and other indicia of Anne are trademarks and Canadian official marks of the Anne of Green Gables Licensing Authority Inc.
Charlottetown, Prince Edward Island, used under licence by Nippon Animation Co., Ltd.
※本作は「赤毛のアン」全50話より1〜6話を再編集したものです。イラスト:「赤毛のアン」DVD6巻より

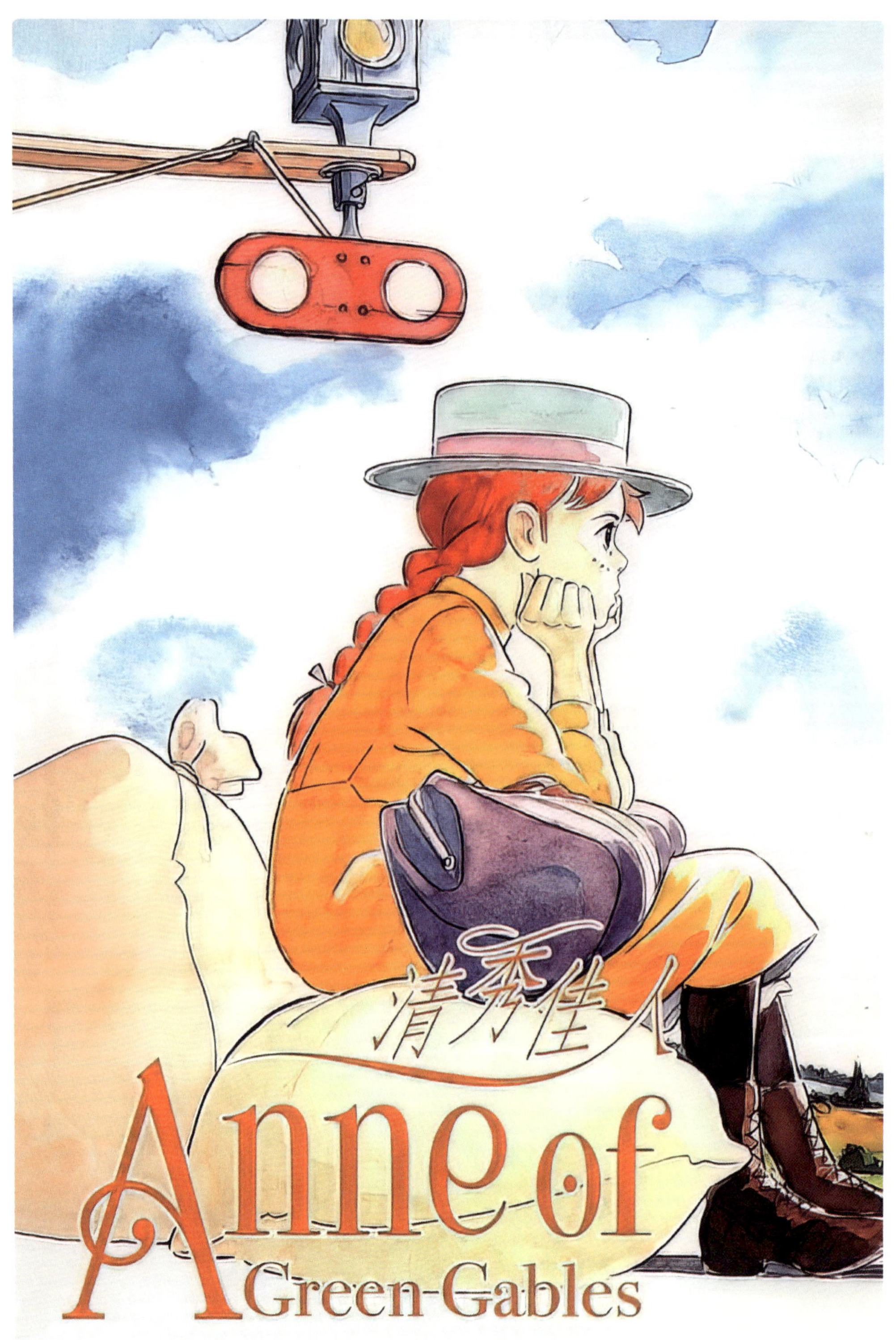

清秀佳人
Anne of
Green-Gables

„Ich liebe das tägliche Leben, es gehört zum Allerwichtigsten ... Solange wir es uns gutgehen lassen, wird die Natur uns segnen, ganz gleich, ob wir arm oder reich sind. Die Sonne scheint, es regnet. Die Blumen blühen und die Vögel zwitschern. Es wäre doch langweilig, wenn wir diese kleinen Dinge im Leben nicht genießen würden."

Future Boy Conan war zumindest teilweise schuld an der angespannten Situation während der Produktion von *Anne mit den roten Haaren*. Die Serien liefen fast unmittelbar nacheinander, *Conan* ging im November 1978 zu Ende und *Anne* feierte im Januar 1979 Premiere. Viele Mitarbeiter von Nippon Animation arbeiteten sowohl an diesen beiden Serien als auch an *Perrine*, einer anderen literarischen Adaption (1978). Dadurch entstand ein Engpass und es gab kaum Zeit, sich neu zu formieren und sich auf *Anne mit den roten Haaren* vorzubereiten, deren Produktionszeit auf ein Jahr angesetzt war. So dauerte es auch nicht lange, bis es zu massiven Verzögerungen kam: Ganze Folgen mussten aus dem Drehplan gestrichen werden und Rückblenden, die ursprünglich animiert werden sollten, wurden mit Standbildern produziert, um die Deadlines doch noch irgendwie einhalten zu können. Die Crew arbeitete selbst im Krankheitsfall noch unter Hochdruck. Michiyo Sakurai, die Miyazaki ablöste, erinnert sich im Booklet zum Blu-ray der Serie, dass sie ihre Layouts krank im Bett erstellt hat. Yoshifumi Kondo weigerte sich Berichten zufolge trotz einer lebensbedrohlichen Lungenerkrankung, sich ablösen zu lassen, und arbeitete während der gesamten Behandlung weiter. Takahatas Ehrgeiz und seine perfektionistischen Züge taten ihr Übriges. Wie bei seinen vorherigen Adaptionen begab er sich erneut auf eine umfangreiche Recherchereise, diesmal ging es mit dem jungen Kondo nach Kanada. Allerdings war *Anne mit den roten Haaren* mehr noch als die beiden vorherigen Serien als akribisch-detailgetreue Adaption geplant. Viele der Folgen wurden nach Kapiteln des Buches benannt und Takahata übernahm etliche Dialoge eins zu eins. Kondo hatte sich in *Future Boy Conan* bereits als Meister der überschwänglich-expressionistischen Charakteranimationen bewiesen, doch hier übertraf er sich bei der Inszenierung der ruhigeren Momente selbst. Er fand eine realistischere Form des Ausdrucks, bei der Emotionen durch subtile Mimik und Verhaltensmuster ausgedrückt werden, während seine Charakterdesigns, die sich im Laufe der Jahre stetig weiterentwickelten, geschickt den Lauf der Zeit einfangen. Sie zeigen, wie Anne von einem ungezogenen elfjährigen Mädchen zu einer jungen Frau an der Schwelle zum Erwachsensein heranwächst. Gleichzeitig wird das gesamte Drama kunstvoll von den Hintergründen von Art Director Masahiro Ioka umrahmt, der hier sein Comeback feierte und dessen aufwendig gestaltete Innenräume genauso atemberaubend sind wie die weitläufigen Landschaften. Elemente von *Anne mit den roten Haaren* verweisen auf Takahatas spätere Werke, insbesondere auf *Tränen der Erinnerung – Only Yesterday* (1991). Später kehrte er noch einmal zur Serie zurück mit der Veröffentlichung einer Filmfassung der ersten sechs Folgen, die unter dem Label *Ghibli Museum Library* 2010 in die Kinos kam und auch auf Video vertrieben wurde. Bei dieser Gelegenheit reflektierte Takahata über *Anne mit den roten Haaren* und seine Suche nach einer Form der *„Animation des alltäglichen Lebens"* und fasste seine Erfahrungen und seine universelle Weltanschauung folgendermaßen zusammen:

> *„Ich liebe das tägliche Leben, es gehört zum Allerwichtigsten ... Solange wir es uns gutgehen lassen, wird die Natur uns segnen, ganz gleich, ob wir arm oder reich sind. Die Sonne scheint, es regnet. Die Blumen blühen und die Vögel zwitschern. Es wäre doch langweilig, wenn wir diese kleinen Dinge im Leben nicht genießen würden."*

Gegenüber: Das Charakterdesign von Anne war ein wichtiger früher Beitrag des zukünftigen Ghibli-Urgesteins Yoshifumi Kondo.

Das Schloss des Cagliostro

Regie: Hayao Miyazaki
Laufzeit: 100 Minuten / Jahr: 1979

In unserem ersten Buch über Studio Ghibli fragten wir uns, ob Hayao Miyazaki Japans Antwort auf Steven Spielberg sei. Gibt es tatsächlich so viele Parallelen zwischen den beiden?

Porco Rosso (1992) versprüht mitreißenden *Indiana Jones*-Geist und Spielbergs *Die Abenteuer von Tim und Struppi – Das Geheimnis der Einhorn* (2011) springt munter zwischen einzelnen Versatzstücken hin und her. Der Film kann mit großem animiertem Einfallsreichtum punkten, vor allem bei einer atemberaubenden Motorradverfolgungsjagd, die jeglichem physikalischen Gesetz spottet. Seit seinem ersten Film *Duell* (1971), für den der junge Spielberg sein Hotelzimmer mit Storyboards zukleisterte, um die umfangreiche Verfolgungsjagd des Films akribisch zu planen, war klar, dass der Kerl weiß, wie man Kino und Boliden für maximalen Spannungsaufbau auf der Leinwand zusammenbringt, ganz ähnlich wie Hayao Miyazaki. Dabei sind es nicht immer nur fliegende Monster oder ausgefallene Flugmaschinen, denen Miyazakis Strichführung einen gewissen Pep und Schwung verleiht. In seinem Film *Das Schloss des Cagliostro*, der Fortsetzung eines Mangas in einer Anime-Adaption aus dem Jahre 1979 über einen Gentleman-Dieb, der eine

Gegenüber: Artwork für die 4K-Restaurierung des Films *Das Schloss des Cagliostro*. Der Gentleman-Dieb bricht weiterhin die Herzen.

Unten: Prall gefüllt mit Action, bietet *Cagliostro* auch Momente zum Durchatmen – obwohl die Luft manchmal mit ganz schön viel Zigarettenrauch geschwängert ist.

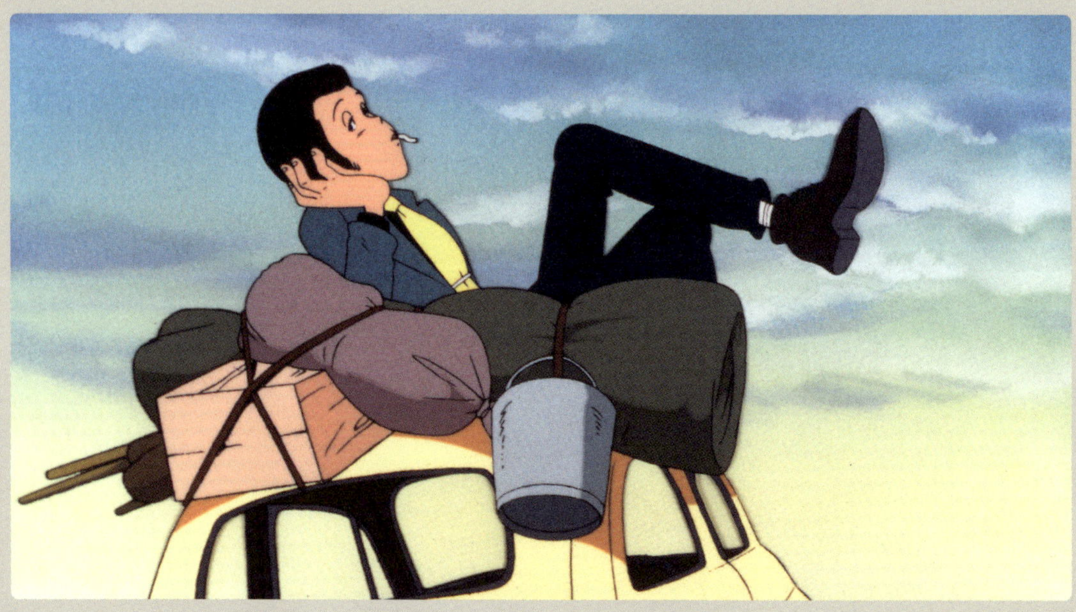

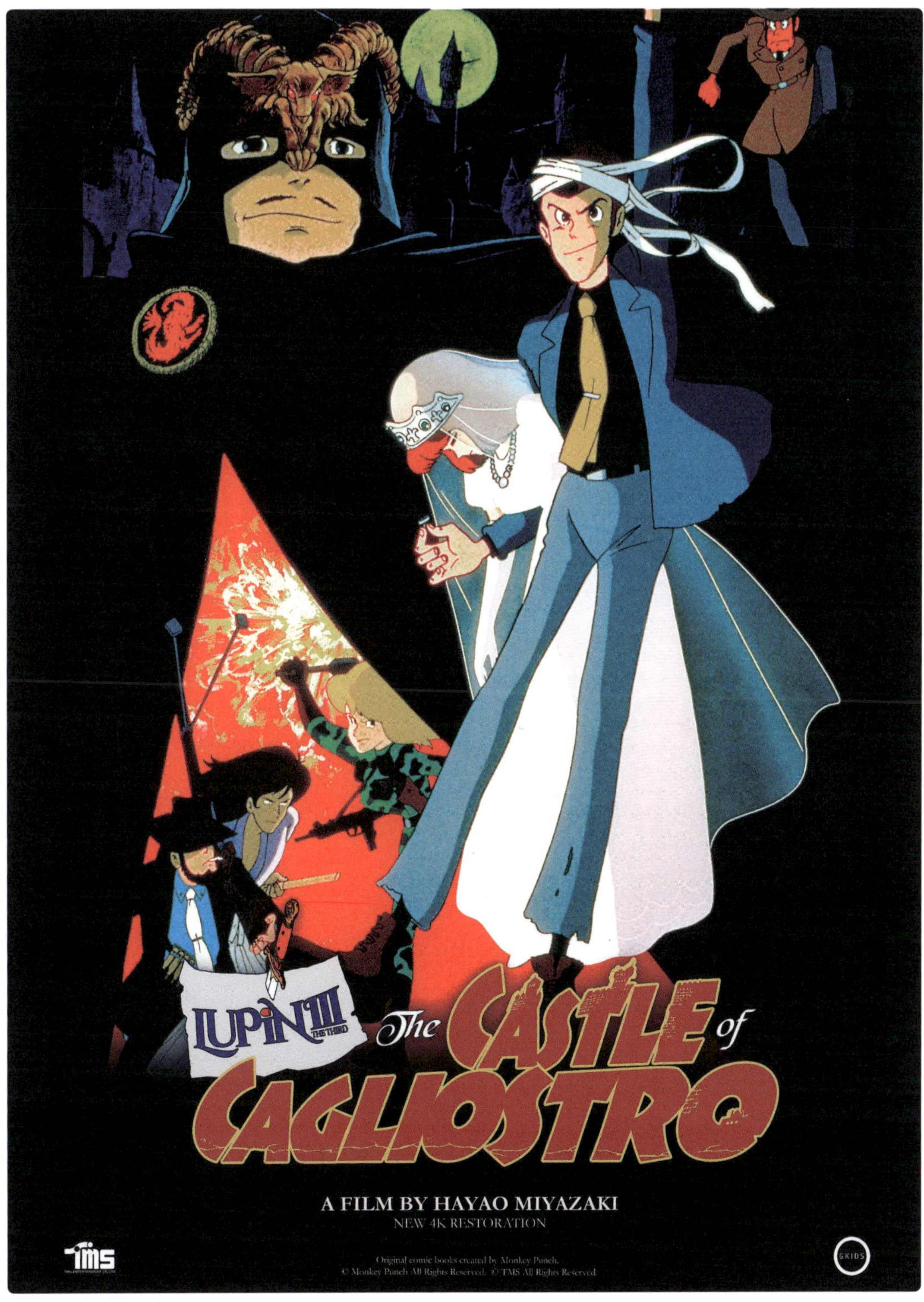
LUPIN III
THE THIRD
The CASTLE of
CAGLIOSTRO
A FILM BY HAYAO MIYAZAKI
NEW 4K RESTORATION
TMS
Original comic books created by Monkey Punch.
© Monkey Punch All Rights Reserved. © TMS All Rights Reserved.
GKIDS

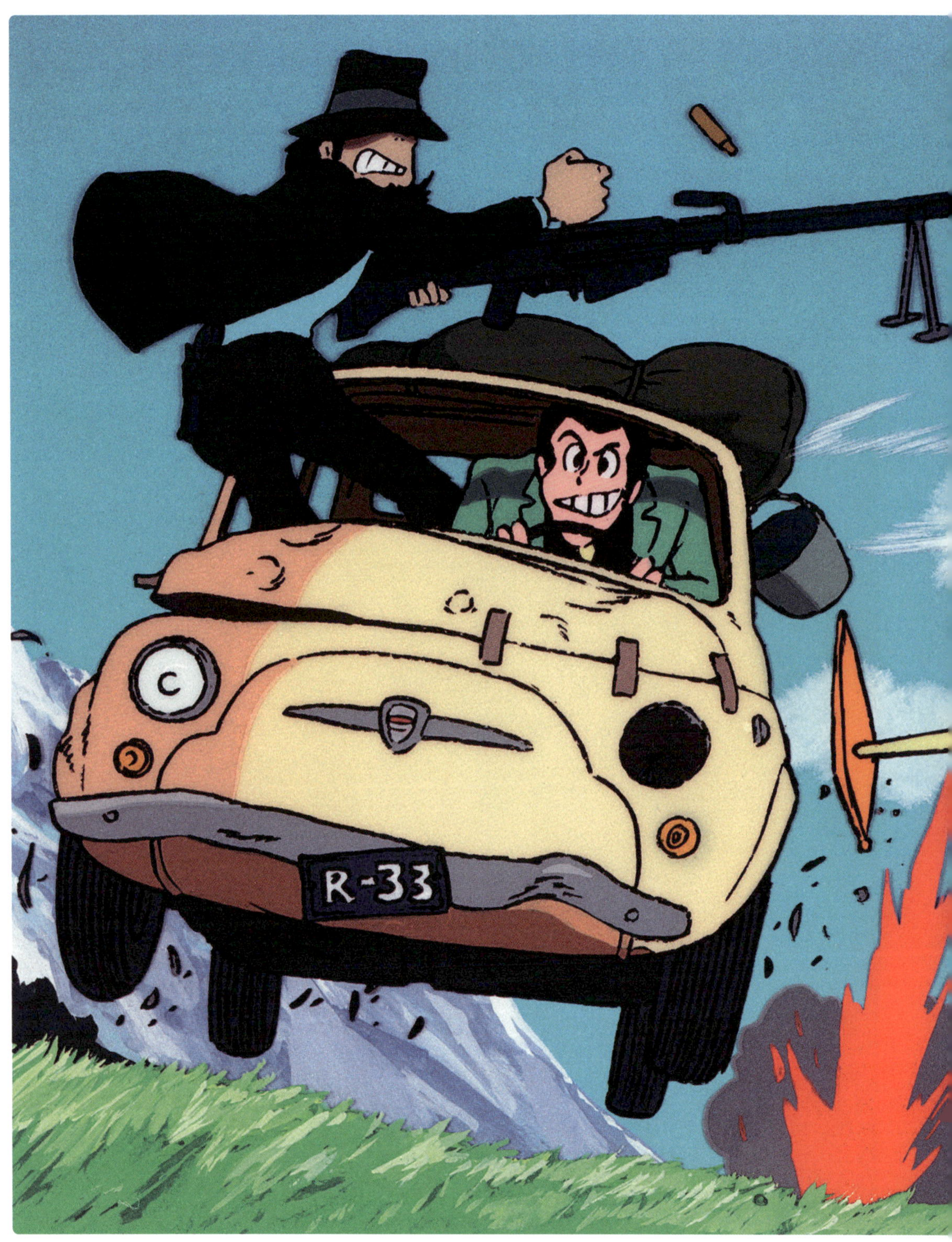
R-33

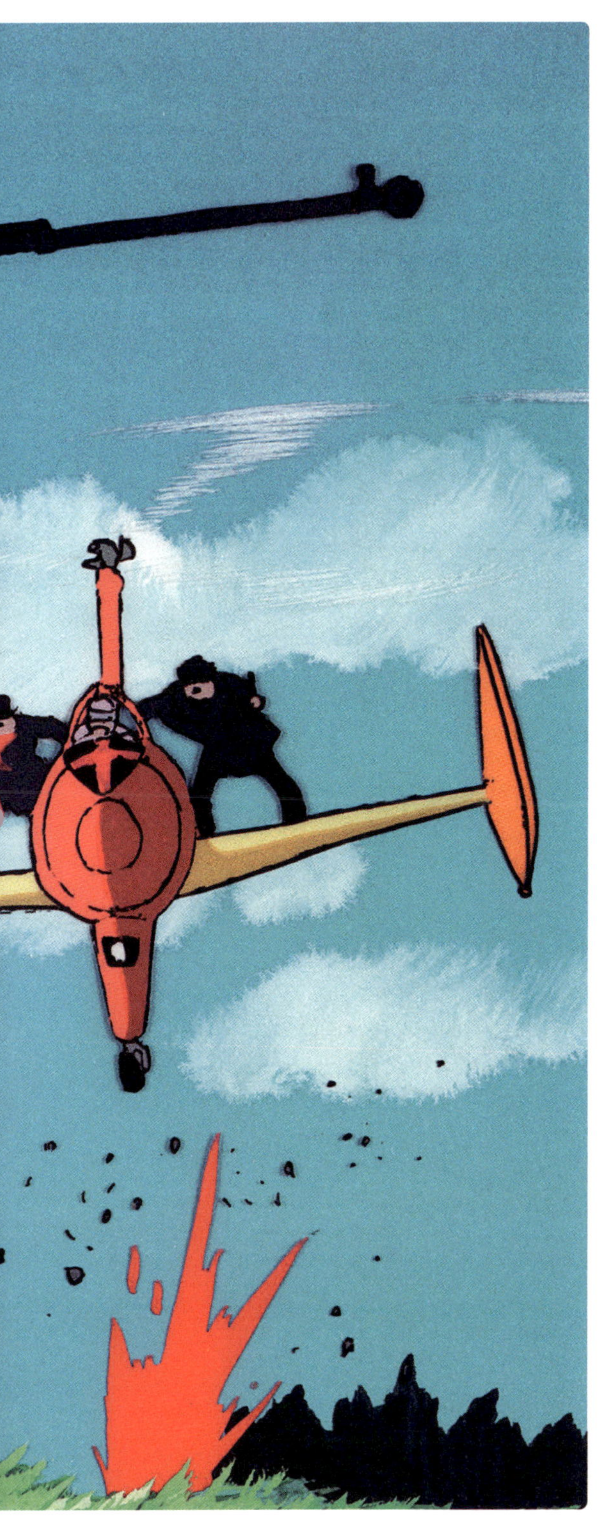

Geldfälscherwerkstatt auffliegen lässt, verwandelt er einen winzigen, bescheidenen Fiat 500 in ein Action-Fahrzeug. Die Reifen des kleinen Flitzers haften an Felswänden, Kugeln prallen vom Karosserieblech ab und Geldbündel wirbeln über den Bildschirm.

Sollte man eine Kopie von Miyazakis Film auf Video ergattern, findet man auf dem Cover eine Beschreibung, die ihn als *„einen der größten Abenteuerfilme aller Zeiten"* definiert – ein Zitat, das niemand Geringerem als Steven Spielberg zugeschrieben wird. Aber hat er das wirklich gesagt? Unsere Nachforschungen haben ergeben, dass das nicht der Fall ist. Trotz intensiver Recherche in jedem Winkel des Internets und dem Durchforsten sämtlicher Interviews gibt es keinen Beweis für dieses Schulterklopfen der Anerkennung quer über den Pazifik und über Tausende Kilometer hinweg. Die einzige konkrete Verbindung gibt es in dem von Spielberg produzierten Film *Die Goonies* (1985); dort steht in einer Spielhalle das Lupin-Spiel *Cliff Hangar*, das adaptierte Animationen aus *Cagliostro* zeigt. Ob er es nun gesagt hat oder nicht, ein Körnchen Wahrheit steckt wohl trotzdem in diesem Zitat. Es mag vielleicht nicht der „größte" Abenteuerstreifen aller Zeiten sein, aber Hayao Miyazakis erster Film als Regisseur – er hatte gerade erst Erfolg mit *Future Boy Conan* (1978) – markierte den ersten Auftritt eines der größten Abenteuer-Filmemacher aller Zeiten.

Unter Vorgabe der bereits existierenden Charaktere bleibt Miyazaki innovativ und doch nah am Original: Er inszeniert den frechen, charmanten Lupin als einen dynamischen und anpassungsfähigen Kumpel für das Publikum, das so in den Genuss seiner einfallsreichen, originellen Animationen kommt. Der Dieb und seine Mitstreiter sollen das mit prunkvollen Türmen ausgestattete gotische Schloss eines bösen Grafen, der zum Geldfälscher wurde, infiltrieren. Lupin hegt die Hoffnung, das Komplott des Grafen aufdecken zu können und das Schloss zu alter Pracht zurückzuführen. Der Streifen ist alberner und moralisch einfacher gestrickt als alle Filme, die Miyazaki später machen wird, doch er macht auch unheimlich viel Spaß und es gibt immer wieder ruhige Momente, in denen Lupin den Anblick der Wolken oder den Geschmack von Nudeln genießt – Elemente, die schon bald zu festen Bestandteilen seiner Arbeit als Filmemacher werden würden.

Links: *Das Schloss des Cagliostro* ist „einer der größten Abenteuerfilme aller Zeiten". Wer hat's angeblich gesagt?

Chie the Brat

Regie: Isao Takahata
Laufzeit: 110 Minuten / Jahr: 1981

***Chie the Brat* kommt als krasse, aber durchaus reizvolle Abkehr vom imposanten und idyllischen Realismus von Isao Takahatas Kinderbuchadaptionen daher. Die Komödie spielt in den rauen Straßen von Osaka und erzählt aus dem Leben eines widerspenstigen jungen Mädchens namens Chie und ihres Vaters Tetsu, einem Tunichtgut.**

Basierend auf dem gleichnamigen Gag-Manga von Etsumi Haruki, der zum Dauerbrenner wurde, kommt der Film in einem krakeligen, comichaften Stil daher, der ideal zu den Slapstick-Possen und übergroßen Persönlichkeiten passt, die im Mittelpunkt der Geschichte stehen. Gleichzeitig besitzt der Film jedoch auch eine unterschwellige Weisheit und wirft einen melancholischen Blick auf das normale Familienleben, der später in Takahatas Manga-Adaption *Meine Nachbarn die Yamadas* (1999) noch klarer werden sollte. Parallelen, die noch deutlicher werden, wenn man sieht, dass beide Filme in ihren Intros das Design von Hanafuda-Karten, japanischen Spielkarten mit Blumenmotiv, verwenden. Auch finden sich bereits Hinweise auf den Film *Pom Poko* (1994), als in einer schrägen Nebenhandlung die Rivalität verfeindeter Katzenbanden aus der Nachbarschaft als lustige Yakuza- und Martial-Arts-Parodie dargestellt wird. Unter anderem wird felsenfest behauptet, dass die Fähigkeiten eines Katers eng mit seinen Hoden in Verbindung stehen. *Chie the Brat* war das erste Projekt, an dem Takahatas einstige rechte Hand Hayao Miyazaki nicht beteiligt war, gleichzeitig war es auch eine Art Abgesang und ein würdevoller Abschied für viele seiner langjährigen Mitarbeiter, die den Sprung zu Studio Ghibli nicht geschafft hatten. Yasuo Otsuka und Yoichi Kotabe, die beide an Isao Takahatas vorherigem Spielfilm *The Little Norse Prince* (1968) beteiligt waren, fungierten als Charakterdesigner und Animationsregisseure, sie konzentrierten sich auf die Rollen verschiedener Charaktere und übernahmen deren Darstellung: Kotabe das junge Mädchen Chie und die streunende Katze Kotetsu, Otsuka den Faulenzer-Vater Tetsu. Tatsächlich war es auch Otsuka, der von den Produzenten angesprochen wurde. Man bat ihn, Takahata nach dem Abschluss von *Anne mit den roten Haaren* (1979) zurück auf den Regiestuhl zu holen. Takahata stimmte erst zu, nachdem er den Manga gelesen hatte. Allen war klar, dass er der schmuddeligen Großstadt Osaka ebenso gerecht werden würde wie den malerischen Schauplätzen seiner früheren Projekte. Art Director Nizo Yamamoto, der Takahata später zu Ghibli folgte und an *Das Schloss im Himmel*, *Die letzten Glühwürmchen*, *Tränen der Erinnerung – Only Yesterday* und *Prinzessin Mononoke* mitarbeitete, stellte die Häuser in Chies Nachbarschaft als malerische Dächerlandschaften dar. Takahata gab sich alle Mühe, die Eigenheiten des Osaka-Dialekts im Film unterzubringen und die Sprecherliste mit lokalen Komikern und Schauspielern zu füllen. Im Flyer zur Veröffentlichung von *Chie the Brat* sagt Otsuka, dass die gesamte Produktion sozusagen gegen den Strom schwamm, indem sie sich statt auf die üblichen Verdächtigen wie Superhelden, Science-Fiction-Abenteuer oder Märchen vielmehr auf alltägliche japanische Figuren konzentrierte. Doch ihre Bedenken waren unbegründet, denn *Chie the Brat wurde* ein großer Erfolg und zog direkt eine Fortsetzung nach sich, die 64 Folgen umfasste und im japanischen Fernsehen ausgestrahlt wurde. Während der Film zum Zeitpunkt dieser Buchveröffentlichung leider nach wie vor noch nicht auf Englisch erschienen ist, hält seine Wertschätzung in der Heimat bis heute an. Wenn ihr in Japan zufällig auf einen Gacha-Automaten im Osaka-Stil stoßt, bekommt ihr nicht nur winzige Nachbildungen diverser Kult-Spots für Touris wie das Ausgehviertel Dotonbori, die Burg Osaka oder das Grab von Kaiser Nintoku zu sehen, sondern findet direkt daneben bestimmt auch eine grinsende Chie.

Gegenüber: Die ganze Bande auf einem Haufen. Chie und die Familie Takemoto verleihen dem Film nicht nur Spaß und Albernheiten, sondern auch eine große Portion Seele.

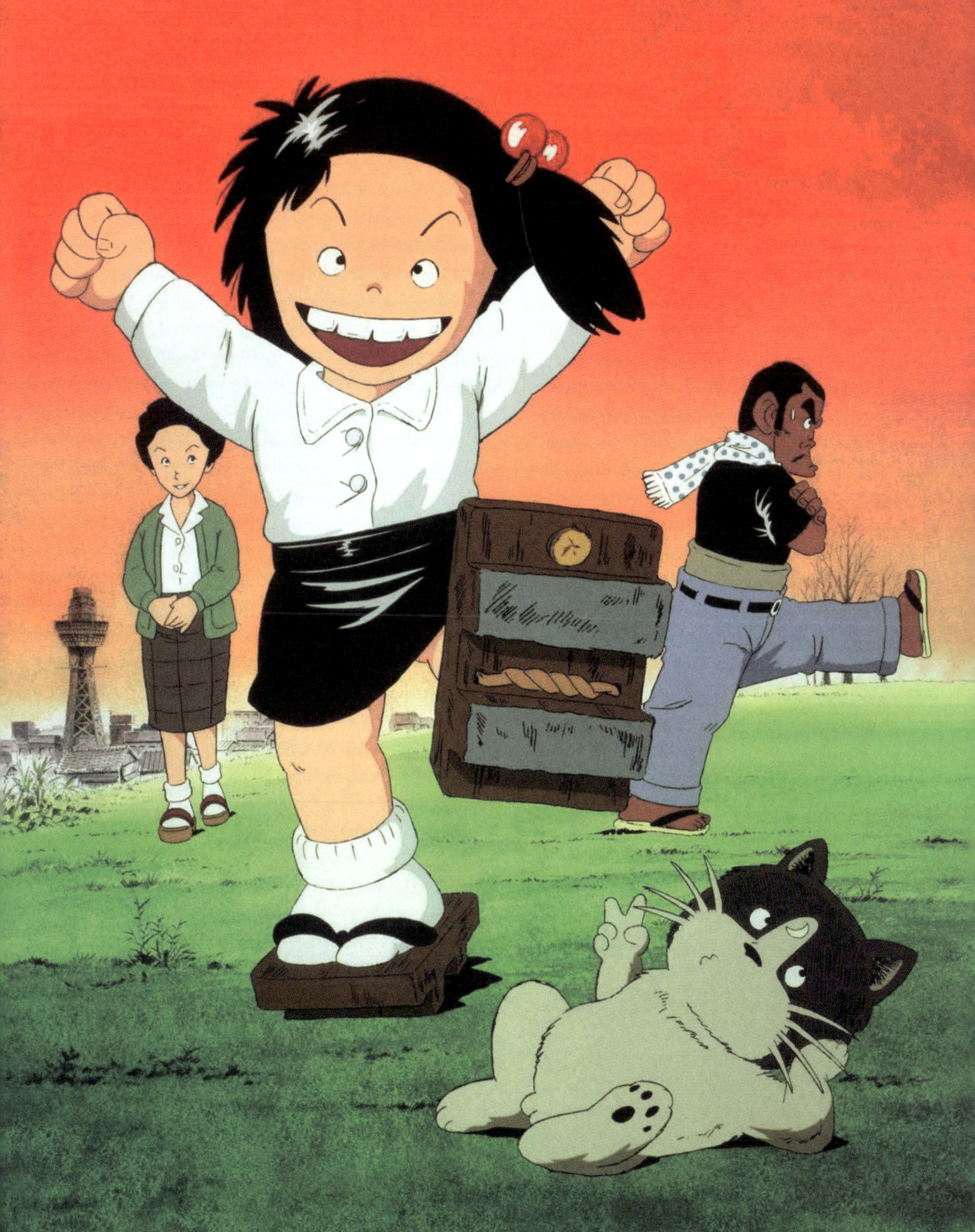

Gauche the Cellist

Regie: Isao Takahata
Laufzeit: 63 Minuten / Jahr: 1982

Wie alle Projekte von Isao Takahata aus der Zeit vor seiner Anstellung bei Studio Ghibli ist auch *Gauche the Cellist* ein kleines Juwel, das es zu entdecken gilt – vorausgesetzt, dieses Werk wird überhaupt jemals im englischen Sprachraum veröffentlicht.

Der Film basiert auf einer Kurzgeschichte des Schriftstellers Kenji Miyazawa (dessen Arbeit auch Gensaburo Sugiis Spielfilm *Night on the Galactic Railroad* von 1985 inspirierte) und begleitet einen jungen Musiker, der sich durch die Strapazen der Proben vor einem Konzert kämpft. In vier aufeinanderfolgenden Nächten wird Gauche von einer Reihe von Tieren besucht, darunter eine Katze, ein Kuckuck, ein Tanuki und ein Mäusepaar. Durch die Begegnung und Auseinandersetzung mit diesen Kreaturen entwickelt er ein sehr viel tieferes Verständnis für seine Verbindung mit der Musik, seinem Können und der Welt, die ihn umgibt. Obwohl dieser einstündige Spielfilm unmittelbar nach *Chie the Brat* (1981) veröffentlicht wurde, hatte die Produktion fünf Jahre gedauert, was ausnahmsweise nicht an Takahatas Hang zu schneckenhafter Langsamkeit lag. Der Film wurde von *Oh! Production* produziert, einem kleinen Unternehmen, für das etliche Veteranen des Genres tätig waren, darunter Koichi Murata und Kazuo Komatsubara. Sie waren längst selbst gefragte Handwerker und Künstler, die an Projekten wie *Devilman* (1972), *Galaxy Express 999* (1978) und Takahatas Werken aus den 70ern von *Die Abenteuer des kleinen Panda* (1972) bis hin zu *Anne mit den roten Haaren* (1979) mitgewirkt hatten. Mit *Gauche the Cellist* wollten sie neben den vielen Auftragsarbeiten ein eigenes Werk schaffen – ein „langwieriges und etwas spärliches" Konzept, wie Murata selbst formulierte.

Sowohl in der ursprünglichen Geschichte Miyazakis als auch in Takahatas Adaption schlägt *Gauche the Cellist* eine Brücke zwischen dem Heimeligen, Lokalen und dem Weltumfassenden, Globalen, zwischen Tradition und

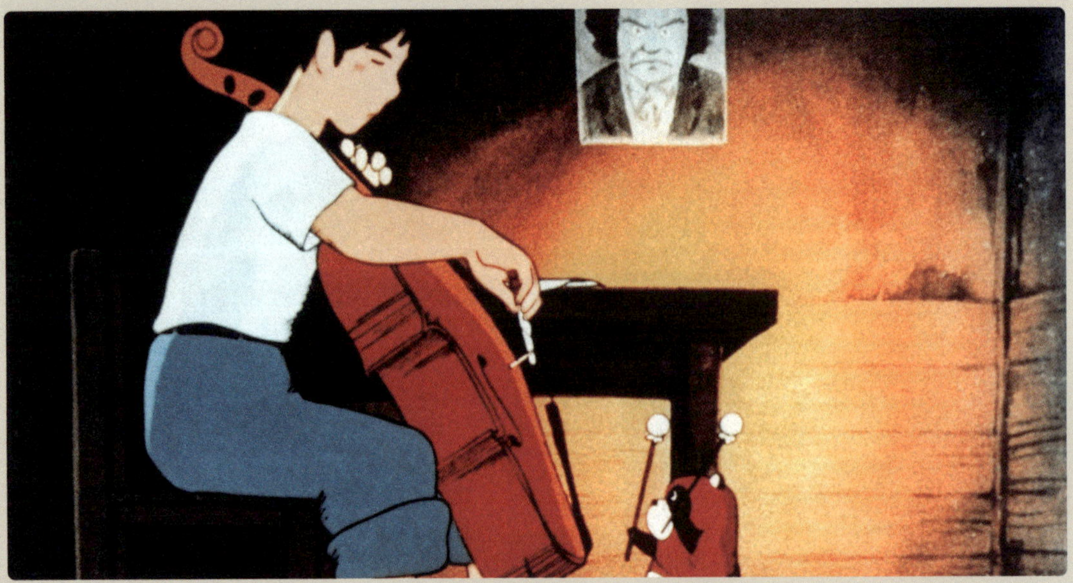

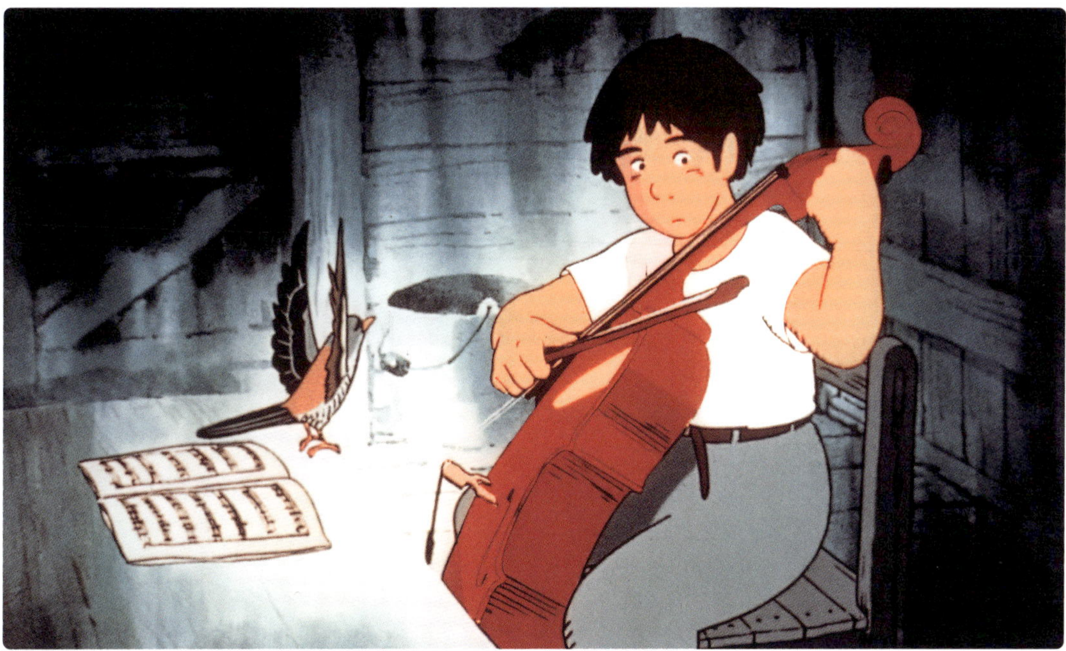

Moderne, aber auch zwischen Natur und Metaphysischem. Der junge Cellist führt ein einfaches Leben in einer Mühle auf dem Land, wo er seiner täglichen Routine nachgeht und fleißig Cello übt, während ein Porträt Ludwig van Beethovens seine Fortschritte mit Argusaugen überwacht. Gemeinsam mit einem Orchester aus dem Ort spielt er Konzertmusik, die Truppe wird allerdings auch von einem Kino engagiert, um Filmvorführungen musikalisch zu begleiten (darunter Parodien früher Animationen). Und doch sind es vor allem die bewusste Wahrnehmung und die gelebte Verbundenheit mit großen und kleinen Geschöpfen, die Gauche dabei helfen, seine eigenen Talente zu entdecken und die urtümliche Kraft der Musik zu verstehen. In einem Essay, der für die japanische Blu-ray-Veröffentlichung neu aufgelegt wurde, erklärt Takahata dieses Gewirr von Themen und Weltanschauungen, die Musik, Natur und Menschsein umfassen, folgendermaßen: „*Kenji Miyazawa muss sich einen Mikrokosmos ausgemalt haben, in dem all diese verschiedenen Welten miteinander interagieren und harmonisch vernetzt sind.*" Und so entwickelt sich *Gauche the Cellist* zu einer Art Fabel für Kinder. Im selben Essay beschreibt Takahata seine Intention wie folgt: „*Wir hoffen, dass alle Kinder in Japan diesen Film sehen werden und die innige Freude an der Musik spüren, während sie in die schöne und lustige Welt der Märchen abtauchen, in der diese Geschichte spielt.*" Natürlich beruht der Erfolg eines so wohldurchdachten Films vor allem auf der finalen Umsetzung, doch Tausendsassa und Hauptanimator Shunji Saida gelingt es virtuos, den Film mit liebevollen Details und herrlich expressionistischen Szenen zu spicken. Berichten zufolge nahm er sogar selbst Cellounterricht, um die Darstellung des Bogens und das Fingerspiel korrekt auf die Leinwand zu bringen. Viele Sequenzen des Films bestechen durch eine wunderbar verspielte Lässigkeit, beispielsweise Gauches Zusammenprall mit einer Katze aus dem Ort, die Tomaten aus seinem Garten stibitzt. Die Szene ist mit einer temperamentvollen Darbietung des schwierigen Stücks „*Tiger Hunt in India*" unterlegt und Gauche schüttelt und rüttelt die Katze, während die Charaktere sich munter verzerren und fast schon psychedelische Züge annehmen. „*Tiger Hunt in India*" und andere Stücke des Soundtracks sind Originalwerke des Komponisten Michio Mamiya, der bereits bei *The Little Norse Prince* (1968) mit Takahata zusammengearbeitet hatte und die Musik für *Gauche the Cellist* schrieb, während er seinen Onkel, einen Cellisten, im Hinterkopf hatte. Glücklicherweise arbeiteten sowohl Saida als auch Mamiya später erneut mit Takahata bei seinem ersten Spielfilm *Die letzten Glühwürmchen* (1988) für Studio Ghibli zusammen.

Gegenüber: Die Tanuki-Sessions. Wenn ihr dachtet, *Pom Poko* sei Takahatas erstes Techtelmechtel mit diesen putzigen Pelztierchen gewesen, dann guckt doch mal genauer hin ...

Oben: Hier werden die Instrumente gestimmt. Bei den nächtlichen Besuchen einheimischer Wildtiere findet Gauche seine Muse.

Die Abenteuer des Sherlock Holmes

Regie: Hayao Miyazaki (6 Folgen)
26 Folgen / Jahr: 1984

Die frühen 80er waren schwierig für Hayao Miyazaki. Den Gipfel seiner kreativen Schaffensphase hatte er Ende der 70er-Jahre mit *Future Boy Conan* (1978) und *Das Schloss des Cagliostro* (1979) erklommen und sein Können als Regisseur klar unter Beweis gestellt. Doch kaum brach das neue Jahrzehnt an, schien es fast unmöglich, eigene Projekte auf den Weg zu bringen, geschweige denn sie zu realisieren.

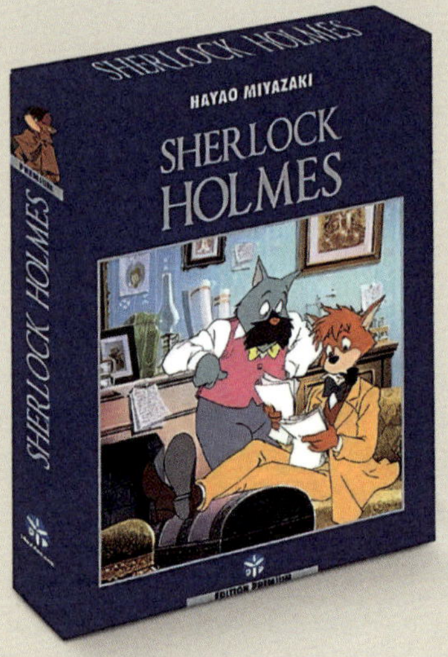

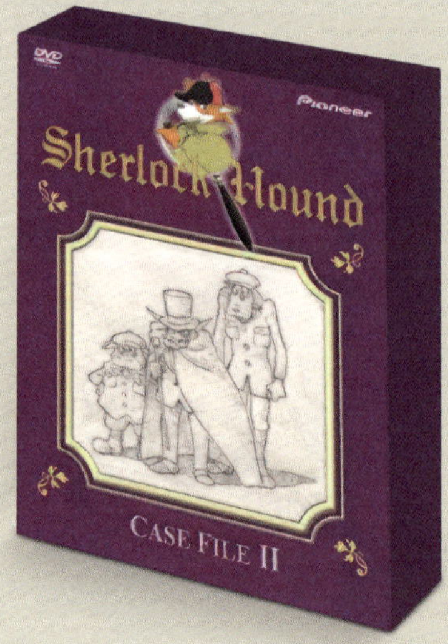

Stattdessen schuf er einen letzten Beitrag zu Lupin III, er schrieb und inszenierte zwei Episoden der TV-Serie *Lupin the 3rd Part II*, die beide 1980 ausgestrahlt wurden. Bald darauf fand er sich als Hauptanimator von Osamu Dezakis Sci-Fi-Weltraumabenteuer *Cobra* (1982) am Schreibtisch wieder. Davon abgesehen war sein eigener Schaffensweg ein ziemlicher Kampf. Für kurze Zeit arbeitete er gemeinsam mit Isao Takahata an einer Adaption von Winsor McCays Comic *Little Nemo*, die lange in der Konzeptionsphase festgesteckt hatte (und schließlich 1989 als *Der kleine Nemo im Schlummerland* veröffentlicht wurde). Er ließ sich vom Märchen *Die Schöne und das Biest* beflügeln und produzierte Storyboards für eine Neuinterpretation, die später in Buchform als *Prinzessin Mononoke (Urfassung)* veröffentlicht wurde. Ein weiteres abgebrochenes Projekt mit ähnlicher Inspirationsquelle war eine Adaption von Richard Corbens Underground-Comic *Rowlf* – eine blutrünstige Fantasy-Story, bei der eine Mensch-Hund-Chimäre eine tragende Rolle spielt. Einige dieser Ideen finden sich in einem Projekt wieder, das es über die Entwicklungsphase hinausschaffte und bei dem Miyazaki die Regie übernahm: *Die Abenteuer des Sherlock Holmes*, eine Neuinterpretation von Arthur Conan Doyles Meisterdetektiv. Die abenteuerlichen Geschichten über den tollkühnen Meisterdetektiv sind im England der vorletzten Jahrhundertwende angesiedelt, bei Miyazaki jedoch von menschenähnlichen Hunden bevölkert und mit steampunkmäßigen Pinsellandschaften untermalt, die den Einfluss von Jules Verne erahnen lassen.

Oben: *Die Abenteuer des Sherlock Holmes*. Zwei DVD-Boxen der amerikanischen DVD-Veröffentlichung der Serie durch Pioneer.

Gegenüber: Miyazakis Sherlock-Verfilmung unterzog die bekannte literarische Ikone einer hündischen Verjüngungskur.

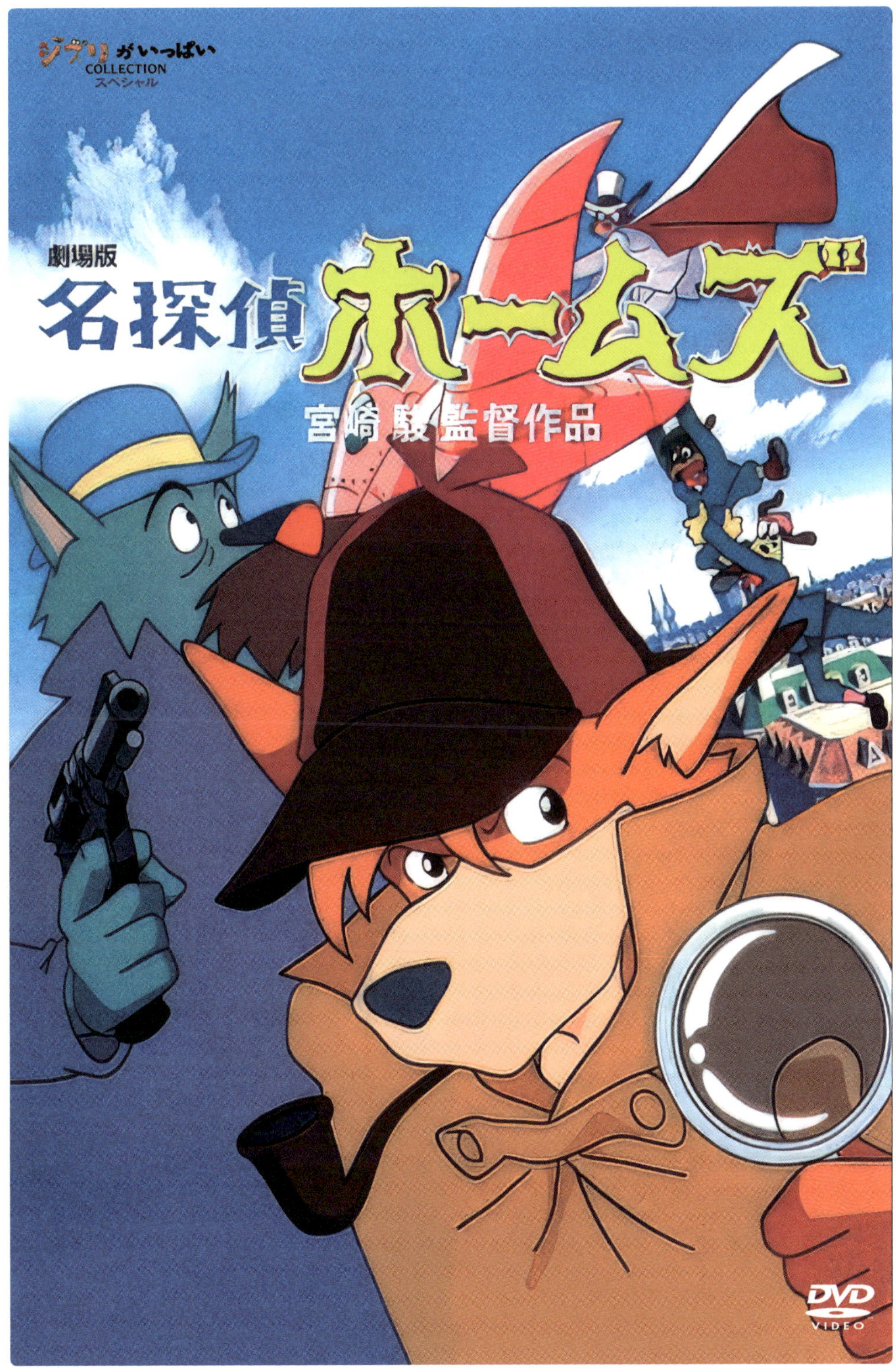
ジブリがいっぱい
COLLECTION
スペシャル
劇場版
名探偵ホームズ
宮崎駿監督作品
DVD
VIDEO

Der Serie *Die Abenteuer des Sherlock Holmes* gelingt die perfekte Balance zwischen *Future Boy Conan* und *Das Schloss im Himmel* (1986) und präsentiert uns einen Miyazaki, der mit dynamischen Actionszenen und Abenteuerelementen brilliert und uns facettenreich gezeichnete und lebendig animierte Figuren näherbringt, die von Designer und Animationsregisseur Yoshifumi Kondo entworfen wurden. Miyazaki hatte große Pläne für diese Serie, so wollte er beispielsweise Sherlocks Vermieterin Mrs. Hudson zu einer jungen Frau mit wachem Verstand und abenteuerlichem Entdeckergeist machen. Auch wollte er gern die Art und Weise verändern, wie Detektivgeschichten üblicherweise auf die Leinwand gebracht wurden, wie er es in einem Booklet für den Film beschrieb: *„Ich hatte bei Sherlock Holmes nie vor, ihn nur als Detektiv zu zeigen, der die Lorbeeren für seine Heldentaten einkassiert, weil er die Verbrecher schnappt … Das Langweiligste an all diesen Geschichten ist doch immer die Suche nach dem Täter, da das Verbrechen längst begangen wurde."* Zu diesem Zweck holte er neue Autoren ins Boot, die eigene, unverbrauchte Ideen einbringen konnten, darunter Sunao Katabuchi (*Princess Arete, In This Corner of The World*), der kurzerhand in das Gesamtwerk von Sherlock Holmes eintauchte, einschließlich sämtlicher Parodien und Plagiate, um den Geschichten einen originellen Anstrich zu verpassen. So wurde die Sherlock-Story vollgepackt mit Entführungen, Trickdieben, kuriosen Flugapparaten und gestohlenen U-Booten. Und doch – wie sollte es anders sein – war *Sherlock Holmes* als Teil der vom Fluch heimgesuchten 80er-Jahre-Phase Miyazakis nicht vor diversen Problemen gefeit: Gerade mal sechs Folgen waren im Kasten, als das Conan Doyle Estate von der Produktion Wind bekam und sofort alle Hebel in Bewegung setzte, um die Fortsetzung der Serie zu stoppen. Doch schließlich konnte man sich gütlich einigen und es wurde eine komplette Staffel mit insgesamt 26 Folgen animiert. Leider hatte Miyazaki zu diesem Zeitpunkt längst die Segel gestrichen und war zum nächsten Projekt weitergezogen. Eine der Manga-Serien, die er für das Magazin *Animage* zeichnete, fand großen Anklang und befand sich gerade in der Entwicklungsphase für einen abendfüllenden Animationsfilm: *Nausicaä aus dem Tal der Winde*. Kurioserweise dauerte die Produktion so lange, dass bei der Kinopremiere von *Nausicaä* im März 1984 zwei *Sherlock Holmes*-Episoden als Vorfilm gezeigt wurden, die ebenfalls aus Miyazakis Feder stammten und Appetit auf die Serie machen sollten, die im November desselben Jahres ausgestrahlt würde. Und so waren die beiden Folgen gleichermaßen eine letzte Fanfare für Miyazakis TV-Schaffen, just in dem Moment, als seine Kinokarriere Fahrt aufnahm.

Rechts: 221B Beagle Street. Trotz der tierischen Ausschmückungen spielt *Die Abenteuer des Sherlock Holmes* noch immer im London des beginnenden 20. Jahrhunderts, ausgestattet mit einigen bewusst platzierten Sci-Fi-Elementen.

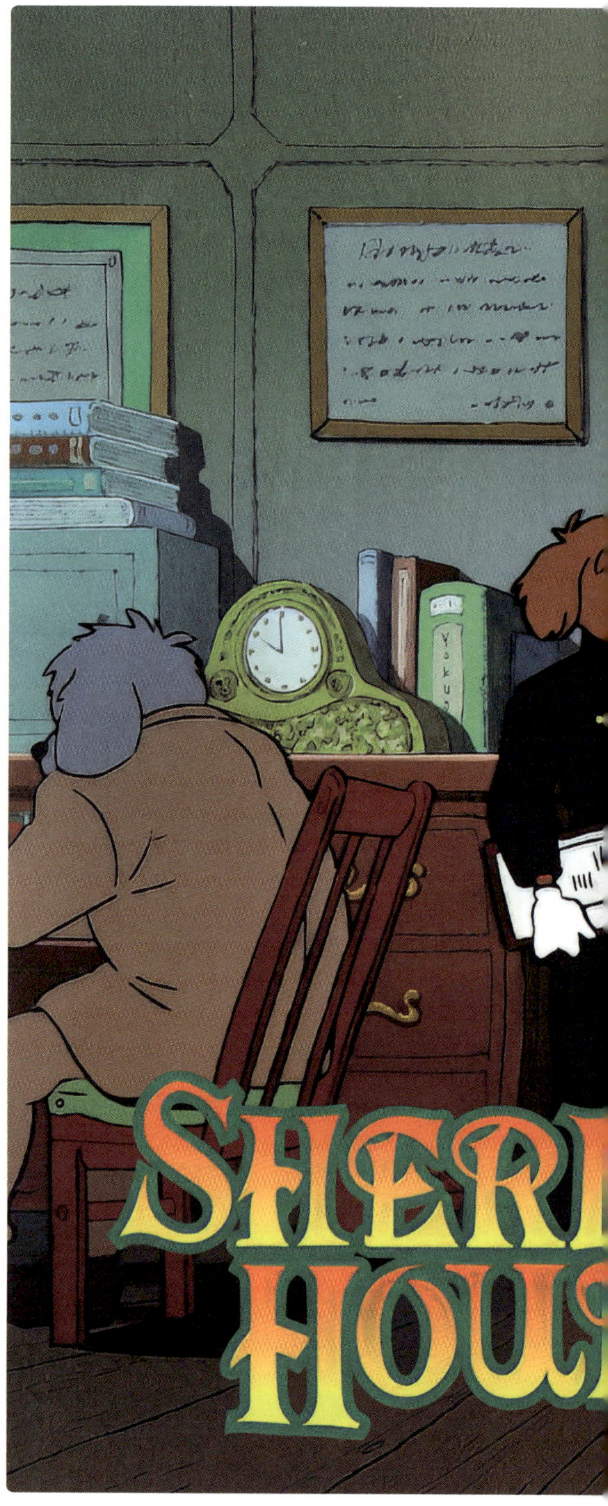

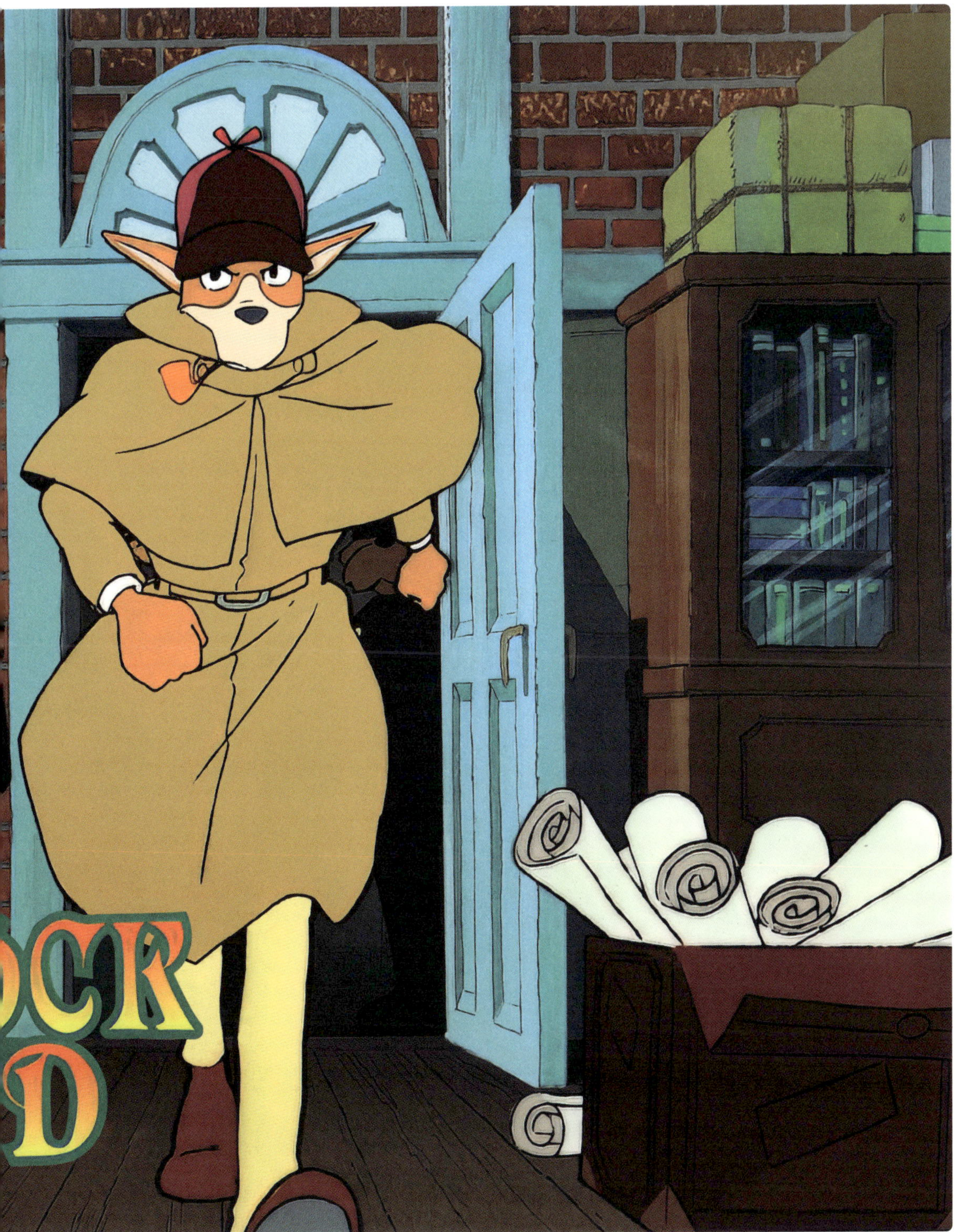

2

Ghibli für Kenner

Wie tief ist der Kaninchenbau?

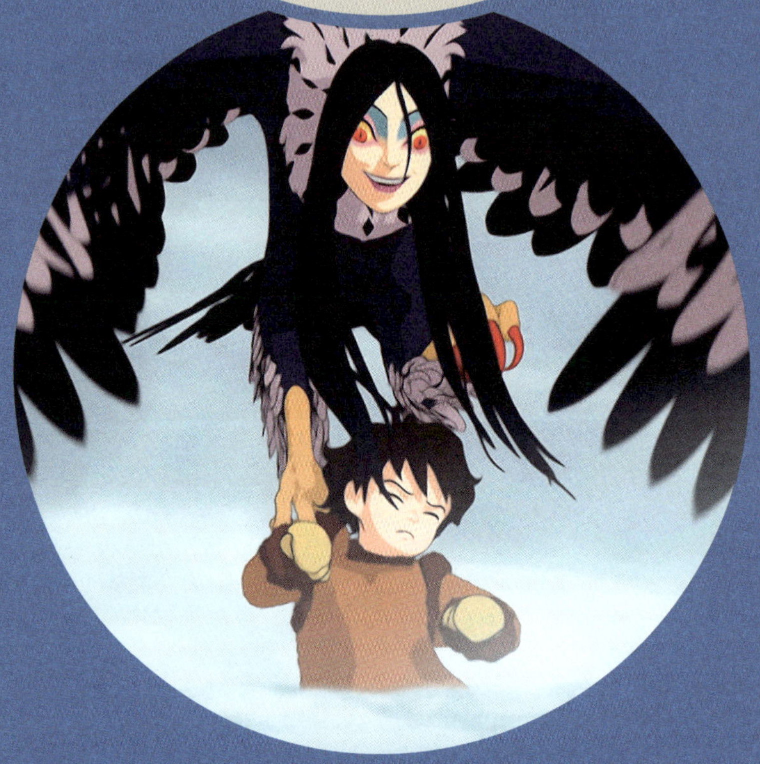

Studio Ghibli mag in Sachen Spielfilm einen bemerkenswerten Kanon vorlegen, doch die Filme sind nur ein Teil der Geschichte. Wer etwas tiefer in den Kaninchenbau vorstößt, der findet nicht nur Kurzfilme, Videospiele, Werbespots oder Musikvideos, sondern noch viele weitere Liebhaberprojekte, die zum großen Ganzen beitragen. Mitunter ist es gar nicht so leicht, an diese verborgenen Schätze zu kommen, geschweige denn, sie überhaupt aufzuspüren, wenn man nicht auf Importe aus Japan oder dergleichen setzen kann – und doch spielen diese eher unbekannten Perlen und Raritäten eine tragende Rolle innerhalb des gesamten Ghibli-Kosmos.

The Story of Yanagawa's Canals (Die Geschichte der Yanagawa-Kanäle)

Regie: Isao Takahata
Laufzeit: 165 Minuten / Jahr: 1987

Im Leben eines jeden Studio-Ghibli-Fans wird es den Moment geben, in dem er oder sie *The Story of Yanagawa's Canals* entdeckt. Es handelt sich um einen inzwischen berühmt-berüchtigten Dokumentarfilm über die Kanäle Yanagawas in der Präfektur Fukuoka mit fast drei Stunden Laufzeit, den Isao Takahata nach Beendigung der Produktion von *Nausicaä aus dem Tal der Winde* (1984) gedreht hat.

Nehmen wir Toshio Suzuki beim Wort, so spielt der Film tatsächlich eine wesentliche Rolle in der gesamten Geschichte von Studio Ghibli. Wie *Yahoo! News* bereits 2014 berichtete, hatte Hayao Miyazaki nach der erfolgreichen Veröffentlichung von *Nausicaä aus dem Tal der Winde* viel Geld verdient, so Suzuki. Doch Miyazaki fühlte sich erschöpft und ausgebrannt, er bezweifelte, noch einen weiteren Film als Regisseur in Angriff nehmen zu können. Er war auch definitiv nicht an einem Sequel interessiert, das er sich aus den Fingern hätte saugen müssen, so viel stand für ihn fest. Stattdessen schlug Suzuki ihm vor – so zumindest die offizielle Version –, einen Teil des Gewinns als Finanzspritze für ein anderes Projekt einzusetzen, bei dem Takahata die Regie übernehmen würde. So erblickte *The Story of Yanagawa's Canals* schließlich das Licht der Welt, bezahlt aus Miyazakis eigener Tasche (allerdings unter dem Namen seiner Produktionsfirma *Nibariki*). Kurz zuvor hatte Miyazaki selbst Yanagawa besucht, ein Gebiet auf der südjapanischen Insel Kyushu in der Präfektur Fukuoka, und so schlug er Takahata vor, ebenfalls in die Region zu reisen und für sein kommendes Projekt ein wenig Location-Scouting und Recherche zu betreiben. Doch Takahata spielte lieber nach seinen eigenen Regeln und ließ sich vom historischen Kanalnetz der Stadt und den örtlichen Gemeinden inspirieren, die an den pulsierenden Wasseradern lebten und entschlossen um deren Erhalt kämpften. Er hatte kein Interesse an einem weiteren Animationsfilm; er wollte lieber einen Dokumentarfilm drehen. Und was für einen! Es gibt zwar auch in diesem Werk einige kurze animierte Szenen, doch wir dürfen hier keine ehrgeizigen Abenteuersequenzen oder Glitzermomente voller Ghibli-Magie erwarten. Animation wird hier bewusst eingesetzt, um die Geschichte und Funktionsweise der Kanäle zu erklären, so gibt es beispielsweise eine aufwendig inszenierte Sequenz, die das gesamte Netzwerk der Wasserstraßen aus Dämmen, Deichen und Schleusentoren illustriert. Im Wesentlichen handelt es sich bei *The Story of Yanagawa's Canals* um einen ruhig inszenierten und langsam dahinplätschernden Dokumentarfilm, bei dem es vor allem ums Beobachten geht. Stets enthielten die Filme, die Takahata für Ghibli realisierte, markante Elemente, die das Auge eines Dokumentarfilmers verrieten – ob es sich nun um einen Abstecher auf die Felder zur Distelernte in *Tränen der Erinnerung – Only Yesterday* (1991) oder Szenen aus *Pom Poko* (1994) handelte, in denen durch den Einsatz von Animation erklärt wird, welche verheerenden Auswirkungen die aggressive Urbanisierung von Landschaft und Lebensräumen nach sich zieht. Auch die fast schon zwanghafte Detailversessenheit in *Die Legende der Prinzessin Kaguya* (2013), in der selbst das Schneiden einer Wassermelone ausgiebig zelebriert wird, ist typisch für Takahata.

All diese Tendenzen werden hier an die Oberfläche gebracht. Sorgfältig recherchiert, dokumentiert und realisiert, ist dieser Film mit Sicherheit kein einfacher Zeitvertreib für zwischendurch, doch all diese Themen werden für das spätere Filmschaffen von sowohl Takahata als auch Miyazaki ausschlaggebend sein. Am besten wird dieser Standpunkt durch ein Motto deutlich, das auch im Film auftaucht: „Leben mit der Natur." *The Story of Yanagawa's Canals* war auch insofern eine typische Takahata-Produktion, als dass der Regisseur die Deadlines überschritten und das Budget um Längen überzogen hat, sodass auch die Kassen, die *Nausicaä aus dem Tal der Winde* prall gefüllt hatte, sich schnell wieder leerten. Und als Vorgeschmack auf ihre zukünftige Zusammenarbeit musste Miyazaki auch hier die Mehrkosten aus eigener Tasche bezahlen. Um die Verluste wieder einzuspielen, schlug Suzuki Berichten zufolge Miyazaki einen weiteren Spielfilm vor, und diese Idee brachte schließlich den Stein für das kommende Projekt *Das Schloss im Himmel* (1986) ins Rollen – der erste Film, der vom neugegründeten Studio Ghibli veröffentlicht werden sollte. Suzuki kommentierte die ganze Sache damals folgendermaßen: *„Hätte Takahata-san den Film innerhalb der vorgegebenen Zeit fertiggestellt, wäre ‚Das Schloss im Himmel' wohl nie zustande gekommen."*

Gegenüber: Dokumentar-Oper. Miyazaki schlug Takahata vor, Yanagawa zu besuchen, um Drehorte für seinen nächsten Animationsfilm zu besichtigen, doch dieser drehte stattdessen lieber einen Dokumentarfilm.

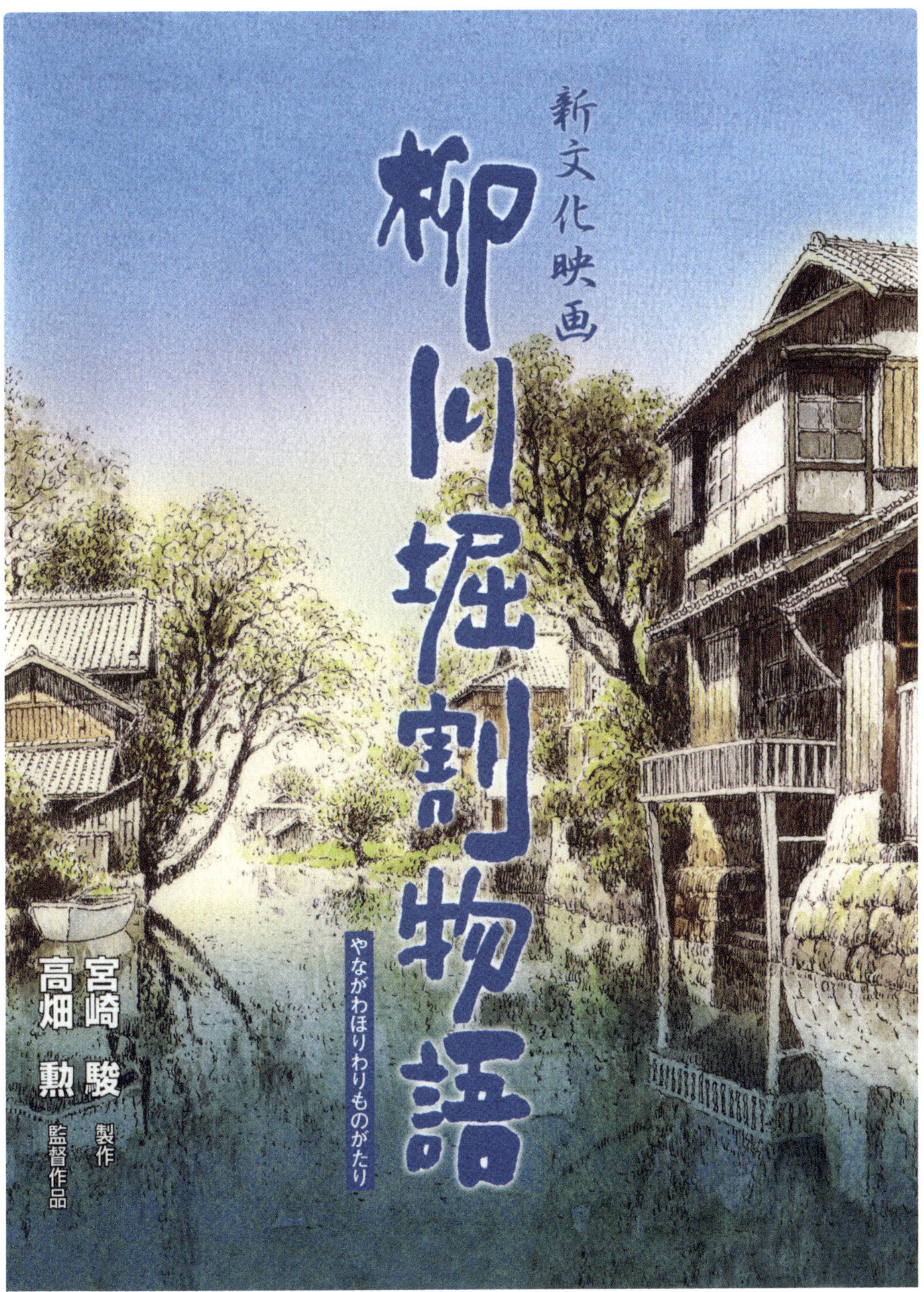
新文化映画
柳川堀割物語
やながわほりわりものがたり
宮崎 駿 製作
高畑 勲 監督作品

On Your Mark (Ghibli Experimental Theater *On Your Mark*)

Regie: Hayao Miyazaki
Laufzeit: 7 Minuten / Jahr: 1995

Eine kleine Ausnahmeerscheinung ist dieser 7-minütige Ghibli-Kurzfilm aus der Feder Hayao Miyazakis, der fernab der Kinoleinwände lediglich im Ghibli-Museum und im Ghibli-Themenpark gezeigt wurde. *On Your Mark* (1995) sind 7 Minuten Happiness!

Anders als in der vertrauten Fantasy-Welt ist diese Kurzgeschichte in der Science-Fiction angesiedelt (obwohl sie trotzdem etliche Fantasy-Elemente enthält). Der Kurzfilm handelt von zwei Polizisten, die versuchen, ein engelhaftes Wesen zu befreien, das in einer dystopischen Welt gefangen ist. Die Geschichte spielt in einer Stadt, die in einem gigantischen unterirdischen Silo errichtet wurde, nachdem die Erdoberfläche durch Toxine unbewohnbar geworden war. In *On Your Mark* trägt Miyazaki Bildcollagen und Ideen aus seiner eigenen Vergangenheit zusammen, insbesondere aus dem Filmuniversum von *Nausicaä aus dem Tal der Winde* (1984), und kombiniert sie mit einem völlig neuen, futuristisch angehauchten Setting. Besonders faszinierend an diesem Kurzfilm ist Miyazakis Experimentieren mit der Erzählstruktur, das *On Your Mark* zu einem vielleicht unwirklichen, aber dennoch überzeugenden Werk macht. *On Your Mark* entstand, während Miyazaki unter einer durch *Prinzessin Mononoke* (1997) verursachten Schreibblockade litt, und wurde 1995 zusammen mit *Whisper of the Heart* in die Kinos gebracht. Die Musik stammt von Chage and Aska, einem Pop-Rock-Duo, das im Jahr zuvor auf dem Soundtrack zum Street-Fighter-Film zu hören war. Der Track selbst ist ein funkelndes Beispiel für die Musik dieser Zeit: Schmerzverzerrte Stimmen und krachender Gitarrensound vereinen sich zu einer Powerballade, welche es mit den besten Hits von Bryan Adams aufnehmen kann und gleichzeitig an den musikalischen Ehrgeiz und die eingängigen Melodien von Prince zu seinen poppigsten Zeiten erinnert. Zu Beginn des Films tuckern die beiden Hauptfiguren in einem gelben Alfa Romeo durch eine beruhigend grüne Landschaft mit wolkenlos blauem Himmel (ein Bild, das der Eröffnungssequenz von *Das Schloss im Himmel* sehr ähnelt, wenn auch mit einem etwas schickeren italienischen Auto), bevor der Film uns in die Düsternis der neonfarbenen Stadt hinabführt. Es ist spannend, einen kurzen Einblick in Miyazakis ganz eigene Vision der *Metropolis*-artigen Dystopie einer Großstadt der Zukunft zu erhaschen, mit endlos leuchtenden Säulen städtischen Lebens, Adern spiralförmiger Straßen wie aus einem *Hot-Wheels*-Universum und unheimlichen, politisch angehauchten Beschilderungen, die an die bedrückende, enge und kalte Szenerie des Films *Brazil* (1985) von Terry Gilliam erinnern. Im Vergleich zu diesem neuartigen Setting zeigen die Charakterdesigns von Miyazaki recht klar, wo er von seinen eigenen Werken abgekupfert hat. Die Welt ist bevölkert von Menschen, die Strahlenanzüge tragen und aussehen wie Porco aus *Porco Rosso*, und Menschen, die andere mit Augenplaketten versehen, was wiederum an die Augenhornhaut der Ohmu aus dem Manga von *Nausicaä aus dem Tal der Winde* erinnert. Am offensichtlichsten allerdings ist die Engelsfigur, die in den Himmel steigt und ihre weißen Flügel ausbreitet, und die wie ein exaktes Abbild von Nausicaä und ihrem Gleiter Möwe wirkt. Überraschend, aber auch faszinierend, ereilt die Protagonisten just in dem Moment, in dem der Film seinen scheinbaren Höhepunkt erreicht, ein tödliches Schicksal. Danach werden die einzelnen Ereignisse wiederholt, allerdings mit gänzlich anderem Ausgang und ohne jegliche Erklärung. Ein Tunnel mit weißem Licht am Ende legt eine gewisse Antwort zwar nahe, doch Miyazaki bot in einem Interview des *Animage*-Magazins einen anderen Erklärungsansatz: Das engelhafte Wesen könne durchaus als „Hoffnung" gesehen werden. Vielleicht kam es dadurch auch zu dem Ausspruch in *Prinzessin Mononoke* „allen Widrigkeiten zum Trotz zu leben". Indem er eine Geschichte über das Umschreiben schrieb, konnte Miyazaki wohl auch seine eigene Schreibblockade überwinden und seinen eigenen Schaffensprozess neu ankurbeln. Obwohl Produzent Toshio Suzuki der Anime-Kennerin und Autorin Helen McCarthy gegenüber betonte, dass das Studio bei dieser Produktion nicht die vollen 100% gegeben habe, erlaubte dieser 7-minütige Kurzfilm es ihnen, neben handgezeichneten Animationen auch mit Computeranimationen herumzuexperimentieren, was später auch in die Produktion von *Prinzessin Mononoke* miteinfließen sollte. Das Interessante ist doch: selbst wenn Ghibli mal nicht hundert Prozent gibt, sind sie immer noch besser als alle anderen. Habt ihr sieben Minuten Zeit? Dann los!

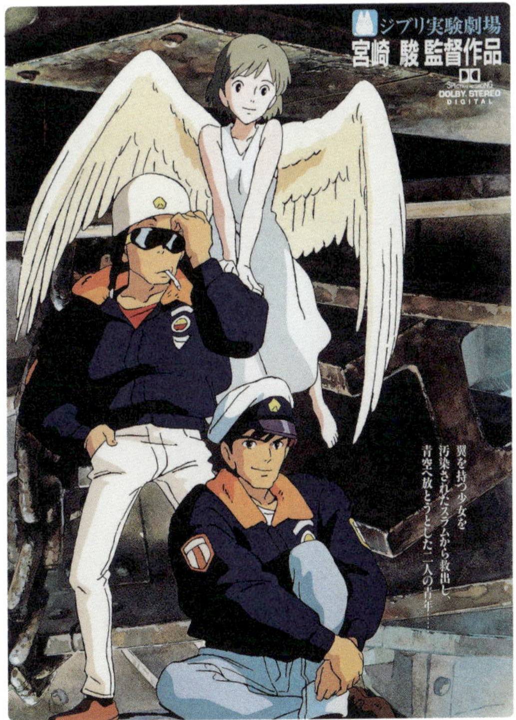

Oben: Die zwei Helden aus *On Your Mark* mit ihrer engelsgleichen Begleiterin – Stars eines Kurzfilms, der klar Miyazakis Handschrift trägt.

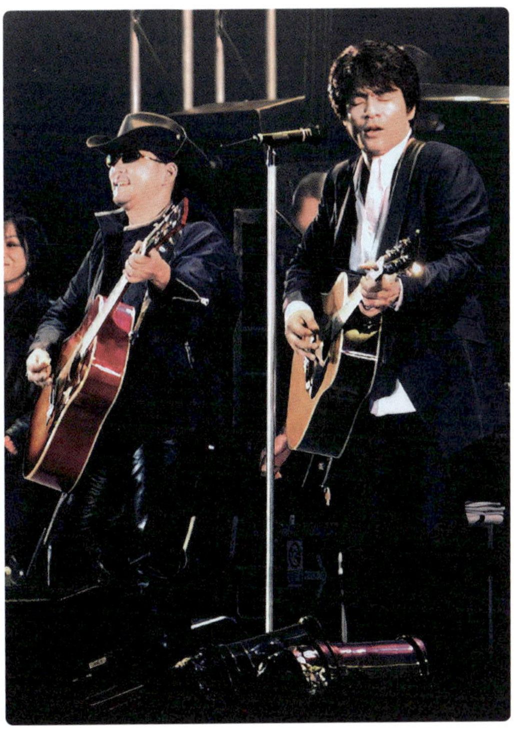

Oben: Chage (links) und Aska (rechts), das Duo, das dem Kurzfilm *On Your Mark* die schwungvolle Ballade geschenkt hat.

Werbeunterbrechung

Hier ein kleiner Tipp: Wenn ihr Studio Ghibli in seiner kreativsten und stilistisch vielfältigsten Form erleben wollt, dann besorgt euch die Blu-ray-Kollektion *Ghibli ga Ippai SPECIAL: Short Short 1992–2016*. Sie enthält nicht nur das Musikvideo von *On Your Mark* in HD und weitere Videos für andere Künstler, sondern auch Auftragsarbeiten, darunter Werbespots für Kunden wie Nippon TV, Asahi Soft Drinks, die Convenience-Store-Kette Lawson und die Zeitung Yomiuri Shimbun. Man könnte natürlich sagen, Ghibli tue das nur des Geldes wegen, doch mithilfe dieser Auftragsarbeiten zwischen den Spielfilmproduktionen konnte das Studio letztlich auch überleben. Diese Sammlung zeigt recht schön, wie magische, eindrucksvolle Animationen auch für kürzere, schnelllebige Formate erschaffen werden können. Diese Aufträge ermöglichten es Ghiblis Talenten, sich auf eine Art zu entfalten, die im Rahmen eines Spielfilms nicht möglich war. Holt euch diese Sammlung, um die kleinen feinen Häppchen zu genießen, die von Ghiblis Regisseuren mundgerecht angerichtet wurden: Hayao Miyazaki, Goro Miyazaki, Yoshifumi Kondo, Katsuya Kondo und der vielseitigste von allen, Yoshiyuki Momose, der in seinen unzähligen Projekten geschickt experimentierte, vom klassischen Ghibli-Stil über wilde Aquarellspritzer bis hin zu Computergrafik.

Ghiblies / Ghiblies Episode 2

Regie: Yoshiyuki Momose
Laufzeit: 12 Minuten (Ghiblies) & 25 Minuten (Ghiblies Episode 2) / Jahr: 2000 & 2002

Wie sprecht ihr „Ghibli" aus? Eine Frage, die Fans auf der ganzen Welt schon immer umgetrieben hat. Das Schöne ist, dass die Fans in diesen beiden Kurzfilmen ungewollt eine Antwort bekommen.

Ghiblies Episode 2, der zusammen mit *The Cat Returns* im Jahr 2002 in die Kinos kam, beginnt mit dem allseits bekannten Studio Ghibli-Logo, nur dass Totoro kurzerhand durch den kleinen Bürokaufmann Nonaka-kun ersetzt wurde. Er sitzt am Schreibtisch, tippt auf die Backspace-Taste und ändert dadurch den Studionamen von „Ghibli" (gesprochen mit stimmhaftem „dsch") zu „Gibli" (mit einem harten G). Abgesehen von der Aussprache ist die Bedeutung klar: Die Ghiblies des Titels mögen von den Mitarbeitern des realen Studios inspiriert sein, aber dies ist nicht ganz das Studio Ghibli, das wir kennen und lieben. Die zwei *Ghiblies*-Filme, die bald nach *Meine Nachbarn die Yamadas* (1999) erschienen, präsentieren sich als eine wunderbare Aneinanderreihung skizzenhafter Szenen, die mit viel Fantasie die versponnene Realität des Studioalltags zeigen. Man bekommt den Eindruck, hier sei ein Daumenkino zum Leben erwacht. Die Charaktere sind allesamt liebevolle Karikaturen der Mitarbeiterinnen und Mitarbeiter des Studios: vom Produktionsleiter Oka-chan, der alles auffuttert, was in Sichtweite ist, bis hin zur Vertriebschefin, der emsig arbeitenden Karrierefrau Yukari-chan (die Papierberge auf ihrem unaufgeräumten Schreibtisch sind lustigerweise bekannten Gebirgsketten aus aller Welt nachempfunden). Regisseur Yoshiyuki Momose (ein echter Ghibli-Veteran, dessen Verdienste von *Die letzten Glühwürmchen* bis hin zu *Meine Nachbarn die Yamadas* reichen) spielt hier mit Form und Gestaltung, experimentiert mit verschiedenen Stilmitteln und bietet so ein buntes Panoptikum des Produktionsalltags. Die groben, aber doch charakteristischen Designs der Figuren basieren auf Scribbles und Skizzen des damaligen Präsidenten Toshio Suzuki, mit Ausnahme von Suzuki selbst, dessen Charakter vom Autor der *Yamadas*, Hisaichi Ishii, entworfen wurde. In einem kurzen Intermezzo sehen wir, wie die Animatoren hinter *Ghiblies* das Problem Oka-chan angehen, dessen Gesicht von einer riesigen Schweinenase verdeckt wird. Wie soll der ewig spöttische Charakter überhaupt ohne erkennbaren Mund essen?

In diesen beiden Filmen wird viel experimentiert, was sie von fast allen anderen Werken des Ghibli-Katalogs abhebt. Es gibt von Hand gezeichnete Sequenzen, andere Passagen verwenden real gedrehte Szenen, zu denen Animationen hinzugefügt wurden, man baut auch ganz auf die Expertise Momoses aus seiner Zeit als CG-Regisseur bei *Prinzessin Mononoke* (1997), um rudimentäre Computergrafiken einzufügen. Und all das noch Jahre vor *Ronja Räubertochter* (2014) oder *Aya und die Hexe* (2020). Der erste der beiden Kurzfilme mit einer Laufzeit von 12 Minuten wurde im Jahr 2000 im japanischen Fernsehen ausgestrahlt und endete mit einem kleinen Ausblick in die Zukunft: Neben all den ausgelassenen Späßen wird auch gezeigt, wie die echten Mitarbeiter von Studio Ghibli gerade eifrig am nächsten Spielfilmprojekt arbeiten. Der Film sollte 2001 erscheinen und wir kennen ihn heute als *Chihiros Reise ins Zauberland*.

Ghiblies Episode 2 ist mit 25 Minuten wesentlich länger und wirkt wie ein Pilotfilm für eine Sitcom aus den Ghibli-Büros. In einer Szene ringen die Kollegen mit der ewigen Frage, wo man heute zu Mittag essen könne. Schließlich landen sie in einem Gasthaus mit einem teuflischen Angebot: je schärfer das Curry, desto günstiger der Preis! Später machen die Kollegen Feierabend und wir begleiten Nonaka-kun auf einer ungewöhnlichen Zugfahrt: Er verpasst nicht nur seine Haltestelle, sondern muss auch noch ewig sitzen bleiben, weil eine Mitreisende seine Schulter als Kissen missbraucht. Nonaka ist auch der Star der herausragenden Sequenz des Films, einer unerwartet klugen und herzerwärmenden Rückblende auf seine erste Liebe.

Mit seinen sanften Farben und nostalgischen Themen ist dieses versteckte Juwel der Ghibli-Filmografie eine liebevolle Hommage an Isao Takahata und seinen Film

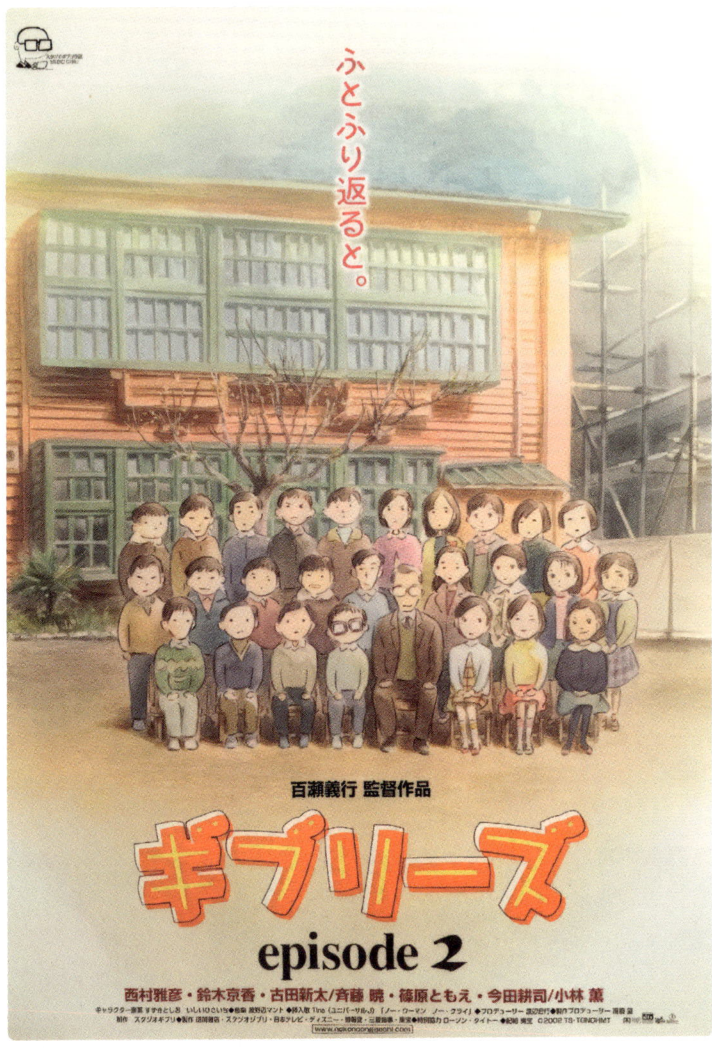

Tränen der Erinnerung – Only Yesterday (1991), für den Momose die Storyboards beisteuerte.

Dieser Film ist alles andere als eine Eintagsfliege, sondern verdient Aufmerksamkeit, und trotz all seiner Gags und stilistischen Tricks sind seine Absichten entwaffnend bescheiden. Momose selbst sagte über das Projekt: *„Der Film ist alles andere als normal, die Charaktere sind nicht normal, nichts daran ist normal, dabei wollten wir im Grunde nur den normalen Arbeitsalltag von Menschen schildern, die man als „normal" beschreiben würde. Ich hoffe, dass die Menschen, die diesen Film sehen, dadurch einen anderen Blick auf ihren eigenen Alltag bekommen und wir ihnen das Gefühl vermitteln können, dass es manchmal ruhig auch etwas bunter und schriller zugehen darf."* Und diese seltsame und kleine Kuriosität hat überlebt. Wer Japan besucht, wird feststellen, dass *Ghiblies*-Merch sich die Regale mit Figuren aus *Chihiro*, *Das wandelnde Schloss* oder *Mein Nachbar Totoro* teilt: vom Anstecker in Nonaka-kun-Form bis hin zur plüschigen Toshi-san-Puppe, dem Küchenchef des Curryhauses, dessen Restaurant sogar im Children Town-Bereich des Ghibli-Themenparks nachgebaut wurde.

Oben: Schulzeit. Der bewegendste Moment in *Ghiblies Episode 2* ist ein liebevoller Rückblick auf Nonaka-kuns erste Liebe.

Ghibli Museum Shorts

Das Seltene und Besondere war schon immer ein zentraler Bestandteil der Mystik und Magie von Studio Ghibli.

Jahrelang wurde die vehemente Ablehnung, ihre Filme auf digitalen und Streaming-Plattformen anzubieten, mehr als tapferer Akt des Widerstandes angesehen denn als ein Statement, das klarmacht: Ghiblis Werke sind weit mehr als bloßer „Inhalt".

Hayao Miyazaki selbst trägt diesen Kampf seit Jahrzehnten aus. Er war auch nicht sonderlich begeistert, als seine Filme in den 90ern erstmals auf VHS erschienen. Damals kritisierte er, dass Fans und Familien sich seine Filme obsessiv wieder und wieder ansahen. Er empfahl, die Filme dadurch zu würdigen, dass man sie maximal einmal pro Jahr anschaute. Natürlich hat sich diese Sichtweise komplett geändert. Doch selbst heute, wo das Gros des Ghibli-Katalogs nur einen Klick entfernt ist, gibt es einen kleinen Bereich in der Gesamtfilmografie, der schwer zugänglich bleibt und nicht wie sonstiger „Content" auf diversen Plattformen und Kanälen verfügbar ist. Dabei ist es nicht so, als seien diese Werke nicht mehr im Umlauf, ganz im Gegenteil. Doch man braucht schon eine große Portion Glück und ein klein wenig Selbstinitiative, um in den Genuss dieser Arbeiten zu kommen. Auch die Entscheidung, die Originalkurzfilme lediglich im Ghibli-Museum und im Ghibli-Themenpark zu zeigen, kann als Form des Widerstands angesehen werden, als ein Zeichen gegen eine Kultur des Komplettierens, in der alles listenweise abgearbeitet werden muss und Binge Watching mittlerweile zum guten Ton gehört. So müssen wir nicht nur nach Tokio oder Nagoya reisen, um diese Filme zu sehen, sondern uns auch den Göttern der Programmplanung ausliefern, da immer nur jeweils einer der zehn Filme in einer der beiden Locations gezeigt wird. Und natürlich werden auch die Zeiten nur wenige Monate im Voraus bekanntgegeben.

Gegenüber: Die Eingangshalle mit dem Saturn-Kino im Hintergrund.

Unten: Der Platz des Filmvorführers. Einer der exklusiven Ghibli-Kurzfilme, von der Projektionskabine aus gesehen.

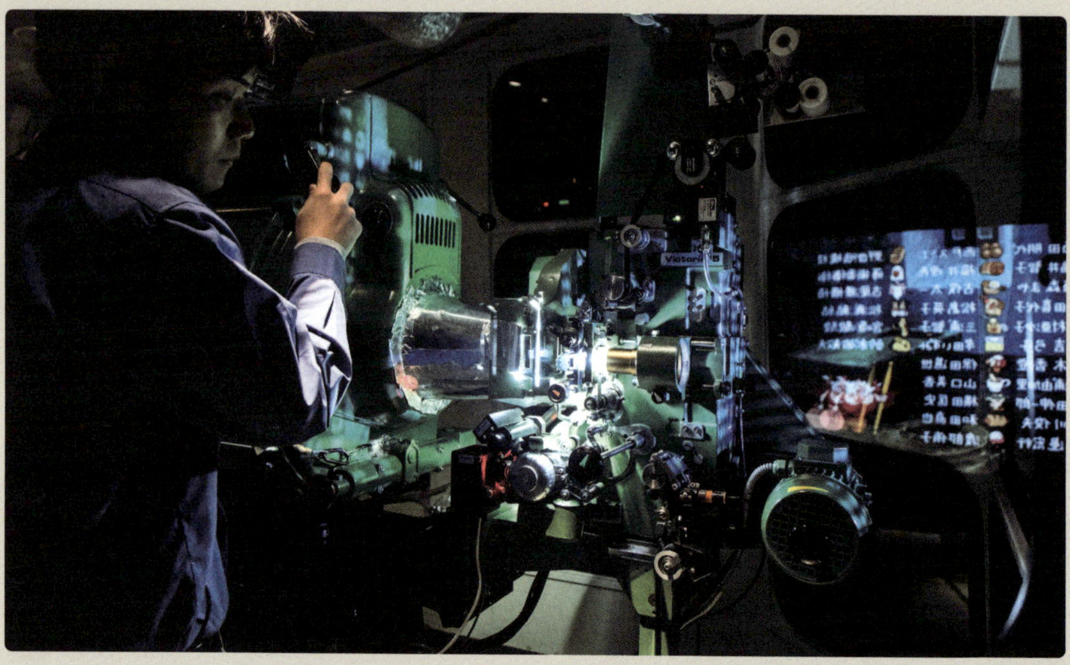

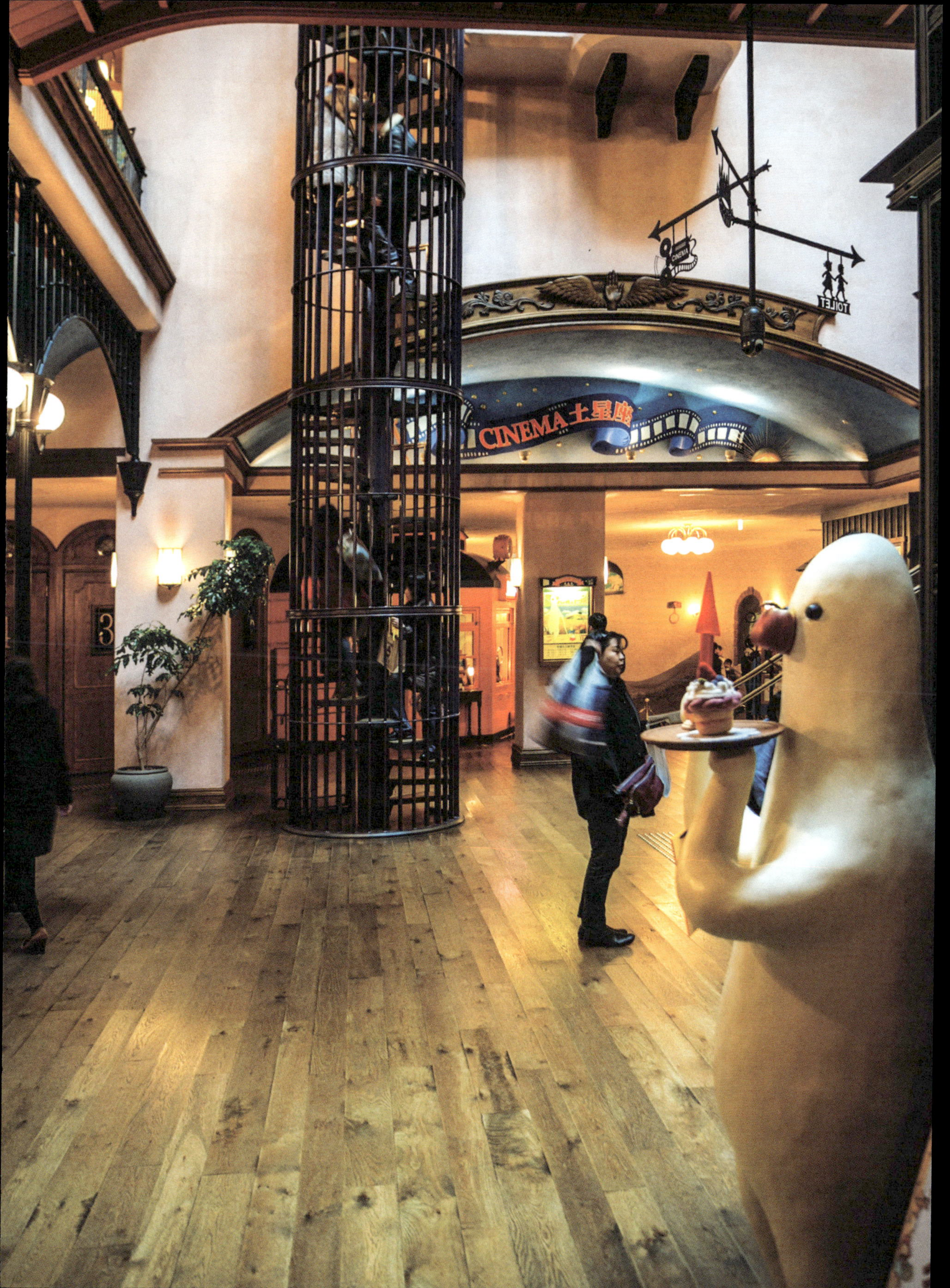
CINEMA 土星座
TOILET

Sind die Würfel erst einmal gefallen, erwarten euch jede Menge kleiner Wunder! Am bemerkenswertesten ist wohl die wunderliche Miniaturfortsetzung von *Mein Nachbar Totoro* mit dem Titel *Mei and the Baby Cat Bus* (2002), die die jüngere Schwester Mei aus *Totoro* auf ihrem kleinen Abenteuer mit katzenartigen Transportmitteln in allen Formen, Farben und Größen begleitet. An anderer Stelle jedoch wagen sich die exklusiven Kurzfilme auf neues Terrain und Miyazaki nutzte die kürzere Laufzeit als Vorwand, um zwischen seinen Spielfilmprojekten zu experimentieren und Techniken auszuprobieren, die sich später auf der großen Leinwand wiederfanden. Die einfachen Zeichnungen und leuchtenden Farben der Bilderbuchadaption *The Whale Hunt* (2001) und die Buntstifthintergründe von *Koro's Big Day Out* (2002) sind ein Ausblick auf die einladende Stilisierung von *Ponyo* (2008), während die radikale Entscheidung, menschliche Stimmen für die Soundeffekte in *Looking for a Home* (2006) zu verwenden, in Schlüsselszenen von *Wie der Wind sich hebt* (2013) wiederkehren wird. Doch nicht alle diese Kurzfilme blicken in die Kristallkugel zukünftiger Ghibli-Filme: *The Day I Bought A Star* (2006) nimmt uns mit auf einen kurzen Besuch der visionären Welt des Künstlers Naohisa Inoue (zuvor bereits in *Stimme des Herzens – Whisper of the Heart* und *Iblard Jikan* zu sehen). *Treasure Hunting* (2011) hingegen stellt nach *The Whale Hunt* die zweite Adaption eines Kinderbuches von Kinderbuchautorin Rieko Nakagawa und Illustratorin Yuriko Omura dar. Genau wie das Museum selbst sind auch die Kurzfilme von Miyazakis Vision und Vorstellungskraft geprägt. Bis heute wurde nur ein einziger Kurzfilm von einem anderen Regisseur inszeniert: die von einem Volksmärchen inspirierte Erzählung *A Sumo Wrestler's Tail* (2010) des erfahrenen Ghibli-Animators, Charakterdesigners und Animationsregisseurs Akihiko Yamashita, obschon selbst dieses Werk auf einem Konzept und dem Drehbuch Miyazakis beruht. Weitere Kurzfilme entstanden aus abgebrochenen Miyazaki-Projekten, die für diese Kurzform nochmals neu aufgegriffen wurden. Die kleine Romanze aus der Insektenwelt *Mon Mon the Water Spider* (2006) entstand aus Skizzen für eine Filmidee mit dem Titel *Boro the Caterpillar*, mit der Miyazaki in den 1990er-Jahren spielte und die 2018 zu einem Kurzfilm verarbeitet wurde. Die ganze Geschichte dieser Produktion wird in aller Ausführlichkeit im Dokumentarfilm *Never Ending Man: Hayao Miyazaki* (2016) beleuchtet, in dem Miyazaki aus seinem selbstgewählten Ruhestand zurückkehrt und noch sehr mit den neuen CGI-Techniken der Animationswelt zu kämpfen hat. So beschert er allen Fans, die die weite Reise nach Japan nicht antreten können, doch wenigstens einen kleinen Einblick in diesen exklusiven Kurzfilm.

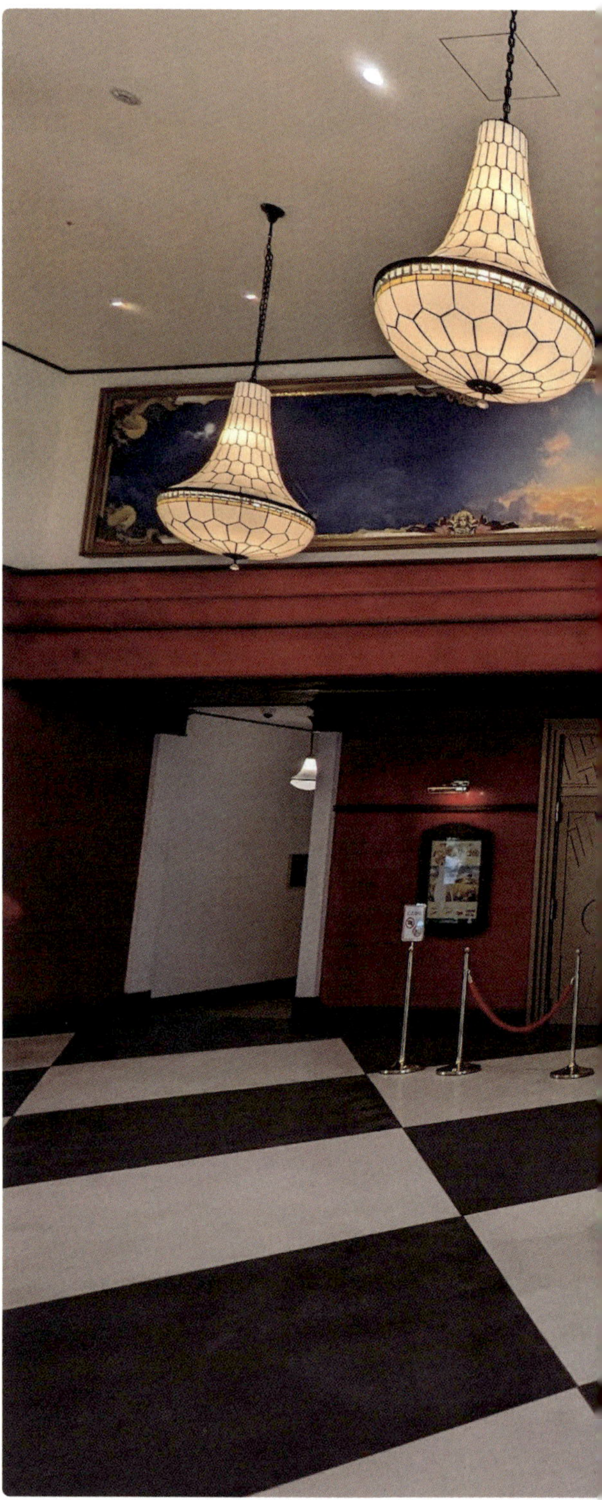

Rechts: Um bei den mythologischen Anspielungen zu bleiben: Der Kinosaal im Ghibli-Park trägt den Namen Cinema Orion.

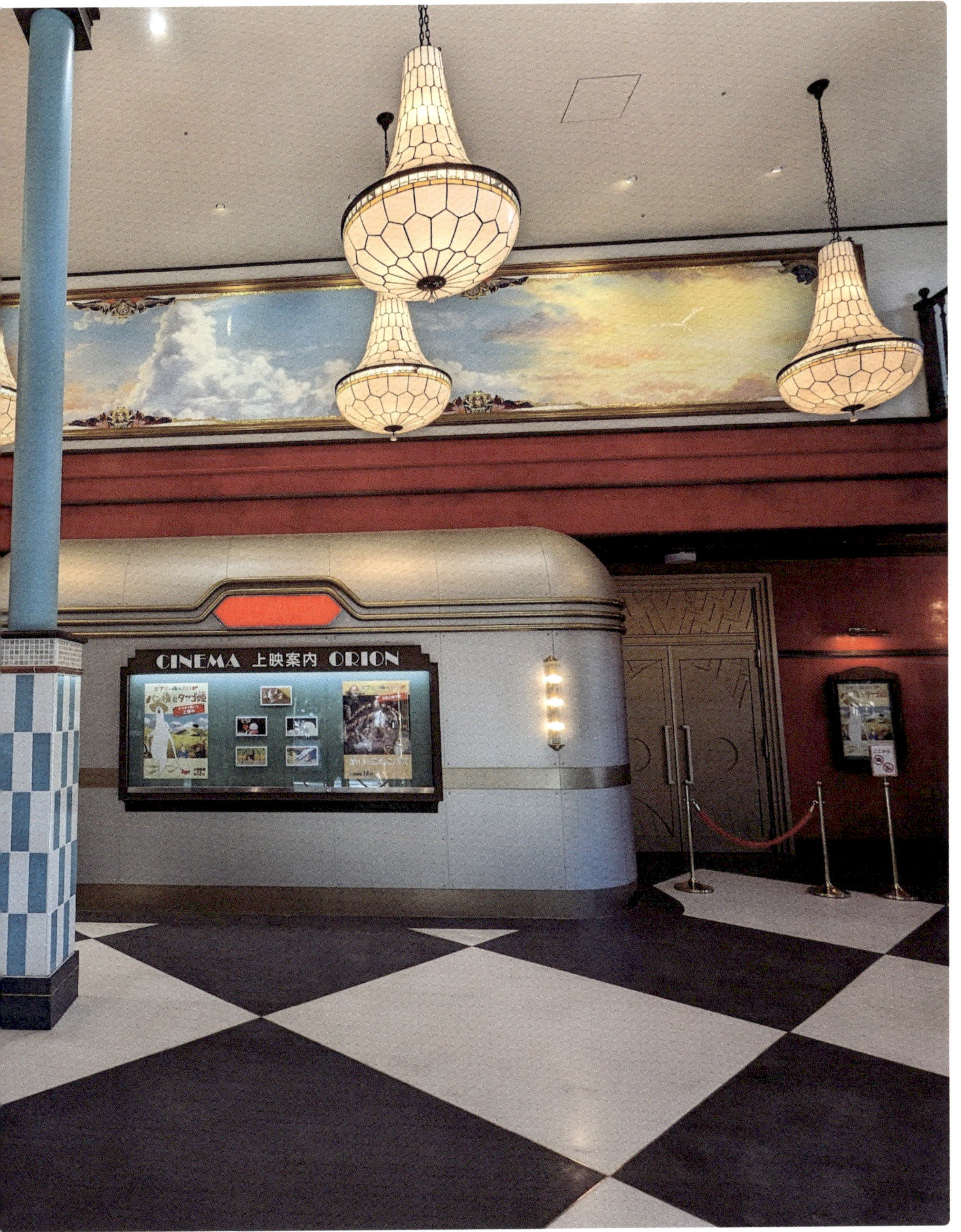
CINEMA 上映案内 ORION

In einer Ansprache an die Mitarbeiterinnen und Mitarbeiter des Ghibli-Museums, die er zum Jahresende 2005 hielt, erklärte Hayao Miyazaki, dass er mit dem Kurzfilmprogramm des Museums ein „wahrhaftiges Filmerlebnis" erschaffen möchte. *„DVDs kann man sich immer wieder ansehen"*, sagte er damals. *„Doch wenn man Filme auf diese Weise schaut, kann man sie unmöglich so genießen wie von den Machern gedacht; man konsumiert die Filme eher, ja, man verschlingt sie regelrecht … Ich denke, es schafft einen großen Mehrwert, wenn wir einen Raum kreieren, der es uns erlaubt, Filme nur ein einziges Mal zu sehen. Dadurch bekommt das Seherlebnis eine viel tiefere Bedeutung."* Auch für uns hatte es eine große Bedeutung, die Erfahrung machen zu dürfen (oder zu müssen), etwas nie zu sehen zu kriegen: Als wir diesen Text verfassten, hatte das *Ghibliothek*-Team bereits auf zwei Japanreisen in den Jahren 2019 und 2023 das Ghibli-Museum und den Ghibli-Themenpark besucht. Und oh, du grausiges Schicksal, wie konntest du uns das nur antun? Natürlich lief beide Male derselbe Film, und zwar die herrlich verrückte Backfantasie *Mr. Dough and the Egg Princess* (2010). Dieses lustige Kleinod bezieht sich in seiner Darstellung der Hexe Baba Yaga auf die russische Folklore, begibt sich dann aber auf eigenes, exzentrisches und außergewöhnliches Terrain, als diese beim Zubereiten eines gebratenen Frühstücks ein empfindsames Eiermädchen entdeckt. Das runde Sensibelchen wird kurzerhand eingesperrt und muss ab sofort die Arbeiten im Haus der Hexe übernehmen, bis es sich eines Tages mit einem riesigen Mann aus Teig anfreundet, Mr. Dough, der durch Magie zum Leben erwacht. Gemeinsam gelingt ihnen die Flucht und sie kehren zurück in das Königreich der Eier, wo das Mädchen seine Eltern wiedertrifft, die beide der Königsfamilie angehören. Doch zuvor wird Mr. Dough noch in einen Ofen gesteckt und gebacken, bevor er als komplett verwandelter Lebkuchenmann wiederaufersteht. Eine wohl einmalige Ghibli-Transformer-Szene und ein Kurzfilm, den man einfach gesehen haben muss. Ob wir jemals die anderen Kurzfilme sehen werden? Abwarten. Bis dahin haben wir auf jeden Fall noch etliche Dinge auf unserer langen Ghibli-Liste, die es abzuhaken gilt.

Unten: Hayao Miyazaki in seinem „Atelier", einem privaten Gebäude, das von seinem Haus und den Ghibli-Büros getrennt ist und in dem er einen Großteil seiner Arbeit erledigt.

Gegenüber (links): Mei, Satsuki und der ikonische Katzenbus, das putzige Verkehrsmittel aus *Mein Nachbar Totoro.*

Gegenüber (rechts): In einem Kurzfilm, der exklusiv im Ghibli-Museum und im Ghibli-Themenpark zu sehen ist, lernt Mei ihren neuen Freund kennen: den Baby Cat Bus.

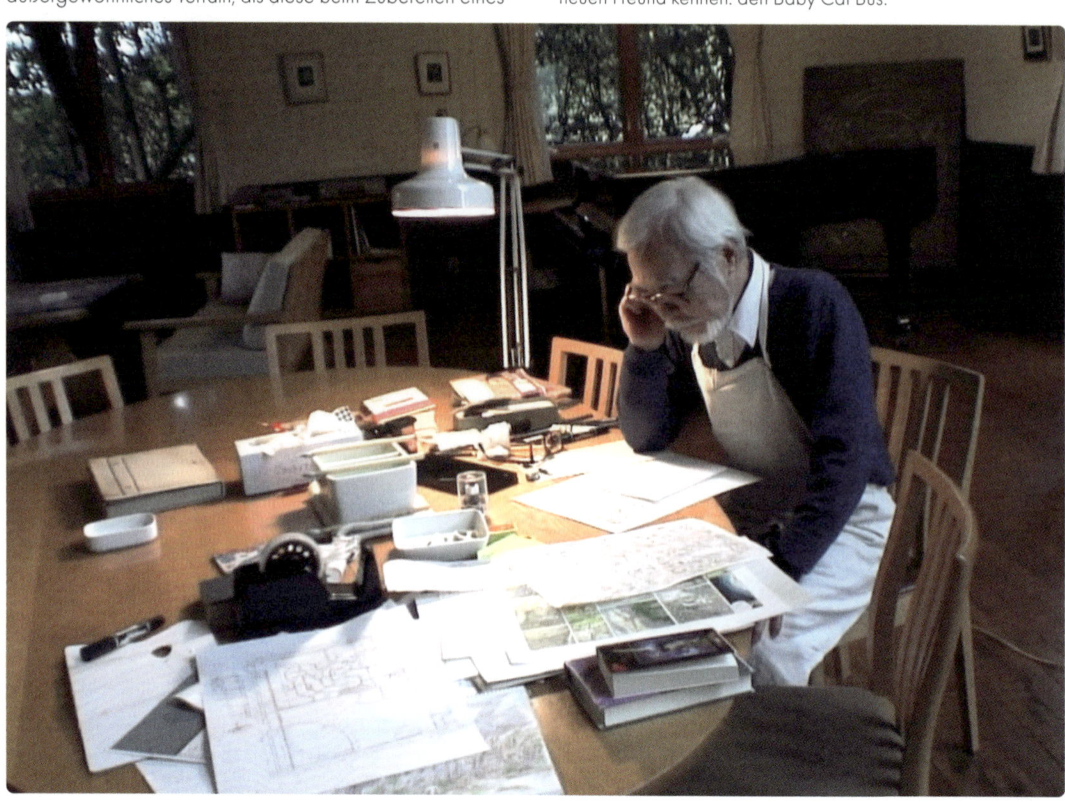

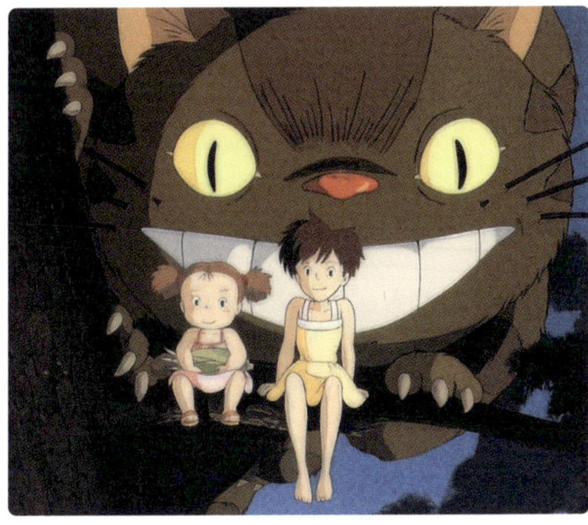

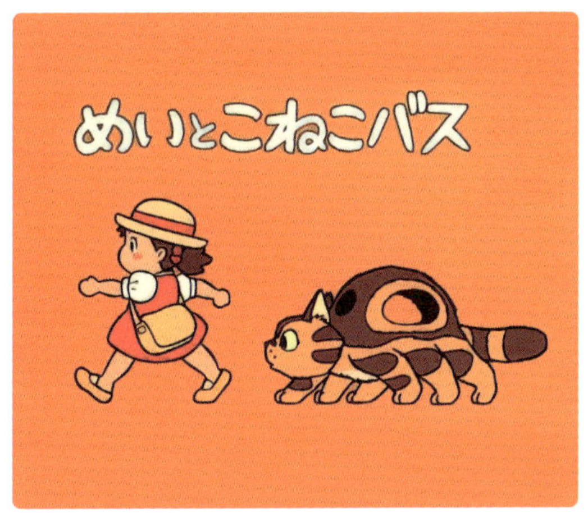

Hideaki Anno

Es wurde lang und breit darüber berichtet, als Hideaki Anno in den Schoß seiner einstigen Ghibli-Familie zurückkehrte, um Jiro, der Hauptfigur aus *Wie der Wind sich hebt* (2013) seine Stimme zu leihen. Anno, der vielleicht erfolgreichste aller Miyazaki-Protegés (mehr dazu in Kapitel 7: Ghiblis Vermächtnis), hatte sich nach der Arbeit an *Nausicaä aus dem Tal der Winde* (1984) und *Die letzten Glühwürmchen* (1988) selbstständig gemacht, allerdings kehrte er für drei Projekte zurück, die wohl zu den verstecktesten Deep Cuts aller Deep Cuts zählen. Während der kurzen Zeitspanne, in der Ghibli eine eigene Abteilung für Realfilme hatte, *Studio Kajino*, produzierte das Studio unter anderem Annos zweiten Spielfilm *Shiki-Jitsu* (2000). Es handelt sich dabei um einen anspruchsvollen Arthouse-Streifen, in dem der reale Regisseur Shunji Iwai (*Swallowtail Butterfly*, *All About Lily Chou-Chou*) einen desillusionierten Anime-Regisseur mimt, der in seine Heimatstadt zurückkehrt (Annos Geburtsort Ube in der Präfektur Yamaguchi). Dort trifft er auf eine mysteriöse junge Frau, die fernab der Realität zu wandern scheint. Die zweite Rückkehr Annos zu Studio Ghibli werdet ihr wahrscheinlich nie erleben, einen Film mit dem Titel *The Invention of Imaginary Machines of Destruction*, der ab 2002 im Ghibli-Museum gezeigt wurde und als Gegenstück zum Kurzfilm *Imaginary Flying Machines* unter der Regie Miyazakis gedacht war. Während Miyazakis Film eine eher optimistische Vision vermittelt, wurde Anno mit der schwierigen Antithese beauftragt: Er sollte Szenen der Zerstörung und Verwüstung einfangen, eine Aufgabe, die den Stärken Annos als Regisseur durchaus in die Karten spielte. Zehn Jahre später schloss Anno den Kreis seiner Karriere, indem er den furchterregenden Gotteskrieger, den er in *Nausicaä aus dem Tal der Winde* animiert hatte, wiederaufleben ließ. Er schrieb und produzierte den Kurzfilm *Giant God Warrior Appears in Tokyo*, ein kurioses Live-Action-„Prequel" zu Miyazakis Manga und Spielfilm, das die Ereignisse im Vorfeld der Apokalypse schildert. Der Kurzfilm, eine Koproduktion zwischen Ghibli und Annos eigenem Studio *Khara*, hatte 2012 Kinopremiere als Vorfilm von *Evangelion: 3.0 You Can (Not) Redo*, einem Beitrag zum Projekt *Rebuild of Evangelion* für die große Leinwand.

The Night of Taneyamagahara

Regie: Kazuo Oga
Laufzeit: 27 Minuten / Jahr: 2006

Der Vertrag für den Videovertrieb von Studio Ghibli mit Buena Vista Japan verschaffte ihnen ganz neue Möglichkeiten für die Veröffentlichung kleinerer Nischenprojekte.

Eines dieser Projekte war der Kurzfilm *The Night of Taneyamagahara*, der 2006 auf DVD veröffentlicht und vom Ghibli-Veteranen und legendären Art Director und Hintergrundmaler Kazuo Oga inszeniert wurde. Dieser hatte auch an Filmen wie *Mein Nachbar Totoro*, *Pom Poko* und *Prinzessin Mononoke* mitgewirkt. Während der Produktion von *Mononoke* stieß Oga auf eine Kurzgeschichte von Kenji Miyazawa (der auch *Gauche the Cellist* und *Eine Nacht in der Milchstraßenbahn* geschrieben hat), die vom bekannten Konflikt zwischen der menschlichen Welt und der Natur erzählt. Als eine seltsame und manchmal verwirrend anmutende Fabel handelt *The Night of Taneyamagahara* von einem Mann, der traumversunken inmitten der Natur mit riesigen Eichen, kleinen Kodama (japanischen Baumgeistern) und einem ehrfurchtgebietenden Donnergott spricht und dabei ein grundlegendes Dilemma des menschlichen Lebens erkundet: Wie können wir im Einklang mit der Natur, die uns umgibt, überleben? Ähnlich wie in *Prinzessin Mononoke* gibt es auch hier keine einfachen Antworten. Man muss das Gleichgewicht finden zwischen dem Kampf ums Überleben und der Achtung vor der natürlichen Welt. Es ist ein im Wesentlichen durch Erzählung und Kamerabewegungen zum Leben erwecktes Bilderbuch, das Ogas Artwork und seine Fähigkeit, das Landleben und die Natur einzufangen, hervorhebt: Lichter und Farben eines Lagerfeuers bei Nacht, Morgendunst und Nebelschwaden über den Bergen, ein Himmel, gespickt mit Tausenden und Abertausenden von Sternen. Räume, in denen das Menschliche und Göttliche koexistieren können.

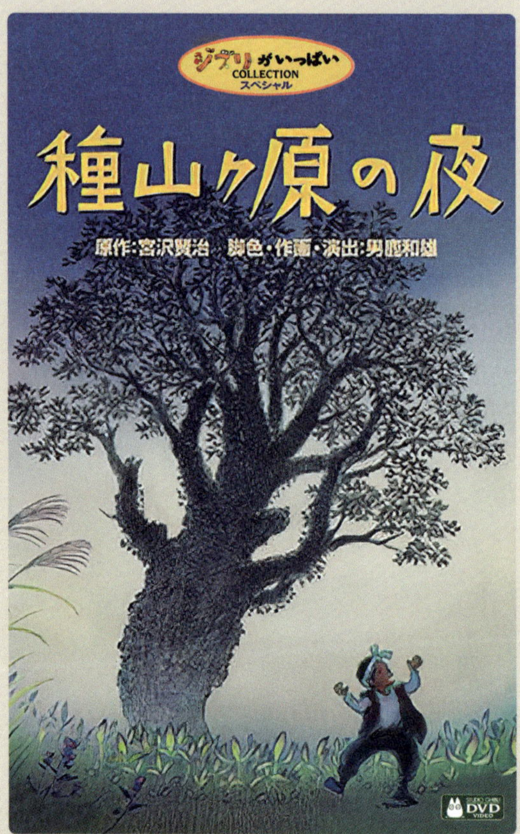

Iblard Jikan

Regie: Naohisa Inoue
Laufzeit: 30 Minuten / Jahr: 2007

Dieser Film wurde von Ghibli als Teil ihrer *Ghibli ga Ippai*-Sammlung veröffentlicht. *Iblard Jikan* ist ein weiterer Kurzfilm, der einen begabten Künstler und seine Arbeit würdigt.

Naohisa Inoue schuf die außergewöhnlichen Hintergrundbilder für die imaginäre Welt, die Shizuku in *Stimme des Herzens – Whisper of the Heart* (1995) erträumt, die Landschaften, die die Protagonistin und der schneidige Baron in den Fantasiesequenzen des Films durchqueren. Der Künstler lieh auch dem charmanten alten Kauz, der Shizuku und Seiji bei ihrer spontanen Darbietung von „Take Me Home, Country Roads" begleitet, seine Stimme. Hier jedoch fungiert Inoue als Regisseur und bringt die umfangreiche kreative Welt, die er seit den frühen 80ern in Bilderbüchern, Comics und Gemälden festhielt, auf die Leinwand.

Iblard Jikan ist eher ein Kunstwerk als ein narrativer Kurzfilm und besteht aus einer Reihe dialogfreier Szenen, in denen die Kamera über Inoues stimmungsvoll gemalte Landschaften fährt. Der Film ist eine Übung im Erschaffen von Welten – und was für Welten das sind! Wie die Progressive-Rock-Albumcover von Künstler Roger Dean präsentiert dieser Film faszinierende Bilder, die die Vorstellungskraft anregen. Bescheidene ländliche Szenen vermischen sich mit Science-Fiction-Elementen. Gemütliche Hütten an Bächen werden von außerweltlichen Farben und Strukturen eingerahmt oder von riesigen, am Horizont auftauchenden Himmelskörpern überschattet. Inoues eigenwillige Vision ist zuweilen grün, lebendig und unwirklich, eine Art impressionistischer Retrofuturismus, in dem französische Marktstädtchen von skurrilen Zeppelinen überflogen werden. Es ist eine Welt und eine Art des Sehens, in der man sich leicht – und gerne – verliert.

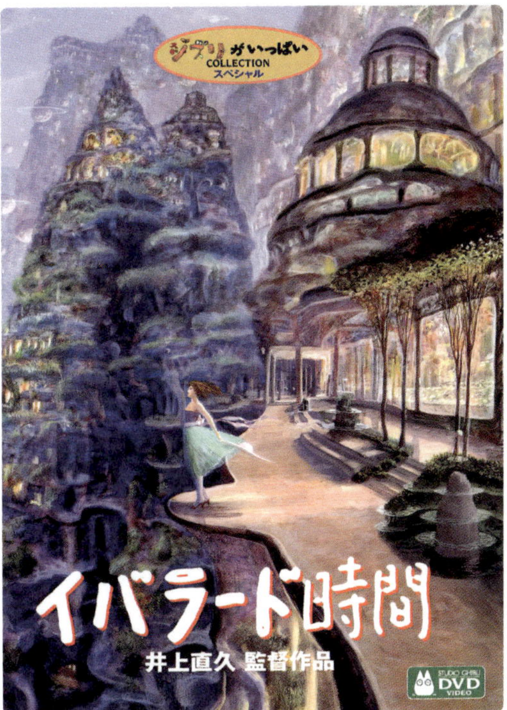

Gegenüber: Der Baum des Lebens. Das DVD-Cover von *The Night of Taneyamagahara* rückt die Verbindung zwischen Menschheit und Natur in den Vordergrund.
Oben: Kunstfilm. *Iblard Jikan* ist eine überwältigende Montage atemberaubender Momentaufnahmen und Szenerien von Naohisa Inoue.

Ni No Kuni

Regie: Yoshiyuki Momose
Laufzeit: 106 Minuten / Jahr: 2019

Es ist Magie in *Ni No Kuni* (2019), es gibt Zauberer, fliegende Bestien und Portale. Doch die unbeschreibliche, allgegenwärtige Ghibli-Magie, die einen gesamten Film umhüllen und jedes einzelne Detail in greifbare Fantasie und Einfachheit tauchen kann – diese Art von Magie vermisst man hier ein wenig.

Als Adaption einer Videospielreihe, die 2010 mit *Ni No Kuni: Dominion of the Dark Djinn* begann, ist dieser Film eine Kuriosität in Bezug auf die Verbindung zu Ghibli, wobei er doch sowohl unabhängig vom Studio entstanden als auch eng mit ihm verknüpft ist. Obwohl Hayao Miyazaki angeblich kein großer Fan von Videospielen ist, ist Ghibli-Produzent Toshio Suzuki wie wohl die meisten Produzenten ein Fan davon, Aufträge an Land zu ziehen. Als die Produktion von *Ponyo – Das große Abenteuer am Meer* 2008 abgeschlossen war und seine Animatoren herumsaßen und auf Arbeit warteten, bot er ihnen die Möglichkeit, am ersten *Ni No Kuni*-Spiel mitzuarbeiten, das von Spieleentwickler Level-5 für den Nintendo DS entwickelt wurde (natürlich gibt es mittlerweile auch Versionen für andere Konsolen und für Smartphones). Es handelt sich dabei um ein Rollenspiel, das zwischen unserer Welt und einer Fantasiewelt hin- und herspringt. Ghibli lieferte die Animationen dazu, die Leitung hatte Yoshiyuki Momose, der seit *Die letzten Glühwürmchen* (1988) Mitarbeiter der Firma und wichtiger Animator bei *Chihiros Reise ins Zauberland* (2001) war. Doch die Verbindung zu Ghibli geht noch weiter; auch Komponist Joe Hisaishi, der damals ebenfalls an *Ponyo – Das große Abenteuer am Meer* mitgearbeitet hatte, nahm an dem Projekt teil. Vielleicht kommt *Ni No Kuni* am ehesten an das heran, was wir uns unter einem Videospiel aus dem Hause Ghibli vorstellen. Es war ein kommerzieller Erfolg und fand auch bei Kritikern durchaus Anklang. 2018 entstand die Fortsetzung *Ni No Kuni 2: Schicksal eines Königreichs* und 2019 wurde sogar die Verfilmung angekündigt. Auf dem Regiestuhl: Momose.

Neben der Arbeit an den *Ni No Kuni*-Spielen hatte Momose an Ghiblis *Die Legende der Prinzessin Kaguya* (2013) gearbeitet und bei einem Teil des Episodenfilms *Bescheidene Helden* von Studio Ponoc aus dem Jahr

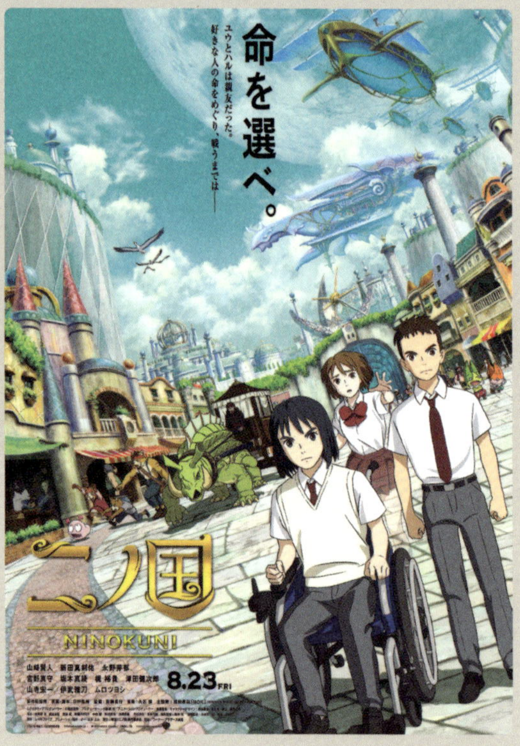

2018 Regie geführt. Sein Beitrag mit dem kuriosen Titel *Life Ain't Gonna Lose*, der von einem kleinen Jungen mit einer schweren Eierallergie handelt, machte die Welt auf einen einfühlsamen, ausdrucksstarken Filmemacher aufmerksam, der bereit war, voller emotionaler Hingabe mit Farben und Leinwand zu spielen. Leider ist Momoses Spielfilm trotz seiner langjährigen Verbindung mit dem *Ni No Kuni*-Universum und den experimentellen Ansätzen

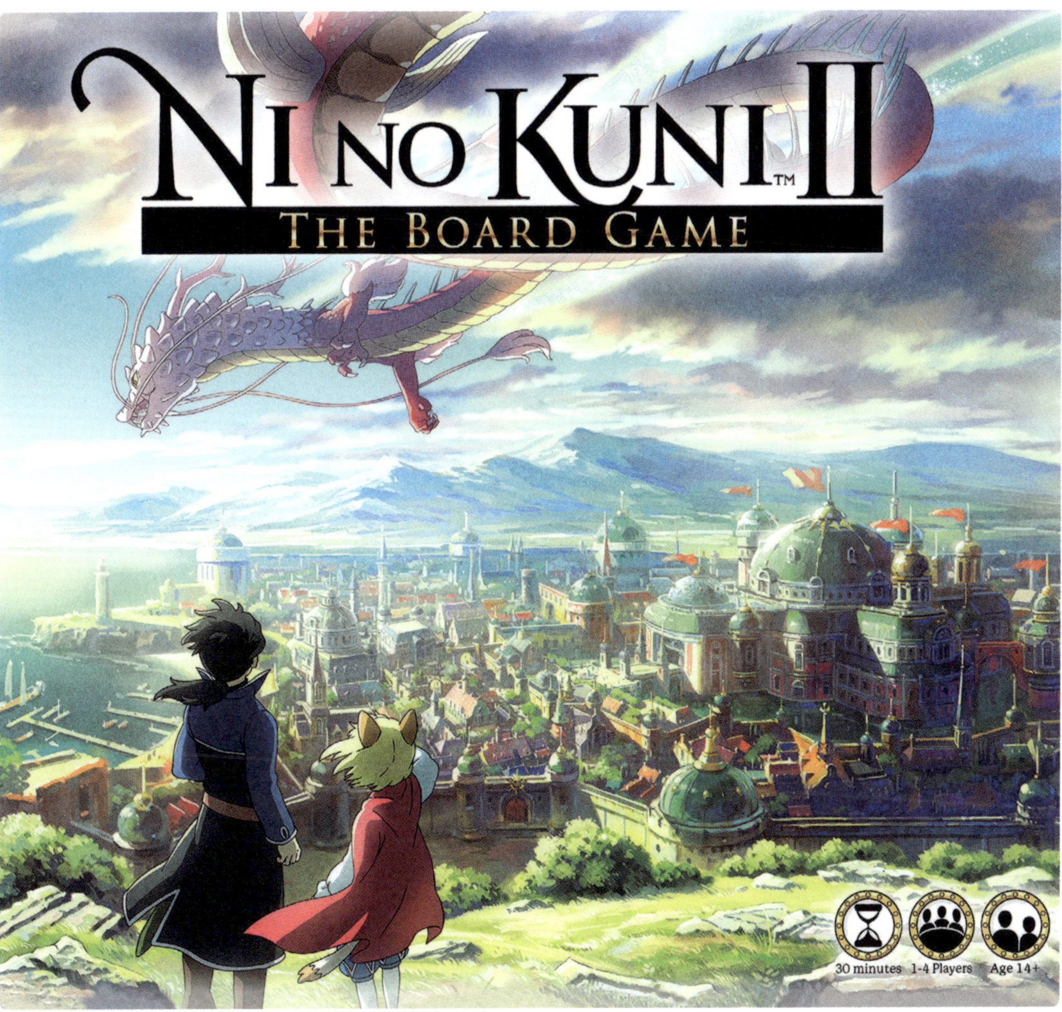

und Ambitionen nicht die herzergreifende, frische Adaption geworden, die man sich erhofft hätte.

Die Handlung folgt zwei Jungen, die beide Teil einer Dreiecksbeziehung unter Teenagern sind, sie beginnt als modernes Jugendmelodram. Nachdem ein Autounfall die Hauptfiguren in das mysteriöse Königreich Evermore katapultiert hat, bekommt die Romanze einen mittelalterlichen Twist. Trunkenbolde mit Hundegesichtern, grünhäutige Bösewichte und sprechende Plüschpuppen, die zum Leben erwachen, bevölkern diese Welt, die vom Krieg gebeutelt ist. Obwohl das Charakterdesign kreativ bleibt und die einfallsreichen, detaillierten licht- und sonnendurchfluteten Hintergründe durchaus beeindruckend sind, gelingt es *Ni No Kuni* nie ganz, uns wirklich zu packen. Die unerbittliche Handlung, vollgestopft mit Wechseln zwischen den Welten, Flüchen, Enthüllungen, mehreren Fällen von *Deus ex Machina* und endlosen Expositionen, lässt wenig Zeit, sich zu entspannen. Hisaishis Partitur trabt mit einem Gefühl der Neugier und des Staunens daher, doch das Projekt resultiert letztendlich in einem unruhigen Film, der überfordert ist mit dem Versuch, ein Videospiel auf die Schienen der Linearität zu lenken, und sich dabei verirrt.

Gegenüber: Ein japanisches Poster für *Ni No Kuni*, das die drei Hauptprotagonisten und die übernatürliche Kulisse von Evermore zeigt.

Oben: Obwohl seine Geschichte nicht perfekt umgesetzt ist, ist *Ni No Kunis* Fantasiewelt zweifellos ein beeindruckender Ort.

Ronja Räubertochter

Regie: Goro Miyazaki
26 Folgen / Jahr: 2014

Wir von der *Ghibliothek* sind überzeugte Anhänger Goro Miyazakis. Mit der Gestaltung und dem Management des Ghibli-Museums und des Ghibli-Parks sowie als Regisseur dreier Spielfilme hat er eine bedeutende und oft unterschätzte Rolle in der jüngsten Geschichte des Studios gespielt.

Viele dieser Projekte entstanden auf Wunsch Toshio Suzukis, des Produzenten, den Goro Miyazaki in unserem Podcast einst als *„dunklen Zauberer"* bezeichnet hat, *„der mich dazu bringt, Dinge zu tun, die ich eigentlich nicht tun will"*. Das gilt auch für *Ronja Räubertochter*, eine Serie aus einer der versteckten Ecken der Ghibli-Filmografie, die leider oft unbeachtet bleibt, obwohl sie eine faszinierende Mischung aus Alt und Neu ist. Es war Miyazaki, der zufällig auf die Romanvorlage der *Pippi-Langstrumpf*-Autorin Astrid Lindgren stieß, als er nach neuen Projekten, die sich adaptieren lassen könnten, Ausschau hielt. Als frischgebackener Vater war er angeblich sehr angetan von der Geschichte eines Räubervaters und dessen Tochter Ronja. Sie sucht die Unabhängigkeit und erlebt ihre eigenen Abenteuer in den grünen Wäldern eines mittelalterlichen und magischen Skandinaviens, beobachtet den Wechsel der Jahreszeiten und begegnet geheimnisvollen Kreaturen, die die Wälder ihr Zuhause nennen. Als Goro sich näher mit Lindgrens Werk befasste, musste der jüngere Miyazaki schnell feststellen, dass er seinem alten Herrn mit diesem Unterfangen ein wenig auf den Schlips trat.

Gegenüber: Regisseur Goro Miyazaki fühlte sich von der Erzählung einer Vater-Tochter-Beziehung in Astrid Lindgrens Romanvorlage stark angezogen.

Unten: Gemeinsam durch dick und dünn. Auf ihren Abenteuern lernt Ronja neue Freunde und Komplizen kennen, beispielsweise ihren besten Freund Birk.

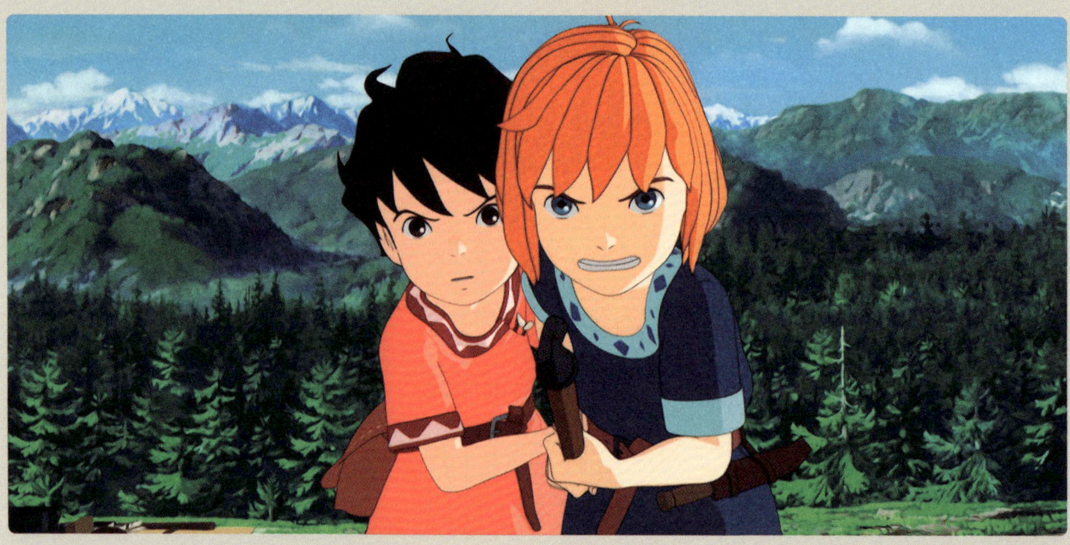

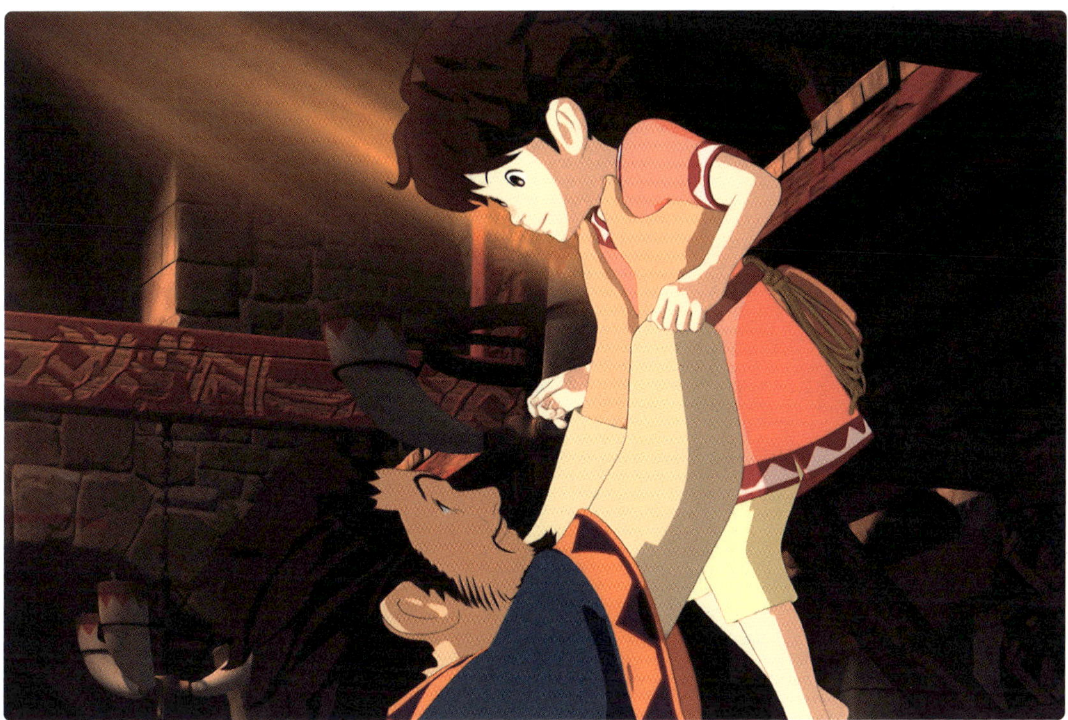

Wie auch im Fall von Ursula Le Guin und ihren *Erdsee*-Romanen wurde Hayao Miyazaki und Isao Takahata die Erlaubnis verweigert, als sie in den 70ern versuchten, *Pippi Langstrumpf* für eine Zeichentrickserie zu adaptieren. Sollte Goro erneut im Schatten seines Vaters arbeiten? Doch wie immer hatte Toshio Suzuki einen Plan. Wie Goro Miyazaki auf einer Pressekonferenz anlässlich der Serie *Ronja Räubertochter* erzählte, bestand Suzukis teuflischer Plan darin, zum ersten Mal etwas auszuprobieren, wovon sein alter Kompagnon Hayao nicht einmal zu träumen wagte: Er wollte CGI (computer generated imagery) für die Animationen nutzen. Somit wäre es nicht nur Ghiblis erste Arbeit in diesem Animationsstil, sondern auch die erste Fernsehserie, die sie produzierten – ein Format, mit dem die Gründer früher gearbeitet hatten und das sie perfekt beherrschten, aber auch aus gutem Grund hinter sich gelassen hatten. So schnappte Miyazaki sich kurzerhand einige seiner wichtigsten Mitarbeiter, darunter Designer Katsuya Kondo, Komponist Satoshi Takebe und die Hintergrunddesigner Yoshikazu Fukutome und Sadaaki Honma, und machte sich gemeinsam mit der CGI-Firma *Polygon Pictures* an die Planung. Diese hatte bereits an Produktionen für Film und Fernsehen, von *Ghost in the Shell 2: Innocence* (2004) bis hin zu *Star Wars: The Clone Wars* (2011–2013), aber auch an Videospielen mitgewirkt. Anstelle einer vollständig computergenerierten CGI-Ästhetik (wie es in Miyazakis nächstem Spielfilm *Aya und die Hexe* der Fall war), wurde bei *Ronja* in einem hybriden Stil gearbeitet – computergenerierte Charaktere agierten im Cel-Shading-Verfahren vor handgemalten Hintergründen und Kulissen. Wie bei *Aya und die Hexe* wirkt es auch hier mitunter etwas befremdlich, wenn Kondos Charakterentwürfe auf die 3D-Modelle angewandt werden, doch durch *Ronjas* opulente und ansprechende Naturlandschaften hat die Serie im Vergleich zum darauf folgenden Spielfilm klar die Nase vorn. In Anlehnung an die Fernsehserien von Takahata und Miyazaki aus den 1970er-Jahren wurde der Erforschung der Geschichte und der Umwelt Skandinaviens Vorrang eingeräumt, während die gemächliche Erzählweise auch an Serien wie *Heidi* (1974) und *Anne mit den roten Haaren* (1979) anknüpft. Und doch erreichte *Ronja Räubertochter* nie ganz die Höhen des Olymp, die ihre Vorgänger bereits erklommen hatten, obwohl bereits Verträge für den weltweiten Vertrieb geschlossen worden waren, darunter sogar eine Fassung für BBC Alba mit eigens ins Schottisch-Gälische übersetzten Dialogen. Doch die durchweg guten Kritiken und Lobeshymnen von Leuten aus der Branche brachten dem Werk viel Beifall ein und bescherten ihm schließlich auch einen „Emmy" in der Sparte „Internationaler Kinderanimationsfilm".

Nächste Doppelseite: Hybride Theorie. Bei Ronja verwendete Goro Miyazaki eine Mischung aus 3D-Charakteren und gemalten Hintergründen, die zum Träumen einladen.

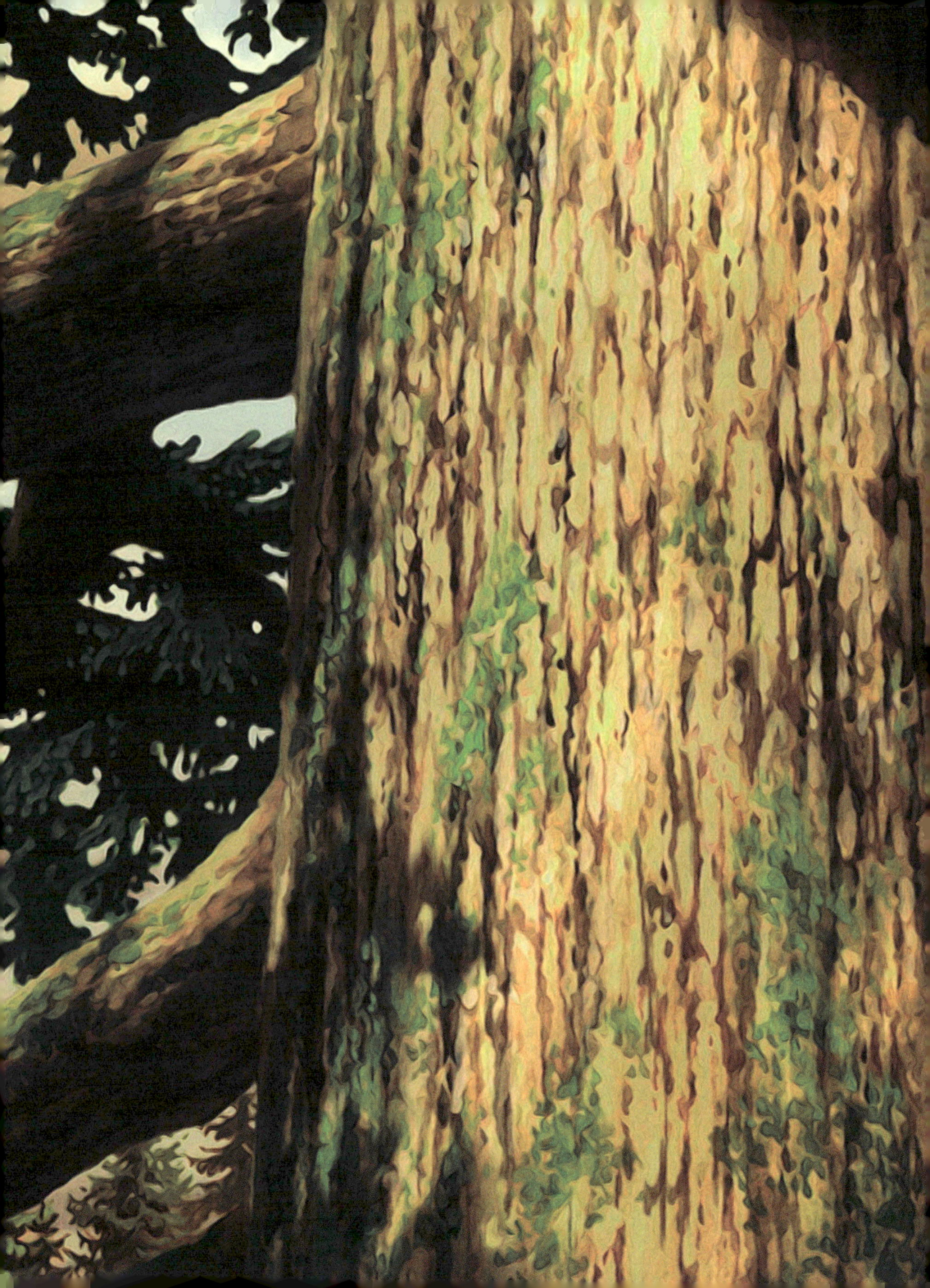

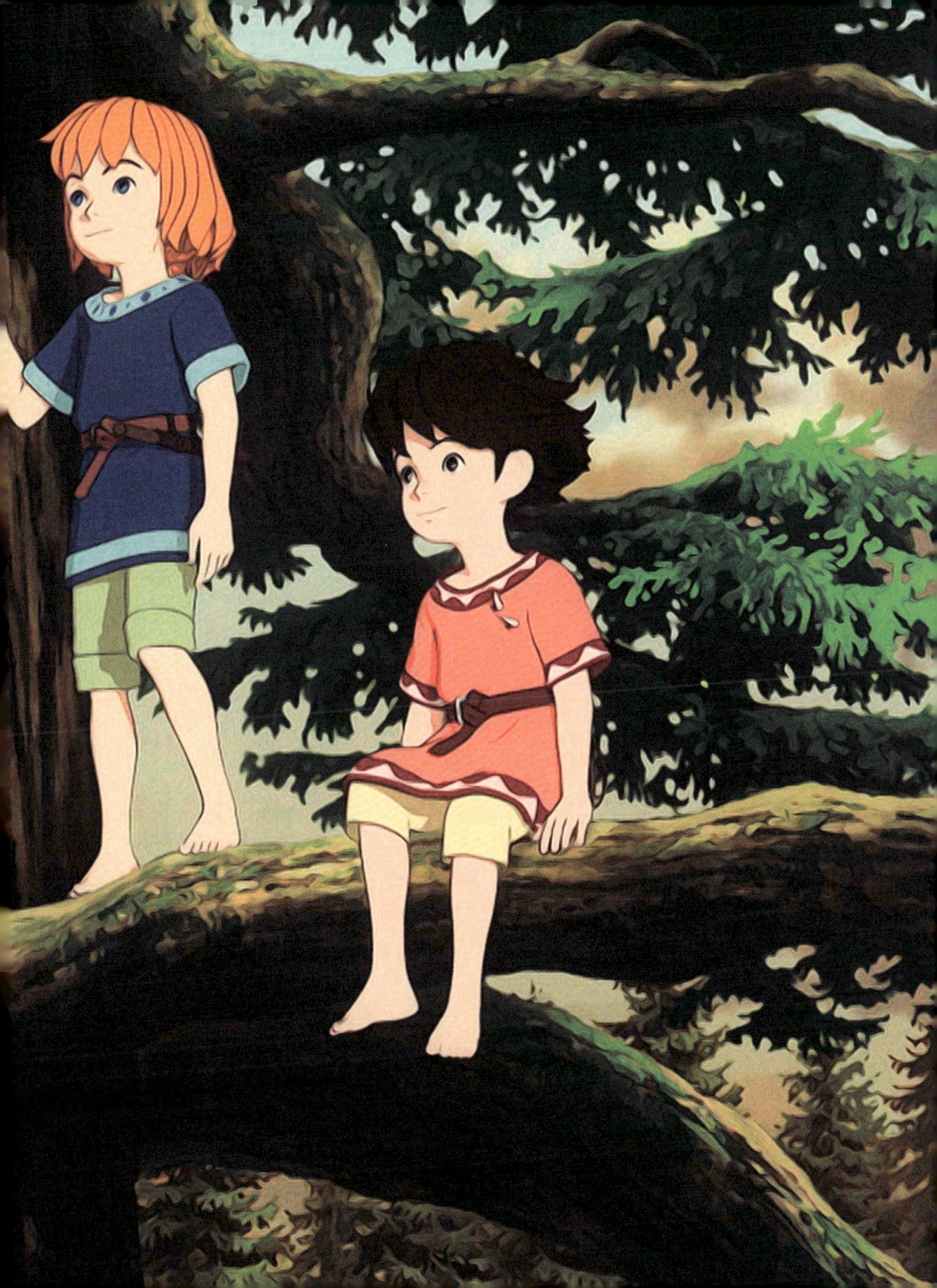

Zen: Grogu und die Rußmännchen

Regie: Katsuya Kondo
Länge: 3 Minuten / Jahr: 2022

Für den offiziellen Twitter-Account von Studio Ghibli, der leider nur kurz existierte, musste sich das Studio nicht groß ins Zeug legen, um Traffic zu erzeugen und die Fans zur Interaktion zu animieren. Social Media hatte Ghibli-Liebhabern auf der ganzen Welt einen direkten Draht zu ihren heißgeliebten Filmemachern und Animatoren ermöglicht.

Ob es sich um ein mysteriöses Detail eines bevorstehenden Films handelte, das Modell einer neuen Attraktion des Ghibli-Themenparks oder auch nur um ein Standbild aus einem der Filme, die wir alle schon unzählige Male gesehen haben – jeder einzelne Ghibli-Tweet sorgte für regen Austausch und großen Jubel innerhalb der Community. Doch nur wenige Posts lösten derart wilde Spekulationen aus wie das Logo eines anderen bekannten und intergalaktisch beliebten Filmstudios: Lucasfilm. Warum um alles in der Welt sollten sie so etwas posten? Stand Porco Rosso kurz davor, zum Rogue Squadron überzuwechseln? Sollte ein weiterer umsatzträchtiger Deal mit einem Streaming-Anbieter angekündigt werden? Oder würde Studio Ghibli wie zuvor Studio Trigger (*Promare*) oder Cartoon Saloon (*Song of the Sea, Wolfwalkers*) ein Kapitel der animierten *Star Wars*-Anthologie *Visions* (2021) für Lucasfilm produzieren? Nein, es ging um etwas völlig anderes als um den lila-blauen Himmel von Tatooine: Es war ein dreiminütiger Film über den Mandalorianer-Star Baby Yoda (offiziell heißt er Grogu, falls ihr auf einen Namen besteht), der einfach nur herumsitzt und mit Ghiblis Rußkobolden spielt – stummen, kugelförmigen Kreaturen, die in *Mein Nachbar Totoro* (1988) und *Chihiros Reise ins Zauberland* (2001) vorkommen und die in verlassenen Häusern und Tempeln leben. Im Kern ist *Zen: Grogu und die Rußmännchen* eine kurzweilige, niedliche Animation, die sich im Grunde das putzige großäugige Maskottchen des einen Studios schnappt und es in das von Hand gezeichnete Kinderzimmer des anderen Studios wirft, um voller Neugier zu beobachten, wie die beiden anfangen, miteinander zu spielen. Ein bräunlicher, papyrusartiger Hintergrund verleiht dem Kurzfilm einen sepiafarbenen Hauch von Geschichte, so als ob wir eine Schriftrolle aus einer lange verlorenen Crossover-Folge der beiden Studios entrollten. Unter der Regie des treuen Key-Animation-Routiniers Katsuya Kondo wird unser Grogu in 2D sanft und schlicht gehalten, während die achtsame Strichführung des Animators sowohl langsame Strecken als auch schnelle Sprünge gekonnt einfängt, beispielsweise wenn akrobatische Staubhasen ihren neuen außerirdischen Freund begrüßen, beschnuppern und wild um ihn herumtänzeln. Auch Grogu bekommt eine Blume gereicht, eine ähnliche Geste der Freundschaft wie es sie schon in Ghiblis Film *Das Schloss im Himmel* von 1986 gab (an dem Kondo ebenfalls mitgewirkt hat), und diese Geste unterstreicht hier nochmals in perfekter Ghibli-Manier die einende Kraft der Natur. Begleitet werden die possierlichen Figuren von einem Soundtrack des derzeitigen Blockbuster-Maestros Ludwig Göransson. Statt pulsierend und bombastisch wie in seinen Filmen *The Mandalorian* (2019), *Black Panther* (2018) und *Tenet* (2020) ist die Musik hier sanft und leise, mit einer gewissen Wärme im Klang. Er stellt das Kosmische durch eine Mixtur aus Ambient Sounds und flirrenden Synthesizerklängen dar, die an den Pionier der japanischen Elektrokomposition, Isao Tomita, erinnern. So ist *Zen: Grogu und die Rußmännchen* mit seinen drei Minuten Laufzeit viel mehr als nur die simple Kooperation zweier Studios. Die Tatsache, dass Lucasfilm alle narrativen Bindungen an den *Star Wars*-Kanon löste, um diesen freien, ausdrucksstarken Ausbruch von Kreativität zu ermöglichen, zeigt, welch mächtige Perspektive eine Ghibli-Partnerschaft haben kann. Und wer weiß, vielleicht bedeutet es auch, dass Totoro und Chihiro eines Tages in eine weit, weit entfernte Galaxie zurückversetzt werden.

Gegenüber: Die Kraft (einer intergalaktischen Zusammenarbeit mit einem Filmstudio) ist in diesem Kurzfilm definitiv mit uns. *Zen: Grogu und die Rußmännchen* brachte Ghibli ins *Star Wars*-Universum und danach direkt weiter zum Streamingdienst Disney+.

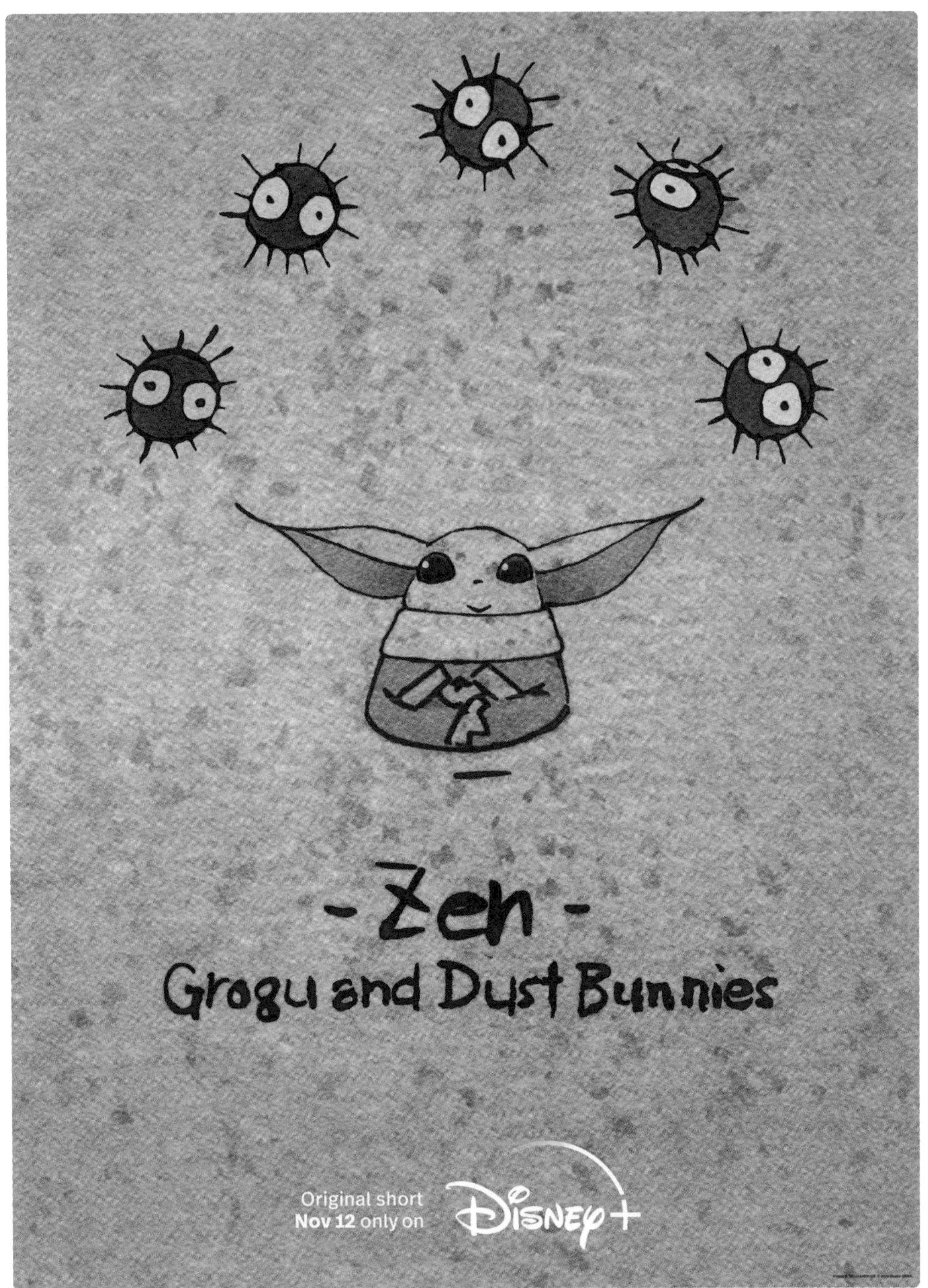
- Zen -
Grogu and Dust Bunnies
Original short
Nov 12 only on
Disney+

3

Der Sound Ghiblis

Unter all den magischen Qualitäten der Filme von Studio Ghibli hat die Musik eine besondere Anziehungskraft auf Fans in der ganzen Welt.

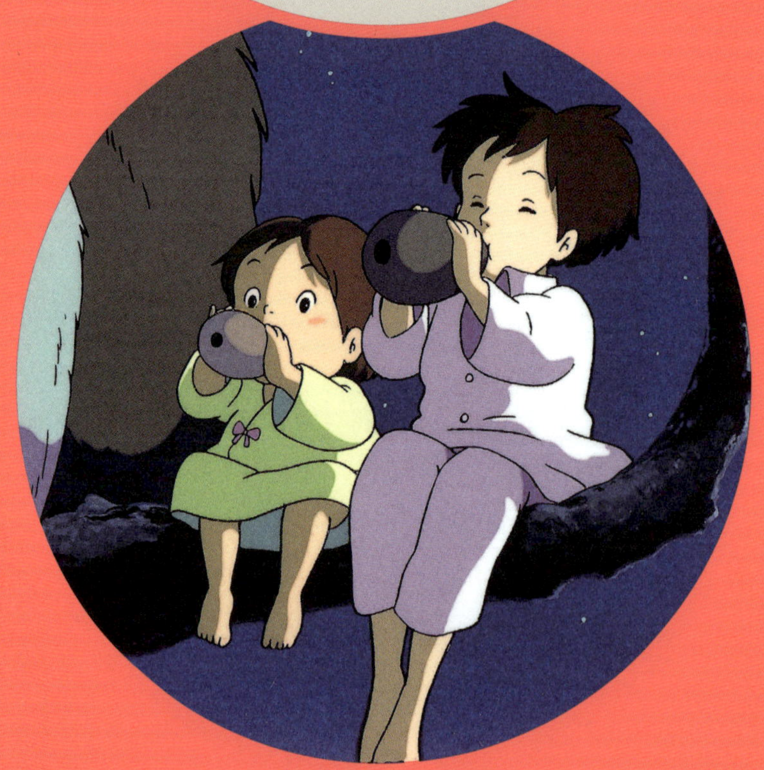

Das Herzstück ist unbestritten die jahrzehntelange Zusammenarbeit zwischen Hayao Miyazaki und dem Komponisten Joe Hisaishi, eine enge Partnerschaft, die es mit den großen Kollaborationen der Filmgeschichte locker aufnehmen kann. Wenn Miyazaki Japans Antwort auf Steven Spielberg ist, dann ist Joe zweifelsohne sein John Williams – ein Genie sondergleichen, das gemeinsam mit Miyazaki zu ganz neuen Höhen aufsteigt. Joes mitreißende Filmmusik erobert jedes Herz im Sturm und die makellosen, eingängigen Melodien bleiben noch tagelang im Ohr. Miyazaki mag der große Houdini der Animationswelt sein, doch wenn es um Musik geht, ist Joe ihm als Magier ebenbürtig wie kein Zweiter. Und ja, natürlich spielen die Soundtracks eine wesentliche Rolle dabei, wie die Filme von Studio Ghibli ihren Weg in unser Leben finden. Vor allem geben sie uns das essenzielle Gefühl, dass die Filme einzigartig, aber auch universell sind; eigenwillig und doch inspiriert, virtuos und praktisch unmöglich zu imitieren.

Studio Ghiblis Maestro

Die akustische Identität des Studios findet sich in den Partituren des Komponisten Joe Hisaishi wieder

Als Netflix sich die Rechte an Ghiblis Werken sicherte, wurden die Filme zugänglicher denn je. Neue Zuschauer und Zielgruppen kamen erstmals mit ihnen in Berührung, alteingesessene Fans bekamen die Möglichkeit, sich die Filme noch einmal anzusehen.

Ghibli hatte den Wandel vollzogen und war nicht mehr exklusiv für eine kleine erlesene Anhängerschaft sichtbar, sondern ab sofort jederzeit für jedermann zugänglich, vorausgesetzt, man konnte sich die ständig steigenden Abo-Kosten leisten. Der Schritt hin zu den Streaming-Anbietern veränderte jedoch auch die Beziehung der Menschen zu Ghibli. Mit nur wenigen Klicks und ohne das heimische Sofa zu verlassen, stand plötzlich eine ganze Bibliothek an Filmen zur Auswahl. Das war großartig, doch es gab noch einen weiteren Streaming-Deal, den Ghibli-Fans auf der ganzen Welt begeistert feierten: Es geht um die Filmmusik von Joe Hisaishi. Bisher nur auf Vinyl, Kassette und CD erhältlich, war die Musik des Mannes, der für so viele den Sound von Studio Ghibli verkörpert, plötzlich ebenfalls nur noch einen Mausklick entfernt.

Für Autoren wie uns, denen es schwerfällt, zum Klang von Texten zu tippen, sind Film-Soundtracks ein unverzichtbares Instrument, um Worte zu Papier zu bringen. Just in diesem Augenblick erscheinen die Buchstaben dank Spotify und dem Soundtrack von *Porco Rosso* (1992) auf dem Papier, der zusammen mit einem Großteil der übrigen Filmmusik seit Februar 2020 von dem Musik-Streamingdienst angeboten wird. Seitdem sind Ghiblis Musik und insbesondere die Tracks von Joe Hisaishi zum festen Bestandteil unseres Hör-Alltags geworden, und zwar so sehr, dass wir der Musik von Joe Hisaishi wesentlich mehr Zeit gewidmet haben als dem Ansehen der Filme. Seine Kompositionen machen nicht nur das Schreiben zu einem Vergnügen, es ist auch ein Vergnügen, über sie zu schreiben.

Sie gleiten von taumelnden Neon-Synthies über aufpeitschenden Orchester-Bombast bis hin zu zarten und

Gegenüber: Während Hayao Miyazaki unbestritten das größte Genie Ghiblis ist, half die Filmmusik Joe Hisaishis, zu einer der beliebtesten Musik-Ikonen seiner Zeit zu werden.

Unten: *Porco Rosso* erhielt durch die Bank weg positives Feedback von den Fans für die abenteuerlichen Actioneinlagen, doch sein Soundtrack ist nicht minder lobenswert.

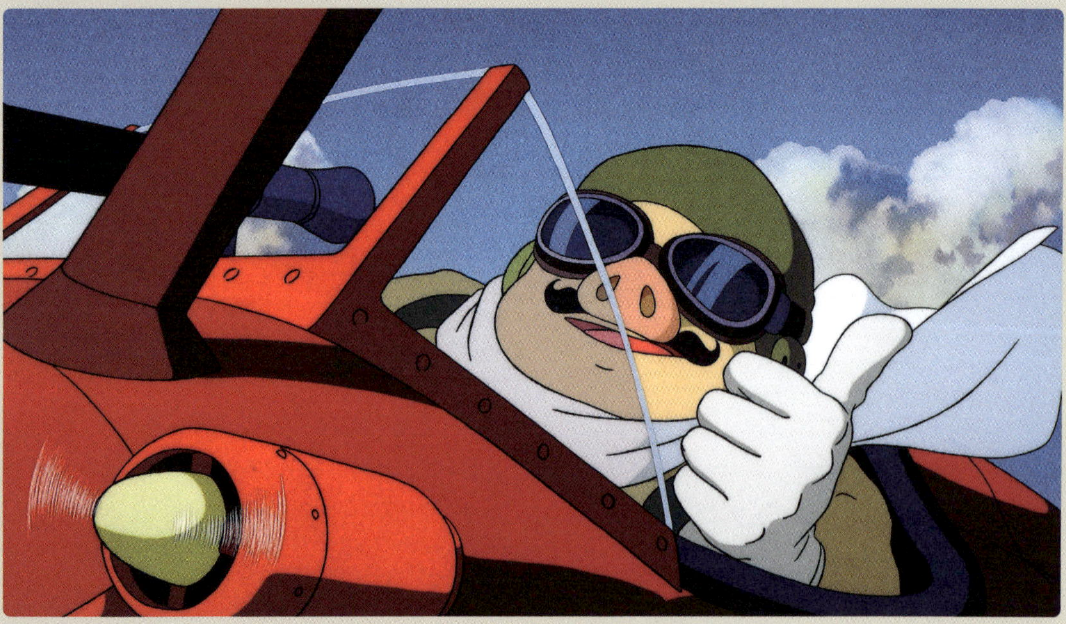

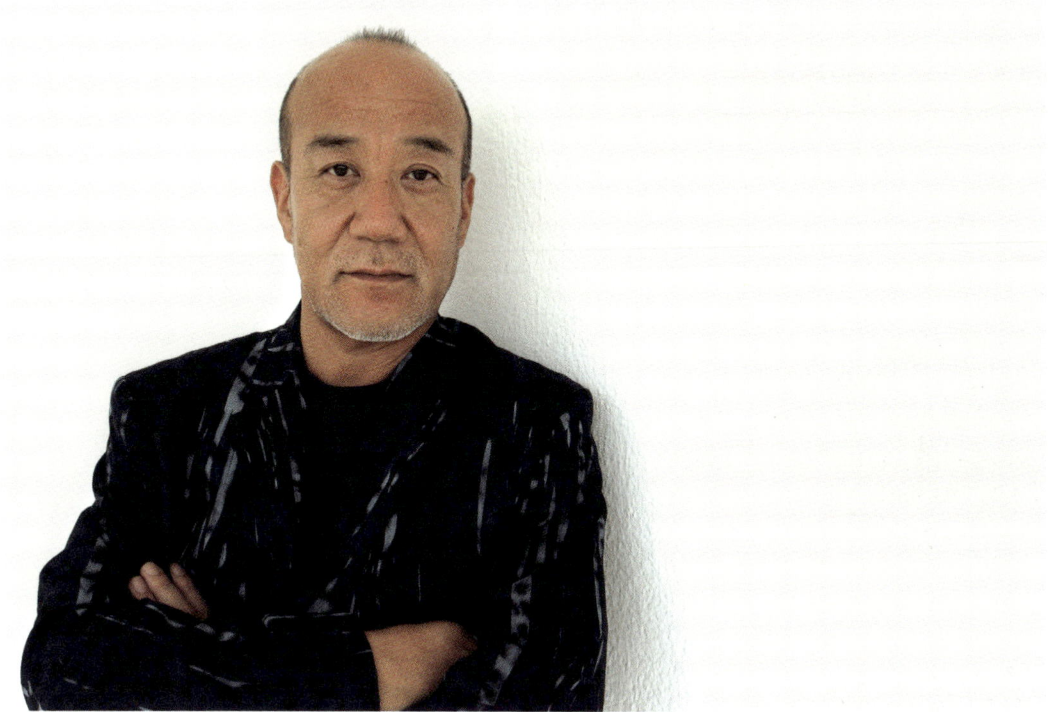

fast schon privat anmutenden Klaviermelodien. Wenn die Filmemacher die Flugzeuge bauen, sorgt Joe für den nötigen Treibstoff, und gemeinsam heben sie ab.

Hisaishis Zusammenarbeit mit Hayao Miyazaki begann mit *Nausicaä aus dem Tal der Winde* (1984) und setzte sich über vier Jahrzehnte hinweg fort bis zum jüngsten Geniestreich *Der Junge und der Reiher* aus dem Jahr 2023 – und sie geht hoffentlich noch viele Jahre weiter. In dieser Zeit hat er einige der besten Soundtracks aller Zeiten geschaffen. Hisaishi besitzt ein bemerkenswertes Talent für Töne und Melodien – eine Begabung, die er mit John Williams, einem anderen Titanen der Filmmusik, teilt. Hisaishi stachelt sein Orchester zu Höchstleistungen an und entringt ihm schwungvoll-mitreißende Klänge, die die Eröffnungsszenen der Filme mit Ehrfurcht und Staunen über die Entdeckung einer neuen Welt anfüllen. Er erschafft dabei Ohrwürmer, die monatelang im Ohr bleiben (hört euch *Prinzessin Mononoke* von 1997 an, um Joe in seiner epischsten und summbarsten Form zu hören). Die erste Filmmusik für *Nausicaä* ist eine reizvolle Verschmelzung des elektronischen Stils aus Hisaishis Jugend mit der schwungvollen Orchestrierung, für die er später bekannt werden sollte. Die Synthesizerlines und knackigen High-Tempo-Schlagzeugbeats mögen anachronistisch wirken, aber in *Nausicaäs* dystopischer Welt – in der die technologische Entwicklung eine zukünftige Welt in eine archaischere Umgebung zerfallen ließ – scheinen sie passen. Die melancholischen Pop-Aspekte der Partitur kontrastieren gekonnt mit dem Optimismus der Heldin in dieser vergifteten Umgebung.

Das Schloss im Himmel (1986) bringt mehr Pomp mit, ein frühes, ernsthaftes Trompetensolo verkündet die aufrichtige Tapferkeit des Films, während später einsetzende, sanfte Holzbläser ein Pendant zu den Melodien offenbaren, die zwei Jahre später *Mein Nachbar Totoro* definieren sollten. Die auf ein jüngeres Publikum zugeschnittene Musik von *Totoro* ist voller lebendiger, beschwingter Momente und spielerischer instrumentaler Überraschungen. Orchestrierung, Synthesizer, Samples und Gesang schwingen zwischen jenseitiger Unheimlichkeit und Big-Band-Freude hin und her, die Musik lässt sich einfach mitsingen und auch oft zum Taschentuch greifen (was bei der *Totoro*-Bühnenshow wunderbar in Szene gesetzt wurde, siehe Seite 110). Filme voller Entdeckungen (sowohl in der Luft als auch in sich selbst) wie *Kiki's kleiner Lieferservice* (1989) und *Porco Rosso* bieten Partituren voller Abenteuer und Pathos: Flöten plätschern vor Aufregung neben introspektiv klingenden hellen Tönen, die überraschende, walzerartige Instrumentierung sorgt für mitreißenden Hörgenuss im europäisch angehauchten Stil.

Miyazakis Arbeiten der späten 90er und frühen 2000er, von *Prinzessin Mononoke* über *Chihiros Reise ins Zauberland* bis hin zu *Das wandelnde Schloss*, führen schließlich zum unvergleichlichen Hisaishi-Blockbuster-Sound. Das Schlagzeug klingt härter, die Streicher spielen süßer. Die drei Filme mit ihrer schwer fassbaren Moral und

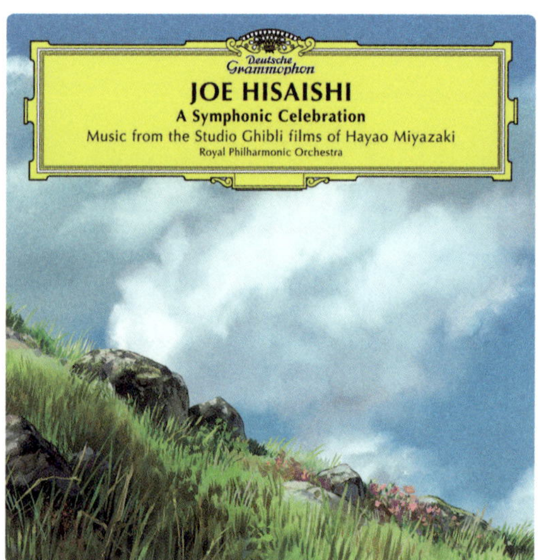

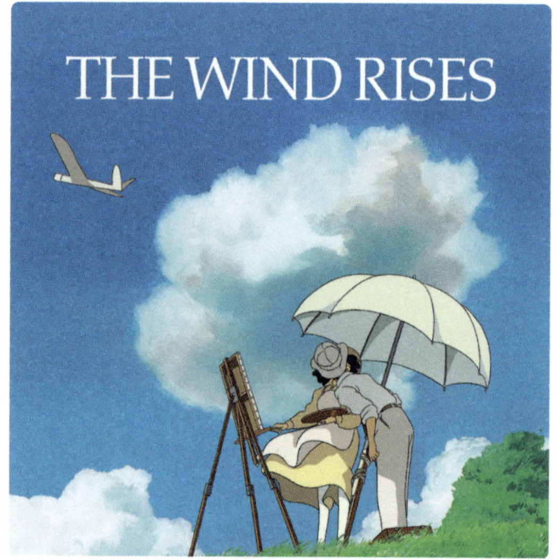

den träumerischen Schauplätzen dringen in eher ätherische Gebiete vor und große Gesangsgruppen werden eingesetzt, um sowohl das Spirituelle als auch das Barbarische zu unterstreichen – wir hören Engelschöre und gewalttätige, kämpfende Clans. Mit *Ponyo* (2008) kehrt Hisaishi dann zu der sprunghaften, komplexen und unschuldigen Dynamik von *Totoro* zurück. Der Film ist um eine Figur herum aufgebaut, die *Totoro* auf der Niedlichkeitsskala Konkurrenz machen soll. Mit ihren klaren Pop-Themen, wagnerianischen Ungeheuerlichkeiten und rosaroten Opernklängen ist es vielleicht Hisaishis fröhlichste Partitur. Trotz dieses enormen Outputs an bemerkenswerten Werken sollte Hisaishis bestes Jahr erst 2013 kommen, als er seinen zehnten Film für Hayao Miyazaki und seinen ersten (und leider einzigen) für Isao Takahata vertonte. Die beiden Filme *Wie der Wind sich hebt* und *Die Legende der Prinzessin Kaguya*, die zusammen veröffentlicht werden sollten, zeigen drei Künstler auf höchstem Niveau, und die beiden daraus resultierenden Soundtracks kämpfen ständig um die Spitzenposition in unserer Hisaishi-Rangliste. *Wie der Wind sich hebt* beginnt mit einer wunderbar wehmütigen Mandoline und gleitet dann weiter zu nachdenklichen Streichern, die mit Nostalgie und melancholischem Einschlag aufwarten, bevor es mit viel Leidenschaft und Tragik weitergeht. Hisaishi navigiert musikalisch versiert durch Krieg und Romanze, ohne je zu explosiv zu werden. Das Stück ist sanft und fesselnd, es zerreißt einem das Herz, erzeugt permanent Gänsehaut und passt somit ideal zu Jiro, dem facettenreichen Protagonisten des Films. Mit *Die Legende der Prinzessin Kaguya* wiederum betrat Hisaishi Neuland und musste mit Regisseur Takahata zuerst einmal am leeren Reißbrett starten. Das Ergebnis war, kaum verwunderlich, etwas gänzlich anderes als alles, was er zuvor gemacht hatte. Die sparsame, moderne und tief bewegende Filmmusik, die den Ansatz des Regisseurs widerspiegelt, nur das Wesentliche auf die Leinwand zu bringen, bietet der Komposition hier viel Raum und wirkt dadurch umso imposanter. Das Stück baut sich langsam auf und beginnt mit leichten Klavierklängen, die zeitweise durch ein Glockenspiel unterbrochen werden, dann bewegt sie sich weiter zu fröhlichen Streichermelodien, die ein wenig Traurigkeit durchschimmern lassen, bis es schließlich in unkonventionellem, schrägen Percussion-Gerassel und mit den lauten Geräuschen einer Parade endet. Das Stück ist völlig anders als seine früheren Werke, und doch wird sein Einfluss selbst ein Jahrzehnt später im Film *Der Junge und der Reiher* noch zu hören sein. Stärker als in anderen Miyazaki-Partituren ist das Klavier hier genau wie der Protagonist Mahito suchend und traurig angelegt; der herausragende Track „Ask Me Why" basiert auf einer einsamen Wiederholung, die sich allmählich in Richtung Hoffnung bewegt. Es ist ein reduziertes Stück, das eindrücklich zeigt, was Hisaishi so herausragend macht: Ob elektronisch oder mit Orchester, ob solo oder in Begleitung, Hisaishi ist und bleibt einzigartig und schafft es jedes Mal aufs Neue, die unvergessliche Magie Ghiblis durch seine Musik zu entfesseln.

Oben (links): Chart-Spitzenreiter. Joe Hisaishis Album *Symphonic Celebration* war bei seiner Veröffentlichung im Jahr 2023 ein Megaerfolg.

Oben (rechts): *Wie der Wind sich hebt* war die zehnte Zusammenarbeit von Joe Hisaishi und Hayao Miyazaki in Folge.

Gegenüber (oben): Um Joes Genie in vollem Umfang zu genießen, hört euch am besten seine Kompositionen für *Wie der Wind sich hebt* und *Die Legende der Prinzessin Kaguya* an, die beide im selben Jahr aufgenommen wurden.

Gegenüber (unten): Zeitenwende. Nach fast 30 Jahren, in denen er Miyazakis Filme vertont hat, arbeitete Hisaishi schließlich mit Isao Takahata an dem Film *Die Legende der Prinzessin Kaguya*.

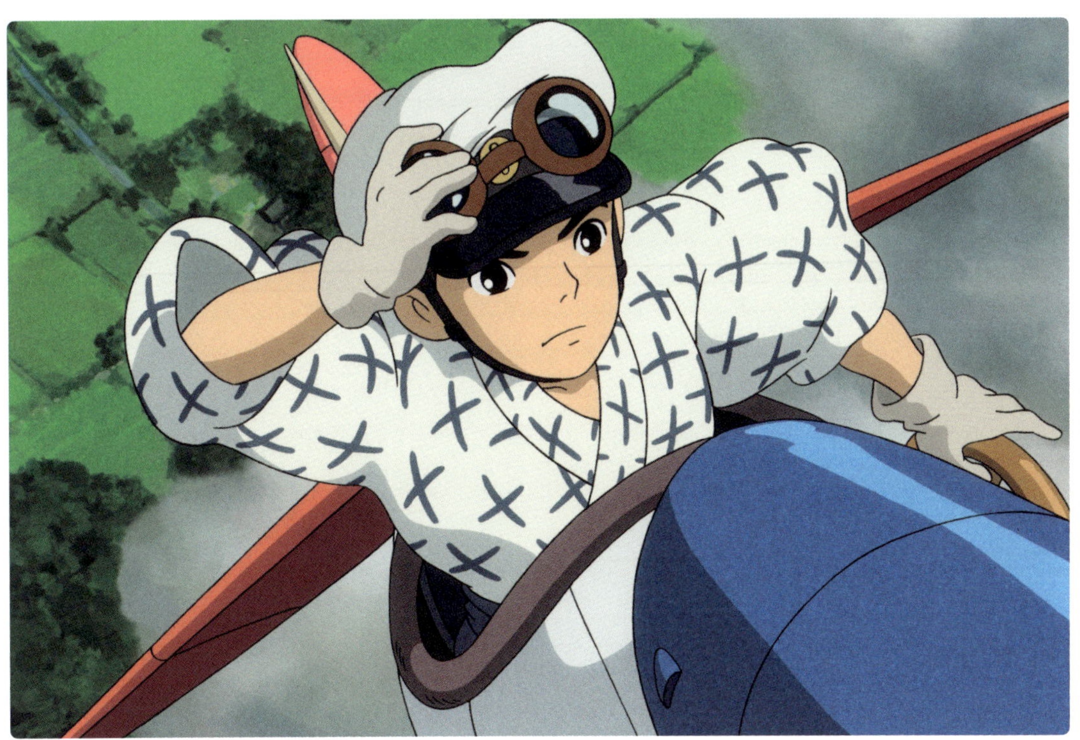

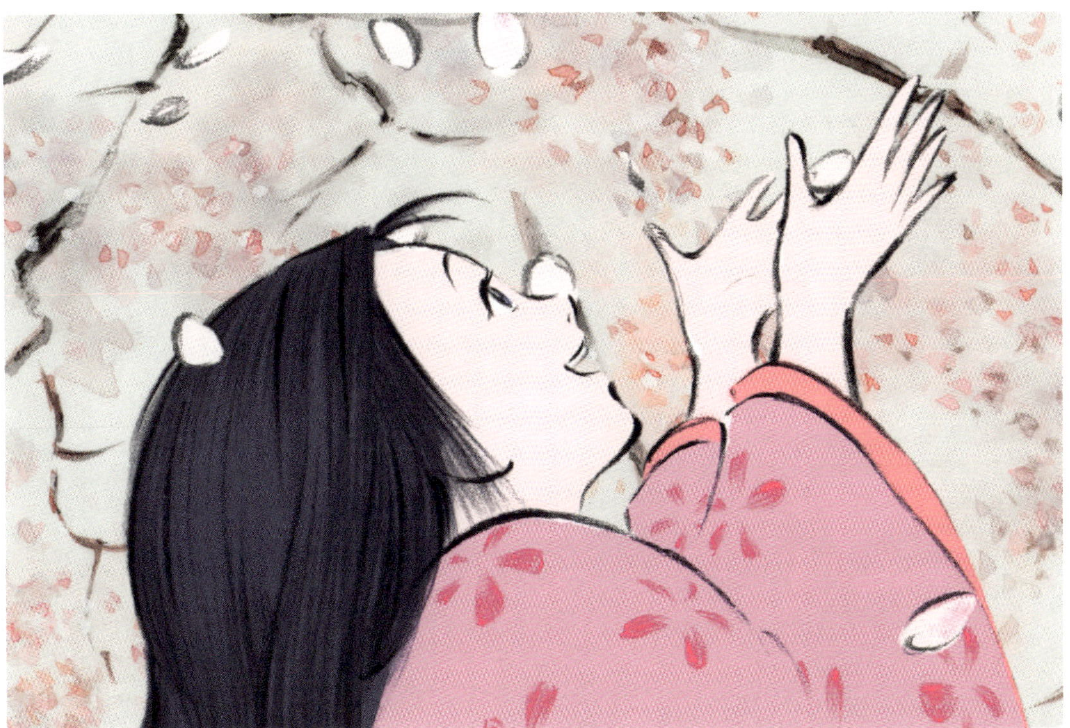

Joe Hisaishi: Live!

Joe Hisaishis Symphoniekonzert: Musik aus den Studio-Ghibli-Filmen von Hayao Miyazaki

In der Zeit zwischen der Ankündigung der Londoner Termine für Joe Hisaishis Symphoniekonzerte und deren tatsächlicher Aufführung wandelte Studio Ghibli sich vom verschwiegenen Tüftler, der zur Diskretion bestimmt war, zum Macher mit gleich zwei aktuellen Releases im Gepäck (*Aya und die Hexe* von 2020 und *Der Junge und der Reiher* aus dem Jahr 2023).

Nachdem die Konzerte aufgrund der COVID-19-Pandemie immer wieder verschoben werden mussten, wurde leider auch Joe Hisaishi unmittelbar vor den geplanten Auftritten im Jahr 2022 vom Virus heimgesucht. So ging es für ihn nach seiner Genesung erst einmal komplett um die Welt, bevor er schließlich ein Jahr später, im September 2023, die große Bühne der Wembley-Arena betrat, um von 25.000 begeisterten Ghibli-Fans frenetisch in Empfang genommen zu werden.

David Bowie, Whitney Houston, die Rolling Stones – sie alle hatten hier performt. Mit dieser Aufführung bewies Joe Hisaishi sowohl an den Tasten als auch am Dirigentenpult des BBC Concert Orchestras und mit Unterstützung des Crouch End Festival Chorus, dass seine herzerwärmenden und mitreißenden musikalischen Werke sich nicht vor den Stars verstecken müssen, die bereits vor ihm auf dieser Bühne standen. Der gegenseitige Austausch der Ghibli-Fans wird häufig online und isoliert in den eigenen vier Wänden betrieben; gelegentlich hat man Glück und kann seine Fanliebe offline im echten Leben mit ein paar Hundert Leuten teilen, beispielsweise im Kino, aber das ist meist schon das Höchste der Gefühle. Die Möglichkeit, sich mit so vielen anderen Mitgliedern derselben eingeschworenen Fangemeinde treffen zu können (viele davon mit klassischer No- Face-Gesichtsbemalung), war ein überwältigender Fingerzeig auf den enormen Einfluss und die verbindende Kraft, die von Studio Ghibli und Joe Hisaishi ausgehen.

Es war eine unglaubliche Menschenmenge – von eingefleischten Hardcorefans, die schon jahrzehntelang mitfiebern, bis hin zu kreischenden Kindern in Totoro-Anzügen, von Jung bis Alt war alles vertreten, querbeet durch alle Generationen von Ghibli-Liebhabern bis hin zu denen,

Unten: Das Orchester spielt die Instrumente, Joe spielt das Orchester: Dirigent Hisaishi in Aktion.

Nächste Doppelseite: So habt ihr *Totoro* noch nie gehört. Hisaishis Konzerte verleihen der Musik des Waldgeistes einen omnipotenten Klang.

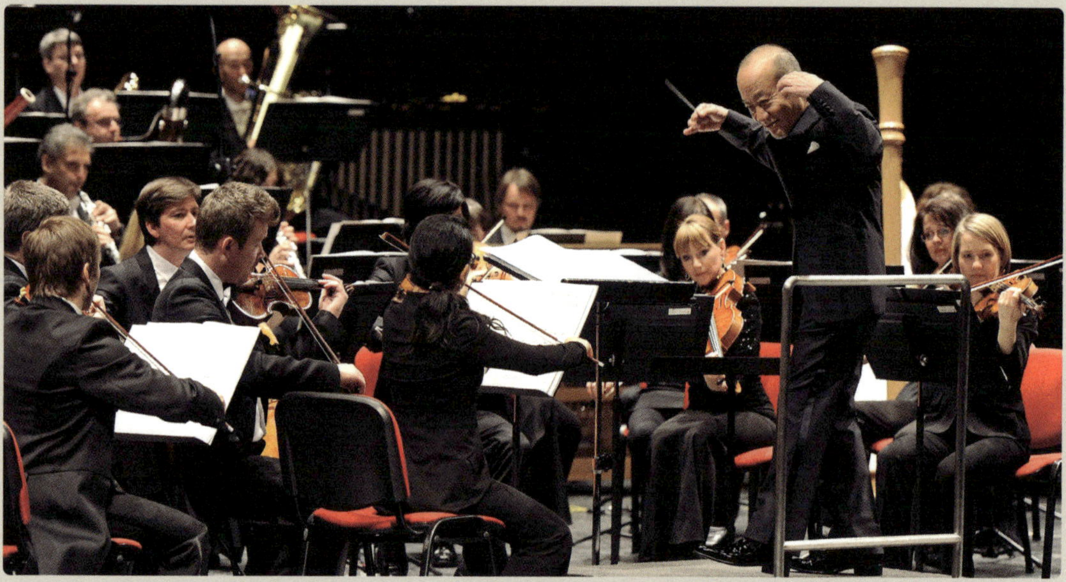

die es noch werden sollten. Sie alle kamen zusammen und feierten gemeinsam. Das Konzert fand zwar in London statt, doch die einzigartige Darbietung und die unglaubliche Leidenschaft der Menschen waren ein weltweites Phänomen.

Beginnend mit dem pulsierenden *Nausicaä aus dem Tal der Winde* (1984), springt Hisaishis Set wie ein Pingpongball durch die Miyazaki-Filmografie, wobei sein Orchester perfekt mit Ghiblis Szenenhighlights synchronisiert ist, die auf riesigen Bildschirmen hinter dem Orchester laufen. Statt einzelner Songs bieten die Filme ganze Suiten, die die Partituren zu konzentrierten Wellen rollender Freude verdichten. Tränen flossen und Jubelschreie erklangen durch die gesamte Arena, während Joe Hisaishi nicht nur seine große Raffinesse und seinen Einfallsreichtum, sondern auch seine kindische Verspieltheit und die Freude an seinen Werken präsentieren konnte: *Das wandelnde Schloss* (2004) sprang energisch um das Orchester herum, ein Balanceakt auf dem dünnen Drahtseil der Klangwelten, der virtuos gemeistert wurde, während er bei *Das Schloss im Himmel* (1986) die Blechbläser erhöht in der Arena platzierte (so wie Pazu und seine Trompete im Film). Bei *Mein Nachbar Totoro* (1988) flippten die Zuschauer fast aus, als ein 40-köpfiger Chor dem vertrauten *„Totoro-to-to-ro"* einen schon fast komödiantischen Schwung verlieh.

Doch der emotionale Höhepunkt des Konzerts sollte die Zugabe sein. Monate vor der offiziellen Veröffentlichung performte Hisaishi in diesem Livekonzert zum allerersten Mal das Stück *„Ask Me Why"* aus dem neuesten Film von Hayao Miyazaki, *Der Junge und der Reiher*, und dieser Song machte wohl jeden und jede im Publikum sprachlos. Ganz allein am Piano und sichtlich nervös, richtete sich die Aufmerksamkeit das gesamte Stück hindurch komplett auf Joe Hisaishi, zum ersten und einzigen Mal in dieser Nacht gehörte ihm, und nur ihm allein, die Bühne. Den gesamten Abend hindurch durfte das Publikum ein ausgelassenes und tiefgründiges Gespräch mit dem Komponisten auf Herzensebene führen, doch hier, unter Tränen, aber glühend vor Stolz und mit zitternden Händen schien Hisaishi einzig und allein zu seinem alten Freund und Kompagnon Miyazaki zu sprechen. Er sprach in einer Sprache zu ihm, die nur sie beide kannten, einer Sprache, die Musik und Film vereint und die vollendete Schönheit hervorbringt. Es ist bedauerlich, dass Isao Takahatas *Die Legende der Prinzessin Kaguya* (2013), eine von Hisaishis besten Partituren, an diesem Abend nicht gespielt wurde. Aber wer weiß, vielleicht ergibt sich ja bei der nächsten Konzertreihe die Chance – da er ohnehin einige Jährchen verpasst hat, wird er hoffentlich bald wiederkommen, oder?

Joe, ganz ohne Ghibli

Obwohl Joe Hisaishi vor allem durch seine Zusammenarbeit mit Hayao Miyazaki bekannt wurde, steckt hinter diesem Namen ein ebenso erfolgreicher wie produktiver Ausnahmekünstler, der unzählige Soundtracks und weitere Projekte vorzuweisen hat, nicht nur als Komponist, Musiker, Dirigent oder Arrangeur. Seine langjährige Zusammenarbeit mit Takeshi Kitano (alias Beat Takeshi) führte innerhalb eines Jahrzehnts zu acht Soundtracks für den japanischen Autorenfilmer, darunter *A Scene at the Sea* (*Das Meer war ruhig*) (1991), *Sonatine* (1993), *Hana-bi* (1997) und *Kikujiros Sommer* (1999), die Joe Hisaishi allesamt *Japanese Academy Awards* einbrachten.

Und das ist nur die Spitze des Eisbergs. Joes Diskografie von Filmsoundtracks umfasst beinahe hundert Alben, darunter Highlights wie der Soundtrack zu Yojiro Takitas Drama *Departures* aus dem Jahr 2008, aber auch – wie sollte es anders sein – unzählige Anime-Soundtracks, von hollywoodreifen Filmen wie *Children of the Sea* (2019) bis hin zu unbekannteren Werken aus den 80er-Jahren wie *Venus Wars* (1989), *Robot Carnival* (1987) oder *Arion* (1986). Er führte sogar selbst Regie bei einen Film mit dem Titel *Quartet* (2001), ein einfühlsames Coming-of-Age-Drama über ein Streichquartett – wer hätte es gedacht? Auch heute noch dirigiert er Neuvertonungen hochkarätiger Orchesterstücke, die längst Klassiker sind, beispielsweise Werke von Strawinsky, Beethoven oder Mahler.

Doch echte Musikcracks und Schatzjäger verfolgen seinen musikalischen Werdegang gern noch weiter zurück, in eine Zeit, in der er als Filmkomponist noch längst nicht so bekannt war. Damals performte Joe noch unter einer Vielzahl von Pseudonymen und erschuf Musik, die irgendwo zwischen Avantgarde und Jazz, Minimalismus, ambienten Soundlandschaften und hypermelodischem Synthesizer-Pop anzusiedeln war. Es ist eine faszinierende Mischung und den Unerschrockenen, die in die Anfänge seines musischen Schaffens eintauchen wollen, sei empfohlen, sich *MKWAJU Ensembles MKWAJU* (1981), *Wonder City Orchestra's Information* (1982), *Manual Project's Digital Fantasia* (1984) und Joes Eigenproduktion *Curved Music* (1986) anzuhören.

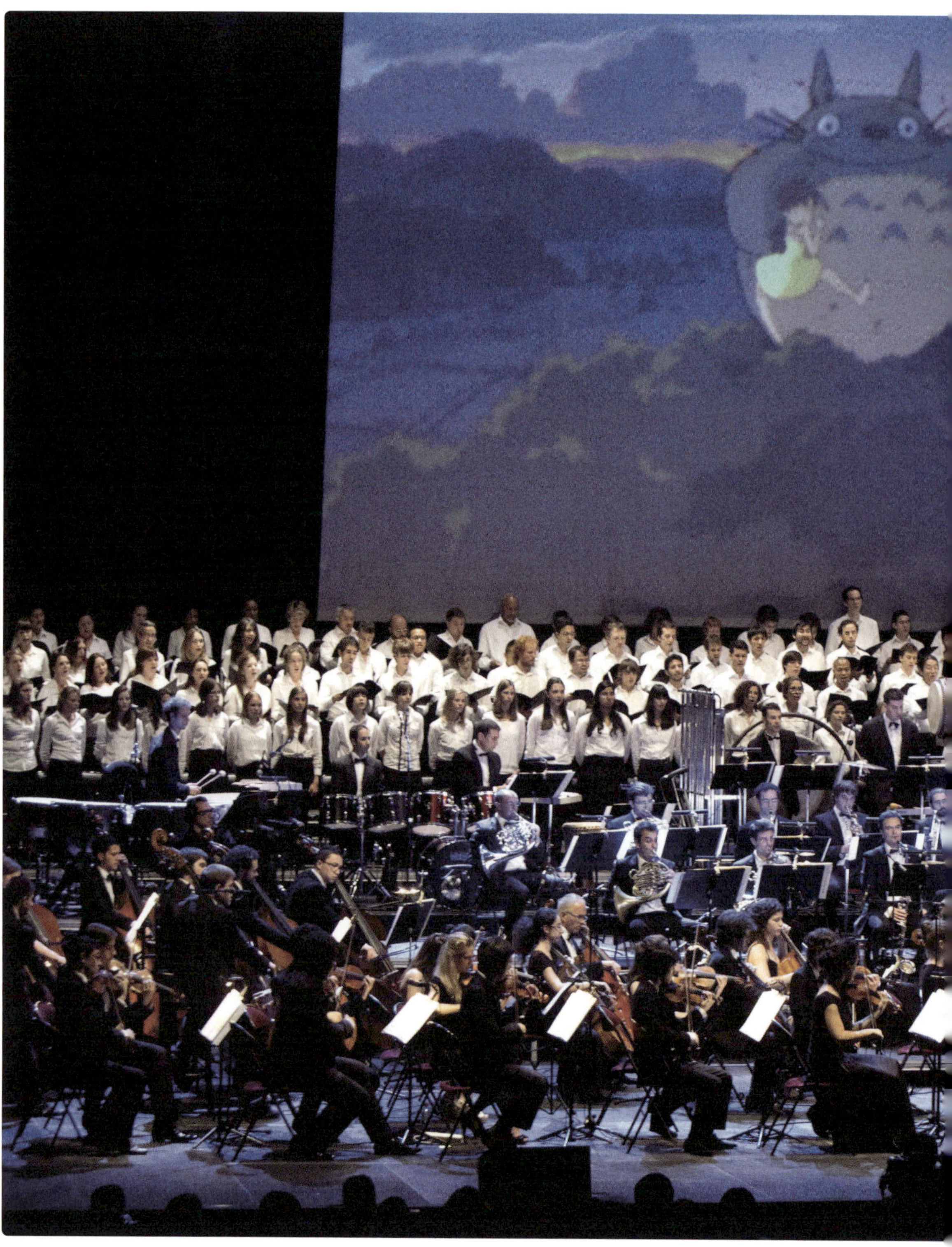

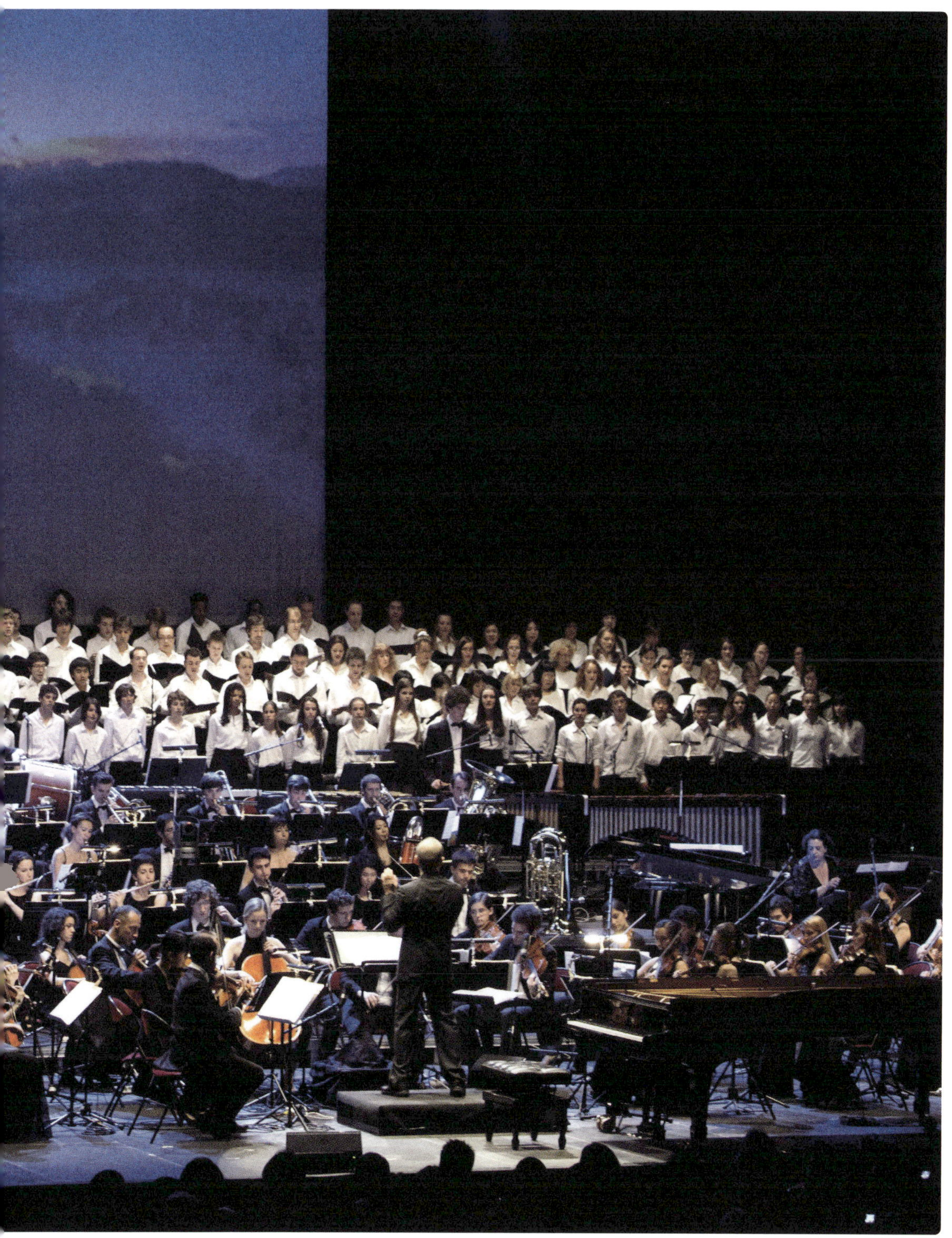

Ghibli-Musik ohne Maestro Hisaishi

Die besten Ghibli-Soundtracks, die nicht aus der Feder Joe Hisaishis stammen

Die Ouvertüre eines Joe-Hisaishi-Soundtracks kann uns bereits in einen Ghibli-Film katapultieren, noch ehe wir auch nur ein einziges Bild gesehen haben. Doch er ist nicht der einzige Komponist, der dem Studio sein Können zur Verfügung stellt.

Abgesehen von Hayao Miyazakis Spielfilmen (und einem von Takahata), haben auch andere Interpreten und Künstler mit ganz unterschiedlichen Ansätzen die Klang- und Soundgeschichte des Studios bedeutend mitgeprägt – von großen, pompösen Orchestern bis hin zu leisen Singer-Songwritern aus dem Folk-Bereich.

Isao Takahata arbeitete nie zweimal mit demselben Komponisten, was angesichts seiner eher untypischen Herangehensweise an das Filmemachen durchaus Sinn ergibt. Keiner seiner Ghibli-Filme ähnelt dem anderen, also ist es nur konsequent, dass auch der Sound immer wieder anders klingt. Michio Mamiyas Soundtrack für *Die letzten Glühwürmchen* (1988) ist unvergessen, wunderschön, eindringlich und tief bewegend. Er basiert auf einer anmutigen Synthieline, die manchmal vertraut, hier und da aber auch wie eine gespenstische Spieluhr klingt. 1991 passten Katsu Hoshis raumgreifende Klavierklänge perfekt zum Film *Tränen der Erinnerung – Only Yesterday*, der in Nostalgie und Erinnerung schwelgt.

Gegenüber: Neben einer Jukebox mit Melodien aus den 60er-Jahren bietet *Der Mohnblumenberg* auch ausgelassene Musik von Satoshi Takebe.

Unten: Kyu Sakamoto, dessen größter Hit *„Ue o Muite Aruko"* (auch „Sukiyaki" genannt) auf der Trackliste von *Der Mohnblumenberg* zu finden ist.

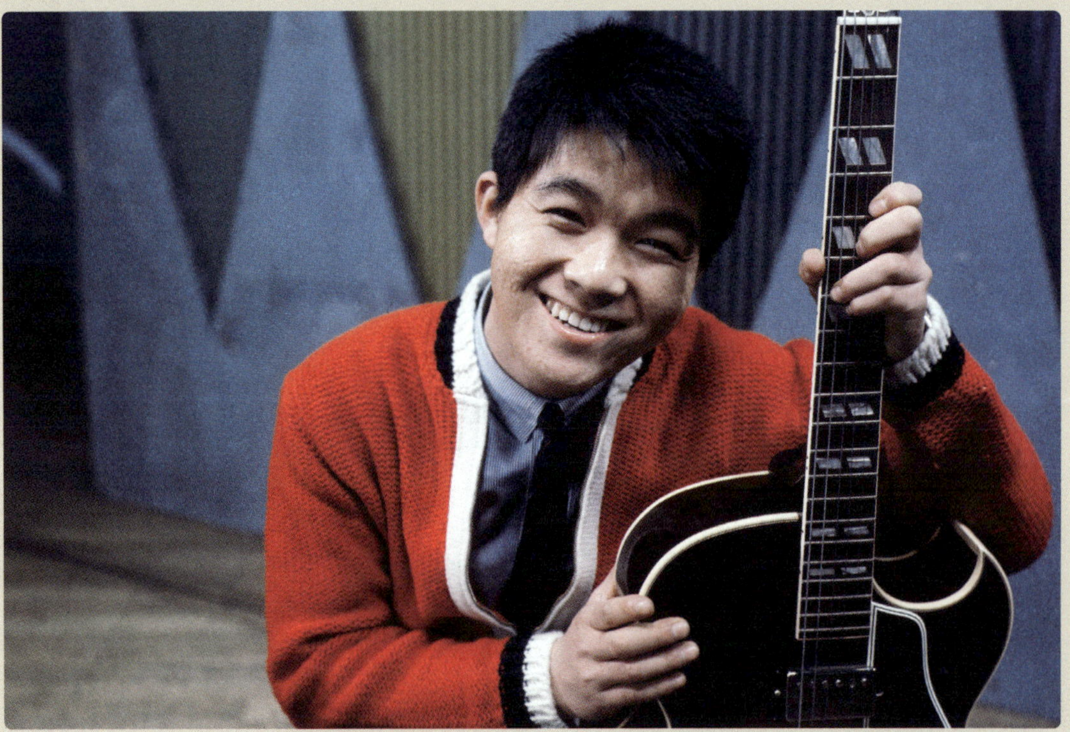

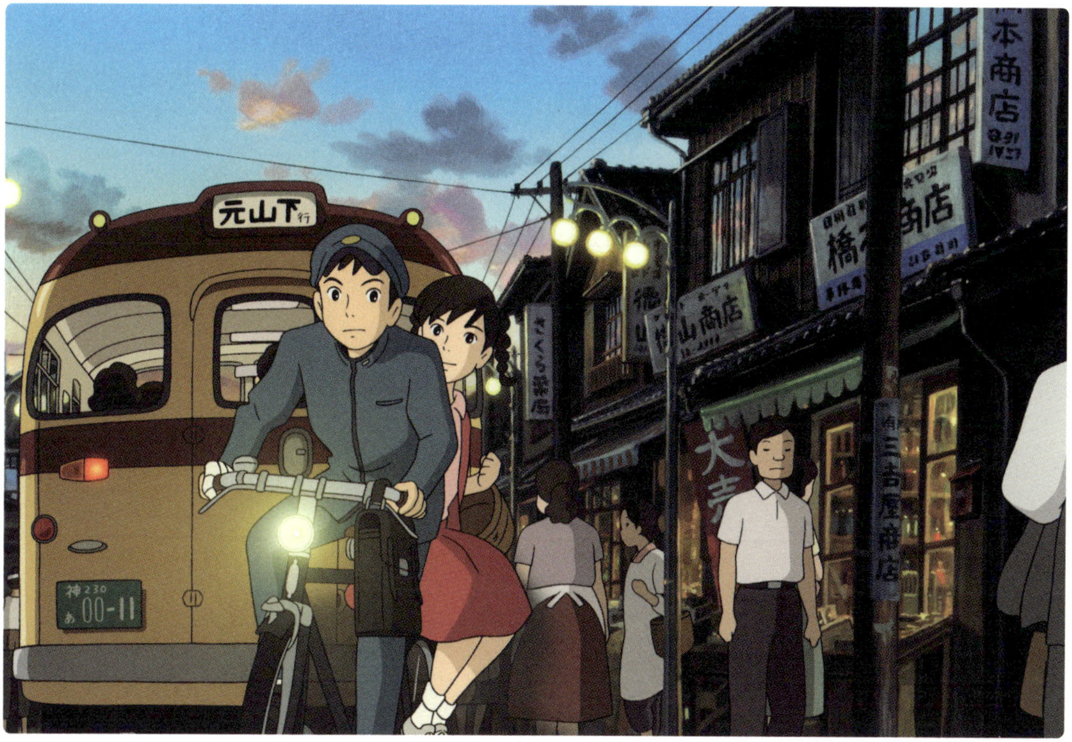

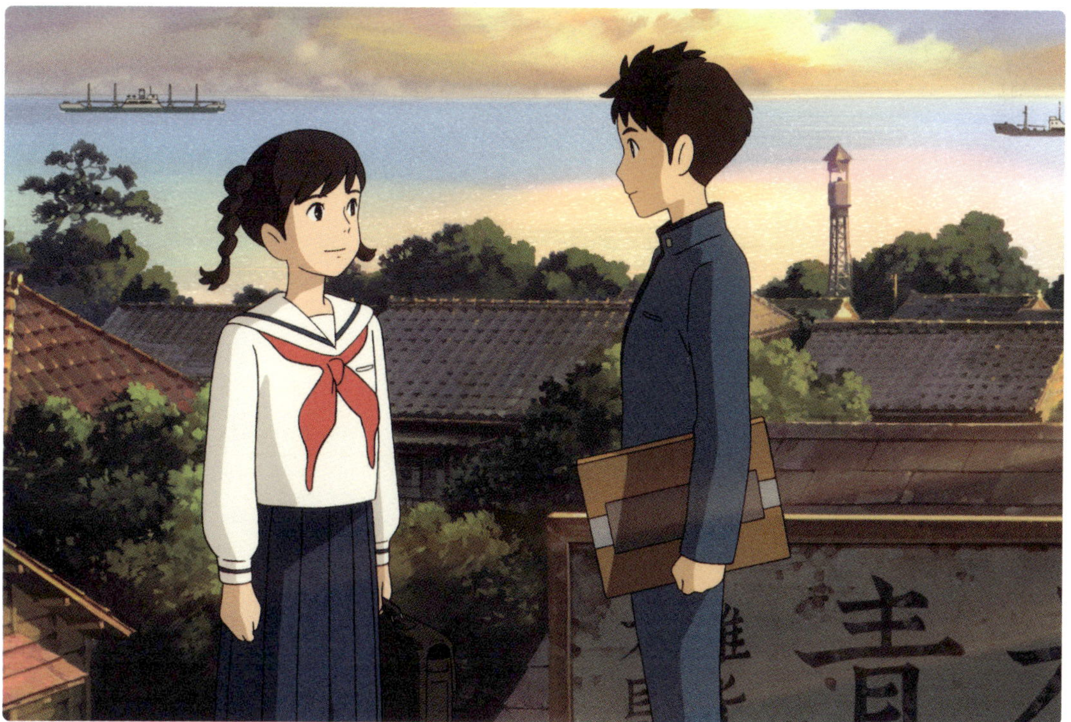

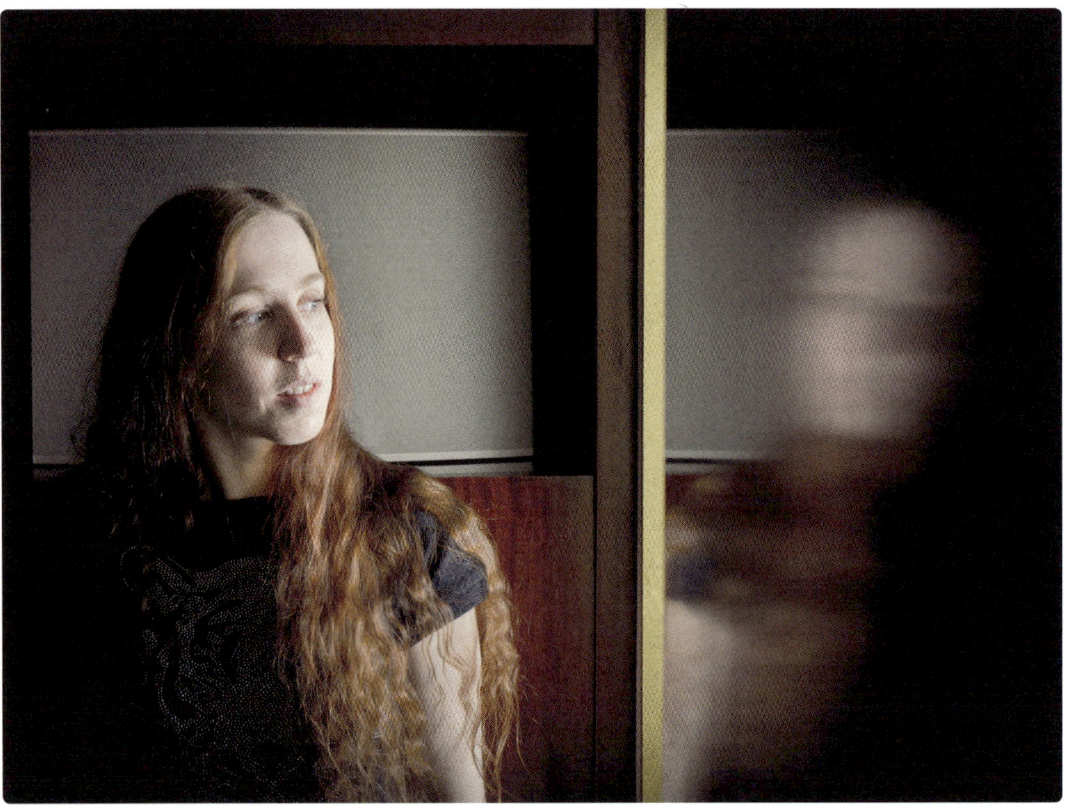

Die Musik des Films *Pom Poko* der Band *Shang Shang Typhoon* (deren Mitglied Manto Watanobe auch die Musik für *Ghiblies: Episode 2* und den Kurzfilm *A Sumo Wrestler's Tail* schrieb) kontrastiert die dem Film von 1994 innewohnende Melancholie mit wilder, klirrender Instrumentierung und einfachen, treibenden Trommeln, die zu den komischen Verwandlungen der Tanuki und ihrer ausgelassenen Fröhlichkeit passen. Pop- und Jazz-Ikone Akiko Yano, die auch mit dem *Yellow Magic Orchestra* zusammenarbeitete, wurde 1999 für *Meine Nachbarn die Yamadas* in die geweihte Ghibli-Riege aufgenommen. Sie blieb ihr auch weiterhin treu und steuerte später sogar Gesangseinlagen für Miyazakis Kurzfilme *Looking for a Home* (2006) und *Mon Mon the Water Spider* (2006) bei, bevor sie 2008 Ponyos Schwester ihre Stimme lieh. Danach sollte es vierzehn Jahre dauern, bis Takahata sich wieder einer Filmmusik wegen an Joe Hisaishi wandte.

Mitte der 90er- bis Anfang der Nullerjahre tauchte die musikalische Handschrift des Komponisten Yuji Nomi in einer Reihe von Ghibli-Projekten auf. Nachdem er zuvor mit seinem Mentor, der Legende Ryuichi Sakamoto, am beeindruckenden Anime-Spielfilm *Royal Space Force: The Wings of Honneamise* (alles darüber findet ihr in unserem Buch *Anime Movie Guide* in einem eigenständigen Kapitel) mitwirkte, griff Nomi für *Stimme des Herzens – Whisper of the Heart* (1995) zum Dirigentenstab und schuf seine erste eigene Filmmusik. Ein Soundtrack, der sich virtuos durch die Eintönigkeit der Vorstädte und das herrschaftliche Königreich des Barons schlängelt. Daraus sollten schon bald die Soundtracks für zwei weitere Ghibli-Kurzfilme entstehen, *Whale Hunt* (2001) und *Koro's Big Day Out* (2002), beide unter der Regie von Hayao Miyazaki. Ein weiteres Wiedersehen gab es im Film *Das Königreich der Katzen* (2002), für den er eine Filmmusik schuf, die von verspielten, trillernden Pfeifen bis hin zu keuchenden Sergeant-Pepper-Orgeln reicht und ein Gleichgewicht zwischen den leichten Vergnügungen und der seltsamen Psychedelik des Films schafft. In den späten 2000ern, als Ghibli gerade mit der Entwicklung der zukünftigen Regisseurs-Riege beschäftigt war, kamen noch noch weitere illustre Namen aus der Musikwelt hinzu. Für *Die Chroniken von Erdsee* aus dem Jahr 2006 schuf die Komponistin Tamiya Terashima ein mitreißendes Orchesterstück, das Howard Shores Arbeit an der *Der Herr der Ringe*-Trilogie (2001–2003) in nichts nachsteht und den atemberaubenden Szenen des Films die gebührende Würde und Größe verleiht.

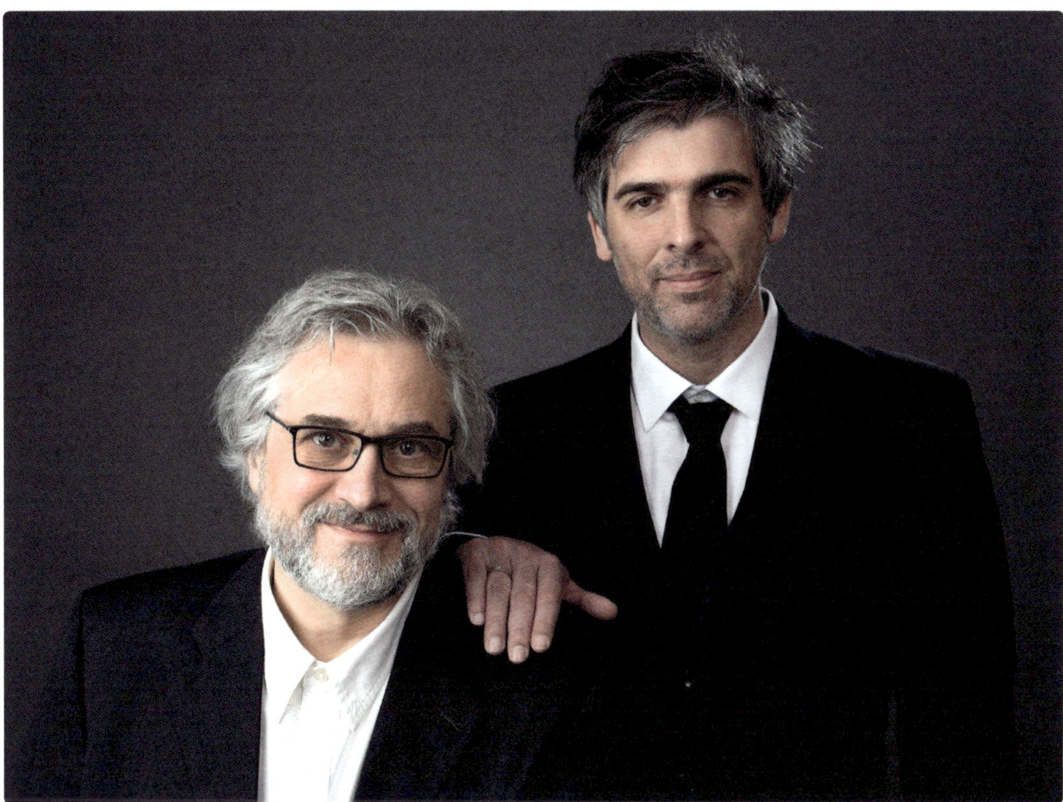

Zusammen mit verschiedenen Bläsersoli des Multiinstrumentalisten Carlos Núñez, die die schweren, persönlichen Dramen des Films widerzuspiegeln scheinen, entsteht ein echtes Gefühl von Epik und Intimität. Für *Arrietty – Die wundersame Welt der Borger* (2010) wurde die französische Folk-Sängerin und Songwriterin Cécile Corbel eingeflogen – das erste Mal, dass ein Ghibli-Soundtrack nicht von japanischen Interpreten eingespielt wurde. Das Album mit seinen klagenden Lyrics und einer Mischung aus Einflüssen aus ganz Europa, irisch, schottisch und türkisch, verkaufte sich über 200.000 Mal.

Die Musik des Komponisten Satoshi Takebe zu Goro Miyazakis Film *Der Mohnblumenberg* aus dem Jahr 2011 ist eine swingende Angelegenheit. Die ungestümen Grooves und schleichenden Basslines unterstützen die Lebendigkeit der Charaktere und weichen gelegentlich einer verdienten Sentimentalität, ergänzt durch verschiedene Songs aus der Zeit des 60er-Jahre-Settings. Takatsugu Muramatsus Arbeit für *Erinnerungen an Marnie* (2014) ist eines der stimmungsvollsten Werke des Studios, das sanft zwischen Ruhe und Beklemmung changiert und dadurch perfekt zum verwirrten, jugendlichen Herzen des Films passt. 2016 arbeitete der französische Komponist Laurent Perez Del Mar an der internationalen Koproduktion *Die rote Schildkröte* mit und seine Filmmusik drückte genau das aus, was die fast stummen Charaktere im Film nicht konnten. Nach einer kurzen Schaffenspause des Studios wurde auch die Musikproduktion schon bald wieder aufgenommen. Den Anfang machte *Aya und die Hexe* im Jahr 2020, und auch wenn der Film an manchen Stellen zu wünschen übrigließ, so war die Musik doch ein absolutes Meisterwerk. Goro Miyazaki arbeitete erneut mit Satoshi Takebe zusammen und schuf ein headbangendes Vergnügen voller krachender Drums, quietschender Orgeln und wilder Gitarrenläufe. Es war Glam-Rock pur und völlig anders als alles, was die Musikbibliothek des Studios bis dato hergegeben hatte,, vielleicht sogar das Highlight des Films.

Gegenüber (oben): Cécile Corbels Musik für *Arrietty – Die wundersame Welt der Borger* ist wunderschön und der Soundtrack wurde ein kommerzieller Erfolg.

Oben: Michael Dudok de Wit (links) und Laurent Perez Del Mar (rechts), Regisseur und Komponist von *Die rote Schildkröte.*

Ghiblis Jukebox

Ohrwürmer mal anders

Die fröhlichsten musikalischen Momente in den Ghibli-Filmen müssen nicht unbedingt aus einer Originalkomposition stammen.

Obgleich die Idee eines maßgeschneiderten Musikstücks, das die Botschaft der Animation in sich trägt und diese noch verstärkt, wie der direkteste Weg zum audiovisuellen Aufstieg anmuten mag, ist es vor allem die Kunst, neue Animationen mit älterer Musik zu verschmelzen, die dem Studio gelegentlich zu einer noch stärkeren Magie verhilft. Der richtige Song kann einen Moment sofort mit einer bestimmten Zeit und einem bestimmten Ort verbinden, er kann sich nach Texten sehnen, die zu schmerzhaft sind, als dass die Figuren sie aussprechen können, er kann die Ankunft einer Ikone definieren und den Abgang einer anderen bedeuten.

Im Film *Die letzten Glühwürmchen* (1988) wird der Schmerz, durch die gewaltigen Mächte des Krieges von einem auf den anderen Tag Heimat und Unschuld zu verlieren, durch den warmen Gesang von Amelita Galli-Curcis´ wunderbarer Darbietung von *„Home Sweet Home"* einfühlsam mitgetragen. Es ist ein Lied aus der Oper *Clari, or the Maid of Milan* aus dem Jahr 1823, komponiert von Henry Bishop und geschrieben von John Howard Payne – ein bewegendes und ermutigendes Stück, romantisch und durchdrungen von Melancholie. Das Lied wird von einer Familie, die sicher in ihr Haus zurückgekehrt ist, auf einer Schallplatte gespielt und treibt mit dem Wind von einer palastartigen Residenz zu den Überresten von Seitas

Gegenüber: Für *Wie der Wind sich hebt* kehrte Hayao Miyazaki zu Arais Musik zurück und fand den perfekten Song für den Abspann seines Films.

Unten: Kiki fliegt durch die Straßen von Koriko. *Kikis kleiner Lieferservice* enthält dank Yumi Arai eine der besten Musikszenen aller Zeiten.

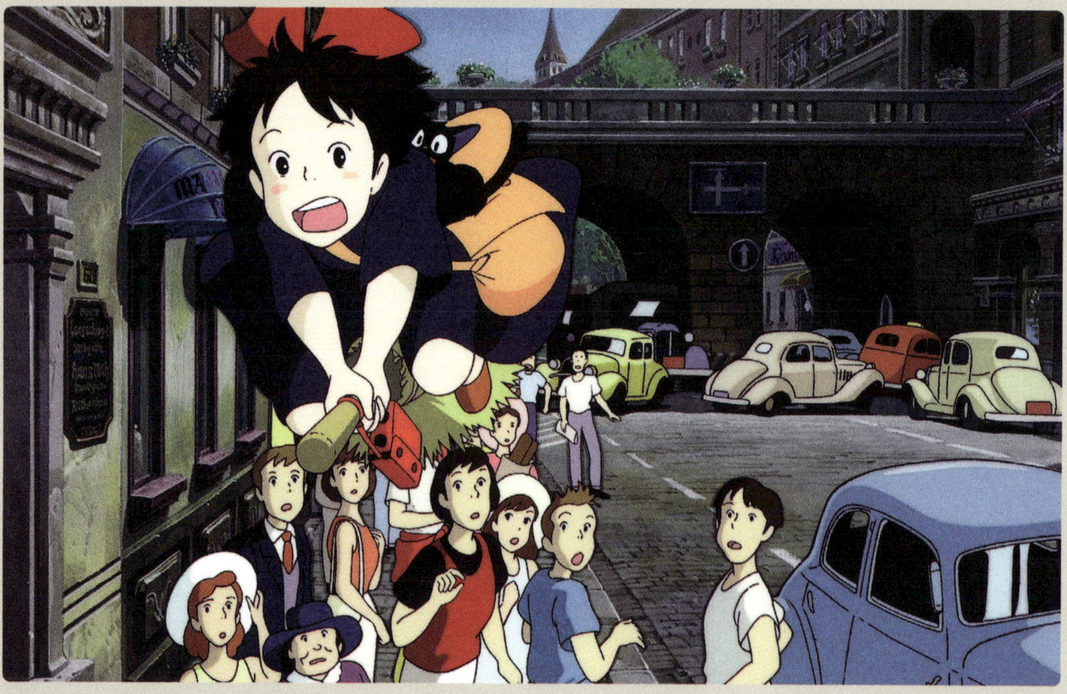

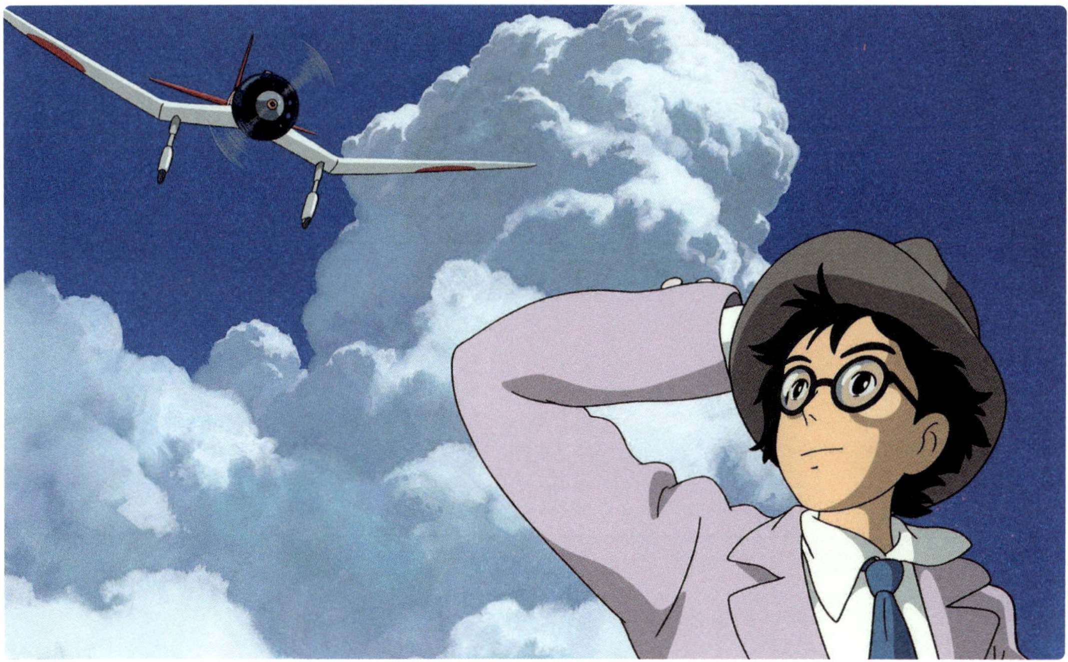

und Setsukos baufälliger Behausung, wo Setsukos Geist voller Heimweh zum Refrain tanzt.

Nachdem Japan die Trümmer und Leiden des Krieges hinter sich gelassen hatte, begann im Jahr 1964 eine neue Entwicklungsphase, sowohl auf lokaler Ebene als auch weltweit. Die Olympischen Spiele in Tokio sind nur ein Beispiel hierfür, und Plakate der Olympiade, die stellvertretend für die neue Ära des Aufbruchs stehen, sind im Hintergrund des Films *Der Mohnblumenberg* aus dem Jahr 2011 zu sehen. Auf dem stärksten Ghibli-Soundtrack aller Zeiten zum zweiten Film von Goro Miyazaki mit wunderbar luftigen Jazzklängen findet sich dieser echte Popsong-Klassiker, der die damalige Zeit des gesellschaftspolitischen Wandels auf internationaler Bühne perfekt widerspiegelt: Kyu Sakamotos *„Ue o Muite Aruko"*, wohl besser bekannt als „Sukiyaki" – ein Riesenhit in Japan, doch weitaus erstaunlicher war, dass er auch die amerikanischen Charts anführte als erster Song, der nicht in einer europäischen Sprache verfasst war.

J-Pop-Ikone Yumi Matsutoya schuf gleich zwei von Ghiblis poetischsten und überzeugendsten Filmmusik-Songs: den ersten für *Kikis kleiner Lieferservice* im Jahr 1989, den zweiten ganze 24 Jahre später für *Wie der Wind sich hebt*. Der erste Song, noch unter ihrem Geburtsnamen Yumi Arai veröffentlicht, setzt ein, als Kiki sich von zu Hause aufmacht und zur Arbeit fliegt. Es ist *„Ruju no Dengon"*, dessen 70er-Jahre-Riff musikalisch an den Americana-Pop-Rock der frühen 60er angelehnt ist. Der Song trällert aus dem Kofferradio, das Kiki an ihrem Besen befestigt hat, um auf den Wolken in ihr neues Leben zu surfen. 2013 kehrte Hayao Miyazaki noch einmal zu der Ausnahmekünstlerin zurück. Er stand damals kurz vor dem Rückzug aus der Arbeitswelt und suchte nach dem passenden Song für den Abspann seines Films (und wohl auch für den fallenden Vorhang seiner Karriere). Für seinen Film über einen Flugzeugkonstrukteur wählte Miyazaki die klagenden Orgelklänge von „Hiko-ki Gumo", das mit „Kondensstreifen" übersetzt werden kann, und fand damit einen perfekten Abschluss sowohl für seine Figur als auch für sich selbst, indem er am Ende seiner Karriere zu der Künstlerin zurückkehrte, die die Anfänge seines jugendlichen Schaffens so perfekt begleitet hatte.

Ein weiterer amerikanisch beeinflusster Song, der den vielleicht fröhlichsten musikalischen Moment eines Ghibli-Films darstellt, ist „Take Me Home, Country Roads", berühmt geworden durch John Denver – ein Lied, das zwar wie kein anderes mit West Virginia verbunden ist, doch in Yoshifumi Kondos Whisper of the Heart (1995) beansprucht der Tokioter Vorort Tama New Town die eingängige Melodie für sich. Obwohl der Film mit Olivia Newton-Johns Cover des Songs beginnt, ist es eine andere Version (von Komponist Yuji Nomi), die von der Protagonistin Shizuku, ihrem geigenbauenden Verehrer Seiji und einer Begleitband älterer Herren mit viel Herzblut vorgetragen wird, die dem Song die Show stiehlt. Er wurde im Film passenderweise in *„Concrete Roads"* (Asphaltstraßen) unbenannt, um der rauen Vorstadtumgebung gerecht zu werden, und ist inzwischen derart eng mit dieser Gegend verbunden, dass die unverwechselbare Melodie sogar ertönt, wenn man an Tamas Seiseki-Sakuragaoka-Station aus der Bahn steigt. Herrlich, oder?

Jakes Ghibli-Mixtape

Die Tophits des Ghibli-Universums

Das hier ist keineswegs unsere Top 10 aller Ghibli-Songs (eine Top 100 zu erstellen wäre vielleicht eher möglich), aber falls ihr mal abschalten wollt, findet ihr hier eine kleine, aber feine Playlist, die euch innerhalb der Songs durch Ghiblis größte Abenteuer und kleinste Meisterwerke führt – darunter eingängige Pop-Klassiker und herzergreifende Balladen. Ladet sie euch runter und schnallt euch an, denn dieser akustische Ausflug wird euch über Baumwipfel, durch Wellenkämme und in Clubhäuser führen, bevor ihr wie entfesselt losstürmen und euch auch die anderen atemberaubenden Soundtracks und Songs anhören werdet, die von Studio Ghibli und ihren musikalischen Wegbegleitern produziert wurden!

„The Path of the Wind"
Joe Hisaishi
Mein Nachbar Totoro (1988)
Ein himmlischer Synthie-Traum und das Herzstück eines von Hisaishis größten Erfolgen. Macht das Synthetische spirituell und das Spirituelle einfach.

„Ruju no Dengon" **(aus dem Album *Cobalt Hour* von 1975)**
Yumi Arai
Kikis kleiner Lieferservice (1989)
Auch wenn ihr die Worte nicht versteht – die unaufhaltsame, ungezügelte und ansteckende Freude dieser Nummer zeigt euch, dass es überhaupt nicht notwendig ist.

„Take Me Home, Country Roads"
(im Original von John Denver)
Yuji Nomi
Die Stimme des Herzens (1995)
Mehr von Hoffnung als von Nostalgie geprägt, unterstreicht dieser kluge Remix des Klassikers die kollektive Idee von Heimat – nicht nur in West Virginia.

„The Legend of Ashitaka"
Joe Hisaishi
Prinzessin Mononoke (1997)
Hisaishi in seiner größten und besten Form. Schön, donnernd und traurig zugleich, eine komplexe, aber ebenso perfekte Destillation von Miyazakis Weltsicht, die sich oft um Themen des Kriegs dreht.

„Ponyo – Das große Abenteuer am Meer"
(Version der *Symphonic Celebration*, 2023)
Joe Hisaishi
Ponyo (2008)
Ein riesiger Chor singt „Ponyo, Ponyo, Ponyo, fishy in the sea. Tiny little fishy, who could you really be?" Flutwellen süßen Dopamins.

„Arrietty's Song"
Cecile Corbel
Arrietty – Die wundersame Welt der Borger (2010)
Corbel kontrastiert Arriettys kleine Welt mit der gigantischen Außenwelt und verwandelt die kleinen gezupften Töne der Streicher in ein mitreißendes, wirbelndes Barockwerk.

„Ue o Muite Aruko" **(auch bekannt als „Sukiyaki")**
Kyu Sakamoto
Der Mohnblumenberg (2011)
Er war in *Mad Men* zu hören und auch in Paul Thomas Andersons *Inherent Vice* – und er wurde sogar zu den Gemini-VII-Astronauten ins All geschickt! Ein echter Ohrwurm, der nicht von dieser Welt zu sein scheint.

„When I Remember This Life"
Kazumi Nikaido
Die Legende der Prinzessin Kaguya (2013)
Dieser außergewöhnliche Song entwickelt sich von einem Wiegenlied zu einem gefühlvollen Lobgesang auf das Leben, und seine Entstehung wird in dem Dokumentarfilm *Isao Takahata and His Tale of the Princess Kaguya* (2013) sehr schön festgehalten.

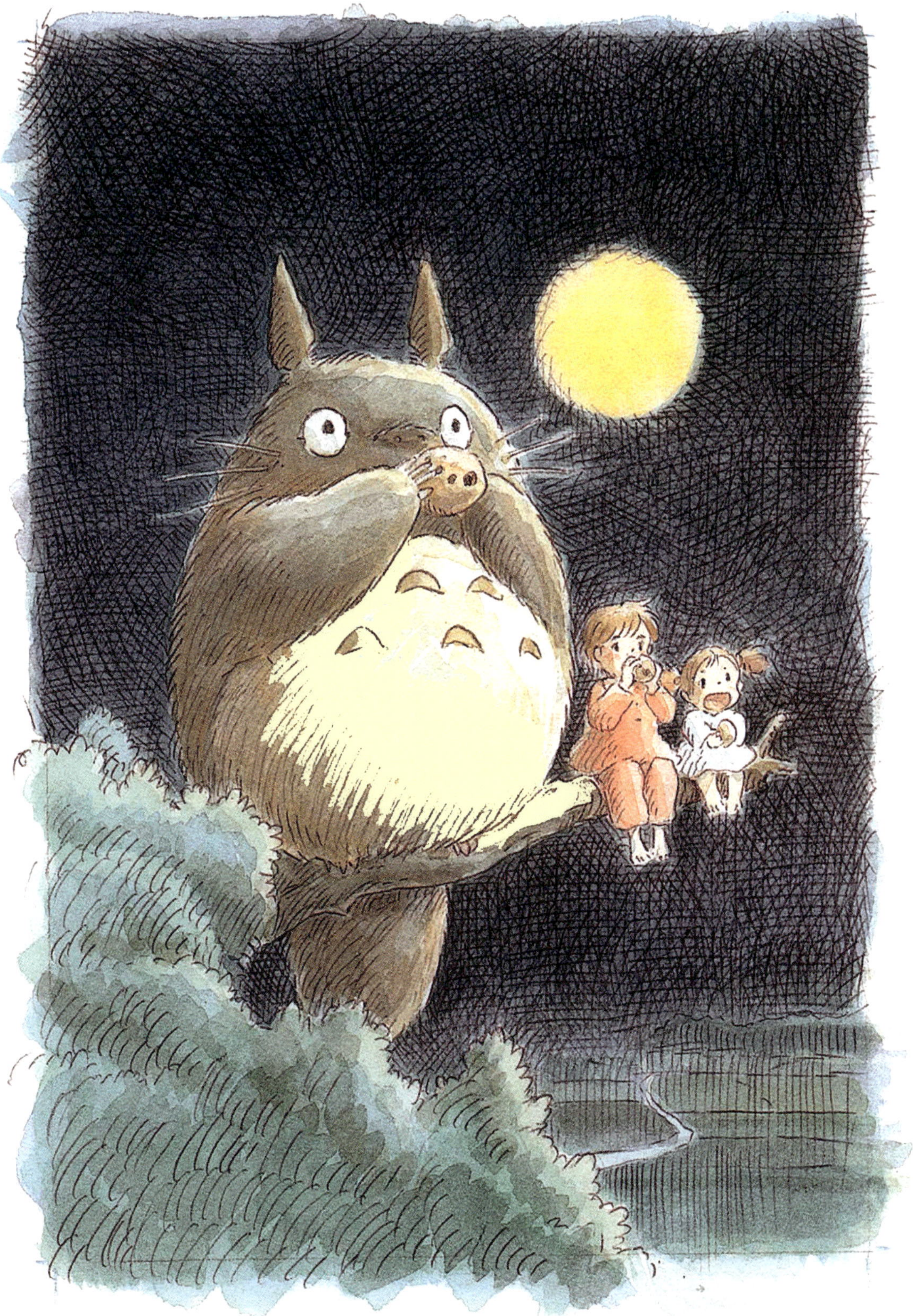

„Fine On the Outside"
Priscilla Ahn
***Erinnerungen an Marnie* (2014)**
Es gibt hier eine lyrische Direktheit, die Angst, Isolation und innere Stärke erforscht und die Gedanken der stillen Protagonistin Anna zu musikalischem Leben erweckt. Ein düsterer, aber lebensbejahender Stoff.

„Ask Me Why (Mahito's Comittment)"
Joe Hisaishi
***Der Junge und der Reiher* (2023)**
Dieser kurze Hisaishi-Track kommt zwar leichtfüßig daher, hat aber großes emotionales und kontextuelles Gewicht und bleibt länger in Kopf und Herz hängen als viele andere seiner Werke.

BONUS-TRACK

„On Your Mark"
Chage and Aska
***On Your Mark* (1995)**
Dieser Song ist vor allem dafür bekannt, dass Hayao Miyazaki beim Musikvideo Regie führte, doch auch ohne die bewegten Bilder ist er eine sehr unterhaltsame und aufrichtige 90er-Jahre-Powerballade.

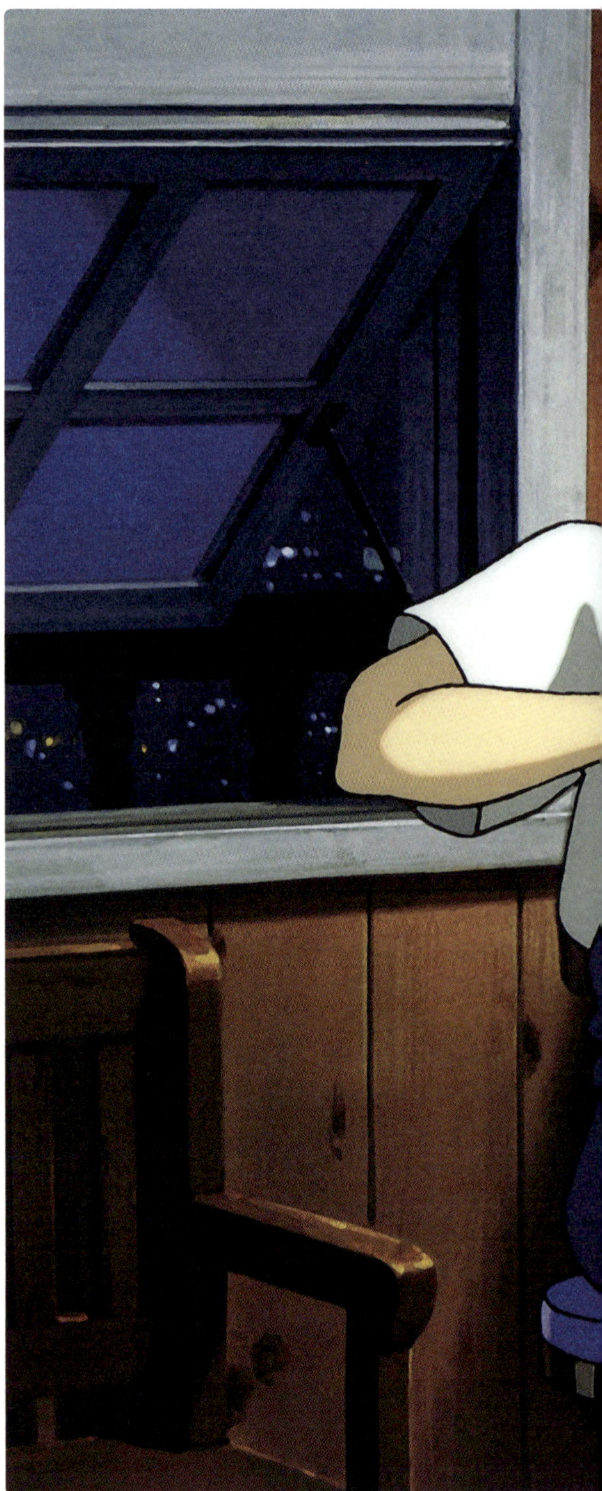

Vorherige Seite: Er ist groß, pelzig und gar nicht so schlecht beim Spielen der Okarina. Ob es nun die Filmmusik oder die Figur selbst ist: *Totoro* inspiriert zu großartiger Musik.

Rechts: *„Take Me Home, Country Roads"* mag in *Kingsman: The Golden Circle, Alien: Covenant* und *Logan Lucky* erklungen sein, aber in *Stimme des Herzens – Whisper of the Heart* klingt es immer noch am besten.

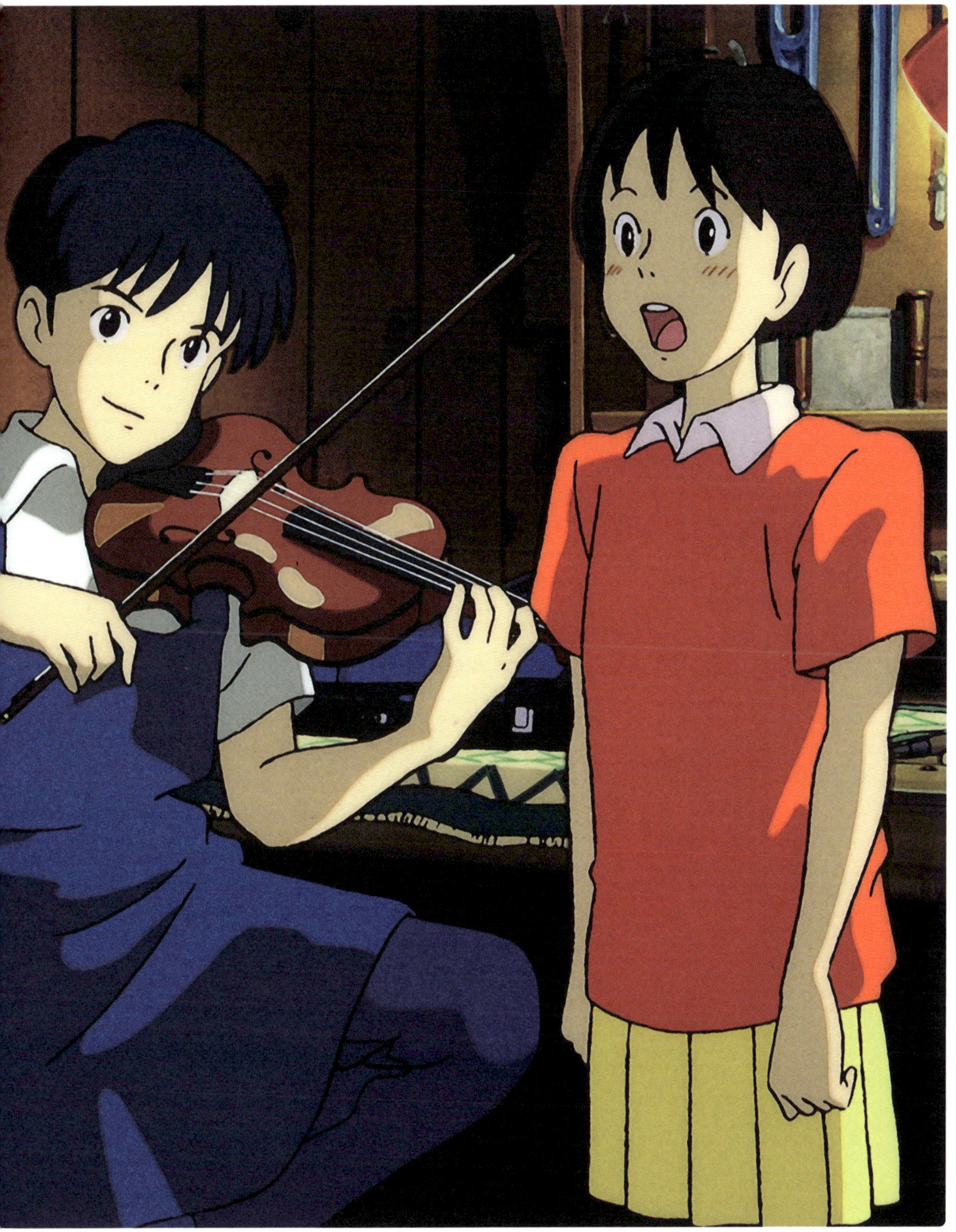

4

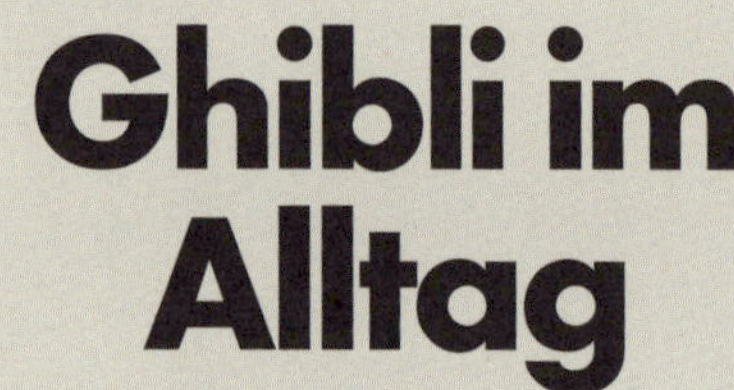

Ghibli im Alltag

Es ist nur logisch, dass ein Studio, das sich dadurch auszeichnet, der Magie im Alltäglichen nachzuspüren, auch einen Weg findet, den Sprung von der Leinwand in unser Leben zu schaffen.

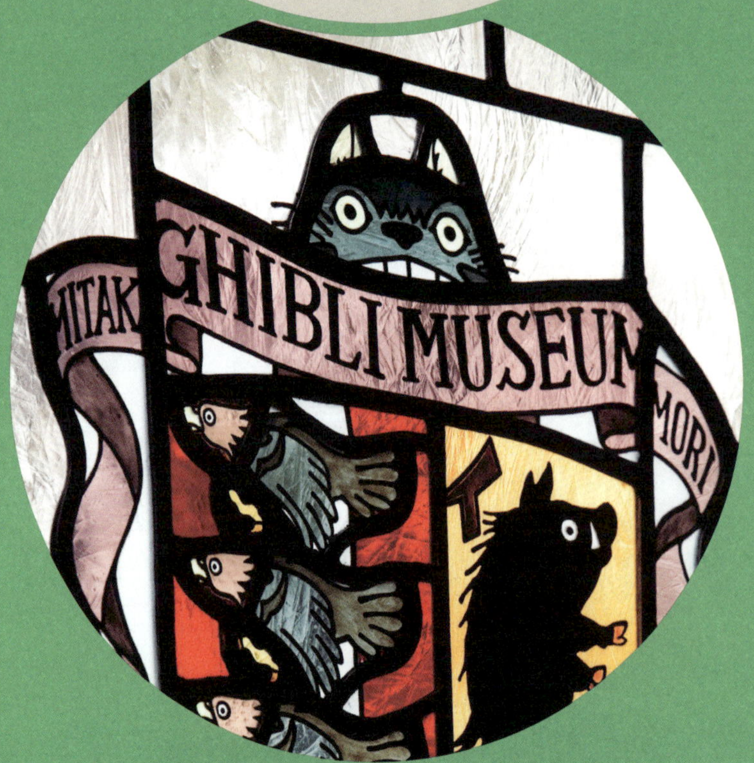

Ob Freizeitparks oder Museen, Theaterproduktionen oder Windbeutel, es gibt unzählige Wege und Möglichkeiten, um die bunte Themenwelt Studio Ghiblis auch im echten Leben zu erleben. Dennoch hat sich Ghibli auch immer mit ganz eigenen Vorstellungen und Visionen in diese anderen Bereiche vorgewagt. Natürlich gibt es Berge von Merchandise, aber auch ein großes Interesse an Handwerk, Sorgfalt und Liebe zum Detail, und deshalb sind alle Souvenirs kleine Kunstwerke für sich. Am wichtigsten ist jedoch, dass diese Projekte – aus westlicher Sicht im Wesentlichen Markenübungen, die wertvolles geistiges Eigentum nutzen – vom Einfallsreichtum und der Neugier durchdrungen sind, die Ghiblis Arbeit auf der Leinwand verkörpern: Sie zeigen kleinen und großen Fans Galaxien der Schöpfung und des Ausdrucks, die jenseits der Grenzen des Ghibliversums liegen.

Ghibli Museum

Wenn das Ghibliverse einen zentralen Dreh- und Angelpunkt hat, ein Zentrum im Universum, dann ist es definitiv das Ghibli Museum. Eingebettet in die grüne Landschaft des Inokashira-Parks in Mitaka im Westen Tokios – ein Lieblingsplatz Hayao Miyazakis, als er noch jünger war –, ist das Ghibli Museum ein zauberhafter Ort, der zum Staunen einlädt. Ein offener Raum des Lernens und der Inspiration, der einen ganzen Kosmos voller Kreativität beheimatet und beinahe wie ein eigenständiger Ghibli-Film konzipiert und gestaltet wurde.

Wir haben es Miyazaki zu verdanken, dass er sich nach der Veröffentlichung von *Prinzessin Mononoke* (1997) derart ehrgeizig und mit klarer Vision vor Augen dem Vorhaben annahm, einen Ort zu erschaffen, der als Magnet für Ghibli-Pilger aus Japan und dem Rest der Welt fungieren sollte. Mitnichten als simpler Merchandise-Monsterstore oder zynische Ausrede gedacht, die Bindung an die Marke Ghibli zu stärken, wurde das Ghibli Museum eher wie eine Eigenproduktion konzipiert. Das Ziel war, die Besucherinnen und Besucher zu begeistern und zu inspirieren und sie das größte Ghibli-Abenteuer aller Zeiten erleben zu lassen. Das Interesse an *Totoro* und anderen Ghibli-Filmen könnte nachlassen, dachte Miyazaki, also musste er für dieses Projekt nach den Sternen greifen.

Und so fing auch dieses Projekt wie viele Ghibli-Filme mit einem Wettbewerb an. Er trug den Titel „So soll mein Wunschmuseum aussehen!" Miyazaki schilderte darin in teils poetischen Sätzen die Grundsätze, Ziele und Absichten, die er mit diesem beispiellosen Museum verfolgte. Es galten folgende Vorgaben:

- Ein Museum, das interessant und ansprechend ist und die Seele beruhigt.
- Ein Museum, in dem es jede Menge zu entdecken gibt.
- Ein Museum, das auf einer in sich stimmigen, klaren und beständigen Philosophie beruht.
- Ein Museum, in dem Genießer genießen, Nachdenkliche nachdenken und Gefühlsmenschen fühlen können.
- Ein Museum, das jedem Menschen das Gefühl gibt, es bereichert wieder zu verlassen!

Neben diesem Manifest erschuf Miyazaki eine Vielzahl an Imageboards und Designskizzen für das Museum. Angefangen bei Gebäudezeichnungen aus der Vogelperspektive bis hin zu individuellen Grundrissen aller Räume und dem Aussehen der einzelnen Exponate, wurde alles bis ins kleinste Detail ausgearbeitet und geplant: Deckenfresken, Beschilderungen, Lichter und Lampen, ja sogar die Miniflaggen für die Sandwiches, die im Museumscafé verkauft werden sollten. Es war ein Überschwang an Fantasie und Vorstellungskraft, der es mit den Bilderwelten aus *Chihiros Reise ins Zauberland* (2001) aufnehmen konnte, an dem Miyazaki damals ebenfalls arbeitete.

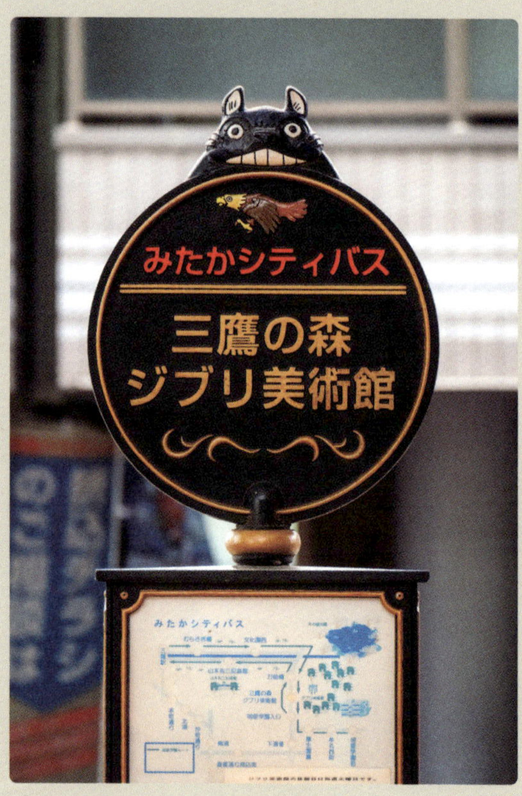

Sein Traum war es, dass Besucherinnen und Besucher ähnlich wie Chihiro das Gefühl haben, sie würden mit dem Museum „eine ganz andere Welt" betreten.

Oben: Alle einsteigen, bitte! Es mag zwar kein lebensechter Katzenbus sein, aber die Schilder weisen den Besuchern in bester *Totoro*-Manier den Weg.

Gegenüber: Das Ghibli Museum berauscht mit atemberaubender Detailverliebtheit, darunter etliche wundervoll gestaltete Buntglasfenster.

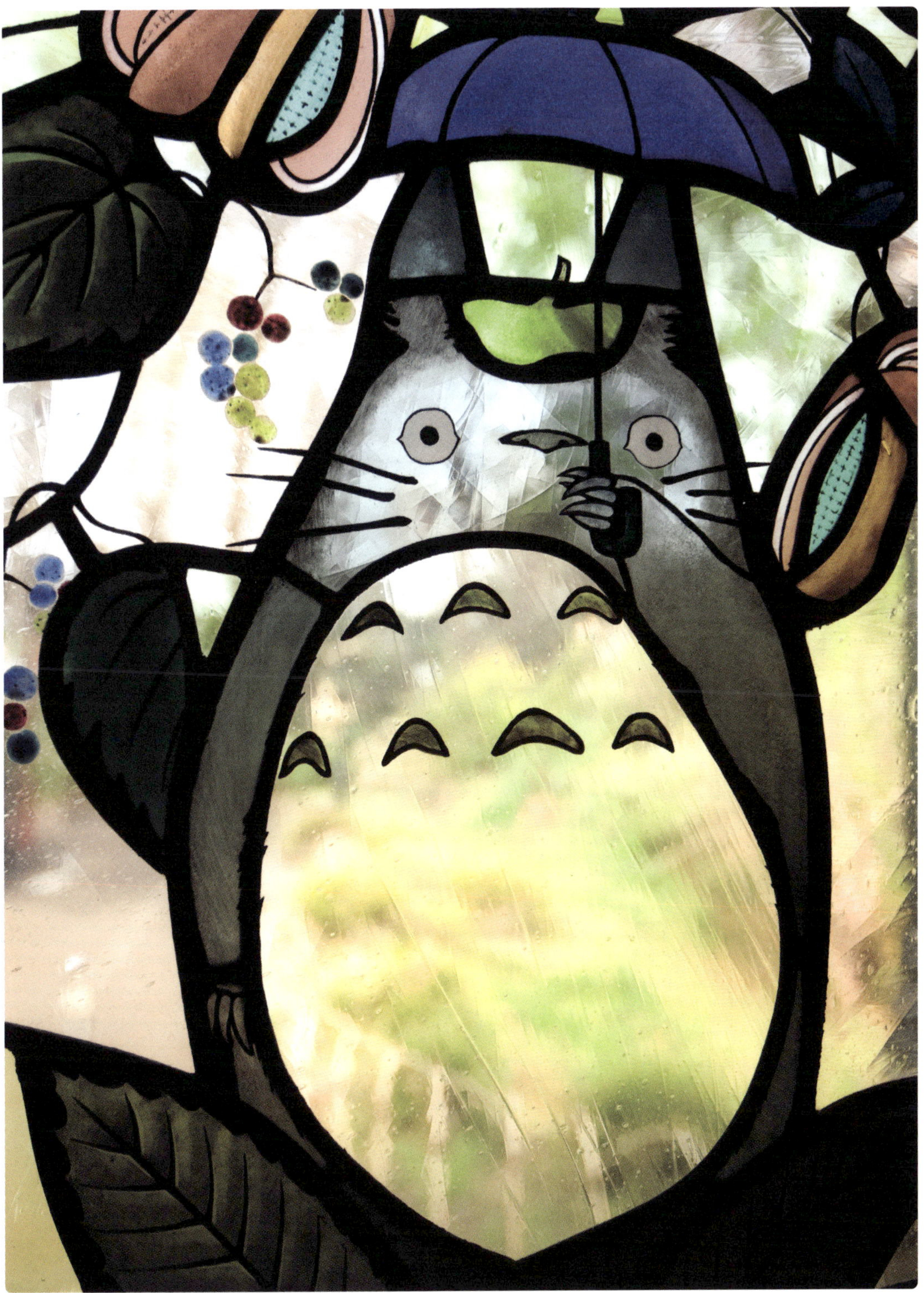

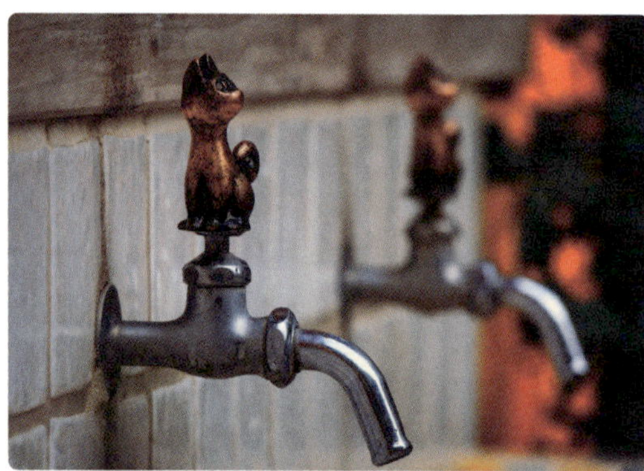

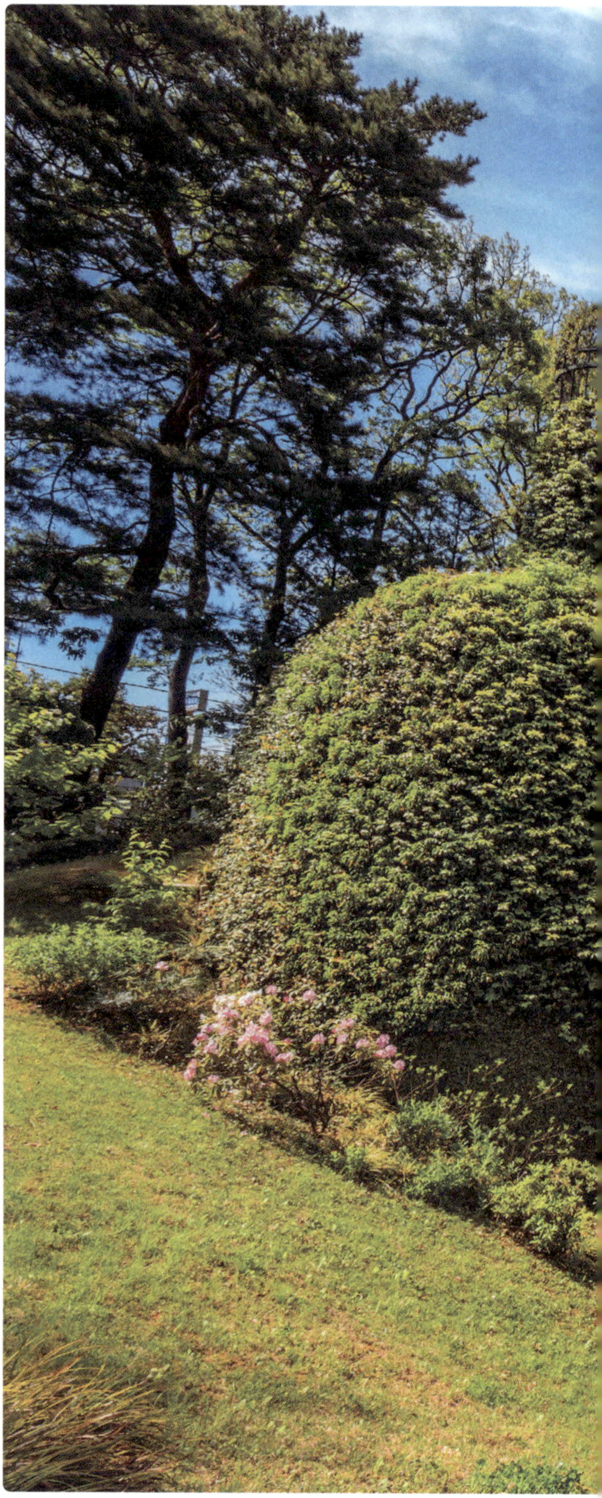

Seinem Sohn Goro Miyazaki wurde die Verantwortung übertragen, den Bau des Museums zu beaufsichtigen und nach der Eröffnung im Oktober 2001 übernahm dieser auch die Leitung.

Wer das Museum heute besucht, wird mit überwältigenden, magischen Erlebnissen belohnt. Leider macht es Ghibli einem auch nicht gerade leicht, an ein Ticket zu kommen. Dank eines etwas obskuren Buchungssystems, bei dem die tägliche Zuweisung der Tickets in Chargen erfolgt, müssen Pilger aus aller Welt ihre Wecker oft zu völlig unchristlichen Zeiten stellen, um sofort zuschlagen zu können, sobald die begehrten Tickets in den Verkauf gehen. Doch wenn man schließlich im Inokashira-Park angelangt ist, wird man von einem eigenartigen, aber äußerst einladenden Gebäude begrüßt. Das farbenfrohe Hauptgebäude sieht aus wie von Kinderhänden aus Knete modelliert, während das immergrüne Dach von einem wachsamen, fünf Meter hohen Kampfroboter aus *Das Schloss im Himmel* gekrönt wird. Und wer hockt da am Ticketschalter? Es ist Totoro höchstpersönlich!

Auch wenn es im Museum selbst einige Anspielungen und Verweise auf die Ghibli-Filme und ihre Hauptfiguren gibt (die größte davon ist ein riesiger knuddeliger Katzenbus, den Kinder [und nur Kinder] besteigen dürfen), sind die Exponate des Museums selbst bemerkenswert originell und ungewöhnlich. Das Motto des Museums lautet „Let's get lost together!", das bedeutet so viel wie „Kommt, wir verlaufen uns gemeinsam!" Und im gesamten Gebäude spürt man diesen Zauber des Erkundens, des Sich-Verlierens und Herumschlenderns, überall gibt es kleine Schlupfwinkel und Verstecke, winzige Details und geheime Gänge, die die unersättliche Neugier von Kindern und Erwachsenen, die nie erwachsen wurden, befriedigen.

Oben: Wasserhahn-Katzen. Miyazaki und sein Designteam haben ihr geballtes Können auch in die kleinsten Details des Museums gesteckt.

Rechts: Der Außenbereich des Ghibli-Museums in Mitaka, Tokio, wirkt genauso mysteriös und einladend wie einer der vielen Ghibli-Filme.

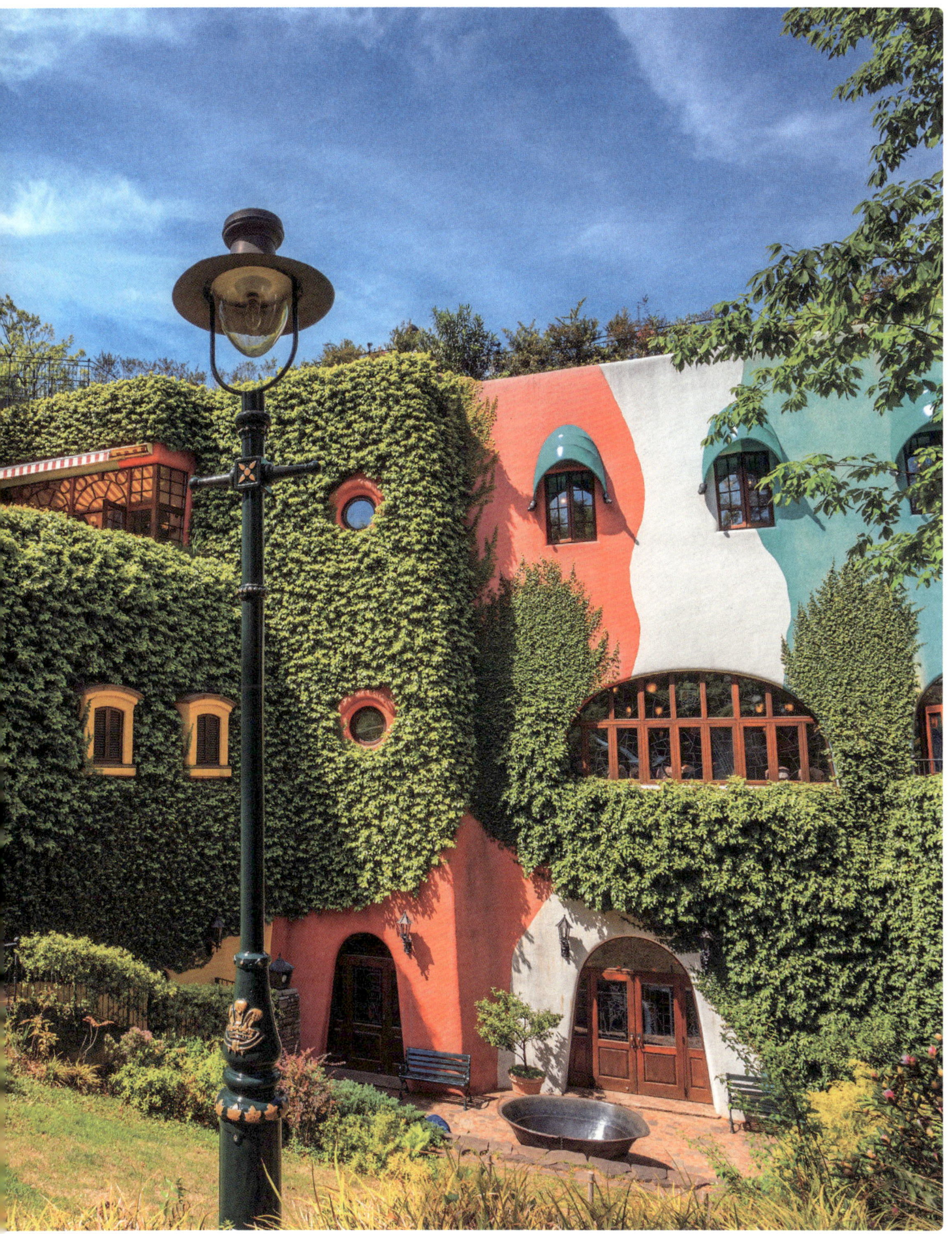

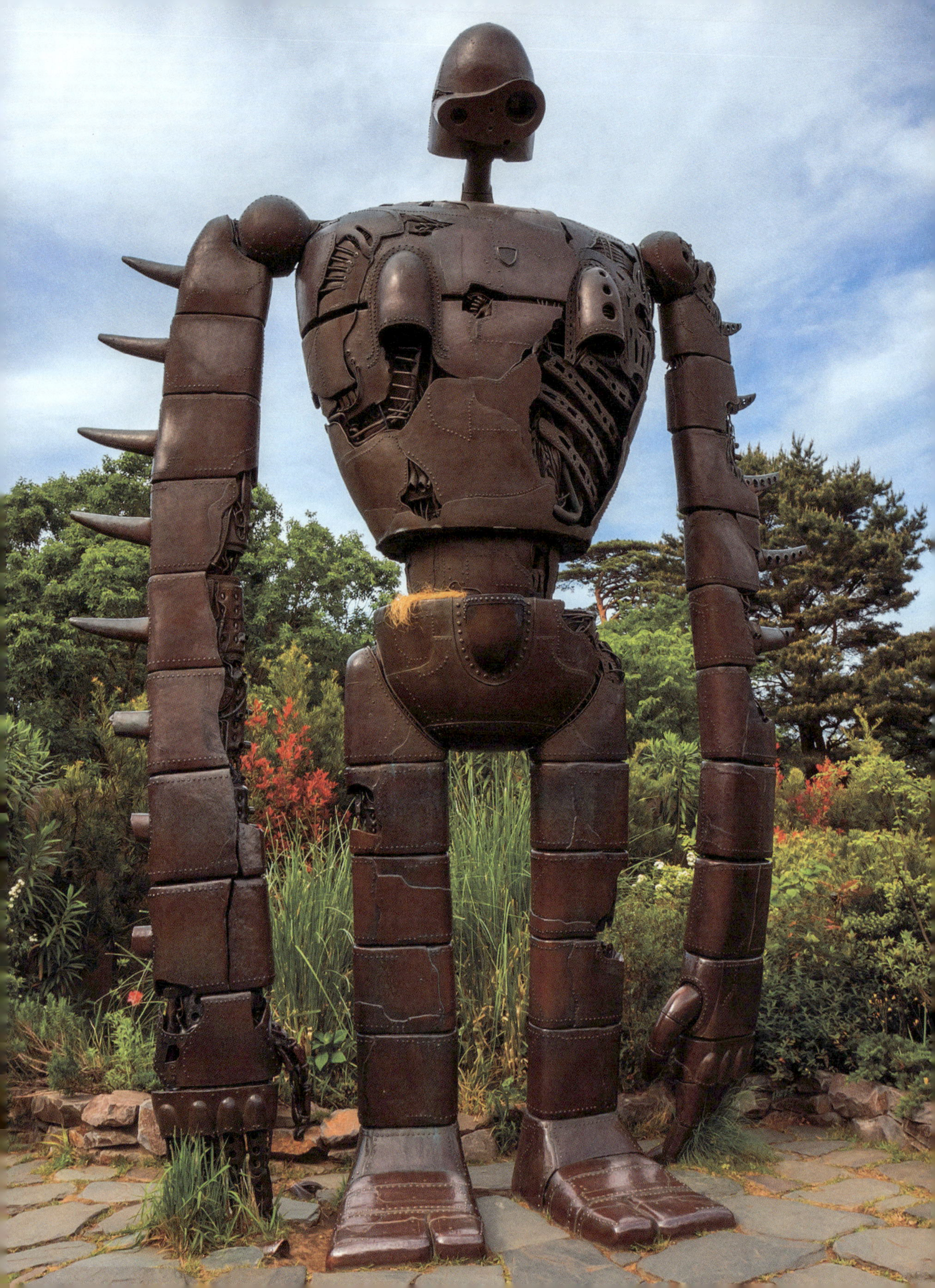

Isao Takahata, der an der Entstehung des Museums nicht beteiligt war, brachte es in einem Essay über seinen ersten Besuch gekonnt auf den Punkt: „In Freizeitparks wie Disneyland & Co. gibt es jede Menge Fahrgeschäfte. Wir setzen uns hinein und lassen uns von den Achterbahnfahrten schwindlig machen und begeistern, ähnlich wie es die Animationsfilme von Miyazaki schaffen. Es ist ein einfaches und müheloses Vergnügen, aber auch ein völlig passives. In einem Museum aber muss man aktiv werden, um etwas zu erleben. Und hier im Ghibli Museum sind es die Kinder und die Erwachsenen, die die Rollen der Filmcharaktere einnehmen und die Geschichten erzählen." Wohin wird eure Geschichte euch führen? Vielleicht beginnt ihr bei einer der Dauerausstellungen, die das Handwerk und die Geschichte der Animationskunst eindrucksvoll zeigen. Im Erdgeschoss begegnen uns Wundertrommeln und andere magische Apparaturen, die uns die Zaubertricks der Animation und der bewegten Bilder plastisch und aus erster Hand erfahren lassen. Im Obergeschoss erwartet uns ein Rundgang mit insgesamt fünf Räumen, der sich „Where a Film is Born" (Wo ein Film das Licht der Welt erblickt) nennt. Dort findet man den gesamten Produktionsprozess, von der Skizze bis zur fertigen Animation, in einer Reihe detaillierter Workshops nachgebildet, die mit unglaublich vielen Materialien aufwarten: Farben, Stifte, Zeichnungen, Skizzen und sogar Gemälde und Bilder aus Miyazakis Studienzeit sind hier zu finden. Der erste dieser fünf Räume wird manchmal als „A Boy's Room – A Gift from Grampa" (Ein Jungenzimmer – ein Geschenk von Opa) bezeichnet, was auf Miyazakis Absicht hinweist, junge Menschen in das geschäftige Treiben und Durcheinander eines idealisierten Künstlerateliers zu entführen, als ob sie es geerbt hätten. Denn das Gefühl von Erbe und Vermächtnis, das Weiterreichen an die nächste Generation, steht im Mittelpunkt aller Projekte des Ghibli-Museums. Im dicken Wälzer und Museumsführer *„Hayao Miyazaki und das Ghibli Museum"*, der 2019 erschien, führt Geschäftsführer Kazuki Anzai an, dass Miyazaki und sein Team den festen Glauben vertreten, mit dem Museumsprojekt irgendwie auch „Überbringer der Populärkultur" zu sein. „Als [Miyazaki] das Museum gründete und sich mit der Planung und Herstellung von Ausstellungsobjekten beschäftigte", schreibt Anzai, „erkannte er, dass die Populärkultur, die wir in uns tragen, ständig und überall von Menschen hier und auf der ganzen Welt geerbt wird." Er fügt hinzu, „dass der Stab, den wir im Staffellauf von unserem Vorläufer in die Hand gedrückt bekommen, von uns an die nächste Gruppe und Generation von Läufern weitergereicht wird."

Gegenüber: Eine riesige Statue des Kampfroboters aus *Das Schloss im Himmel* wacht auf dem Dach des Ghibli-Museums.

Unten: Das Ghibli Museum zeigt den kreativen Prozess und bietet neben Skizzen, Gemälden und Kunst jede Menge Exponate, die nicht nur inspirieren, sondern auch zum Staunen und Entdecken einladen.

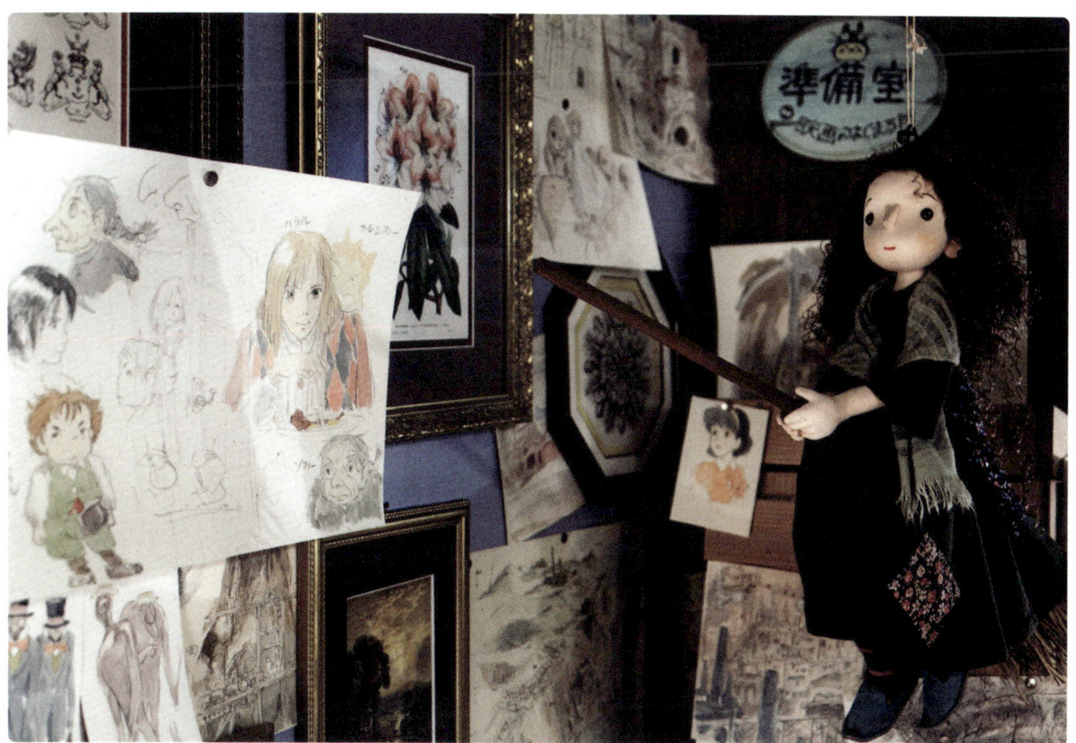

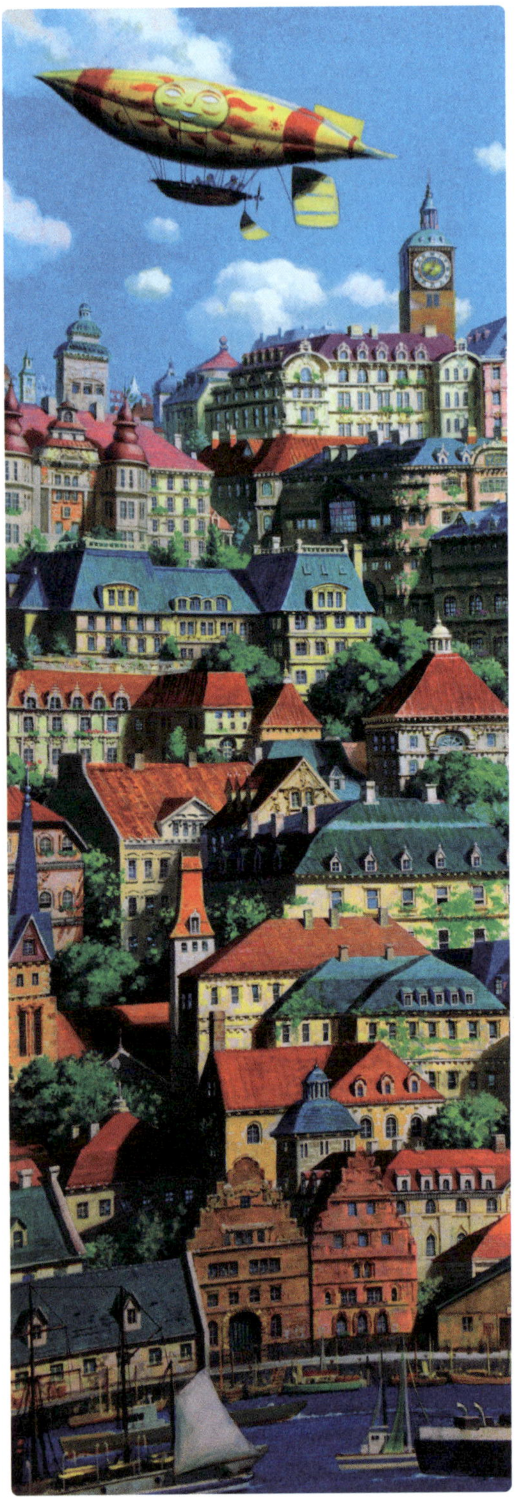

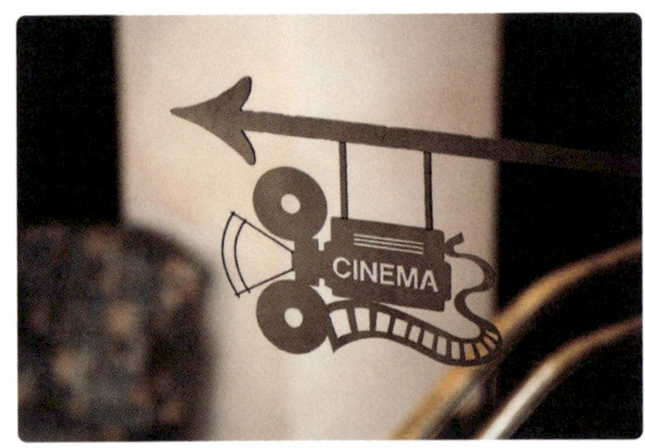
CINEMA

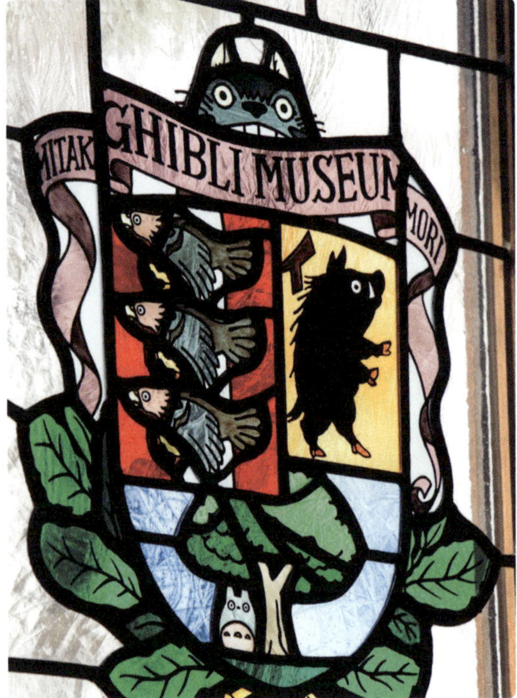
MITAK
GHIBLI MUSEUM
MORI

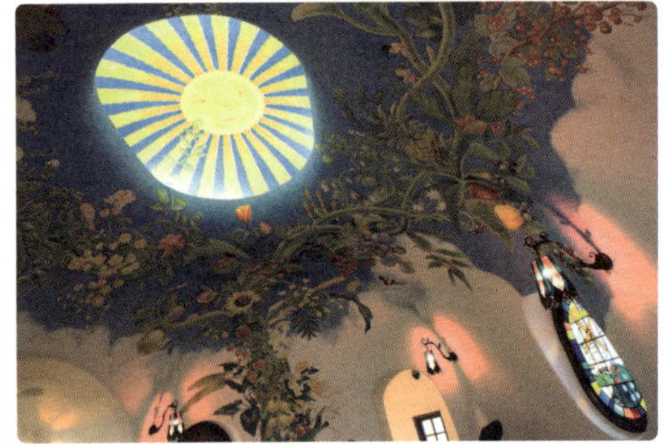

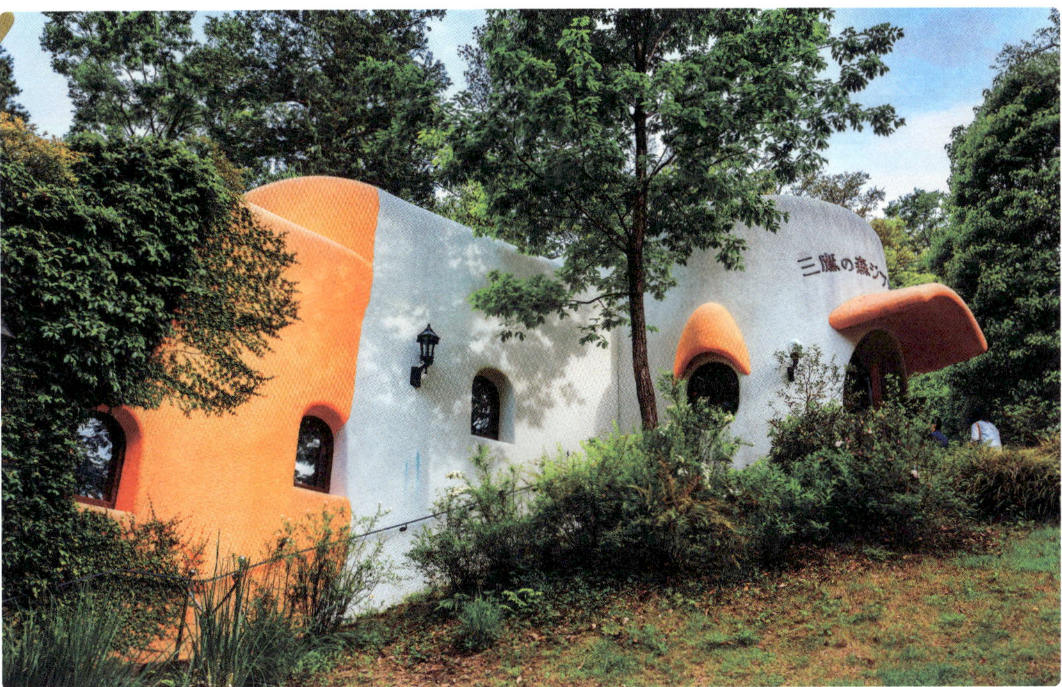

Das Ghibli Museum wurde von Grund auf als direkter Dialog mit dem empfindsamen, fantasievollen Geist von Kindern und Jugendlichen geplant. Wir haben bereits an anderer Stelle in diesem Buch ausführlich über die Kurzfilme geschrieben, die Studio Ghibli exklusiv für das Museum produziert hat (siehe Kapitel 2: Ghibli für Kenner). Der Ort, an dem diese Kurzfilme gezeigt wurden, das Saturn-Theater, wurde von Miyazaki als einladendes Kinoerlebnis für die jungen Besucherinnen und Besucher geplant, es sollte einen bleibenden Eindruck hinterlassen. Jedes Detail lag ihm am Herzen, von der Beleuchtung (um Kinder, die Angst vor der Dunkelheit haben, nicht zu erschrecken) über die genauen Maße der Sitzbänke bis hin zur Gestaltung der Projektor-Kabine – alles stets mit dem Ziel im Hinterkopf, Kindern eine aufregende und anregende Möglichkeit zu geben, Animationen und Animationsfilm auch auf einer großen Leinwand zu erleben.

Für den Museumsladen „Mamma Aiuto", der mit den entzückendsten Ghibli-Fanartikeln und anderen Kuriositäten gefüllt ist, hat Miyazaki ein Malset mit Farben zusammengestellt, die er auch selbst verwendet, dazu eine illustrierte Anleitung, die Neulingen zeigen soll, wie man die Farben am besten verwendet. Dann gibt es noch den Lesesaal „Tri-Hawks", der mit etlichen Bücherregalen ausgestattet ist und eine Anspielung auf die Stadt Mitaka ist, in der das Museum steht, da „Mitaka" übersetzt auch „drei Falken" heißen kann. Die eine Seite des Raums ist prall gefüllt mit Kunstbüchern, Storyboard-Sammlungen und vielen anderen Werken, die einen Einblick in die Kunst hinter Ghibli-Filmen gewähren. Die andere Seite bietet genügend Raum für Kinderbuchklassiker, ausgewählt von Miyazaki und seinen Museumskuratoren höchstpersönlich. Wenn ihr die Regale durchforstet, werdet ihr sicherlich das eine oder andere Werk entdecken, das Ghibli für seine abendfüllenden Spielfilme adaptiert hat, doch noch wahrscheinlicher ist es, dass ihr auf sorgfältig ausgewählte Schätze der Weltliteratur stoßt, die euren Horizont erweitern. Das unterscheidet das Ghibli Museum auch von Walt Disneys *„Disneyland"* und den *„Disney World"*-Projekten. Wo die Disneyparks eher die geliebten Filme nachstellen (ihr wachsam gepflegtes geistiges Eigentum), wirft das Ghibli Museum einen neugierigen Blick auf den großen Kosmos des kreativen Schaffens: Es ist weniger ein Ort des Marketings als vielmehr ein Ort des Bewahrens.

Oben: Die eigentümliche Farbe der Museumsfassade soll an Knetmasse für Kinder erinnern.

Gegenüber: „Wer den Blick aufs Detail wirft, wird mit dem großen Ganzen belohnt." Einige wunderbare Details aus dem Inneren des Ghibli Museums, darunter ein Wandgemälde, das Kikis Heimatstadt Koriko zeigt (ganz links), ein Schild, das den Weg zum Saturn-Kino weist (oben), das Wappen des Museums selbst (Mitte) mit Bildern von drei Falken und Wildschweinköpfen (Wortspiele mit den japanischen Begriffen für Mitaka und Inokashira) und das illustre Deckenfresko mit Pflanzen, die vom erfahrenen Art Director Kazuo Oga gemalt wurden (unten).

Am besten ersichtlich wird das wahrscheinlich anhand der verschiedenen Sonderausstellungen, die in zwei Räumen gegenüber dem Werkstattbereich stattfinden. Dort gibt es neben detaillierten Einblicken in die Produktionsgeschichte bekannter Meisterwerke wie *Heidi* oder *Future Boy Conan* aus der Zeit vor dem Studio auch Würdigungen an bestimmte Filmemacher zu sehen, die eng mit Studio Ghibli verbunden sind, beispielsweise der russische Animator Yuri Norstein oder die englischen Stop-Motion-Virtuosen von *Aardman Animations*. Andere wiederum sind eher essayistisch konzipiert. Ausstellungen über das englische Märchen *Goldlöckchen und die drei Bären,* aber auch die fröhlichen Märchenerzählungen E.T.A. Hoffmanns wie *Der Nußknacker* oder *Der Mäusekönig* hinterfragten vor allem die auch heute noch anhaltende Wirkung dieser Geschichten auf Generationen von Kindern. Illustrationen, Mangas, Storyboards oder dreidimensionale Ausstellungsobjekte finden Verwendung, um die Erzählungen greifbarer zu machen und zum Leben zu erwecken. Es gibt riesige Modelle der Bären aus *Goldlöckchen* und ein aufwendig hergestelltes Diorama voller „Klangwelten" mit Hoffmanns Märchen. Des Weiteren gibt es immer wieder Ausstellungen, die die Populärkultur und Miyazakis Rolle in diesem Netz von Einfluss und Inspiration untersuchen: *„The Gift of Illustrations"* präsentierte Märchenkunstwerke aus Andrew Langs *Fairy Books*, und *„The Haunted Tower"* nutzte Kurzgeschichten von Robert Westall und Edogawa Ranpo als Sprungbrett, um den Uhrenturm als Stilmittel in Erzählungen zu erkunden. Die Ausstellung umfasste Literatur und Material von Romanautoren wie Wilkie Collins und Arthur Conan Doyle über Maurice Leblanc bis hin zu Miyazakis eigenem Lupin-III-Film *The Castle of Cagliostro* (1979). Toshio Suzuki behauptet zwar, es sei seine Idee gewesen, die Eintrittskarten des Museums wie einer Reihe einzelner Frames aus den Ghibli-Filmen zu entwerfen – blättert man allerdings durch Miyazakis Imageboards, findet man grobe Skizzen junger Besucherinnen und Besuchern, die ihre Eintrittskarten neugierig gegen das Licht halten und die Filmschnipsel darauf bestaunen. Wer auch immer diese geniale Idee hatte, sie zeigt auf wunderbare Art und Weise, dass man das Ghibli Museum als Ganzes betrachten muss: Es lädt uns alle ein, nicht nur die Filme von Studio Ghibli zu bestaunen, sondern darüber hinaus ein ganz eigenes, unglaublich spannendes Universum zu entdecken.

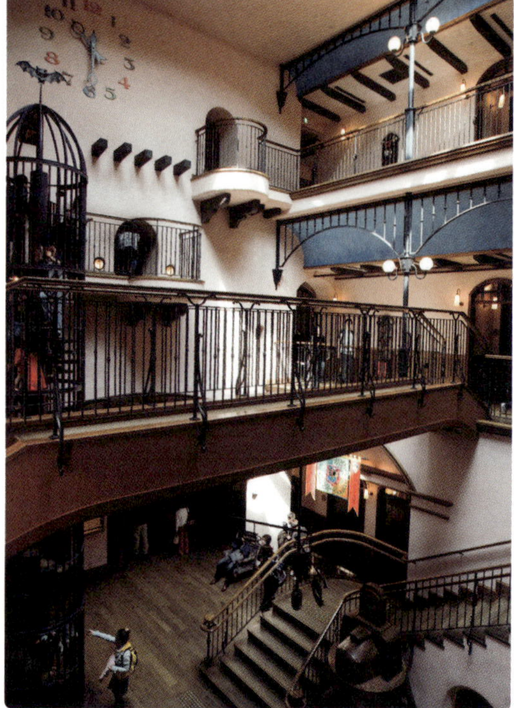

Oben: Alle (Kinder) einsteigen! Der Katzenbus bietet Kindern (und nur ihnen) einen schönen Ort zum Spielen.

Rechts: Voller versteckter Überraschungen und Geheimgänge, die speziell für Kinder entworfen wurden, lädt das Museum zum Erforschen und Erkunden ein.

Ni-Tele Really Big Clock

Nittere Odokei

Diese riesige, kupferne, hühnerbeinige Uhr, die wie ein Schloss anmutet und aus dem Hauptsitz von Nippon Television in Shiodome, Tokio, herausragt, wurde von Hayao Miyazaki entworfen.

Die Steampunk-Skulptur wurde im Jahr 2006 enthüllt und besteht aus miteinander verbundenen Metallräumen, die mit kanonenbestückten Türmen, pilzförmigen Dächern und krallenartigen Füßen verziert sind. Man sieht sofort, dass die Uhr denselben Architekten wie Hauros Schloss hat. Wenn man zur richtigen Tageszeit vorbeischaut, wie zahlreiche Ghibli-Fans es tun, beginnt dieses Schloss sogar, sich zu bewegen.

Wenn die volle Stunde schlägt (die ausgewählten Zeiten können variieren), erwachen laternenköpfige Metallmännchen, die auf der Skulptur verteilt sind, zum Leben, sie kurbeln und hämmern wie Schmiede, vielleicht, um etwas herzustellen, vielleicht auch nur, um diese gigantische Uhr am Laufen zu halten. Und dann beginnt, wie ein Symbol für Miyazakis anhaltende Faszination für Mechanik (wie sie in den riesigen, detaillierten Luftschiffen in *Nausicaä aus dem Tal der Winde* (1984) oder den Werkstätten in *Porco Rosso* (1992) zu sehen ist), die Show. Walzermusik ertönt, Geheimtüren gehen auf, Zahnräder drehen sich, Lichter rotieren. Für ein paar Minuten sind die scharfen Kanten des modernen Großstadtviertels vergessen, während ein bizarrer und wunderschöner ratternder Riesenautomat, geschaffen von einem der größten Künstler der Welt, einen metallischen, fesselnden Tanz vollführt – ein Automat, der seine eigene Konstruktion zu feiern scheint. Doch dann ist das Schauspiel so schnell, wie es begonnen hat, wieder vorbei. Die Ghibli-Pilger ziehen lächelnd von dannen, glücklich, dass sie miterleben durften, wie einer ihrer Lieblingsregisseure seiner Kreativität auf komplett andere Weise freien Lauf lassen durfte, und zwar in Form der Zeit.

Unten: Obwohl zwischen unscheinbaren Bürogebäuden versteckt, ist die Riesenuhr inzwischen zu einer der wichtigsten Attraktionen für Ghibli-Fans geworden.

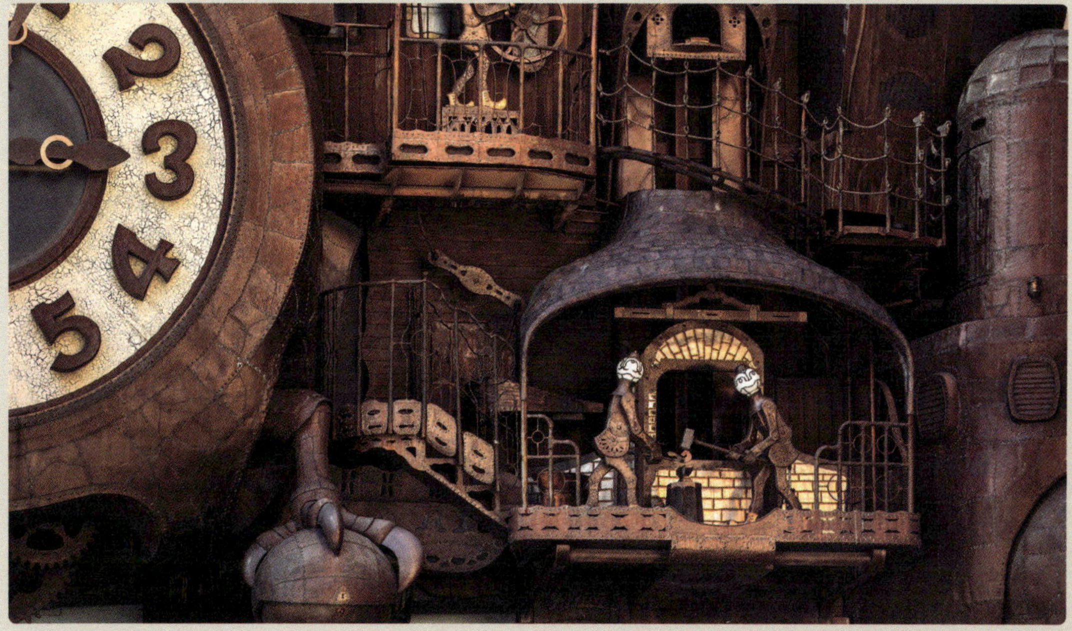

Shirohige's Cream Puff Factory

Der Geschmack von Totoro

Seit dem Film *Mein Nachbar Totoro* (1988) kennt man die inzwischen ikonische Figur, die das Logo von Studio Ghibli ziert, und seit seinem Debüt vor Jahrzehnten konnten die Fans ihrem geliebten Totoro auf ganz unterschiedliche Weise auch außerhalb der Leinwand begegnen.

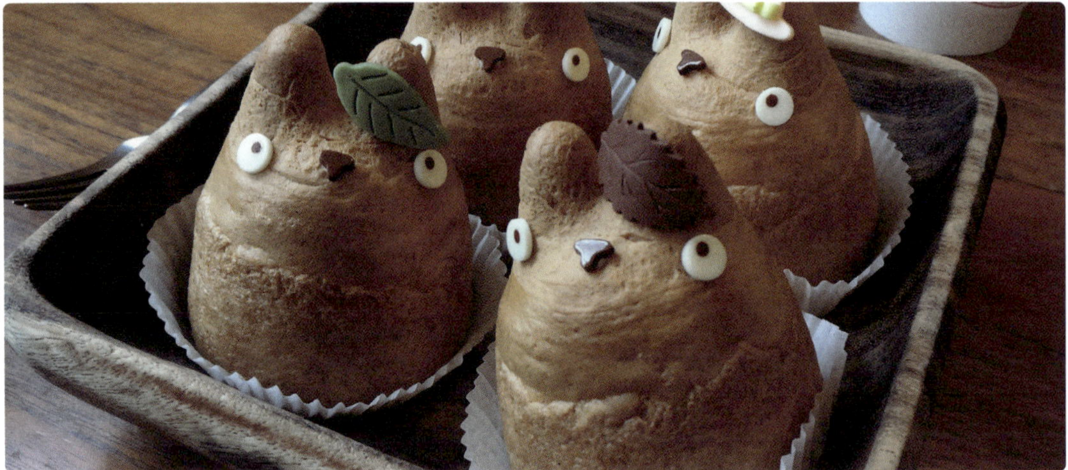

Plüschtiere machen Totoro greif- und knuddelbar und der Dondoko-Wald im Ghibli-Themenpark lässt uns in Totoros Welt eintauchen, doch in *Shirohige´s Cream Puff Factory* in Daita im Westen Tokios (und auch an einem zweiten Standort in Kichijoji, viel näher am Ghibli Museum, falls ihr gerade Reisepläne schmiedet), könnt ihr Totoro sogar schmecken.

Die Cream Puff Factory, offiziell von Studio Ghibli anerkannt (und Berichten zufolge von einem Verwandten Miyazakis betrieben), ist wie eines der Ghibli-Abenteuer eine Offenbarung. Sie ist verborgen in einem Gewirr verwinkelter Straßen, wie man sie in jeder Stadt findet. Die „Fabrik", im Grunde genommen ein gewöhnliches Café und nur zu finden durch ein unauffälliges Schild, befindet sich an einer begrünten Straßenecke. Im Inneren findet man zwei Etagen voller Ghibli-Fans, die sich um die Tische scharen und genüsslich ihre Lieblingsfiguren verspeisen.

Hergestellt aus einem speziellen Brandteig, geformt zu einer runden Masse und mit zwei vereinfachten, spitzen Ohren und einem Paar heller, runder Augen aus Fondant ausgestattet, sind diese Totoro-Leckereien fast zu niedlich zum Reinbeißen – aber nur fast. Die Windbeutel sind leicht, fluffig und einfach unwiderstehlich, gefüllt werden sie mit saisonal wechselnden Geschmacksrichtungen – bei unserem letzten Besuch standen Schokolade, Haselnuss, Vanille und Erdbeer-Käsekuchen zur Auswahl. So spiegeln sie auch die Natur der Figur, der sie nachempfunden sind, wider – nicht nur ihrer Form wegen, sondern auch weil sie so unbeschreiblich süß sind. Mit ihrem Sinn für alltägliche Magie und einem klaren Fokus auf das Handwerk ist *Shirohige´s Cream Puff Factory* ein Muss für jeden Ghibli-Fan, besonders für den hungrigen.

Oben: Mein Nachbar Windbeutel. Das hübsch dekorierte Backwerk kommt frisch aus der Fabrik und trägt süße Kopfbedeckungen.

Ghibli-Themenpark

Das ultimative Reiseziel für jeden Ghibli-Fan

Fantasie in Realität verwandeln – ein Zaubertrick, den die Ghibli-Filme perfekt beherrschen. In einem Augenblick streift ein Mädchen durch leere und doch vertraute Straßen, um dann an der richtigen Stelle eine Abzweigung zu nehmen und ganz plötzlich das sagenhafte Königreich der Katzen zu betreten.

Ob am Ende einer Gasse, in einem Tunnel oder einem verfallenen Turm: Andere Welten verstecken sich oftmals direkt vor unserer Nase und die Ghibli-Filme helfen uns dabei, sie zu entdecken.

Realität in Fantasie zu verwandeln – das ist der nächste Zaubertrick. Und das ist nicht einfach. Wenn man Zuschauer in eine andere Welt versetzt, kann man sie mit Dingen überraschen, die sie noch nie zuvor gesehen haben und sie mit atemberaubendem Design begeistern. Doch durch Ghiblis Blick fürs Detail und die Kraft der Fantasie – seiner und der seiner Figuren – kann unser eigenes Leben magisch umgestaltet und verzaubert werden, so wie Lisa in *Ponyo – Das große Abenteuer am Meer* es tut und ihrem kalten, nassen, begeisterten jungen Publikum zwei einfache Schüsseln mit Instant-Ramen vorsetzt. Die herzhafte Nudelsuppe mit Schinkenstückchen und schimmernden Fettaugen taucht wie in einem Zaubertrick auf, bei dem sich Menschen zuerst in Luft auflösen, um dann in einer Rauchwolke wieder zu erscheinen – ein echter Hokuspokus.

Doch trotz ihrer mitreißenden Wirkung konnten diese Tricks nur innerhalb der Grenzen des Seherlebnisses existieren – bis zur Errichtung des Ghibli Parks. Und der ist definitiv kein normaler Freizeitpark, hier findet ihr keine Achterbahnen,

Unten: Die zentralen Stufen in Ghiblis Grand Warehouse im Ghibli Park. Wenn man genau hinschaut, kann man, versteckt unter den Mosaiksteinen, vielleicht ein paar bekannte Figuren entdecken.

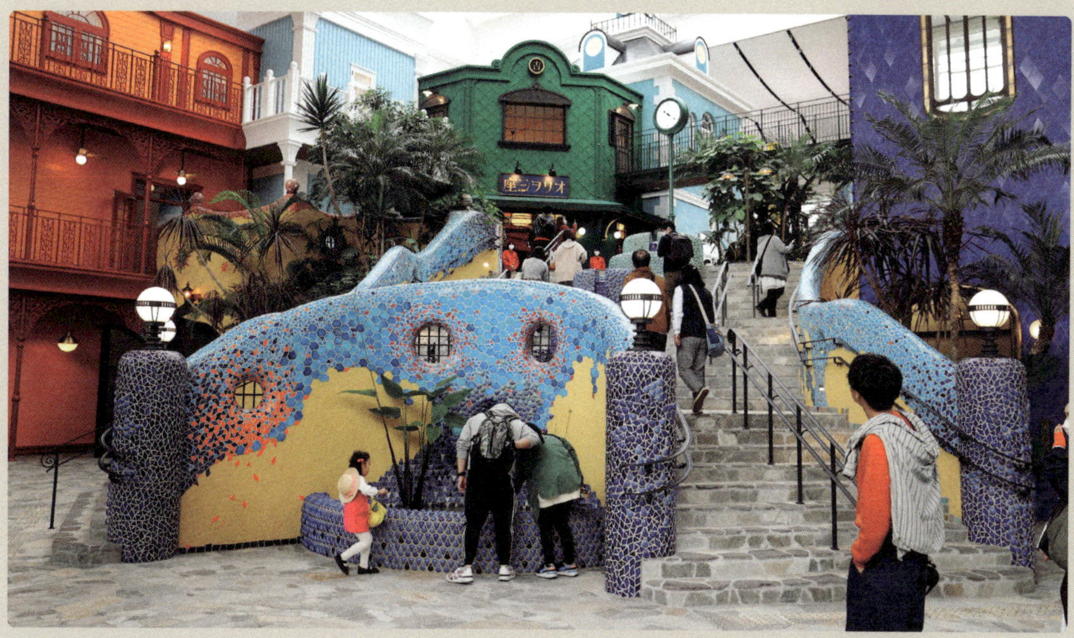

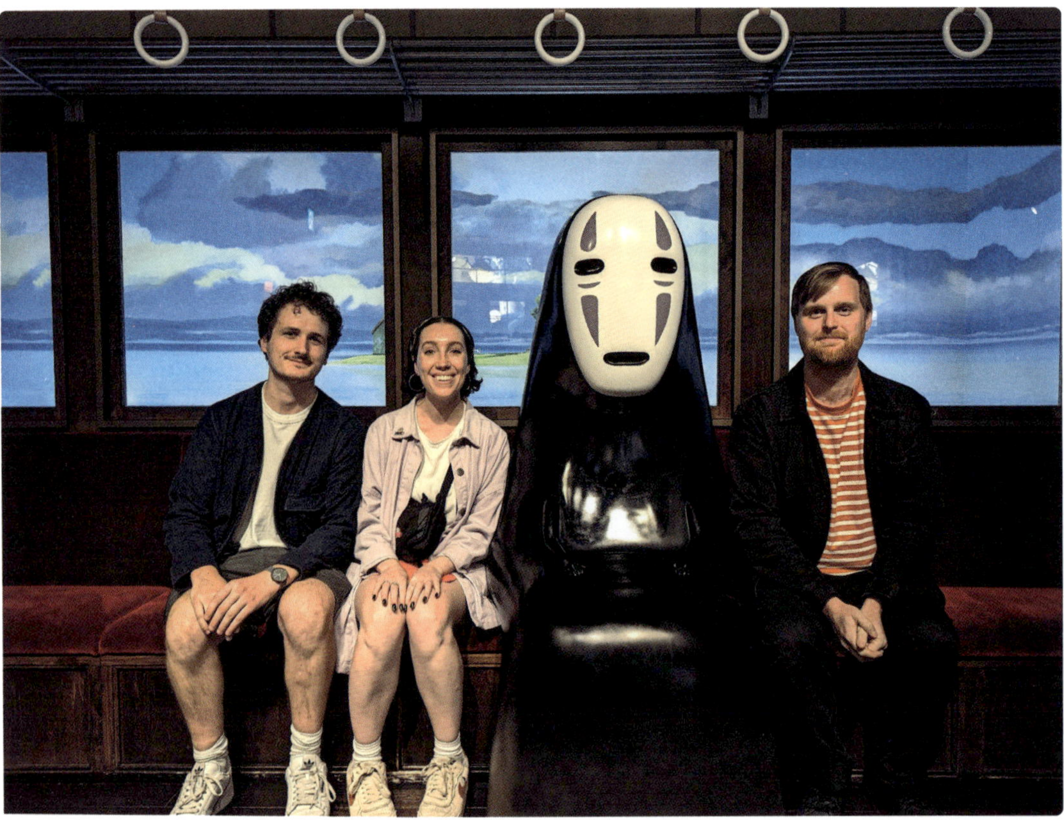

Karussells oder Stuntshows.
Das hier ist ein leichtes, gemächliches Abenteuer, das den Traum vieler Fans wahr werden lässt: einmal in einen Ghibli-Film eintauchen.

Goro Miyazaki, der ehemalige Landschaftsarchitekt, der auch das allseits beliebte Ghibli Museum entworfen hat, wurde erneut beauftragt, um das Studio bei der Planung dieses neuen Vorhabens zu unterstützen. Statt eines aufwendigen Plans à la Disney, eine ganze Stadt zu errichten, die die uns bekannte Unterhaltungsbranche umkrempeln könnte, sind die Anfänge des Ghibli-Themenparks relativ bescheiden. „Möchten Sie ein ehemals beheiztes Schwimmbad in ein Gebäude für Ausstellungen und in Lager umbauen?", fragten Vertreter der Präfektur Aichi bei Ghibli an. Goro war sofort klar, dass „die Geschichte des Ghibli-Themenparks begonnen hatte". Der Park wurde innerhalb des rund 186 Hektar großen Aichi-Gedächtnisparks errichtet, in dem unter anderem auch die Weltausstellung *Expo 2005* stattfand, und teilt sich in folgende fünf Hauptbereiche auf: das Tal der Hexen, das eine Nachbildung der Bäckerei aus *Kikis kleiner Lieferservice* (1989) und eine imposante Version von Hauros Schloss enthält; Mononokes Dorf, ein Lernzentrum im Stil der hölzernen Festung aus dem gleichnamigen Film; den Dondoko-Wald, der ein lebensgroßes Modell von Meis und Satsukis Geisterhaus (das ursprünglich für die Expo 2005 gebaut worden war) sowie ein großes Klettergerüst in Totoro-Form beherbergt; den Hügel der Jugend mit dem Uhrenturmeingang des Parks, der sich am Werk von Jules Verne orientiert und von *Stimme des Herzens – Whisper of the Heart* (1995) und *Das Königreich der Katzen* (2002) inspirierte Orte enthält, darunter der Antiquitätenladen aus *Stimme des Herzens – Whisper of the Heart*; und Ghiblis Grand Warehouse, das zentrale Schmuckstück, das auf dem alten Schwimmbad errichtet wurde.

Alle Bereiche sind durch sanfte Hügel verbunden (es fällt nicht schwer, sich vorzustellen, wie Kiki sich dort oben ausruht), es gibt farbenprächtige Blumenbeete, von Leben

Oben: Die Ghibliothek-Gang (von links nach rechts: Jake, Produzentin Steph und Michael) trifft Ohngesicht für ein Fotoshooting im Ghibli-Themenpark.

Gegenüber: Versteckt im Dondoko-Wald befindet sich Dondoko-do, ein Totoro-förmiges Klettergerüst, auf dem Kinder spielen und herumtollen können.

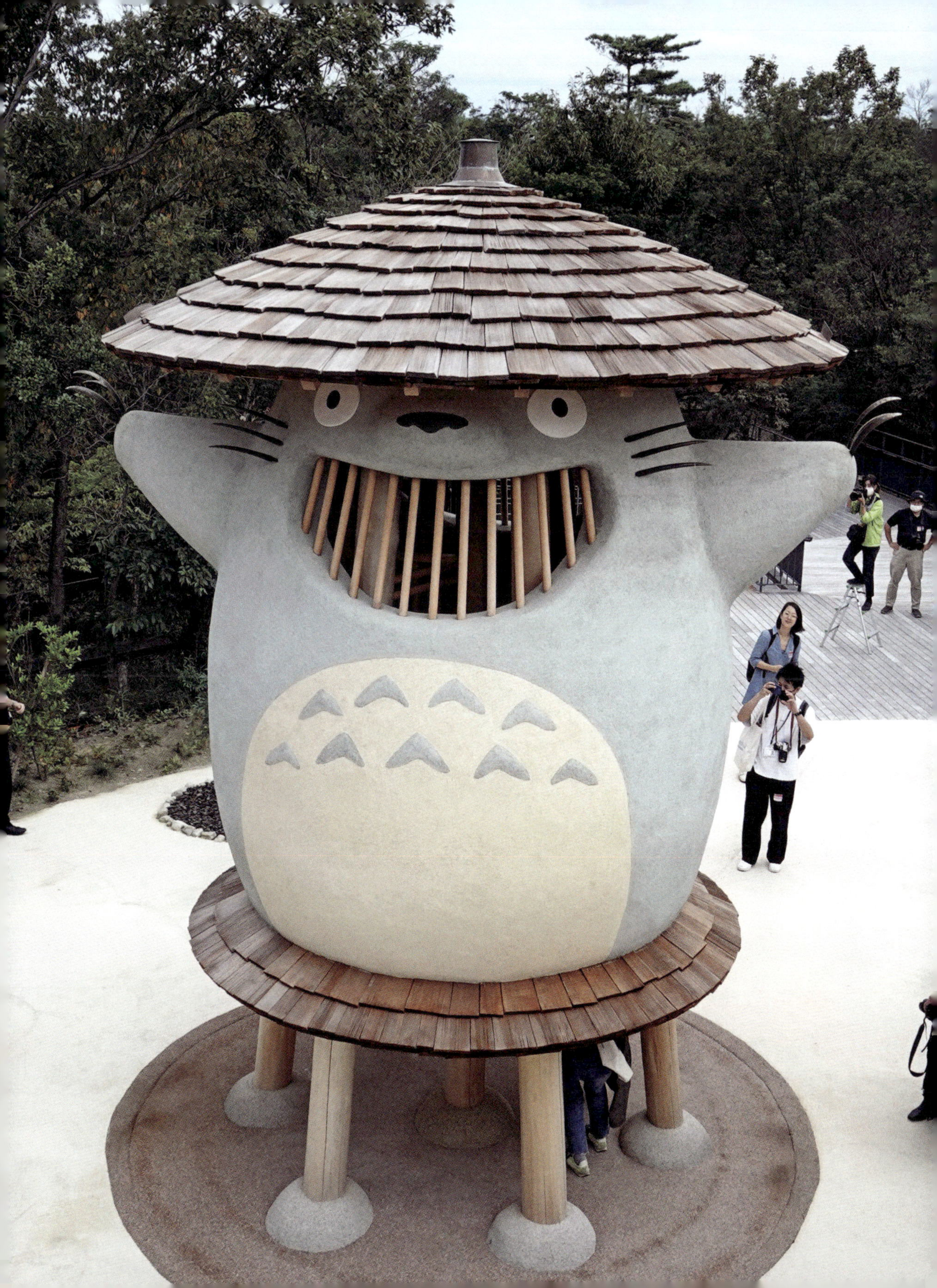

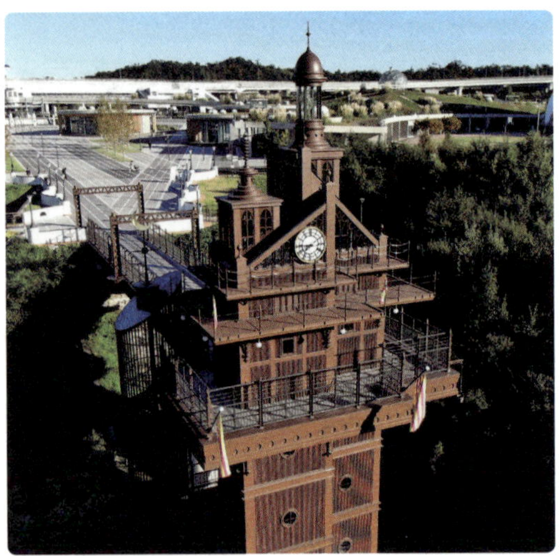

erfüllte Wälder und überall schreiende, lachende und herumtollende Kinder und ebenso aufgeregte Erwachsene. Wenn man das große Glück hatte, eine Eintrittskarte für alle Bereiche zu ergattern, kann man auf den Spazierwegen durch den Park schlendern und stößt unterwegs auf Bänke mit Bronzestatuen bekannter Figuren (beispielsweise die Katze Muta oder Herr Yamada) oder auf Habseligkeiten einer Figur, die gerade erst aufgestanden zu sein scheint (beispielsweise Meis Hut und Maiskolben oder Shuns Schulranzen aus *Der Mohnblumenberg*). Und dies sind nur einige der vielen Eastereggs im Park, die von neugierigen oder besessenen Fans während ihres Besuchs entdeckt werden können.

Beim Durchstreifen des Parks war der Architekturhistoriker Terunobu Fujimori von der Vielfalt und Zeitlosigkeit der Bauwerke beeindruckt, die die Filme, aus denen die Nachbildungen stammen, wunderbar widerspiegeln.

In einer für den Park erstellten Publikation erklärt er, dass die Gebäude „Merkmale einer unbekannten Nationalität aufweisen, sowohl innen als auch außen, die weder einem Land noch einer Epoche entsprechen". „In hundert Jahren könnten Menschen sich die Geschichte erzählen, die Zeit liefe rückwärts und Herr Miyazaki sei auf die Geschichte von *Totoro* gekommen, als er bei einem Spaziergang zufällig das Haus [von Mei und Satsuki] sah." Wer weiß, welche fantastischen Ideen in den Köpfen der Kinder, die den Park jetzt erforschen, entstehen, wenn sie in ihre Lieblingsgeschichten eintauchen, den „dumpfen Klang von Geigen hören" oder sich „hinunterbeugen, um durch ein Fenster zu schauen" und „eine große weiße Katze sehen, die sich reckt und streckt ... und [dich] mit ihrem frechen Blick ansieht".

In Anbetracht einer möglichen Konstruktion des Parks sagte Toshio Suzuki, dass er „in seinem Herzen brennend auf den Bau hoffe", sowohl für sich selbst als auch für Ghiblis Erbe. Obwohl Goro von einigen Fans für seine Filme verspottet wird, hegt Suzuki aufrichtige Bewunderung für ihn: „Der Tag, an dem Miya-san und ich in den Ruhestand gehen, rückt näher, doch der Geist von Ghibli wird von Goro weitergeführt werden. Das sieht man ganz klar, wenn man sich diesen Park anschaut. Wenn man weiß, wie perfektionistisch sein Vater ist und dass Suzuki seit Jahrzehnten ein wachsames Auge auf alle Bereiche der Ghibli-Produktion hat, ist es vielleicht überraschend, zu erfahren, dass „Goro weder Miya-san noch mich bei der Gestaltung des Parks konsultiert hat." Ist er besorgt? Ganz und gar nicht. „Ghibli ist in jedes Detail des Parks eingeflossen. Das haben wir Goro zu verdanken."

Doch wie fängt man die Essenz von etwas ein, das bisher nur auf der Leinwand existierte? Eine Herausforderung, der sich Goro nicht entziehen konnte. Er sagt: „Wir hören oft den Ausdruck ‚Ghibli-artig', doch wenn wir die Leute fragen, was das ihrer Meinung nach bedeutet, sind erstaunlich viele ratlos. Ich denke, das liegt daran, dass die Werke von Studio Ghibli viele Gemeinsamkeiten zu haben scheinen, doch das stimmt so nicht. Ort, Epoche und Stil variieren je nach Werk und Regisseur." Ghiblis Grand Warehouse, die Hauptattraktion des Parks, ist Goros Aushängeschild für das Studio, denn hier findet er Gemeinsamkeiten in den Unterschieden und lässt ein kollektives Gefühl der Werke Ghiblis entstehen – und das in einem alten Schwimmbad.

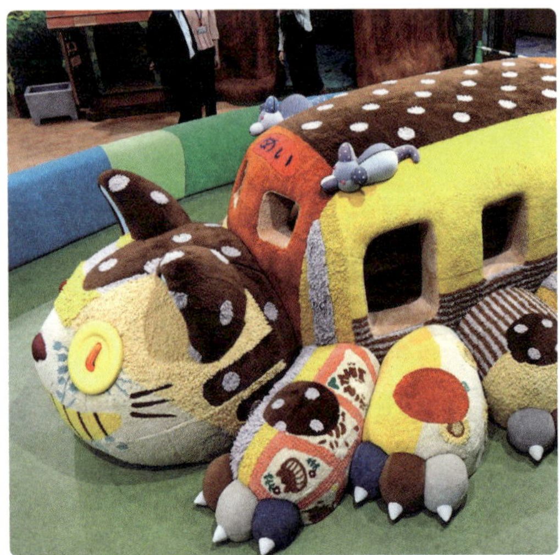

Oben: Der Uhrenturm, der die Besucher empfängt, verbirgt einen Aufzug. Die Pilger lassen die reale Welt hinter sich und tauchen im Ghibli-Themenpark wieder auf.

Links: Nicht nur die Gebäude im Grand Warehouse sind ein kreatives Patchwork, auch der Katzenbus ist es.

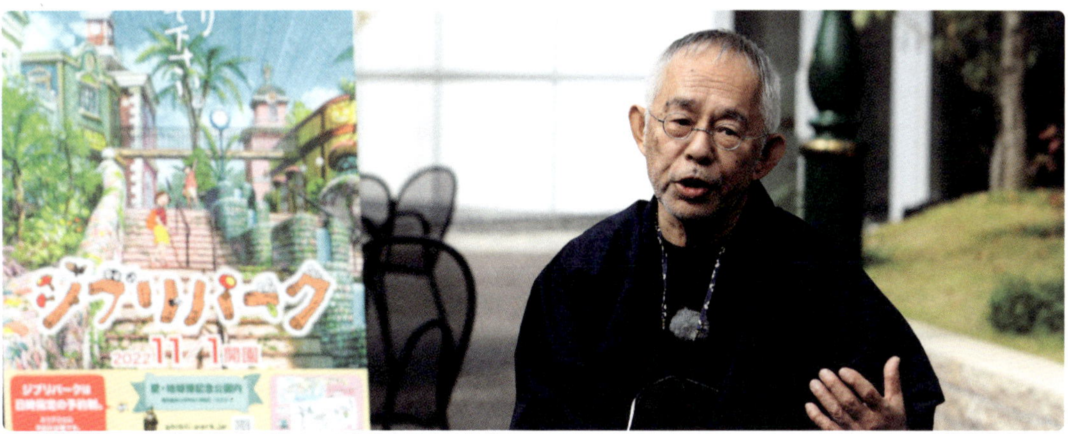

Beim Betreten des Parks biegen die Besucher um eine Ecke und stehen vor einem riesigen Glaspalast (nicht unähnlich dem Londoner Kristallpalast der Weltausstellung von 1851). Dieser beherbergt eine Vielzahl an Gebäuden, alle unterschiedlich gestrichen und gestaltet, und durch eine atemberaubende Mosaiktreppe miteinander verbunden („so beeindruckend wie die Spanische Treppe auf der Piazza di Spagna in Rom", kommentierte Fujimori). Durch das Wasser, das an den Seiten der Treppe herabfließt und die Pflanzen an ihrem Fuß gießt, schließt das Mosaik den Kreis und erinnert an die ursprüngliche Nutzung als Schwimmbad, während die Treppe die Besucher zu neuen Attraktionen führt. „Ghiblis Grand Warehouse ist chaotisch", sagt Goro. „Es gibt keine Karten oder Schilder, die den Weg weisen", aber wenn man dort genug Zeit verbringt, kann man einiges entdecken: Yubabas Büro im Badehaus; einen Roboter in Originalgröße aus *Das Schloss im Himmel* (1986); eine vergrößerte Version von Arriettys winziger Welt; ein begehbares Archiv mit Exponaten des Ghibli Museums; einen Bereich nur für Kinder mit Figuren, über/in die man (hinein-)klettern kann; eine Ausstellung mit japanischen und internationalen Ghibli-Kunstwerken und Merchandise-Artikeln; ein von *Porco Rosso* (1992) inspiriertes Restaurant; ein Kino, in dem Ghibli-Kurzfilme gezeigt werden; eine wechselnde Sonderausstellung – bei unserem Besuch hatten wir das Glück, dass es um Ghibli-Mahlzeiten ging; außerdem gibt es die herrlich alberne Möglichkeit, in lebensgroßen Dioramen besonderer Filmmomente umherzugehen (okay, mit Ohngesicht im Zug zu sitzen ist lustig, aber von Porco ins Gesicht geschlagen zu werden? Das haut einen wortwörtlich aus den Socken). Oh, und dann natürlich der Souvenirladen! Lasst viel Platz im Koffer, um euren Besuch optimal nutzen zu können.

Die Geschichte des Studios wird in den Ausstellungen ausführlich zelebriert, was für ältere Besucher faszinierend, dem Ghibli Museum aber nicht unähnlich ist. Am meisten Freude bereitet der Park dort, wo die Gassen aus *Chihiros Reise ins Zauberland* (2001), die überfüllten Räume des Clubhauses aus *Der Mohnblumenberg* (2011) und die riesigen Blumentöpfe und Wassertropfen aus *Arrietty – Die wundersame Welt der Borger* (2010) nachgebildet sind – hier können kleine und große Fans voller Vergnügen in Welten eintauchen, die sie bisher nur zweidimensional kennengelernt haben. Es sind die Reaktionen der Besucher, in denen der Park seine vielleicht größte Kraft entfaltet. Unabhängig vom Alter leuchten die Gesichter der Menschen beim Anblick einer Statue, eines Schaufensters oder eines Bechers Eiscreme, denn sie wissen, dass sie über ihre Bildschirme hinaus endlich alles berühren und schmecken können. Doch es geht um mehr als nur um die Komposition eines fiktiven Moments; es entsteht etwas Neues im Kopf des Besuchers, geboren aus der Struktur einer Geschichte, doch nun ungebunden, um Teil unendlich vieler anderer Erfahrungen zu werden. Ist es das, was Gorō einfangen sollte? Nicht Nachahmung, sondern Neuschöpfung? Indem er die Puzzleteile aller Ghibli-Werke zusammensetzte, schuf er keine Hommage an sie, sondern fügte sie zu einem neuen, eigenständigen Werk zusammen – eines, das ebenso viel Freude bereiten kann wie jeder einzelne der Filme.

Am Ende seines Ausflugs zum Grand Warehouse blickte Terunobu Fujimori von einem Balkon auf das Labyrinth der Schöpfung unter ihm, er sah die einzelnen Kacheln des Patchworks verschwinden und das vollständige neue Kunstwerk zum Vorschein kommen. Er dachte bei sich: „Wenn ich mir die Straßen von Ghibli ansehe, habe ich das Gefühl, dass mein Körper zwischen Realität und Unwirklichkeit schwebt. Ich möchte sie für immer anschauen." Einfach magisch.

Oben: Toshio Suzuki, die Schlüsselfigur hinter vielen Ghibli-Projekten, neben den offiziellen Entwürfen für den Ghibli-Themenpark.

Chihiros Reise ins Zauberland

Live auf der Bühne

Ob ganz bewusst oder dem Zufall geschuldet, vor allem seit dem Ende der COVID-19-Pandemie rückte Studio Ghibli mehr denn je ins Licht der Öffentlichkeit – besonders in der Welt des Theaters.

Besser hätte das Timing nicht sein können. Passend zur Kinopremiere des neuen Films *Der Junge und der Reiher* (2023) wurden innerhalb weniger Monate gleich zwei großangelegte Theaterproduktionen zu den beliebten Filmen *Mein Nachbar Totoro* (1988) und *Chihiros Reise ins Zauberland* (2001) auf die Bühne gebracht und bekamen nicht nur großen Beifall, sondern fanden auch international Anerkennung.

Den Anfang machte *Chihiros Reise ins Zauberland.* Das Projekt wurde erstmals 2021 von Toho als Theaterproduktion für das Imperial Theater in Tokio vorgestellt, ein großen Theater, das Platz für 19.000 Zuschauerinnen und Zuschauer bietet. Der mit dem *Tony* und dem *Olivier Award* ausgezeichnete Regisseur John Caird, der in der Vergangenheit bereits Produktionen wie *Les Misérables* und *Candide* am Imperial Theater inszeniert hatte, schlug *Chihiros Reise ins Zauberland* als potenzielles Projekt vor. Er träumte davon, das gewaltige Theater mit etwas „authentisch Japanischem" zu bespielen. Wie er Megan Peters auf der Seite *Comicbook.com* erzählte, stellte er sich damals folgende Frage: „Welche japanische Erzählung könnte ein großes Publikum ansprechen?" Beinahe zeitgleich sprangen seine Gedanken zum „größten japanischen Geschichtenerzähler der Gegenwart": Hayao Miyazaki.

Caird traf sich daraufhin mit Toshio Suzuki, um die Modalitäten zu besprechen, und war mehr als überrascht, als Miyazaki ebenfalls zu dem Treffen erschien.

Gegenüber: Kanna Hashimoto und Mone Kamishiraishi spielten in dieser Adaption im Wechsel die Rolle der Chihiro.

Unten: Von der Leinwand auf die Bühne: Regisseur John Caird und sein Team hatten die Aufgabe, *Chihiros Reise ins Zauberland* in die wirkliche Welt zu befördern.

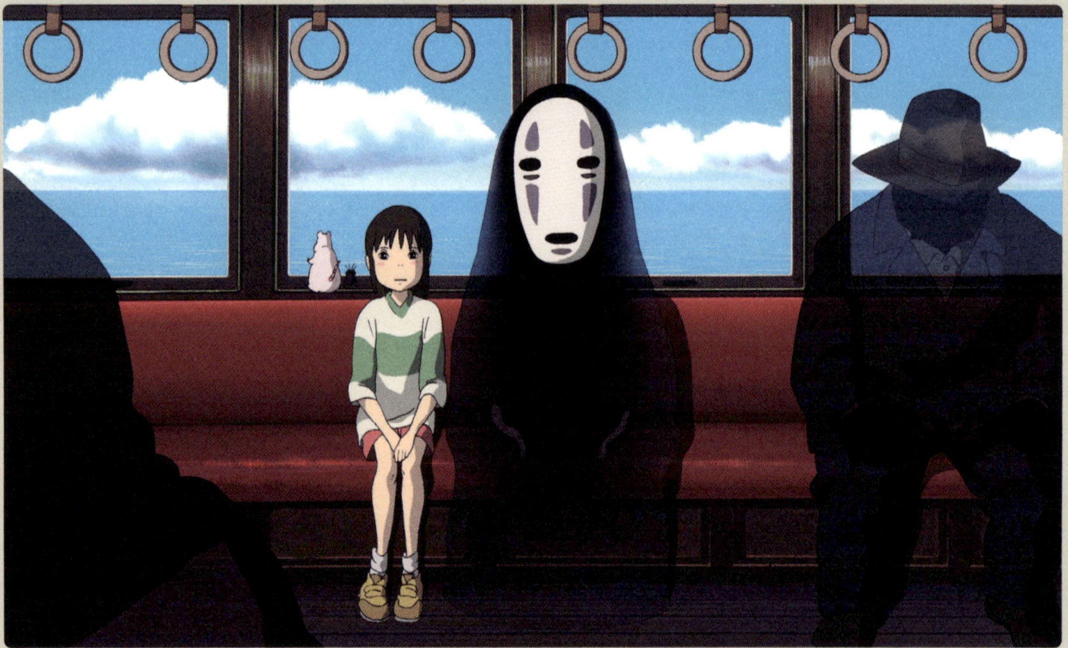

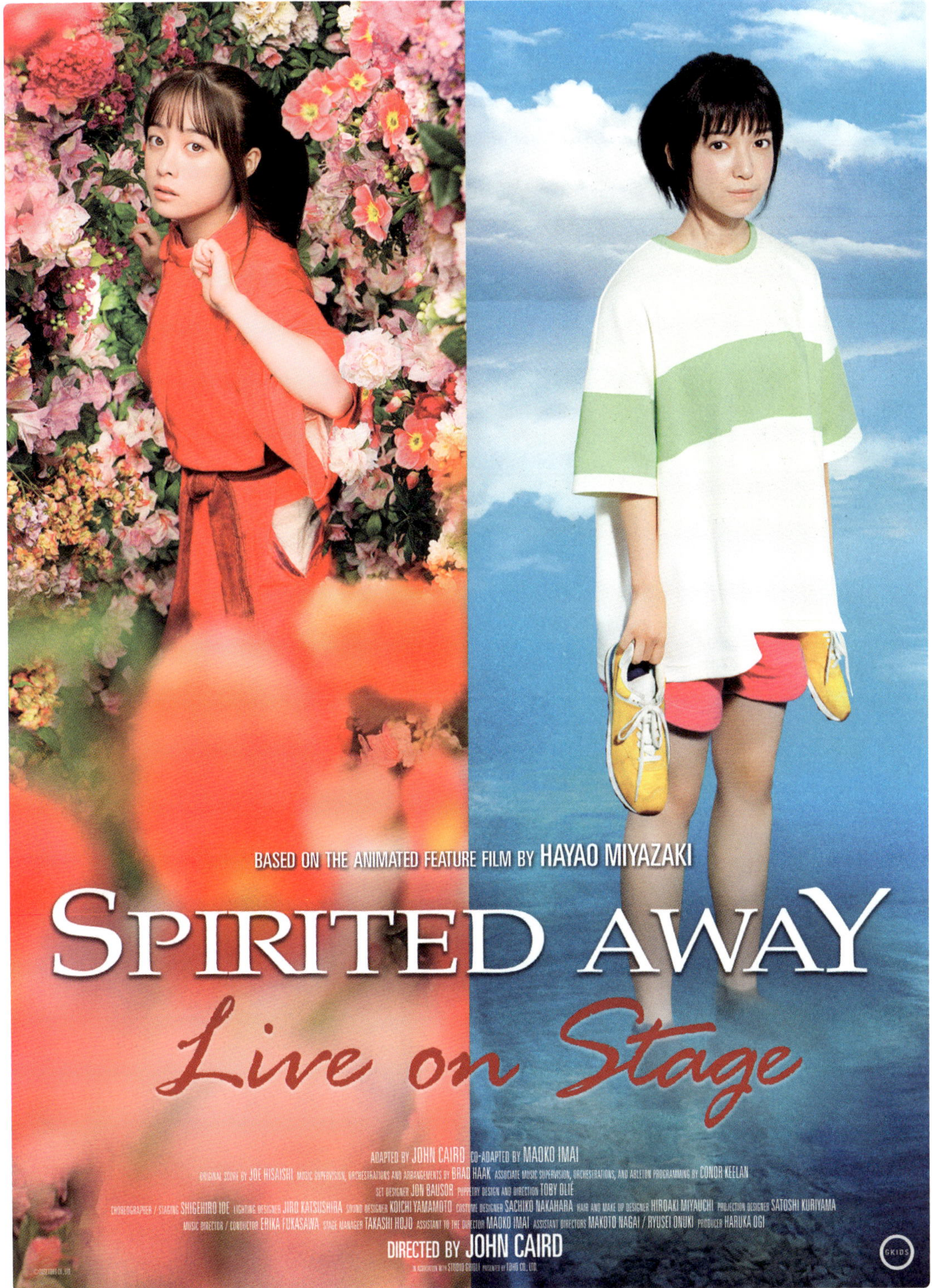
BASED ON THE ANIMATED FEATURE FILM BY HAYAO MIYAZAKI
SPIRITED AWAY
Live on Stage
ADAPTED BY JOHN CAIRD CO-ADAPTED BY MAOKO IMAI
ORIGINAL SCORE BY JOE HISAISHI MUSIC SUPERVISION, ORCHESTRATIONS AND ARRANGEMENTS BY BRAD HAAK ASSOCIATE MUSIC SUPERVISION, ORCHESTRATIONS, AND ABLETON PROGRAMMING BY CONOR KEELAN
SET DESIGNER JON BAUSOR PUPPETRY DESIGN AND DIRECTION TOBY OLIÉ
CHOREOGRAPHER / STAGING SHIGEHIRO IDE LIGHTING DESIGNER JIRO KATSUSHIBA SOUND DESIGNER KOICHI YAMAMOTO COSTUME DESIGNER SACHIKO NAKAHARA HAIR AND MAKE UP DESIGNER HIROAKI MIYAUCHI PROJECTION DESIGNER SATOSHI KURIYAMA
MUSIC DIRECTOR / CONDUCTOR ERIKA FUKASAWA STAGE MANAGER TAKASHI HOJO ASSISTANT TO THE DIRECTOR MAOKO IMAI ASSISTANT DIRECTORS MAKOTO NAGAI / RYUSEI ONUKI PRODUCER HARUKA OGI
DIRECTED BY JOHN CAIRD
GKIDS

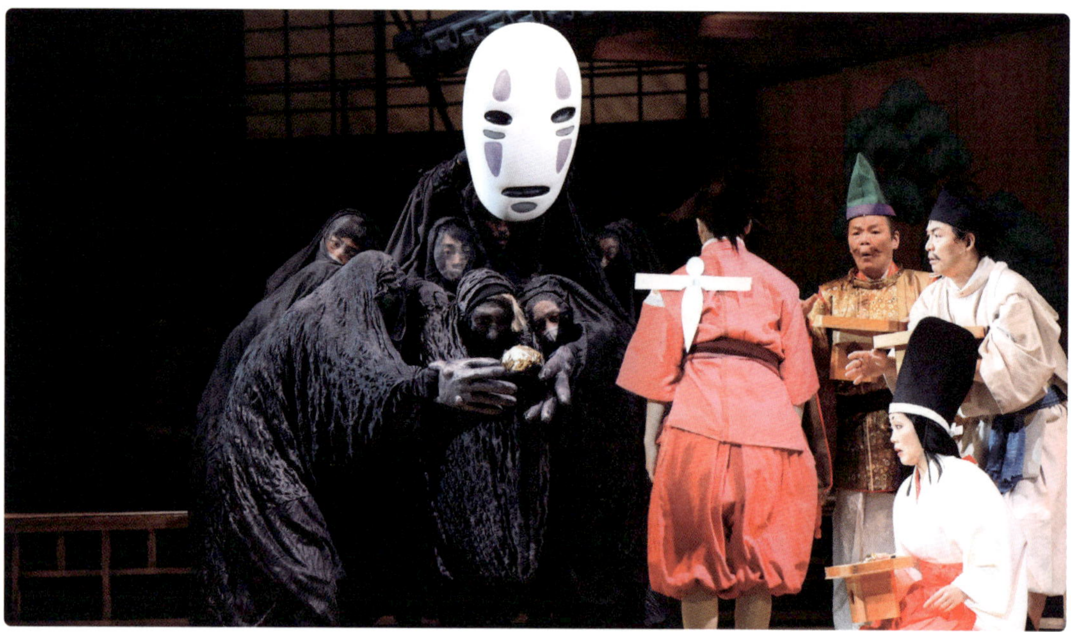

„Das Treffen war wunderbar. Wir unterhielten uns eine Stunde lang über das Stück, wie es auf die Bühne gebracht werden kann und wie ich mir die Inszenierung vorstellte", erzählte Caird Daniel Dockery von *Crunchyroll*.

„Es war unglaublich spannend, [Miyazaki] und Toshio Suzuki über die Entstehung des Films reden zu hören und den Anekdoten der beiden zu lauschen, was sie antrieb, inspirierte und veranlasste, im Schaffensprozess selbst noch Änderungen vorzunehmen."

Suzuki und Miyazaki waren sehr angetan von Cairds ganz eigenen Vorstellungen der bevorstehenden Produktion. Trotz aller Fantasien (und Dutzender göttlicher Kreaturen) dreht *Chihiros Reise ins Zauberland* sich im Wesentlichen um einen zentralen Schauplatz: das Badehaus. Mit diesem Ort im Zentrum könnte die Show zugleich episch und wunderschön inszeniert werden, aber dennoch überschaubar und für das Theater realisierbar sein. „Wenn wir einen Weg finden, das Badehaus auf die Bühne zu bringen", argumentierte Caird, „haben wir neunzig Prozent der Geschichte bereits gelöst."

Nachdem Ghibli seine Zustimmung gegeben hatte und an Bord war, versammelte Caird seine wichtigsten Wegbegleiter um sich. Darunter waren unter anderem der Puppendesigner Toby Olié, der 2007 am Publikumsmagneten *War Horse* am National Theatre mitgewirkt hatte, und der Bühnenbildner Jon Bausor, der zuvor bereits mit Caird an der Produktion von *A Knight's Tale* des Imperial Theatres zusammengearbeitet hatte, einem japanischen Musical, das sich eng an Shakespeare und Chaucer orientierte. Da man pandemiebedingt nicht reisen konnte, entwickelte Cairds Team in der Ferne eine Theaterversion von *Chihiros Reise ins Zauberland*, die die ursprüngliche Magie von Miyazakis Originalfilm beibehielt, doch gleichzeitig die intime, greifbare Qualität eines Theaterstücks besaß.

„Theatermagie ist nicht das Gleiche wie Filmmagie", erklärte Caird Joshua Meyer von *Slashfilm*. „Du erschaffst hier nicht das Unmögliche. Du erschaffst etwas Schönes und zeigst dem Publikum, wie du es machst. Und doch ist es Magie, auch wenn die Zuschauer sehen, wie die Tricks funktionieren. Im Grunde ist es eine Art Verschwörung – die Darsteller und das Publikum einigen sich darauf, das, was auf der Bühne zu sehen ist, für die Zeit der Vorstellung als Realität anzunehmen."

Die Bühnenproduktion von *Chihiros Reise ins Zauberland* war eng an Handlung und Bildsprache des Films angelehnt, auch Songs aus dem *Image-Album*-Soundtrack fanden sich im Stück. Die Vision bestand darin, die Ausmaße und das dichte Treiben des Badehauses als Dreh- und Angelpunkt des Stücks greifbar zu machen und gleichzeitig einigen von Miyazakis einzigartigsten und zauberhaftesten Kreationen Leben einzuhauchen. Caird und sein Team hatten etliche Tricks und Kniffe in petto, um dieses Ziel zu erreichen. Kanna Hashimoto und Mone Kamishiraishi (die auch die weibliche Hauptrolle in Makoto Shinkais *Your Name* spricht) teilen sich die Hauptrolle der *Chihiro*, eine Entscheidung, die die Thematik der Doppelgänger aus dem Film perfekt unterstreicht und sich durch die gesamte Geschichte zieht. Auch ließen Caird und Bausor sich bei der Inszenierung und Choreografie etlicher Sequenzen von den mannigfaltigen Traditionen des japanischen Theaters inspirieren, von Noh über Kabuki bis hin zur festlichen Aufführung eines Sumo-Ringkampfs.

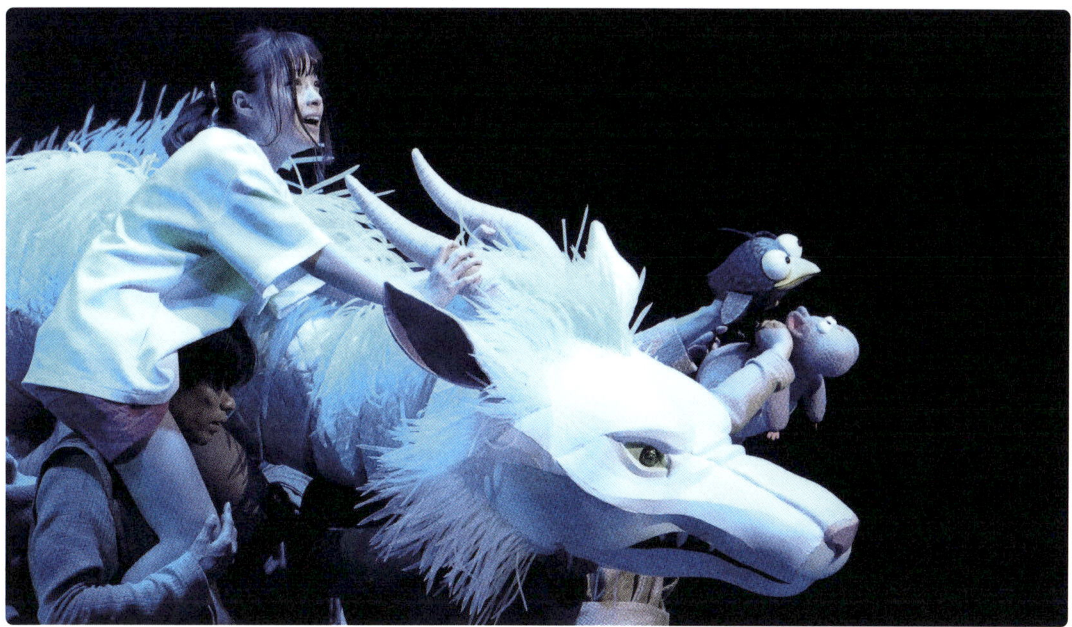

„Jon hatte die brillante Idee, eine Noh-Theaterbühne in der Mitte einer westlichen Bühne zu platzieren, was im Grunde ein wunderbarer Weg war, die tiefverwurzelte japanische Kultur mitten ins Geschehen zu bringen und mit der gesamten Inszenierung zu verflechten", erklärte Caird.

An anderer Stelle schufen Puppenspiel und Tanzperformances fesselnde Effekte. Wenn die imposante Hexe Yubaba emotional von stiller Unheimlichkeit zur positiven Glut wechselt, werden die Schauspielerinnen Mari Natsuki und Romi Park (die ihre Rolle aus dem Originalfilm wieder aufnimmt) von Puppenspielern umringt, die übergroße Gesichtszüge halten, welche sich zu einem riesigen, wütenden Yubaba-Kopf zusammenfügen. Und in der unvergesslichen Szene, in der Chihiro die Aufgabe hat, einen Stinkgeist zu waschen, der sich ins Badehaus verirrt hat, bedeckt ein durchsichtiges Tuch Schauspielerin und Puppenkreatur, während von oben imaginäres Wasser und Seifenlauge herabrinnen. Daraufhin breitet sich eine wallende Stoffbahn über die gesamte Bühne aus und all der Müll und Schlamm aus dem Inneren des Stinkgeists werden über den Fußboden des Badehauses gespuckt. Es sind diese einfachen Ideen, die am meisten Eindruck machen: Wenn wir den unheimlichen Ohngesicht kennenlernen, wird die Kreatur von einem einzigen Tänzer gespielt, dessen unregelmäßige Bewegungen ihm eine beunruhigende und unheimliche Qualität verleihen. Später dann, wenn das gefräßige Ohngesicht im Badehaus randaliert, kommen weitere Tänzer hinzu, die sich unter einem leichentuchartigen Kostüm tummeln, bis er zu einem albtraumhaften Monster heranwächst und schreckliche Puppenzähne aus seinem Oberkörper herausragen. „Nicht nur das Publikum hatte jede Menge Spaß, auch die Darsteller auf der Bühne kamen auf ihre Kosten", erklärte John Caird gegenüber *Polygon*. „Die Show war nicht auf technische Spielereien angewiesen, man konnte sich einfach auf das Können der Darsteller verlassen."

Im Februar 2022 hatte *Chihiros Reise ins Zauberland* Theaterpremiere und lief zwei Monate in Tokio, bevor das Stück durch ganz Japan tourte und in Osaka, Hakata und Sapporo gezeigt wurde, ehe es im Juli den Abschluss der Tour in Nagoya feierte. Noch im selben Jahr wurde ein Mitschnitt der gesamten Aufführung in Japan als Streaming-Angebot zur Verfügung gestellt. 2023 erfolgte ein Release in Nordamerika, zunächst auf der großen Leinwand als Teil des alljährlichen *Studio-Ghibli-Fest*-Programms, das vom Verleih *GKIDS* organisiert wird, später dann auch auf DVD. Fans außerhalb Japans und Nordamerikas waren grün vor Neid, doch all diejenigen, die es nicht weit bis nach Großbritannien haben, tröstete immerhin die Nachricht, dass das Stück ab April 2024 für eine begrenzte Spielzeit im Londoner Coliseum Theatre gespielt werden soll.

Gegenüber (oben): Gesicht zeigen. Die Produzenten scheuen sich nicht davor, Puppenspieler ins Geschehen einzubeziehen und sie zum Teil des großen Zaubers werden zu lassen.

Oben: Flieg, Drache, flieg! Auch wenn es durch die Vorbühne natürliche Begrenzungen gibt, ist *Chihiros Reise ins Zauberland* reich an Spektakel.

Mein Nachbar Totoro

Die Geschichte hinter dem Theaterstück

Inmitten der COVID-19-Pandemie, als er gerade zu Hause festsaß, erzählte uns der Schriftsteller Tom Morton-Smith, dass er „eine Halluzination hatte, in der er *Mein Nachbar Totoro*" als Theaterstück adaptierte.

Angesichts der nervenaufreibenden und angespannten Umstände dieser Zeit wäre es wohl mehr als legitim, der Realität und Unsicherheit inmitten der Pandemie auf diese Weise zu entfliehen – und die Halluzination wurde tatsächlich Realität. Denn Morton-Smith, der bereits erfolgreich Stücke über die Entstehung der Atombombe und den Start des Large Hadron Colliders (kurz: LHC, ein riesiger Teilchenbeschleuniger in der Schweiz) geschrieben hatte, ließ Physik und Quarks für einen Moment links liegen (oder sagen wir, er legte sie auf Eis) und konzentrierte sich auf Ghibli.

Mein Nachbar Totoro (1988) sollte unter der Leitung des Komponisten Joe Hisaishi (der hier auch als ausführender Produzent tätig war) und gemeinsam mit der *Royal Shakespeare Company* auf die Bühne gebracht werden. Die Uraufführung war im Londoner Barbican Theatre geplant und die Show wurde von den Wegbereitern des *Live-Theatres Improbable* und *Nippon TV* produziert. Für die Fans von Studio Ghibli war diese Nachricht nicht nur aufregend, sondern auch ein wenig verwirrend. Die Aussicht auf etwas ganz Neues von ihrem Lieblingsstudio, vor allem mit der Urgewalt Joe Hisaishi im Rücken, war durchaus verlockend – doch wie sollte das funktionieren? In der Animation ist alles möglich und Ghibli versteht es wie niemand anders, die Unwirklichkeit dieser Form, die sich in den Untiefen des Filmemachens und des Betrachtens verbirgt, kraftvoll zu nutzen. Doch auf der Bühne – sobald sich der Vorhang gehoben hat – gibt es kein Versteckspiel mehr. Totoro, der große, pelzige Waldgeist, der auf einem Kreisel fliegt und munter Okarina spielt, musste zum Leben erweckt werden.

Gegenüber: Spitzentruppe. Das Artwork für das Plakat der Theateraufführung von *Mein Nachbar Totoro* führt unter Produzent Joe Hisaishi die wichtigsten kreativen Mitstreiter auf.

Unten: Totoro oder Nicht-Totoro, das ist hier die Frage! Die Herausforderung, Miyazakis Klassiker zu umzusetzen, fiel der *Royal Shakespeare Company* zu.

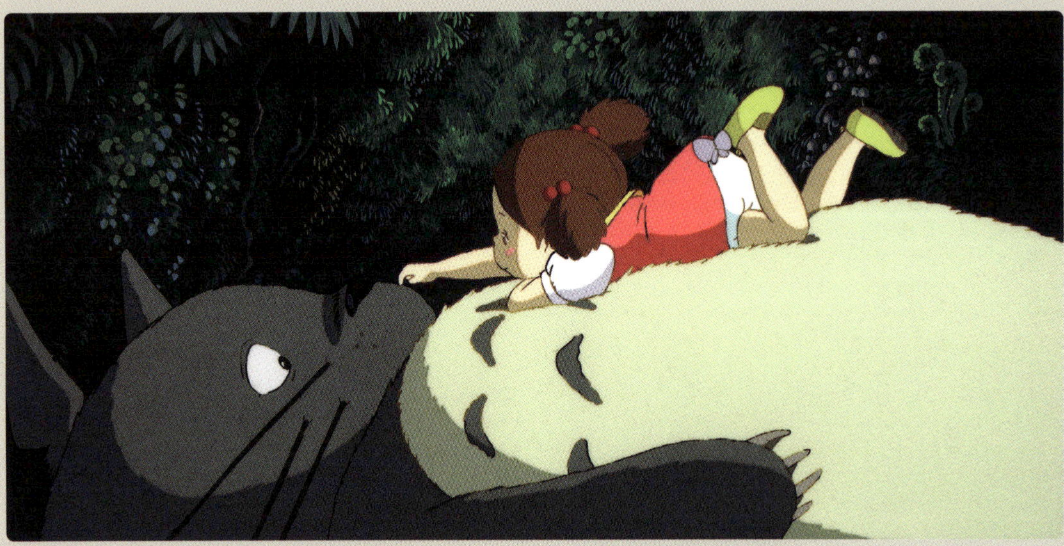

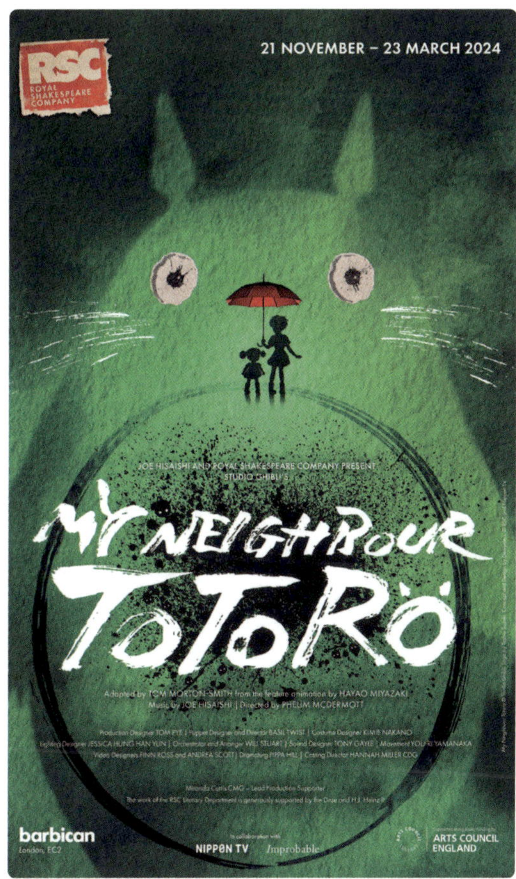

Phelim McDermott, Regisseur, Mitbegründer und künstlerischer Leiter der Theatergruppe *Improbable*, den Hisaishi über den gemeinsamen Freund und legendären Komponisten Philip Glass kennengelernt hatte, fühlte sich der Aufgabe gewachsen.

„Ich liebe die Herausforderung, etwas auf die Bühne zu bringen, das eigentlich nicht für die Bühne gemacht ist", verrät McDermott im Programmheft zur Aufführung. Dennoch war er zu Beginn ratlos und schlug Joe Hisaishi vor, „die Naturgeister um Rat zu fragen, wie man so etwas macht". Die ausverkaufte Uraufführung wurde mit satten sechs *Olivier Awards* ausgezeichnet, darunter für die beste Regie und das beste Unterhaltungs- oder Komödienstück. Heute wissen wir also, dass Totoro durchaus inszenierbar ist, doch 2018 lag alles noch im Nebel.

Bevor Morton-Smith in die Tiefen des Ghibli-Universums eintauchte, wurden seine bisherigen Erfahrungen mit dem japanischen Kino vor allem durch Schocker wie *Tetsuo: The Iron Man* (1989) oder *Audition* (1999) geprägt. Und dann kam *Totoro*. Ein Film, den er sich immer wieder ansehen würde, wenn er irgendwo lief. Obwohl er sich vom Erfindungsgeist und den fantastischen Aspekten der Geschichte durchaus angezogen fühlte, bildeten für ihn vor allem die Menschen und ihre Gefühle das Herzstück des Films: „Es ist eine Entdeckungsreise zu Themen wie Menschenliebe und Herzlichkeit und es wird erforscht, wie Menschen miteinander umgehen." Für Satsuki und Mei, die beiden Schwestern im Film, „ist die Tatsache, dass ihre Mutter sterben könnte, die wahrscheinlich heftigste Emotion, die die beiden durchleben müssen." Unter Miyazakis Federführung kommt die Erzählung ernsthaft daher, doch sie wirkt nie schwer; sie ist wunderbar eskapistisch und doch bodenständig, denn sie entführt uns mit einer solchen Leichtigkeit in eine neue Fantasiewelt, dass es schwer zu sagen ist, wo die Schwelle überschritten wurde. „Wenn du dir ein Theaterstück ansiehst, lässt du die Welt einfach auf dich wirken", erklärt der Schriftsteller. „Im Kino bin ich dem am nächsten gekommen, als ich *Totoro* gesehen habe."

Noch bevor die Halluzinationen am Schreibtisch Gestalt annahmen, besuchte das Team Studio Ghibli. Auf dem geweihten Boden jedes Animationsfans wurden sie herzlich empfangen und durch die Räume des Studios geführt, und schließlich diskutierten sie mit Toshio Suzuki und später auch mit Hayao Miyazaki die anstehende Produktion („Suzuki erlaubte mir sogar, den „Oscar" für *Chihiros Reise ins Zauberland* in die Hand zu nehmen", erzählte Morton-Smith).

Um sich nicht zu sehr in die Produktion einzumischen (oder vielleicht, weil er weiter an *Der Junge und der Reiher* aus dem Jahr 2023 arbeiten wollte), legte Miyazaki in diesem Gespräch lediglich auf zwei Dinge wert: Erstens müsse das Theaterstück gänzlich für sich stehen und unabhängig vom Film funktionieren, und zweitens dürfe Totoro nicht nur „ein plüschiger Zeitgenosse im Kostüm" werden, sondern – und das sei entscheidend – er „dürfe ruhig auch ein wenig müffeln".

Nachdem McDermott begeistert Ja dazu sagte, die Regie der Show zu übernehmen, weil „seine Kinder ihn dazu drängten", brauchten sie nun noch jemanden, der Totoro tatsächlich zum Leben erwecken konnte („Nicht mein Problem", scherzte Morton-Smith).

Menschen auf die Bühne zu bringen, ist relativ einfach, doch wie verhält es sich mit so etwas Riesigem wie Totoro und seinen charakteristischen Merkmalen und Bewegungen? Man brauchte jemanden, der dem optimistischen Ja von McDermotts Improvisationspraxis in nichts nachstand. Dürfen wir vorstellen? Puppenspieler Basil Twist, ein *MacArthur „Genius Grant"*-Gewinner. Er vertritt die Ansicht, dass es „nichts Magischeres gibt, als wenn ein scheinbar lebloses Objekt vor unser aller Augen zum Leben erwacht". Und doch konnte die Erweckung von Miyazakis Geschöpfen kein Ein-Mann-Job sein. Twist, der ursprünglich selbst Animator werden wollte, bevor er über *Die Muppets* zum Puppenspiel fand, wandte sich kurzum direkt an die Quelle seiner immerwährenden Faszination: *Jim Henson's Creature Shop*. Inspiriert durch die japanische Bunraku-Form des Puppenspiels, bei der die Puppenspieler auf der Bühne zu erkennen sind, machten sich Twist und das Henson-Team daran, eine Vielzahl von Charakteren zu erschaffen, einige klein wie ein Tennisball, andere so groß wie die halbe Bühne, doch stets „aufregend und majestätisch, so wie es eben sein sollte, wenn man einen gigantischen Waldgeist entdeckt".

Puppenspiel ist laut Twist „eine einfache und doch sehr tiefgründige Magie". So kann man auch wunderbar die Inszenierungen beschreiben, in der seine Puppen auftreten. Die Ergänzungen in Morton-Smiths Drehbuch (das parallel zu den Storyboards des Films entwickelt wurde, da es nie ein richtiges Drehbuch gab) nehmen die Fantasie aus dem Fokus und konzentrieren sich auf die Menschen, die dieses Haus bewohnen, und auf die Entwicklung ihrer Reisen. Der Behandlung von Yasuko (der Mutter von Mei und Satsuki) und auch der Beziehung zwischen ihrem Vater Tatsuo und seiner Frau wird deutlich mehr Raum gegeben. Auch über die Dorfbewohner aus der umliegenden Nachbarschaft wird mehr erzählt, beispielsweise über den kleinen Jungen Kanta, der sich über seine Unbeholfenheit hinaus zu einem etwas verunglückten Romantiker mausert, oder über Großmutter Ogaki, die einen tragischen Schmerz offenbart, den Familie Kusakabe durchaus mit ihr teilen könnte.

Diese vertrauten und nun erweiterten Geschichten werden durch ihre Inszenierung – und durch die Ankunft einiger bemerkenswerter Kreaturen – auf unglaublich kraftvolle Weise bereichert. Hinter dem Haus, zwischen den verflochtenen Ästen eines Waldes, spielt eine Live-Band, die Joe Hisaishis großartiger Partitur ein Gefühl von Unmittelbarkeit und spielerischer Freude verleiht, wobei die sichtbare Einbeziehung in das Stück die erste von vielen selbstbewussten Offenbarungen ist. Daran zeigt sich, dass diese Produktion für sich selbst stehen und etwas ganz Eigenes sein kann. Die Rußgeister, die wohl am deutlichsten Twists Affinität zum Bunraku-Theater zeigen, sind schwarze Büschel am Ende meterlanger, schwarzer Finger – „Freddy Krüger-Handschuhe" für Morton-Smith – die von einem Chor über die Bühne getanzt und geschwungen werden. Die Darsteller sind hier gleichzeitig auch Bühnentechniker und umgekehrt, sie bewegen die Sets von A nach B oder verwandeln sich in die verschiedenen Rollen. Selbst kleine Momente wie die Ankunft eines Busses oder eine Ziege sind Gelegenheiten, diese Geister und damit die Künstlichkeit des Stücks zu zeigen, was ihre Bedeutung in der Realität nur noch verstärkt. Es sind magische Naturwesen, doch sie sind omnipräsent, manipulieren unsere Seherfahrung und führen die Charaktere einen Schritt weiter zu Hoffnung und Überleben – und sie werden von Puppenspielern geführt, die natürlich menschlich sind. Bei der Darstellung verfolgt Twist einen Ansatz, der Ghiblis beständige Bekräftigung der Beziehung zwischen Mensch, Natur und Übernatürlichem unterstreicht und zeigt, wie eng die Verbindungen zwischen diesen Bereichen doch sind.

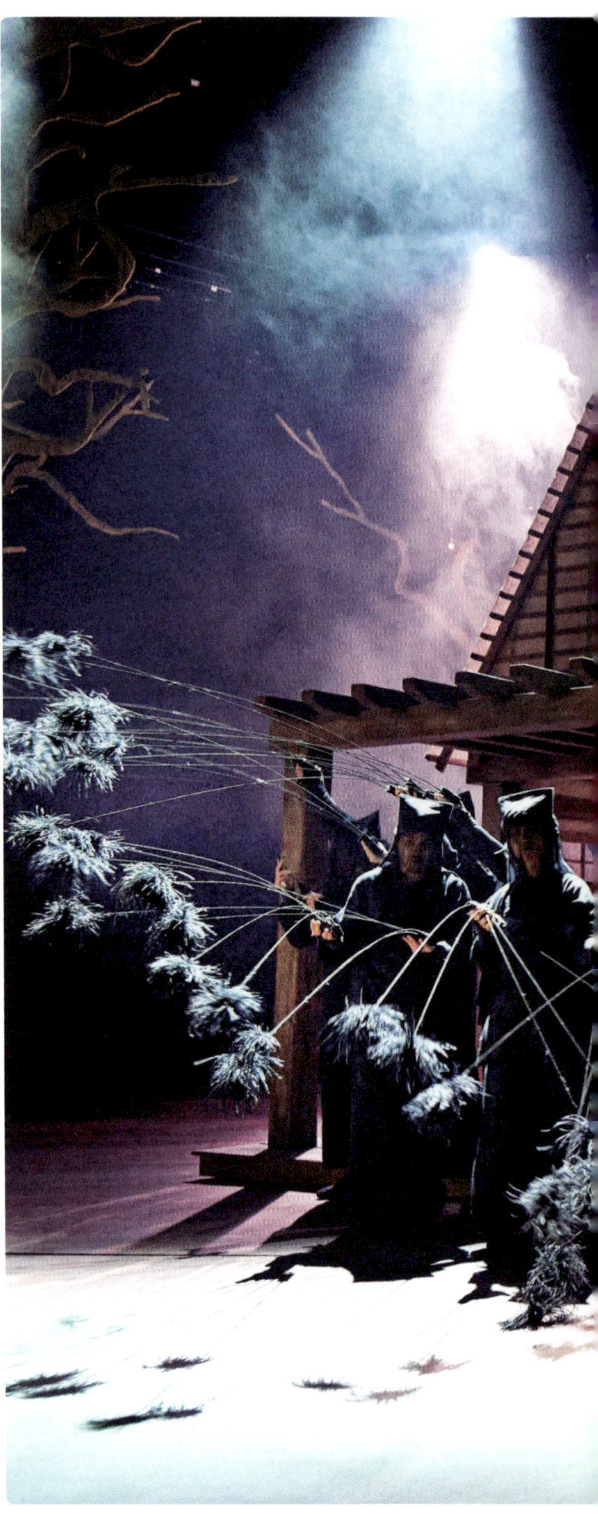

Rechts: Die Sache mit den Waldgeistern. Totoros Ausnahmeteam, eine Schar von Puppenspielern, die ihre Rußgeister-Puppen an „Freddy-Krüger-Fingern" über die Bühne tragen.

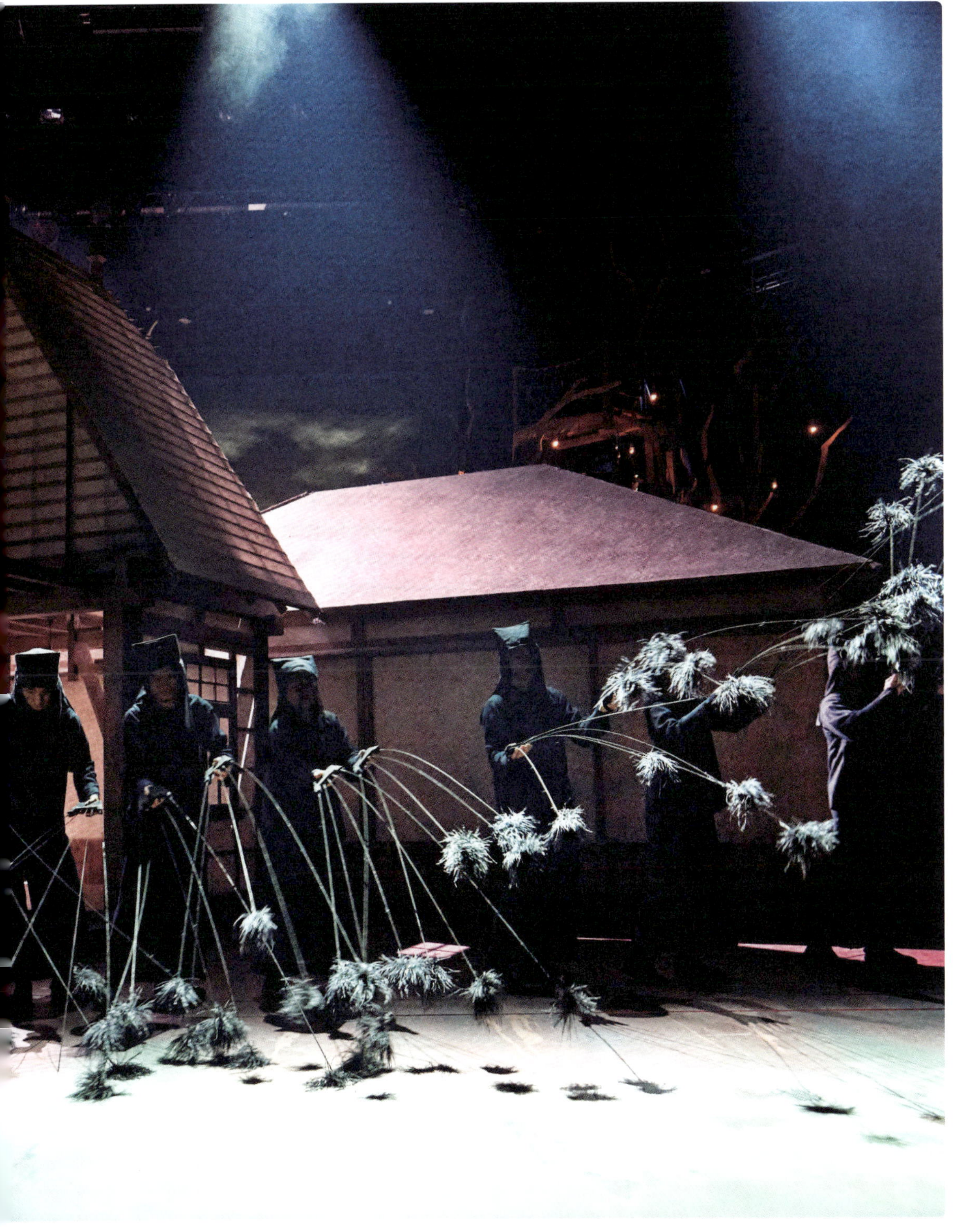

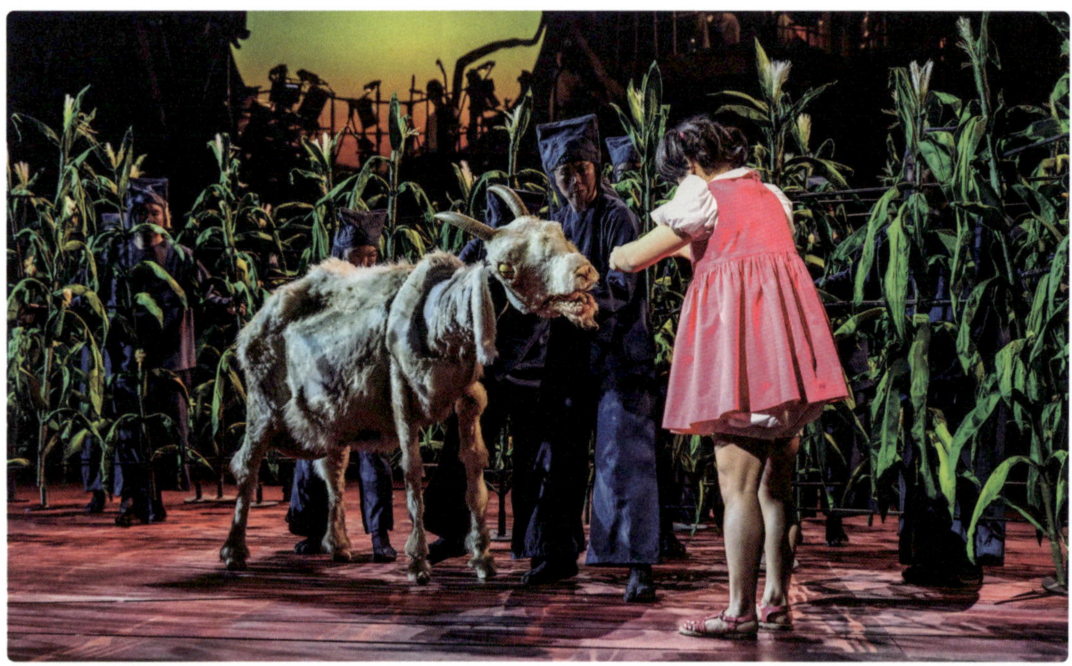

Doch lasst uns endlich zum unübersehbaren Elefanten im Raum kommen: Nachdem wir in den Pausen mehrerer Aufführungen von *Mein Nachbar Totoro* immer wieder mit Theaterbesuchern gesprochen haben, konnten wir feststellen, dass die Leute oft zuerst so etwas sagen wie „Gott, ist der riesig!", wenn man sie nach ihrem ersten Eindruck des Stücks befragt. Und ja, er war riesig! Ein absoluter Gigant. Basil Twist saß in seinem Elternhaus in San Francisco (seine Mutter ist Puppenspielerin) gerade in einem pandemiebedingten Zoom-Call und begann zu basteln. Er benutzte alles, was er in die Finger bekam, von Plastik über Stoff bis hin zu Pappe, und erweckte so auf wundersame Weise den großen Totoro zum Leben. Wenn Mei, die von einer erwachsenen Schauspielerin verkörpert wird, auf den Bauch dieses Kaiju-artigen Plüschtiers klettert, das sich genüsslich kratzt und räkelt, dann wirkt es eher so, als würde ein Kleinkind auf ihm herumtollen (das sie ja auch spielt). Es ist ein unglaublicher Anblick, und jeder Moment mit den Kreaturen des Waldes wird von da an zu einem atemberaubenden, freudigen Traum. Szenenfolgen, die wie nicht von dieser Welt anmuten, beispielsweise Totoros schelmischer Fluchtversuch, der Dondoko-Tanz, der den halben Wald zum Mitmachen animiert, die Bushaltestelle und überhaupt jede Szene, in der der Katzenbus auftaucht – all das funktioniert auf magische Art und Weise innerhalb dieser Variante unserer Realität. Hier gelingt es dem Stück, uns mit offenen Armen auf halber Strecke zu empfangen und doch den Trick hinter dem Bühnenzauber offen zuzugeben, um unsere Vorstellungskraft anzuregen und uns zu ermuntern, die andere Hälfte des Weges bereitwillig auf uns zu nehmen. Für die Erwachsenen im Publikum ist *Totoro* als Theaterstück eine unglaublich künstlerische und experimentelle Übung kreativer Adaption; für die Kids hingegen (und, seien wir ehrlich, auch für die meisten Erwachsenen) ist Totoro ein Fantasiegebilde in greifbarer Nähe – so nah und unmittelbar, dass wir es (oder ihn?) fast riechen können. Doch wie geht es nun weiter, wo der Zauber von Miyazakis Geschichte die Grenzen zu unserer Realität überschritten hat – kann sie weiterwachsen? McDermott sagt dazu: „Die Geschichte von Totoro wird niemals zu Ende erzählt sein. Totoro wird uns alle überdauern."

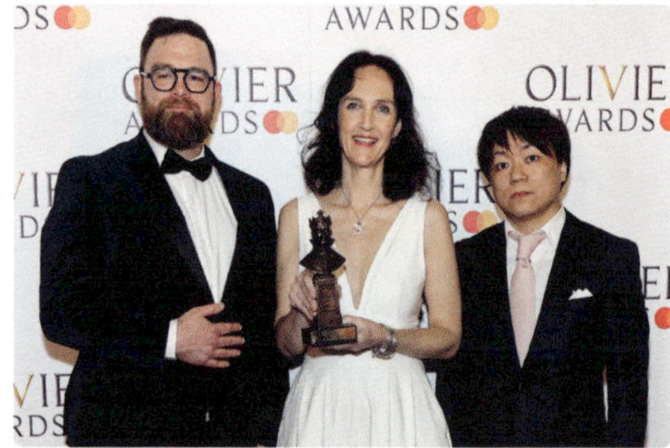

Oben: Bei Filmfans einer der beliebtesten Cameo-Auftritte, darf die Dorfziege auch im *Totoro*-Theaterstück nicht fehlen.

Unten: „Und der *Olivier* geht an ..." – Tom Morton-Smith, Griselda Yorke und Kenichi Yoda erhalten den *Noël Coward Award for Best Entertainment or Comedy Play*.

Gegenüber: Das Ensemble will hoch hinaus. Im innovativen Bühnenbild von *Totoro* werden die Musiker zwischen den Ästen der Bäume platziert.

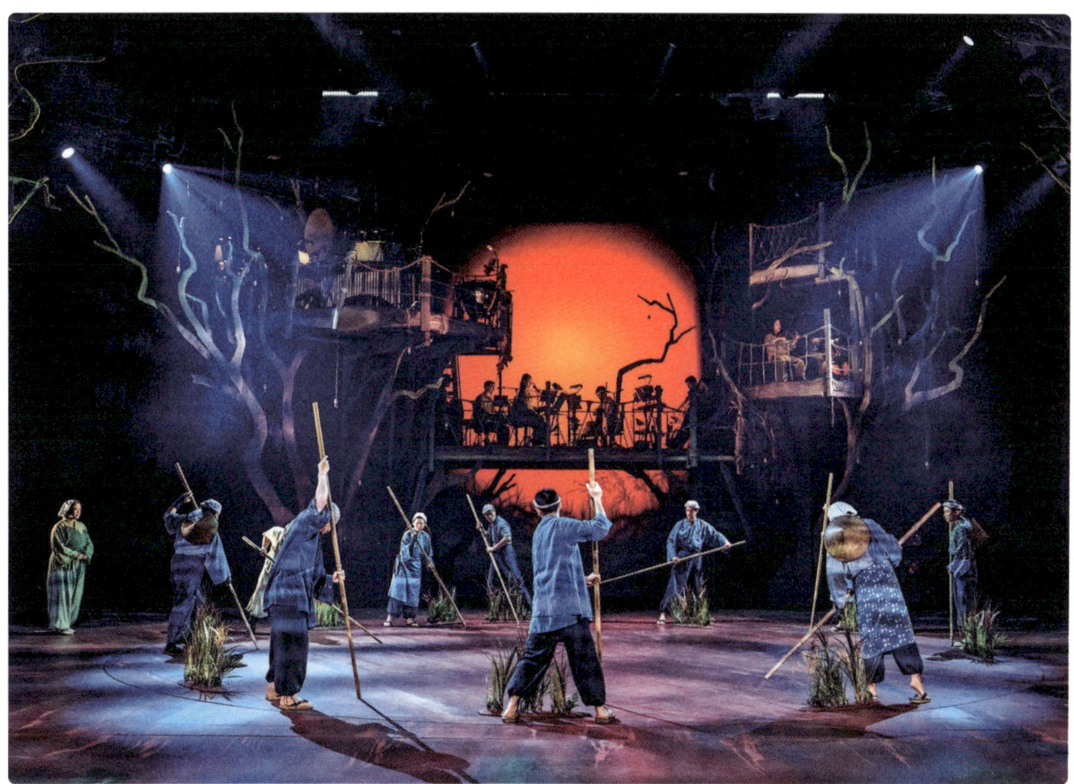

Ab auf die Bühne

Die jüngsten Publikumserfolge und Blockbuster-Produktionen *Chihiros Reise ins Zauberland* und *Mein Nachbar Totoro* mögen zwar im Rampenlicht stehen und allen die Schau stehlen, doch sie sind nicht die ersten und einzigen Versuche, die Werke von Studio Ghibli auf die Bühnenbretter zu bringen. 2013 beispielsweise war die von Kritikern und Fans hochangesehene Theateradaption von *Prinzessin Mononoke*, die im Londoner *New Diorama Theatre* Premiere hatte, binnen weniger Stunden komplett ausverkauft, bevor sie ebenfalls sehr erfolgreich in Tokio aufgeführt wurde. Es war besonders dieses Heimspiel, das die Aufmerksamkeit von niemand Geringerem als Miyazaki auf sich zog. Schauspielerin Mei Mac spielte damals die Hauptrolle, ein Jahrzehnt vor ihrer Darbietung der Figur Mei im Theaterstück *Mein Nachbar Totoro*. Sie erinnert sich, wie die Truppe damals Studio Ghibli besuchte und Miyazaki zu ihr sagte: „Ich hatte mir San nie als echten Menschen vorgestellt, aber wenn es sie gäbe, dann wäre sie genauso, wie du hier vor mir stehst." Regisseurin Alexandra Rutter brachte später noch weitere Animationsfilme auf die Bühne, darunter Makoto Shinkais *Garden of Words*, eine Produktion des *Whole Hog*-Theaters aus dem Jahr 2021. Und wenn ihr mal eine ausgesprochen japanische Bühnenadaption von einem von Miyazakis Werken sehen wollt, dann schaut euch die Kabuki-Fassung von *Nausicaä aus dem Tal der Winde* an, die 2019 im *Shinbashi Enbujo Theatre* in Tokio gespielt wurde und die es mittlerweile in Japan auch auf Blu-ray gibt.

5

Der Ghibli-Buchklub

**Aus dem Buch
direkt auf die Leinwand …
und wieder zurück!**

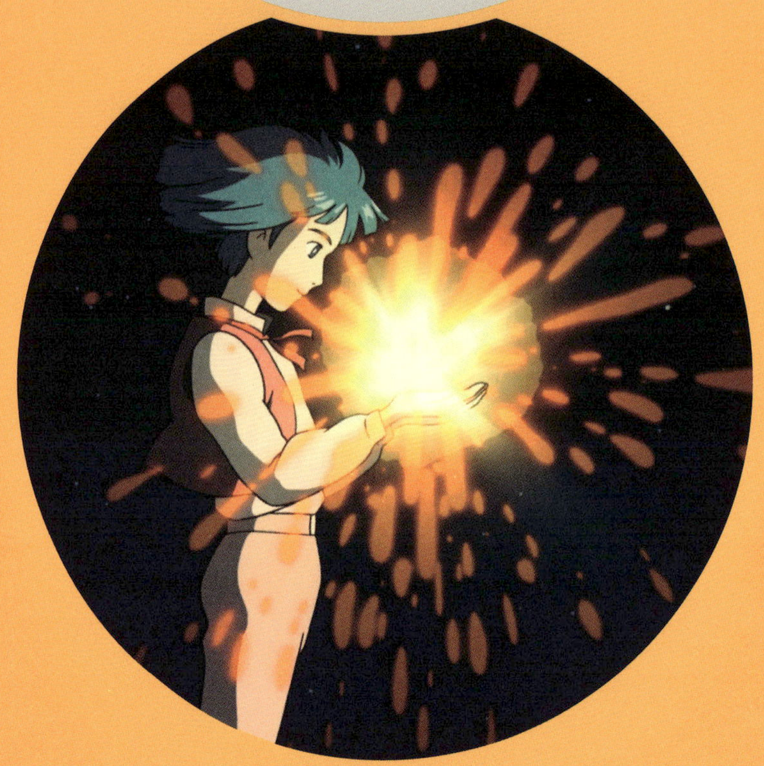

Studio Ghibli hat sich schon immer von Werken der größten Kinderbuchautorinnen und -autoren der Welt inspirieren lassen und auch einige dieser literarischen Meisterwerke als Adaption auf die Leinwand gebracht – und im Gegensatz zu manch anderem Unternehmen revanchieren sie sich gern und öffnen das Tor zu einer wunderbaren Welt des Geschichtenerzählens. Wenn ihr das Ghibli Museum besucht, werdet ihr eine umfangreiche Bibliothek mit zahlreichen Kinder- und Jugendbüchern vorfinden, zu der Hayao Miyazaki selbst eine Liste mit Leseempfehlungen herausgegeben hat. Und so wird klar: Trotz der überbordenden Kreativität, der Ausflüge in bunte Fantasiewelten und dem schier endlosen Einfallsreichtum sind die Filme von Studio Ghibli nicht einfach aus dem Nichts entstanden. In diesem Kapitel wollen wir unserem Namen alle Ehre machen. Die Ghibliothek wird euch an die Hand nehmen und euch eine Ghibli-Bibliothek präsentieren, die sich sehen lassen kann. Wir wollen ebenfalls die Pforten der Lesesäle öffnen und uns die von Ghibli adaptierten Romanvorlagen vornehmen, die Mangas, die Miyazaki zu Papier brachte, als er an seiner Vision arbeitete, aber auch die Bücher, die uns hinter die Kulissen des Studios führen.

Nausicaä aus dem Tal der Winde (Manga)

Autor: Hayao Miyazaki
Erstpublikation: 1982–1994

In der Geschichte von *Nausicaä* gibt es eine Weggabelung. Der eine Weg führt die Heldin aus ihrem kleinen Tal am Rande einer allmählich sterbenden Welt auf die Schlachtfelder eines Krieges zwischen Mensch und Natur, aus dem sie als Retterin hervorgeht, die Herzen mit Harmonie erfüllt und das Versprechen neuen Lebens und neuer Hoffnung mit sich bringt …

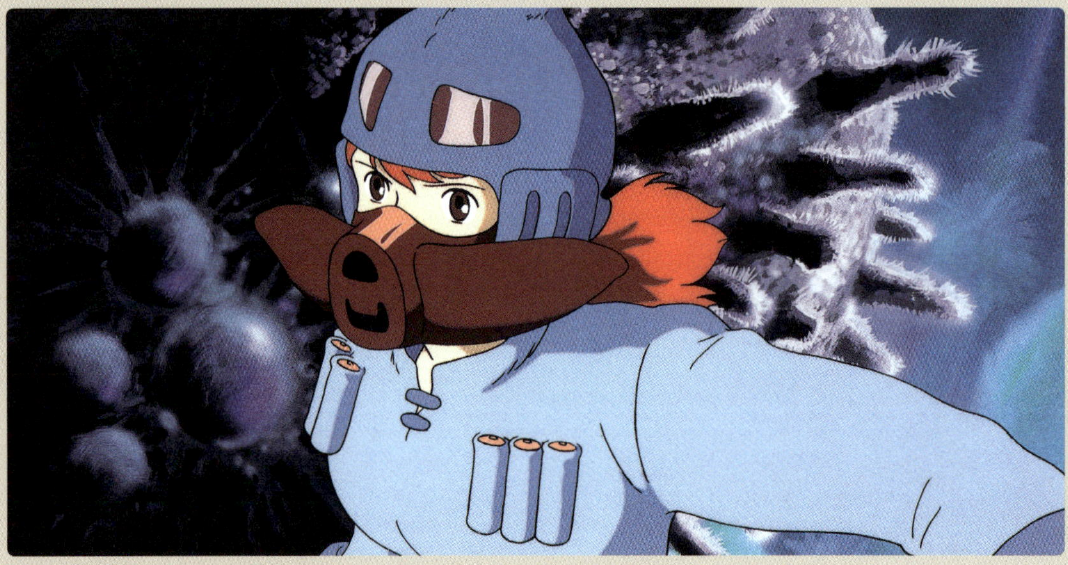

Das ist der Weg, den der Film *Nausicaä aus dem Tal der Winde* von 1984 einschlug, und er ist dem Publikum am geläufigsten. Der andere Weg aber, der länger, verwirrender, düsterer und erhabener ist, führt zu einem der faszinierendsten Werke von Hayao Miyazaki: dem Manga *Nausicaä aus dem Tal der Winde*.

Er wurde erstmals im Februar 1982 im Magazin *Animage* veröffentlicht, sollte bis März 1994 fortgesetzt werden und mehr als tausend Seiten umfassen, von denen die Ereignisse der Filmadaption nur einen kleinen Teil der Geschichte erzählen, die bereits relativ früh in andere Gefilde abschweift. Nach der Veröffentlichung und dem Erfolg des *Nausicaä*-Films und der Gründung von Studio Ghibli arbeitete Miyazaki bis spät in die Nacht an seinem Manga-Epos, möglicherweise beseelt von der Freiheit und Macht, jeden einzelnen Aspekt davon kontrollieren zu können, anders als es bei der oft interdisziplinären Gemeinschaftsarbeit des Filmemachens der Fall ist.

Oben: Die Königin der Killersporen. Nausicaä lernt auf ihrer Reise die unheimliche Flora ihres Planeten kennen.

Gegenüber: Der *Nausicaä*-Manga war schwarz-weiß gezeichnet, doch Miyazaki ergänzte die Reihe durch lebendige, farbige Cover und Poster.

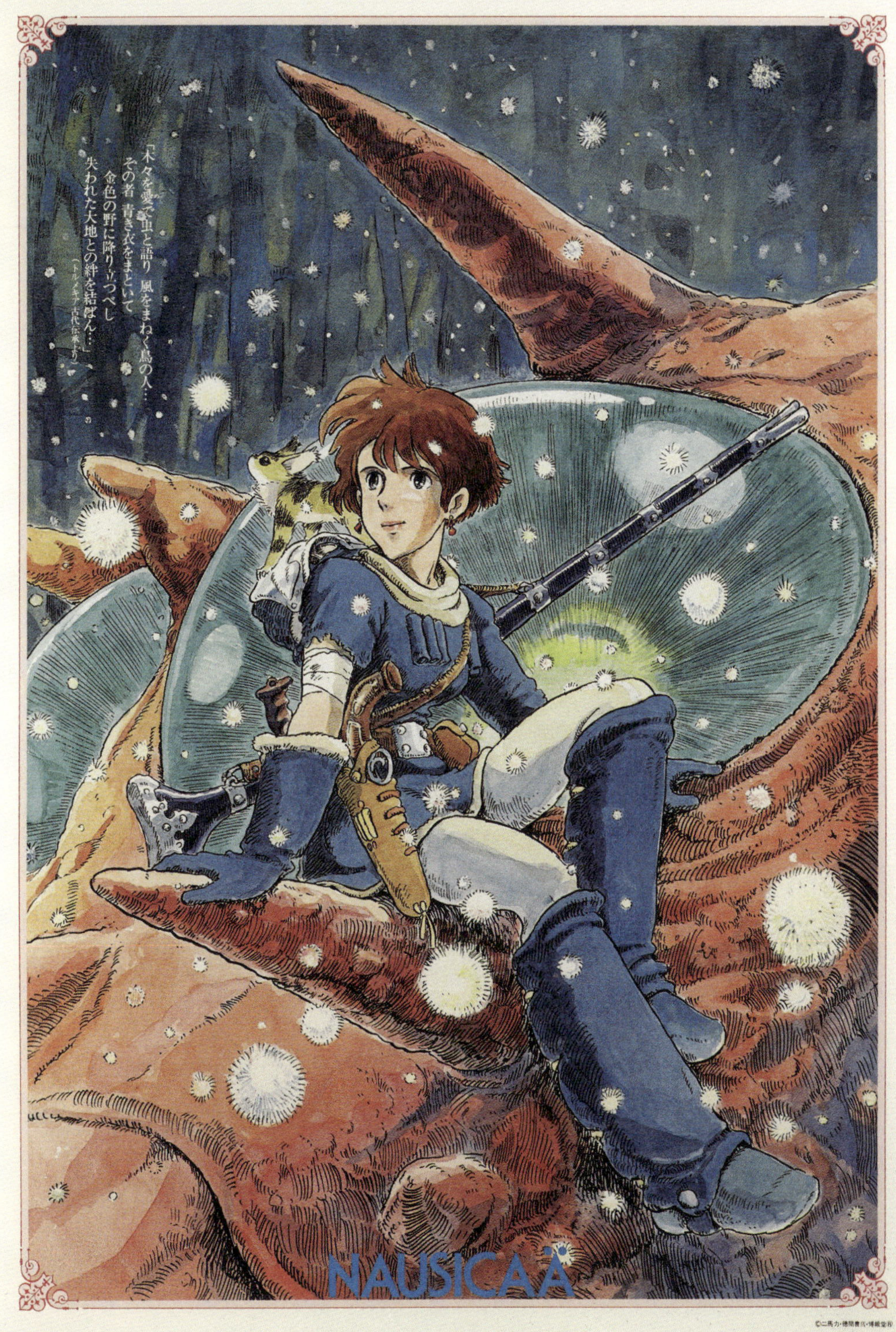
「木々を愛で虫と語り 風をまねく鳥の人…
その者 青き衣をまといて
金色の野に降り立つべし
失われた大地との絆を結ばん…」
(トルメキア古代伝承より)
NAUSICAÄ

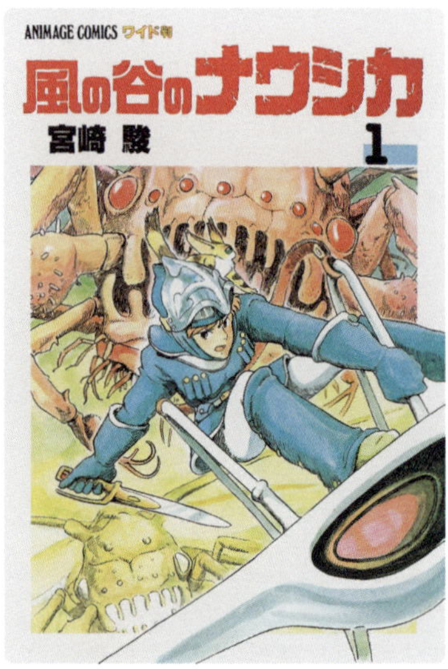

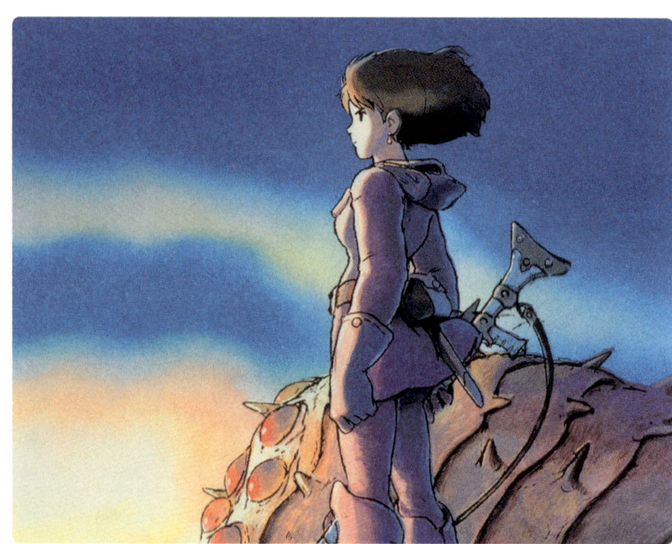

Er benannte seine Protagonistin nach einer Figur aus Homers *Odyssee*, die sich an der Natur erfreute, ließ sich aber auch von einer japanischen Geschichte aus dem zwölften Jahrhundert mit dem Titel *Mushi Mezuru Himegimi* inspirieren (übersetzt: „Die Insekten liebende Prinzessin"). Beide Charaktere besitzen ein reines Herz und sind durchdrungen von aufrichtiger Liebe, wirken aber oft machtlos oder werden aufgrund gesellschaftlicher Normen geächtet. In einem Artikel von 1987, der dem ersten Band des Mangas beigefügt war, schrieb Miyazaki, dass er darauf hoffe, dass „dieses Mädchen [die Protagonistin dieser Geschichte, die von beiden Frauen inspiriert war] irgendwie zu Freiheit und Glück finden würde". Doch als die Saga, die er als sein „schwierigstes Werk" bezeichnet hatte, beendet war, hatte sich seine Hoffnung nicht erfüllt und er kam zu dem Schluss, dass er „die Geschichte dort beendete, wo wir uns jetzt befinden: am Ausgangspunkt einer unbegreiflichen Welt". Während der Entstehung des Mangas hatte sich Miyazakis Weltbild verändert. Er war sich der globalen Konflikte und der Umweltzerstörung bewusster, die familienfreundlichen Vergnügungen von *Mein Nachbar Totoro* (1988) und *Kikis kleiner Lieferservice* (1989) wichen den Bedrohungen von *Porco Rosso* (1992) und bald darauf der düsteren Gewalt von *Prinzessin Mononoke* (1997).

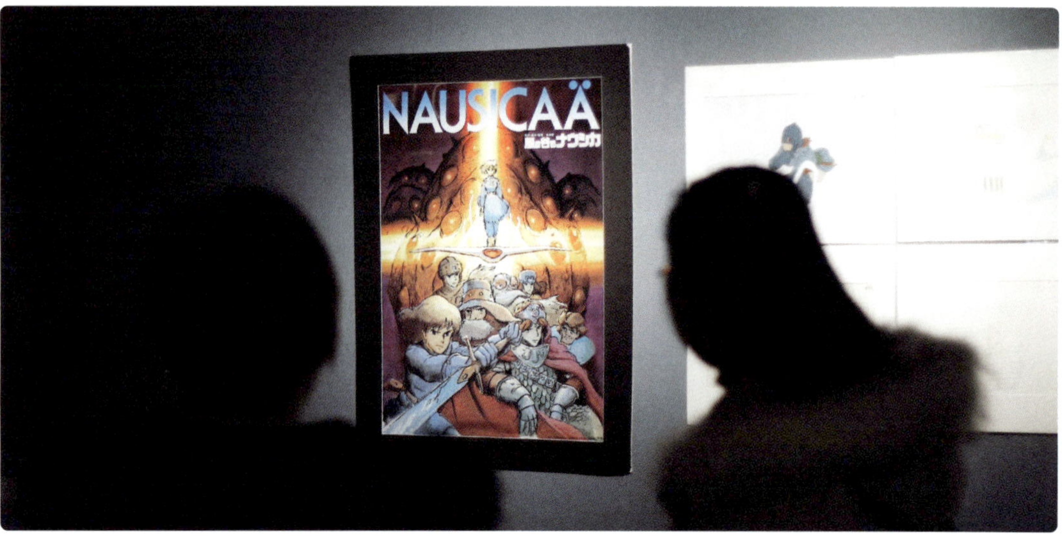

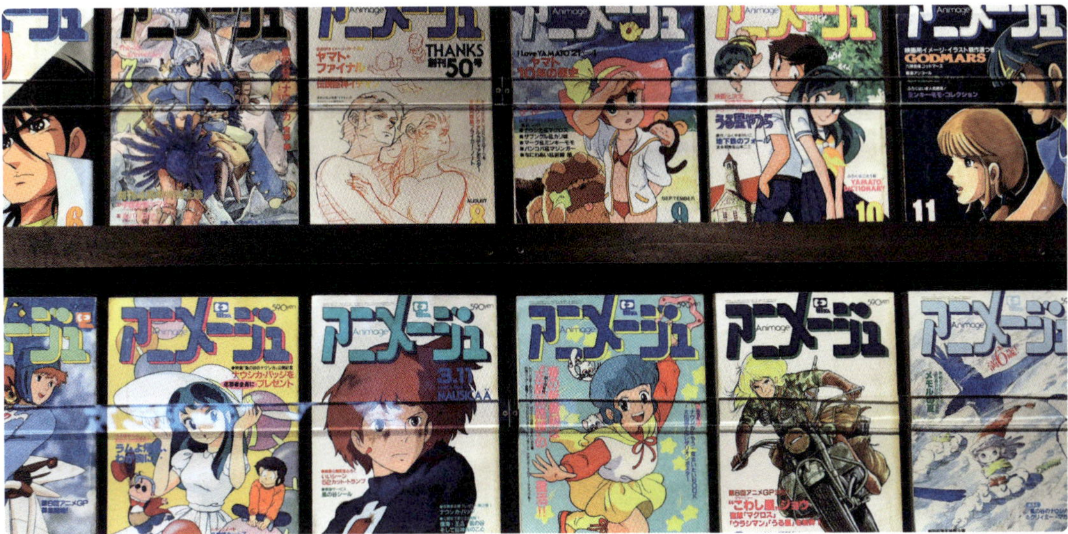

Das bedeutete, dass auch *Nausicaä*, die aufrichtige Heldin, die gegen das absolut Böse kämpft, sich in den Grauzonen der Kriegsführung bewegen musste.

Die Welt des Mangas ist fesselnd und verwirrend, wobei Nausicaäs Reise weniger messianisch als vielmehr eine Coming-of-Age-Geschichte ist. Sie spielt sich um ein politisches Pulverfass herum ab und die Protagonistin wird in einer erweiterten Welt mit zahlreichen Charakteren auf eine Mission geschickt, sie lernt verschiedene Regionen, Religionen und moralische Dilemmas kennen. Anstatt *Nausicaä* zu einer höheren Macht zu erklären, reduziert diese Geschichte sie und die Menschheit in gewisser Weise auf weniger als die Gegenstücke der Insekten in ihrer Welt. Indem sie sich in der Hierarchie der Natur zurechtfindet, unterwirft sie sich ihrer Umgebung, führt aber gleichzeitig eine giftige, radioaktive Waffe in Form des berüchtigten Titanen mit sich. Der von Hideaki Anno (dem Schöpfer der *Evangelion*-Reihe) animierte Titan ist im Film eine glitschige humanoide Bombe, wird aber hier zu einer Art Kind und ermöglicht es *Nausicaä*, einen (nach Ansicht einiger Leserinnen und Leser) völkermörderischen Akt zu begehen – die Psychoanalyse dieser Beziehung könnte das gesamte Buch füllen. Anstatt eine einfache Botschaft der Hoffnung zu vermitteln, zwingt uns Miyazaki, all das mögliche Böse in der Welt in Betracht zu ziehen. Er fordert uns auf, darin zu überleben, wobei *Nausicaä* an einer Stelle bemerkt, dass „das Leben das Licht ist, das in der Dunkelheit scheint" (für die Miyazaki-Expertin Susan Napier ist das „die schönste Zeile, die Miyazaki je geschrieben hat").

Es ist komplex und seine Ideen ziehen sich durch Miyazakis Werk. Stilistisch bieten die Gesichter Vertrautheit, doch sein Zeichenstil ist filigran, skizzenhaft und sehr detailliert. Im Vergleich zu den weitläufigen Hintergründen, die man in *Shunas Reise* (1983) vorfindet, machen die schraffierten schwarzen Linien, insbesondere in hektischen, verwirrenden Kampfsequenzen, den *Nausicaä*-Manga zu einem beklemmenden Leseerlebnis. In diesem monochromen Wahnsinn deutet Miyazaki die intensive, gliedmaßenzerreißende Gewalt aus *Mononoke*, die gruseligen, schmierigen Figuren aus *Das wandelnde Schloss* (2004) und sogar die transzendenten, grenzenlosen Räume und die Traumlogik aus *Der Junge und der Reiher* (2023) an.

Da die Welt noch unverständlicher geworden ist, als Miyazaki es sich jemals hätte vorstellen können, sind auch die vielfältigen Geheimnisse des Nausicaä-Mangas wertvoller denn je. Die aufrichtige Retterin entkommt nicht, sondern wir sehen, dass sie auch weiter mit der Welt ringen muss und nicht immer gewinnt. Während *Nausicaä* uns im Film einen moralischen Kompass an die Hand gibt, bekommen wir hier eine moralische Landkarte mit unendlichen Routen, die wir einschlagen können.

Oben: *Nausicaä* war ein beliebtes wiederkehrendes Highlight im Magazin *Animage*, das einst von Ghibli-Präsident Toshio Suzuki herausgegeben wurde.

Gegenüber oben links: Nausicaä und ihr Gleiter auf dem Cover des ersten Sammelbandes (Tankobon) des Mangas.

Gegenüber oben rechts: Nausicaäs Beziehung zu den riesigen Kreaturen wird im Laufe der Geschichte des Mangas intensiviert.

Gegenüber unten: Der *Nausicaä*-Manga ist nach wie vor sehr beliebt und das Artwork wird in Ausstellungen gezeigt.

Shunas Reise

Autor: Hayao Miyazaki
Erstveröffentlichung: 1983

Shunas Reise ist ein kurzes Vergnügen. Ihr könnt die gesamte Geschichte, Hayao Miyazakis Nachwort und die Anmerkungen des Übersetzers Alex Dudok de Wits in der 2022er-Ausgabe in weniger als einer Stunde durchlesen.

Doch trotz des geringen Umfangs hatte dieses Werk über Jahrzehnte hinweg enormen Einfluss auf weitere Ghibli-Produktionen. „Shunas Reise ist ein essenzieller Bestandteil von Miyazakis Werdegang … auch einige [seiner Filme] sind explizit auf *Shunas Reise* zurückzuführen", erzählte Dudok de Wit uns. „Dieses Buch steckt voller Ideen, Motive, Bilder, Charaktere und Szenen, die zwar innerhalb von *Shunas Reise* nicht immer ganz auserzählt oder vollendet sind, sich aber in späteren Filmen stärker herauskristallisieren und weiterentwickelt werden." Was macht diese kurze Erzählung, die die meiste Zeit über nur mit Bildern auskommt und auf spärliche Dialoge und wenig Text setzt, nun so ungemein wichtig?

Dieser Bildband (auf Japanisch „e-monogatari") von Hayao Miyazaki adaptiert ein tibetisches Volksmärchen mit dem Titel *„The Prince Who Turned into a Dog"* und begleitet einen jungen Prinzen, der sein Dorf, das unter Hunger und Armut leidet, verlässt. Er hofft, mythenhafte Samen zu finden, die das große Verderben, das seine Welt heimgesucht hat, rückgängig machen könnten. Auf seiner Reise rettet Shuna eine junge Frau, die in die Sklaverei verkauft werden soll, bevor er über die Grenzen seiner Welt hinaus in ein verfluchtes Paradies und wieder zurück reist.

Shunas Reise entstand nach der Produktion des Films *Das Schloss des Cagliostro* (1979) und wurde zwischen der ersten Ausgabe des *Nausicaä*-Mangas und der Filmpremiere 1984 veröffentlicht. Man erkennt hier sehr deutlich die gegenseitige Befruchtung von *Shuna* und anderen Ghibli-Werken. Auf den Buchseiten selbst präsentiert *Shuna* sich jedoch ganz anders als *Nausicaä*. Verglichen mit *Nausicaäs* dunklerem Stil und der düsteren Erzählung wird *Shuna* in hellen, farbenfrohen Aquarelltönen dargestellt, die weiten Landschaften und die sparsam eingesetzten Textelemente bieten genau den richtigen Rahmen für die Erzählung.

Einige Ideen sickern jedoch in andere Geschichten. Die Eröffnungssequenz in einem kleinen Dorf im Tal (in dem ein junger Held um versiegende Ressourcen kämpft), wird auch in *Nausicaä* wieder auftauchen; das merkwürdige Schiff, das in den Dünen einer Wüste thront, finden wir auch in *Die Chroniken von Erdsee* wieder (der Film von 2006 führt sowohl *Shunas Reise* als auch Ursula K. Le Guins Romane als Inspiration an). Auch in *Ponyo* (2008) werden wir einen flüchtigen Blick auf riesige, urzeitliche Amphibien werfen können, und der elchähnliche Yakkul wird 1997 in *Prinzessin Mononoke* ebenfalls zum treuen Begleiter (hier als leibhaftiges Tier, später dann nur noch als Namensgeber).

Doch das bedeutet nicht, dass es sich bei *Shunas Reise* lediglich um ein unfertiges Skizzenbuch Miyazakis handelt: Sieht man einmal von den kontextabhängigen Kuriositäten ab, ist es ein fantastisches Werk und steht komplett für sich. Die behutsam eingesetzten Textakzente betonen und begleiten die Bilderwelt, die sanften Aquarelle verleihen den üppigen Landschaften Leben und die eindringlichen Porträts und Gesichter mit etwas runderen, wärmeren Zügen entsprechen dem fabelähnlichen und abstrakten Anstrich dieser kinderfreundlichen Erzählung sehr gut. Trotz ihrer Lebhaftigkeit schafft es die Erzählung, auch ernstere Themen wie Sklaverei, Gier oder Traumata anzusprechen, und der Fokus auf die Bilder und Emotionen verschafft schneller Klarheit, als Worte es jemals vermögen. Falls ihr es also noch nicht getan habt, nehmt euch eine Stunde Zeit und lest *Shunas Reise*. Es ist eine kleine, aber einflussreiche Quelle für viele der zauberhaften Geschichten, die später folgen sollten.

Gegenüber: Ein Klassiker wurde (wieder-)entdeckt: das Cover von Alex Dudok de Wits richtungsweisender englischsprachiger Übersetzung von *Shunas Reise*.

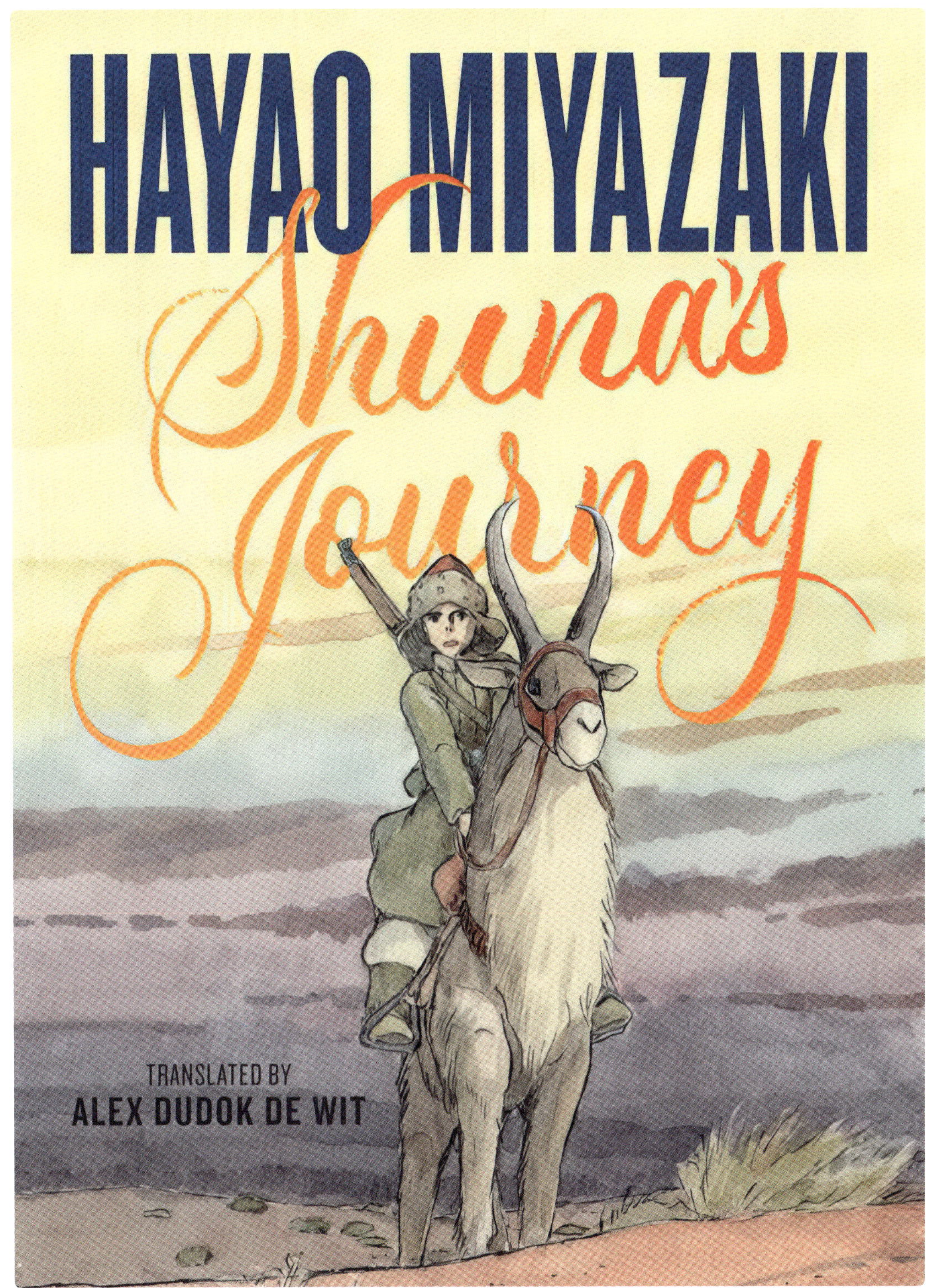
HAYAO MIYAZAKI
Shuna's Journey
TRANSLATED BY
ALEX DUDOK DE WIT

Kikis kleiner Lieferservice

Autorin: Eiko Kadono
Erstveröffentlichung: 1985

Während *Kikis kleiner Lieferservice* wohl für immer mit Studio Ghiblis Hit-Verfilmung von 1989 assoziiert werden wird, hat Eiko Kadonos Roman ebenfalls eine lange und glorreiche Geschichte vorzuweisen.

Dieses Kinderbuch ist eine echte Goldgrube der Inspiration. Realverfilmungen, Musicals und sogar ein ganzes Museum, *Kiki's Museum der Literatur*, das 2023 in Edogawa City eröffnet wurde und eine große Sammlung von 10.000 Kinderbüchern beherbergt, wurden davon beeinflusst.

Und doch steht die Autorin dieses Werks, Eiko Kadono, leider oft im Schatten Hayao Miyazakis, wenn es um ihre Romanreihe *Kiki* und deren langanhaltenden Zauber geht. Nach dem ersten *Kiki*-Roman, der 1985 erschien, erzählte Kadono die Geschichte der kleinen Hexe in mehreren Folgebänden weiter und zeigt, wie sich die Figur durch turbulente Teenagerjahre bis ins Erwachsenenalter entwickelt, um schließlich sogar Nachwuchs zu bekommen und als Mutter nochmals in eine ganz andere Rolle zu schlüpfen. 2018 wurde sie mit dem *Hans Christian Andersen Award* ausgezeichnet und steht damit in einer Reihe mit legendären Autorinnen und Autoren wie Astrid Lindgren, Tove Jannson und Maurice Sendak. *The International Board on Books for Young People*, das den Preis verleiht, beschrieb Kadonos Arbeiten als „immer wieder überraschend, fesselnd und ermutigend. Und so gut wie immer sind ihre Bücher ein riesengroßer Spaß und unglaublich lebensbejahend".

Wir dürfen von Glück reden, dass 2020 eine neue englischsprachige Übersetzung von *Kikis kleiner Lieferservice* herausgebracht wurde, die uns die Chance gab, sowohl die Geschichte in ihrer ursprünglichen Konzeption als auch die unverkennbar individuelle Handschrift der Schriftstellerin kennenzulernen. Dieser flotten und episodenhaften Version von *Kiki* mögen zwar der emotionale Konflikt und der ehrgeizige Schlussakt aus Miyazakis Film fehlen, dafür durchstreift die Erzählung auf etwas ruhigere Weise die vier Jahreszeiten und begleitet Kiki auf ihrem hexenhaften Weg. Wir erfahren, wie sie sich in ihrer neuen Heimatstadt Koriko einlebt, ihren Laden einrichtet, ihren eigenen Besen baut und den Leuten im Ort tatkräftig unter die Arme greift. Dagegen gibt es kaum brenzlige Situationen oder echte Gefahren – dass die Glocken des Uhrenturms der Stadt ihr alljährliches Silvester-Glockenspiel um Mitternacht verpassen könnten, ist das brisanteste Alltagsproblem. Doch das Ensemble ist bereits vollständig versammelt: Die Katze Jiji, der Bäcker Osono und auch der unbeholfene Junge Tombo (der später – Achtung: Spoiler! – Kikis Ehemann werden wird) sind alle bereits da. Am Ende besucht Kiki nach einem Jahr Selbstständigkeit noch einmal ihre Heimat, um nach ihren Eltern zu sehen, und realisiert nach ihrer Rückkehr, dass sie sich längst ein ganz eigenes Zuhause in Koriko erschaffen hat.

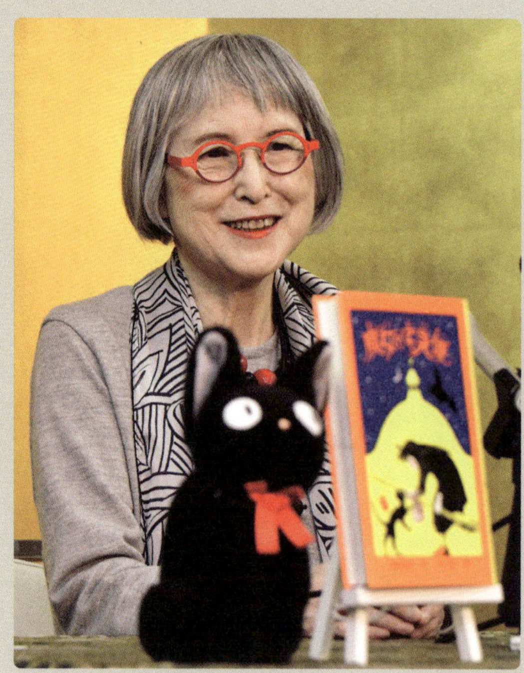

Oben: Die Königin der Hexen. Kultautorin Eiko Kadono schrieb *Kikis kleiner Lieferservice* und fast 200 weitere Werke.

Gegenüber: Das Buchcover von *Kikis* erstem Abenteuer, das eine Realverfilmung, ein Bühnenstück und Miyazakis Animationsfilm von 1989 inspiriert hat.

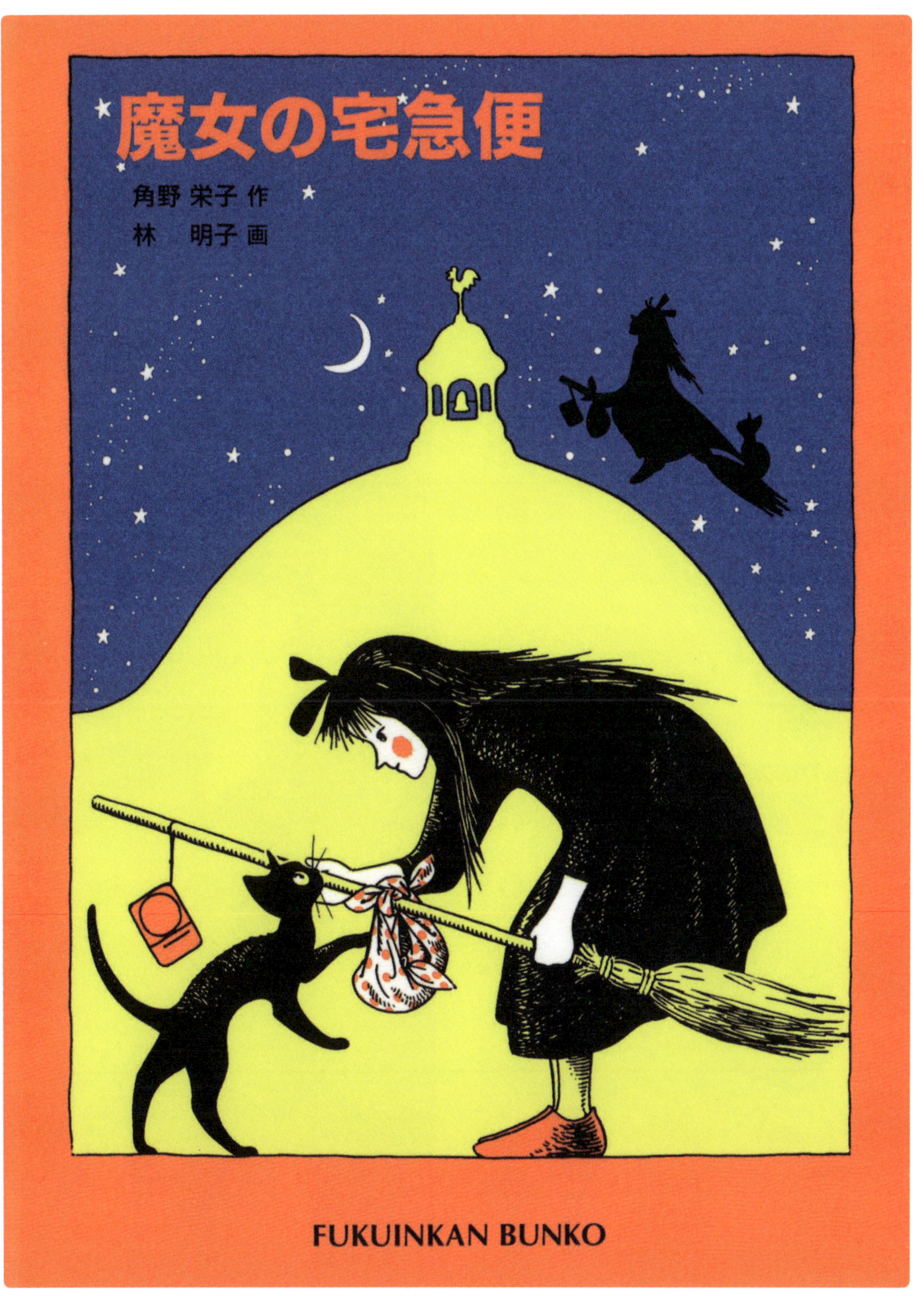
魔女の宅急便
角野 栄子 作
林 明子 画
FUKUINKAN BUNKO

Die 1935 geborene Kadono betrat erst relativ spät die Bühne der Literaturwelt: Ihr erstes Werk veröffentlichte sie mit 35, die meiste Zeit schrieb sie jedoch für sich und im Privaten, bevor sie sieben Jahre später die Schriftstellerei zum Beruf machte.

Die Inspiration für *Kikis kleiner Lieferservice* kam von Kadonos damals 12-jähriger Tochter, die eines Tages plötzlich begann, Hexen zu zeichnen. Eine dieser Hexen faszinierte Kadono besonders: Sie hatte eine schwarze Katze und ein Kofferradio, das am Hexenbesen herunterbaumelte. 2020 sagte sie auf *Tor.com*: „Ich dachte mir: Wie schön muss es sein, auf seinem Besen durch die Lüfte zu fliegen und dabei Songs wie *‚The Long and Winding Road'* von den Beatles zu hören."

Auch wenn sich ihre Art des Geschichtenerzählens von der Miyazakis unterscheiden mag, so haben beide doch ein ähnliches Talent dafür, fantastische Konzepte so zu gestalten, dass sie greifbar, wiedererkennbar und nachvollziehbar sind. In der Einführung zur englischsprachigen Neuausgabe ihres Romans aus dem Jahr 2020 erläutert Kadono, was sie dazu bewog, ihrer Hexe ein einfaches Talent an die Hand zu geben: das Fliegen. „Kikis Magie ist ganz normal – es ist Alltagsmagie", erklärt sie. „Sie ist zwar eine Hexe, aber vor allem ist sie ein ganz gewöhnliches Mädchen. Sie durchlebt dieselben Sorgen, Enttäuschungen und Freuden wie alle anderen ... Ich bin fest davon überzeugt, dass uns allen eine Art Zauber innewohnt, ein wenig Magie. Und wenn es uns gelingt, diese Magie zu entdecken, sie liebevoll anzunehmen und zu kultivieren, werden wir uns jeden Tag durch und durch lebendig fühlen. Ich glaube das wirklich. Auch in jedem Einzelnen von euch steckt ein Fünkchen Magie."

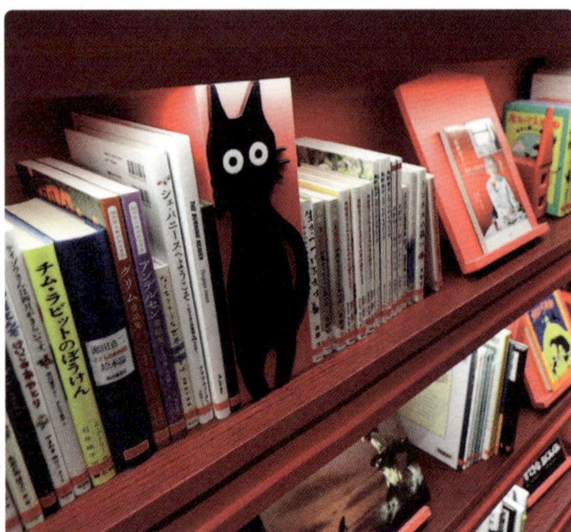

Oben: Äußerst belesen. Das 2023 eröffnete Museum *Kiki's Museum der Literatur* in Edogawa City, Tokio, ist vollgestopft mit 10.000 Büchern.

Rechts: Internationale Übersetzungen von *Kikis kleiner Lieferservice* einschließlich der jüngsten amerikanischen und britischen Ausgaben.

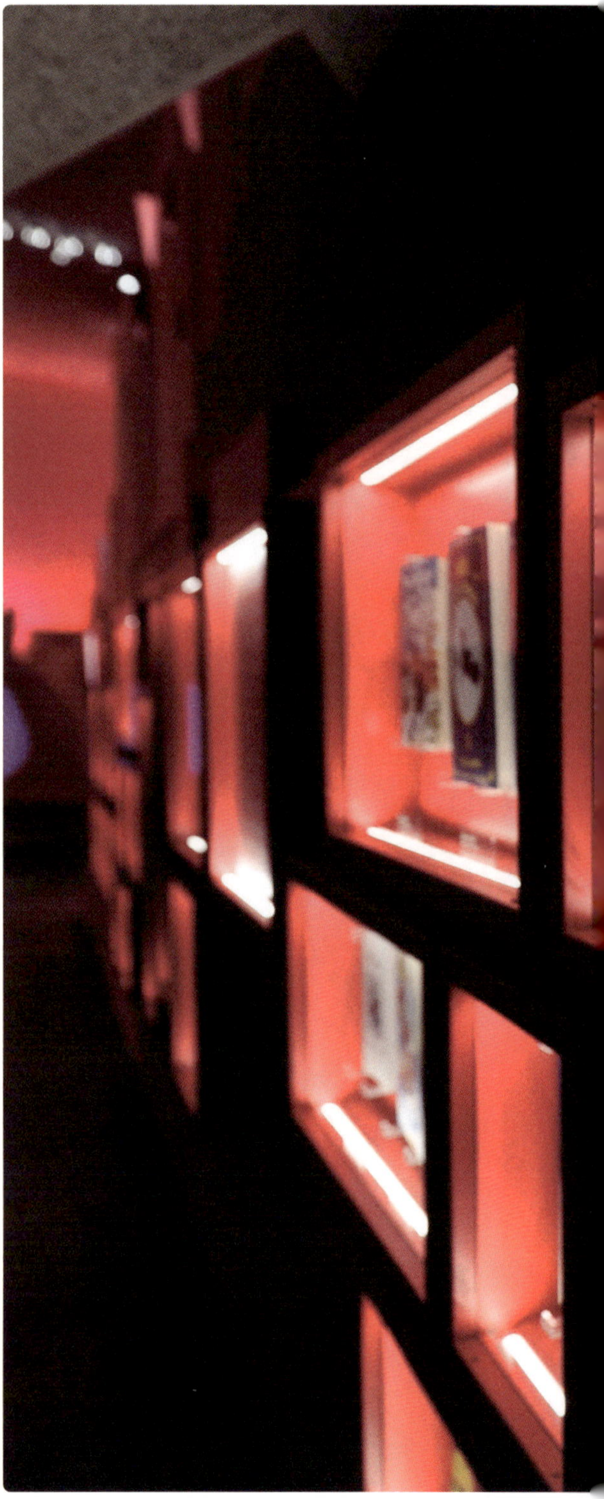

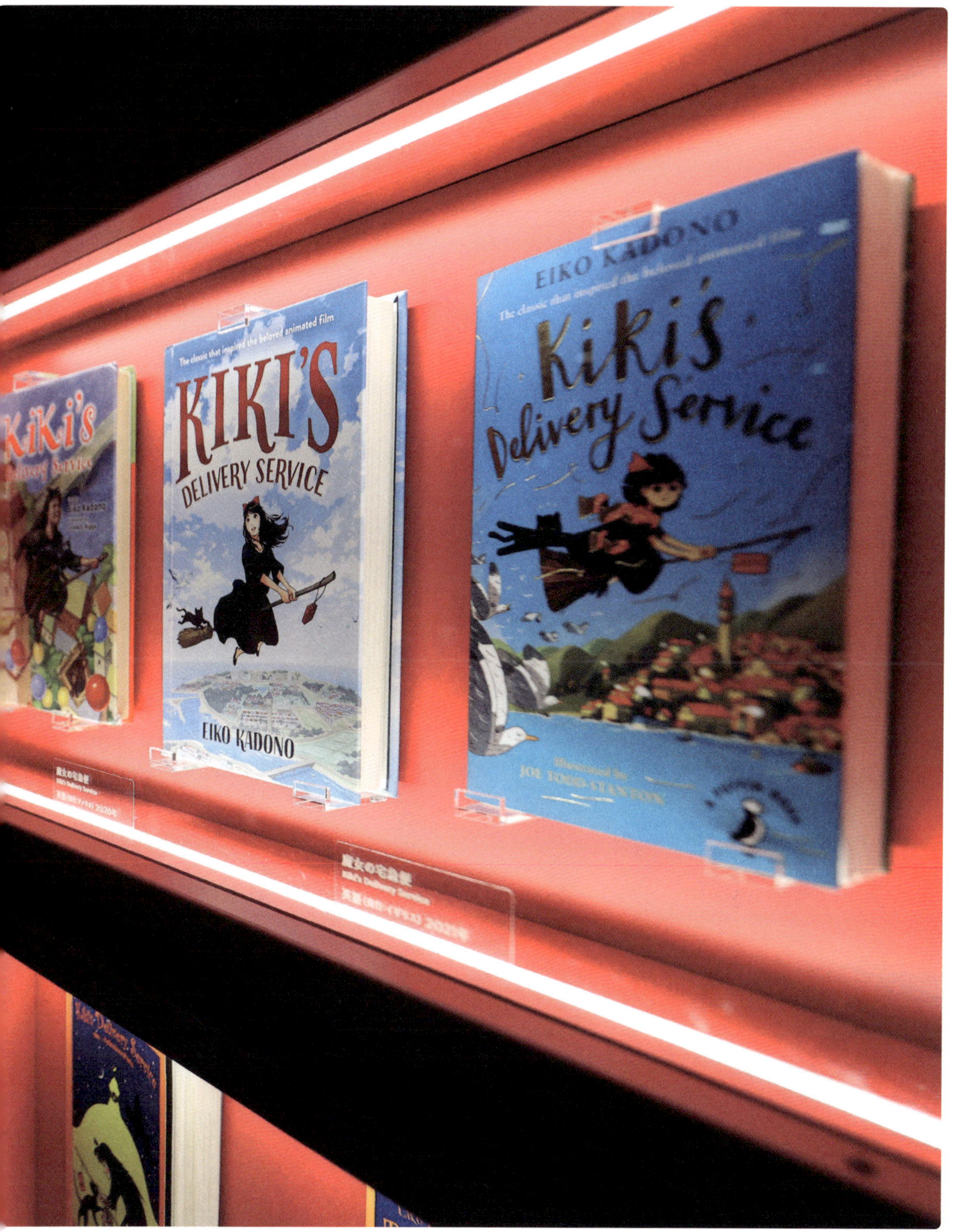
Kiki's
Delivery Service
The classic that inspired the beloved animated film
KIKI'S
DELIVERY SERVICE
EIKO KADONO
EIKO KADONO
Kiki's
Delivery Service

Howl's Moving Castle

Autorin: Diana Wynne Jones
Erstveröffentlichung: 1986

Die Verfilmung von *Das wandelnde Schloss* war eine problematische Produktion, nicht zuletzt, weil Hayao Miyazaki aus dem Ruhestand kam, um Ghibli-Neuling Mamoru Hosoda den Regiestuhl zu entreißen (mehr dazu in Kapitel 7: Ghiblis Vermächtnis).

Nimmt man jedoch das Buch von Diana Wynne Jones zur Hand, sind alle Ängste und Qualen der Verfilmung (sowohl in der Realität als auch auf der Leinwand) wie weggeblasen.

Ihr Roman *Howl's Moving Castle* ist eine warmherzige und mitunter exzentrische Erzählung voll trockenen Humors und zahlreicher charmanter Details. Die Geschichte spielt im magischen Land Ingari, „wo es Dinge wie Siebenmeilenstiefel und Mäntel, die unsichtbar machen, wirklich gibt", so die einfache, aber verlockende Prämisse. Doch Sophie Hatter, die älteste Tochter einer wohlhabenden Familie, glaubt, dass sie keine Hoffnung auf eine interessante Zukunft hat – bis sie die Hexe aus dem Niemandsland und später den Zauberer Hauro trifft. Obwohl es sich um ein Werk von einzigartiger Vorstellungskraft handelt, steht es auch im Dialog mit den Tropen der Fantasy-Literatur, die sanft unterlaufen oder neu kreiert werden, ähnlich wie eine andere kluge und witzige Persiflage auf die Fantasy-Tradition, der Roman *Stardust* von Neil Gaiman, der ein bekennender Bewunderer von Wynnes Werk ist.

Unten (links): Die erste amerikanische Ausgabe von *Howl's Moving Castle*. Der furchteinflößende Look entstand durch Jos. A. Smiths künstlerische Illustrationen.

Unten (rechts): Diana Wynne Jones setzte die Geschichten von Howl und Sophie in ihren Büchern *Castle in the Air* und *House of Many Ways* fort.

Gegenüber: Entgegen Wynne Jones´ ursprünglicher Intention erfuhr der Magier Howl (im Film: Hauro) weltweit große Zuneigung.

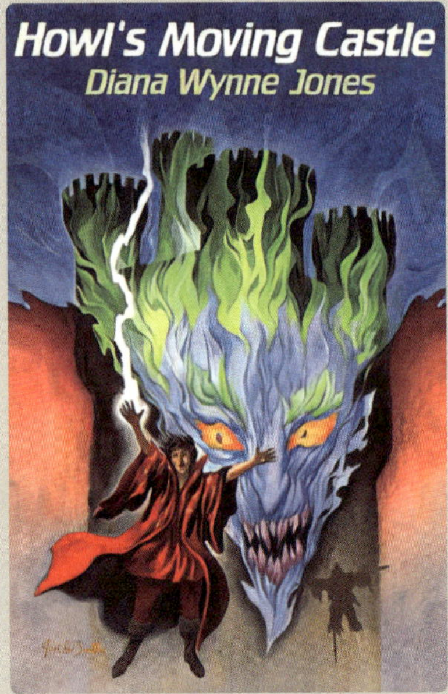

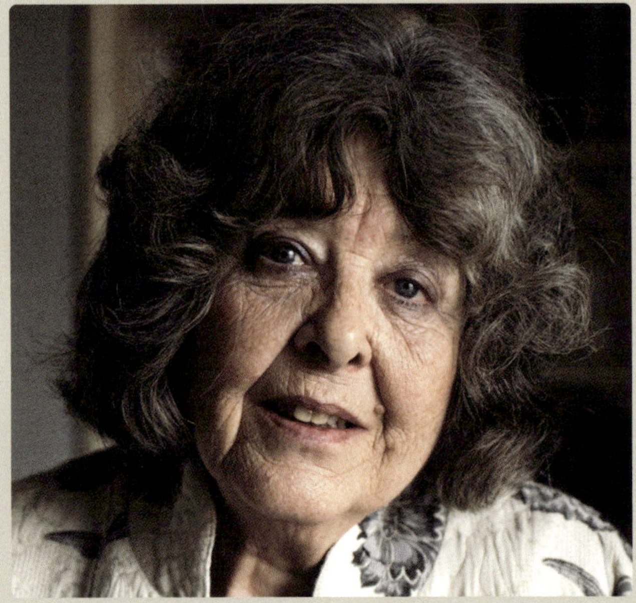

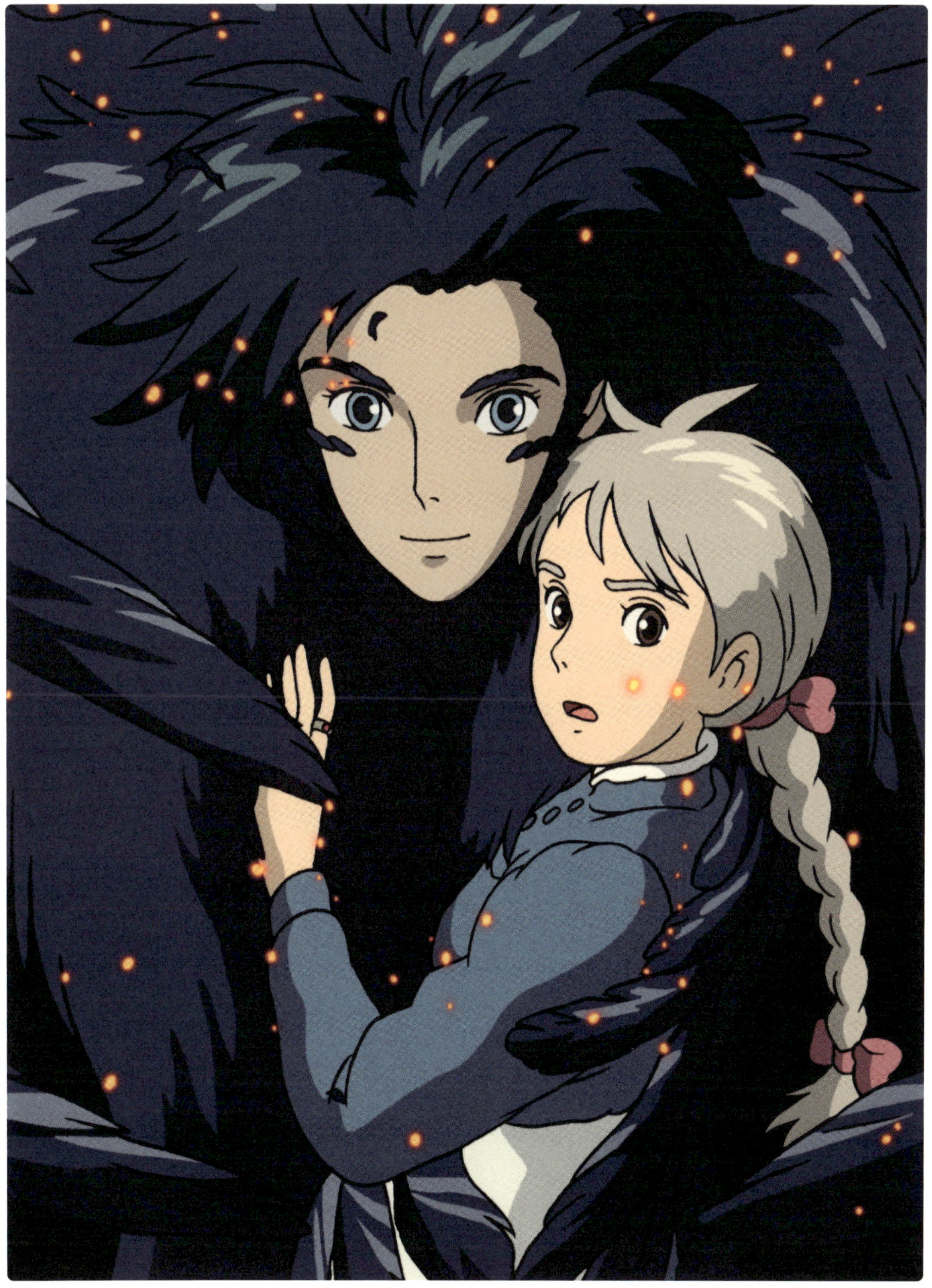

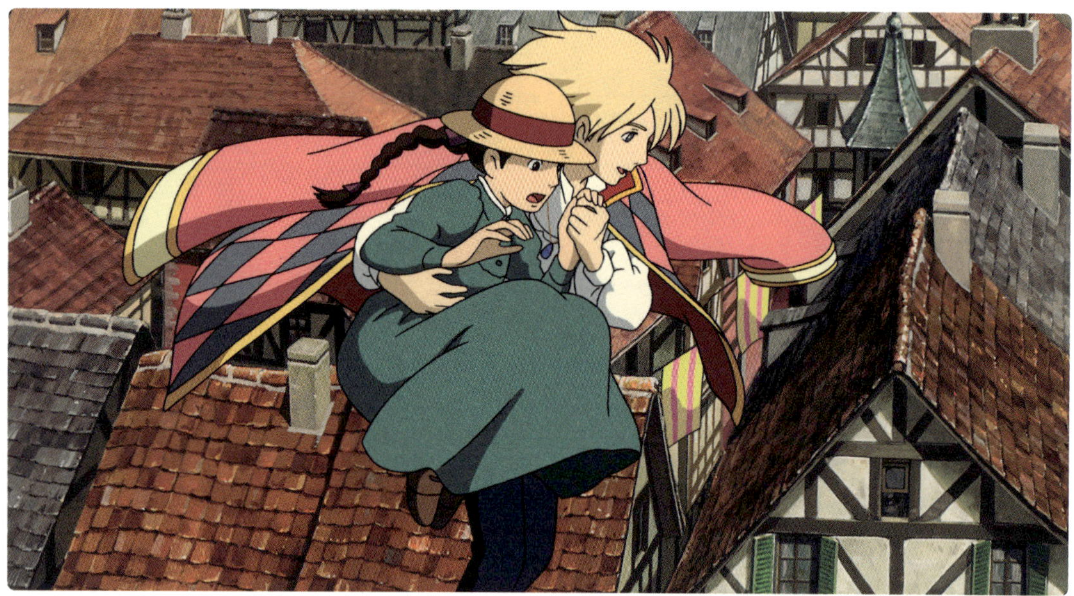

Die Welt von Miyazakis *Das wandelnde Schloss* ist eine Welt, die vom Krieg zerrüttet wurde – ein Umstand, der im Originalroman nur vage im Hintergrund vor sich hin köchelt. Der Regisseur zerrte diese Themen in den Vordergrund, nachdem er sich eindringlich mit dem amerikanischen Imperialismus und Amerikas Krieg gegen den Terror und seinen eigenen Empfindungen diesbezüglich beschäftigte. Howl ist vom Konflikt gezeichnet, wofür das Werk auch verschrien wurde – doch die Filmadaption gerät in diesem Punkt noch weit mehr ins Straucheln als es bei der Romanvorlage der Fall war. Wynne Jones selbst erklärte, dass sie beim Anschauen des Films doch „ein wenig verstimmt war" und betonte, dass Miyazaki seine „liebgewonnenen Obsessionen" in den Vordergrund stellt. Obwohl beide derselben Nachkriegsgeneration angehören, muss Wynne Jones mit großem Scharfsinn feststellen, dass sie das Gespenst „Zweiter Weltkrieg" völlig unterschiedlich angehen. „Ich neige eher dazu, den eigentlichen Krieg in meinen Geschichten auszusparen (wir wissen alle nur zu gut, wie schrecklich Kriege sind)", führt sie in einem Nachwort an, „wohingegen Miyazaki (der exakt dasselbe fühlt) auf allen Hochzeiten gleichzeitig tanzen möchte. Er will sowohl die Schrecken und Gemeinheiten eines Krieges schildern als auch die verheerenden Auswirkungen auf die Landstriche und Szenerien, die eine flächendeckende Bombardierung beispielsweise nach sich zieht, ausloten". Wynne Jones sagte, die ursprüngliche Inspiration für das Werk, sei von ihrem renitenten und manchmal aufmüpfigen Teenager-Sohn gekommen, was nur allzu deutlich wird, wenn Howls Wurzeln enthüllt werden, die relativ wenig mit Magie zu tun haben. Miyazaki vermeidet es, diesen menschlichen Twist zu integrieren, die Tatsache, dass der Magier in Wahrheit nur ein gewöhnlicher Waliser namens Howell Jenkins ist, der zum sagenumwobenen Antihelden mutiert, nachdem er sein Herz dem Feuerdämon Calcifer überließ. (Wir kommen nun leider auch nicht umhin, darauf hinzuweisen, dass Miyazaki kurzerhand entschieden hat, den Namen von Howls Lehrling Michael in den etwas ausgefalleneren Namen Markl zu ändern. Wir wollen trotzdem versuchen, die ganze Sache nicht allzu persönlich zu nehmen.) Als es schließlich um die Konzeption der animierten Version von Howl ging, sagte Produzent Toshio Suzuki, dass Wynne Jones' Vorbild für die Figur Musik-Ikone David Bowie war – lustig nur, dass Miyazaki zu diesem Zeitpunkt noch nie etwas vom legendären Rockstar gehört hatte. Wie ambig die beabsichtigte Charakterisierung auch sein mochte, auf der Leinwand entwickelte Howl sich zum Spitzenreiter der problematischsten Publikumslieblinge, ein finsterer Grufti-Boyfriend, der von leicht zu beeindruckenden Zuschauerinnen und Zuschauern in aller Welt frenetisch gefeiert wurde.

Von all den Auswirkungen, die eine Adaption für die große Leinwand durch Studio Ghibli mit sich bringt, sagte Wynne Jones gegenüber *Publisher's Weekly*, sei der gravierendste Effekt der exponenzielle Anstieg fanatischer Howl-Verehrerinnen gewesen. „Der Zuwachs an Fans, die ohnehin schon so zahlreich vertreten waren, war wirklich enorm – es wurden doppelt und dreifach so viele – und vor allem wollten alle weiblichen Fans Howl am liebsten heiraten", sagt sie. „Dabei kann ich mir das kaum erklären, wäre Howl doch einer der schrecklichsten Ehemänner, die man sich nur vorstellen kann. Und trotzdem gibt es da Tausende und Abertausende junger Frauen, die mir schreiben und wissen wollen, ob Howl real und noch zu haben sei. Und dann direkt hinterher: ‚Ich möchte ihn heiraten!' Und das überall auf der Welt."

Oben: Sie schweben auf höchst eigentümliche Weise: Sophie und Howl, deren Aussehen von David Bowie inspiriert wurde, schnellen durch die Lüfte.

Earwig and the Witch
Autorin: Diana Wynne Jones
Erstveröffentlichung: 2011

Ähnlich wie sein Ghibli-Pendant, ist der Roman *Earwig and the Witch* irgendwie ein bunter Vogel, der bei einem ansonsten hochangesehenen Gesamtwerk etwas aus der Reihe tanzt. Der Roman wurde im Juni 2011 publiziert, nur wenige Monate nach dem Tod der Autorin Diana Wynne Jones, und er wirkt auf den ersten Blick relativ kurz, ein wenig unausgegoren und vielleicht sogar fragmentarisch. Die Geschichte eines rebellischen Mädchens, das von zwei schrecklichen Pflegeeltern adoptiert wird, und der Kampf um die Vorherrschaft, der zwischen diesen beiden innerhalb der engen Mauern ihres seltsam anmutenden, magischen Bungalows ausgetragen wird, mag etwas unausgegoren klingen, ist aber dennoch ein überschaubar angenehmes Lesevergnügen.

Geschrieben in Wynne Jones ruhigem, nüchternen Stil, ist die Erzählung gespickt mit trockenem Humor, der sich aus den exzentrischen Charakteren und der widersprüchlichen Mischung aus Magie und Alltäglichem speist, angefangen bei dem durch und durch verdrucksten Zauberbuch der Bella Yaga („wie man den ersten Preis bei einer Hundeshow gewinnt"; „ein Skateboard dazu zu bringen, Kunststücke zu vollführen"; „die Dahlien von nebenan zum Absterben bringen") bis hin zur Vorliebe der Alraune für fade Alltagsgerichte, die mit teuflischen Mitteln serviert werden („Kuchen und Pommes vom Bahnhof in Stoke-on-Trent ... das ist mein Lieblingsessen").

Man erkennt also auf den ersten Blick, was Studio Ghibli an dem Stoff so reizte: nicht zuletzt die Gelegenheit, eine kleine Rotzgöre in die Reihe der frechen Rotzgören aus der Geschichte der weiblichen Studio-Ghibli-Charaktere aufzunehmen. Dennoch hatte Goro Miyazakis Adaption an allen möglichen Fronten zu kämpfen: eine Rockband als Zierde, zum Beispiel, die es nicht unbedingt braucht, im Versuch narrative Lücken zu füllen, die die Autorin des Ursprungswerks hinterlassen hatte. Dazu ein stilistisch weißer Fleck auf der Animationslandkarte, indem er sich an 3DCG-Animation wagte, dessen Ansatz allerdings nie so ganz das fragile Gleichgewicht zwischen Fotorealismus und Groteske schultern kann. Im Gegensatz dazu versprüht Diana Wynne Jones' Roman, der sicher nicht perfekt anmutet, einen luftigen, selbstbewussten und fesselnden Charme.

Unten (links): Erst im Nachlass veröffentlicht, ist *Earwig and the Witch* eine leichte, aber charmante Ergänzung in der Bibliografie von Diana Wynne Jones.
Unten (rechts): Während *Das wandelnde Schloss* ein Kassenerfolg war, schnitt Goros Version von *Earwig and the Witch* (*Aya und die Hexe*) leider weniger gut ab.

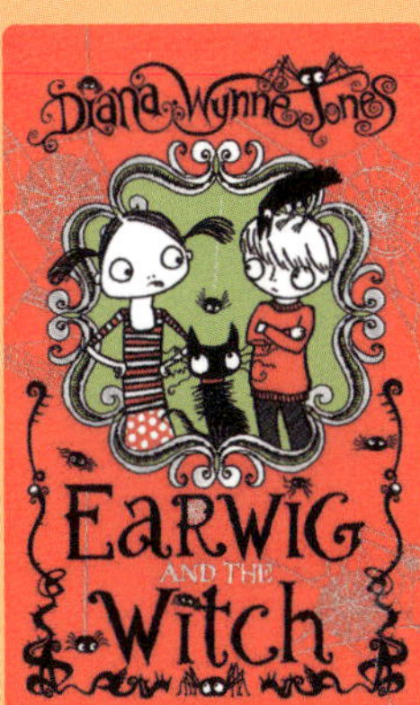

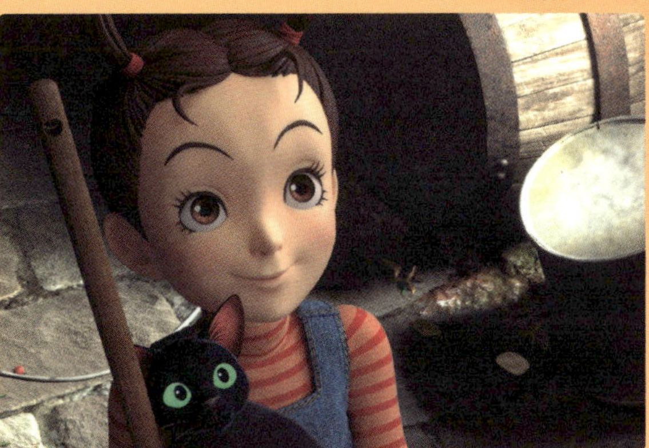

Die Borger

Autorin: Mary Norton
Erstveröffentlichung: 1952

In den Produktionsnotizen zu *Arrietty* verrät Produzent Toshio Suzuki, dass sowohl Hayao Miyazaki als auch Isao Takahata bereits Jahrzehnte zuvor erwogen hatten, Mary Nortons *Borger*-Romane zu adaptieren, ehe der Job schließlich Regiedebütant Hiromasa Yonebayashi zufiel.

Wer die Bücher liest, wird schnell feststellen, dass es keine große Überraschung ist, wenn man bedenkt, wie interessiert und neugierig beide das alltägliche Leben ihrer Charaktere durchleuchten. Diese Romane beschreiben liebevoll detailliert, das Leben und die Gewohnheiten der *Borger*, die nur wenige Zentimeter groß sind, unter den Dielen eines alten Hauses leben und sich Essensreste und Co. von den Bewohnern oben drüber „borgen", um zu überleben. Die Inspiration für Mary Nortons Romanreihe schmiegt sich perfekt an Miyazakis eigenem, betörenden Mix aus Beobachtungsgabe und Vorstellungskraft an. Wie sie es selbst in einem Vorwort zu den gesammelten *Borger*-Romanen beschreibt, war Norton ein Kind, das der Tagträumerei nachhing – oder wie sie schreibt, „eine unverbesserliche Bummlerin, die lieber überall verweilt, sich in Böschungen und Hecken verliert, zur gebannten Forscherin seichter Tümpel mutiert oder ein Nickerchen in irgendwelchen Graben am Straßenrand macht". Eines Tages fing sie dann an sich zu fragen, „wie es wohl wäre ... mit solchen Wesen zu leben – kleine Kreaturen, die zwar durch und durch menschlich sind, aber eben auch äußerst verletzlich ob ihrer winzigen Statur. Wo wären sie zu Hause? Wer wäre Feind, wer Freund?"

Auch Miyazakis kreativer Geist, der vom Arbeitsablauf und Prozess des Findens und Erfindens geprägt ist, interessiert sich für solcherlei Prozesse, sei es die Mechanik eines fliegenden Schlosses oder die Funktionsweise des lebensgroßen Spielzeugboots eines kleinen Jungen – all das spiegelt sich auch in Nortons Vision für ihre fiktionale Welt wider. Letztlich sind es eher „zweckmäßige und praxisnahe" Bücher, wie sie sagt, entstanden aus dem Traum „kommandomäßige Angriffskurse" für ihre Charaktere zu entwickeln und sich vorzustellen, wie sie sich beispielsweise „vom Fensterbrett zum Nachttisch fortbewegen, ohne den knarzenden Dielenboden zu berühren." Das ist das Reizvolle an den Romanen der *Borger*, da der Fokus hier auf den winzigen Details liegt und über mehrere Absätze hinweg beschrieben wird, wie die Figuren aus geplünderten oder eben „geborgten" Dingen kurzerhand eine funktionierende Küche zusammenschustern oder sich akribisch auf die heroische Durchquerung des menschlichen Haushalts vorbereiten. Die Abenteuer ergeben sich aus den alltäglichen Schauplätzen, was an eine Szene aus dem Dokumentarfilm *The Kingdom of Dreams and Madness* erinnern lässt, in der Miyazaki aus dem Fenster blickt und sich über dem gewohnten Stadtpanorama vorstellt, wie ein akrobatischer Held von Dach zu Dach springen würde. Im Adaptionsprozess behielt Regisseur Hiromasa Yonebayashi diesen Sinn für Abenteuer und Entdeckungsreisen bei, fügte der Erzählung allerdings weitere Gefahren hinzu, die wohl am deutlichsten in *Arriettys* schrecklichen Schrammen und Kratzern zum Ausdruck kommen, die von der monströsen Hauskatze herrühren, oder auch dem Spektakel, das einem Katastrophenfilm ähnelt, wenn die aufdringliche Haushälterin der Familie plötzlich die *Borger* entdeckt. Der Film zeigt uns auch Sho, den Jungen, der sich mit *Arrietty* anfreundet, allerdings um ein paar entscheidende Jährchen älter – hier somit mehr Begleiter, oder gar heimlicher Schwarm, wer weiß? – im Vergleich zum namenlosen Zehnjährigen aus der Romanvorlage, der eher unberechenbar und unreif auftritt. Diese bewusste Ausschmückung des Ausgangsmaterials, ganz zu schweigen vom Wechsel des Handlungsorts direkt nach Tokio, ganz in die Nähe von Ghiblis Büroräumen, machen *Arrietty* zu einer einzigartigen und ungewöhnlichen Mischung. Doch wie auch bei anderen Büchern, die von Miyazaki in animierter Form adaptiert wurden, lassen sich in all seinen Filmen durchaus Spuren von Nortons neugierigen, unkonventionellen und fesselnden Werken finden, ob nun der Anti-Konsum-Gedanke, ganz im Sinne von „aus Alt mach Neu" oder man muss sich eben selbst behelfen, bis hin zu einer Weltanschauung, die klar von den Ereignissen des Zweiten Weltkriegs geprägt wurde. Doch vor allem ist es Miyazakis großes Interesse an den magischen Welten, dem Zauber, der gleich ums Eck, aber doch außer Reichweite liegt, versteckt in den Rissen und unter den Dielen unseres alltäglichen Lebens, etwas, das Nortons Vorstellung für *Die Borger* wohl am nächsten zu kommen scheint. Sie selbst beschreibt es so: „Inmitten der langweiligen und überbehüteten Routine unserer Kindheitsjahre war es total aufregend, sich vorzustellen, dass es da noch andere Wesen im Haus gab, von denen die Erwachsenen absolut nichts wussten, obwohl sie zum Greifen nah waren. Und wie aufregend und gefährlich und spannend das sein muss, wenn man so wie diese kleinen Wesen lebt."

Gegenüber: Die *Puffin Classics*-Ausgabe von *Die Borger*, mit dem farbigen Cover der Illustratorin Diana Stanley, das die kleine Welt von *Arrietty* und ihrer Familie einfängt.

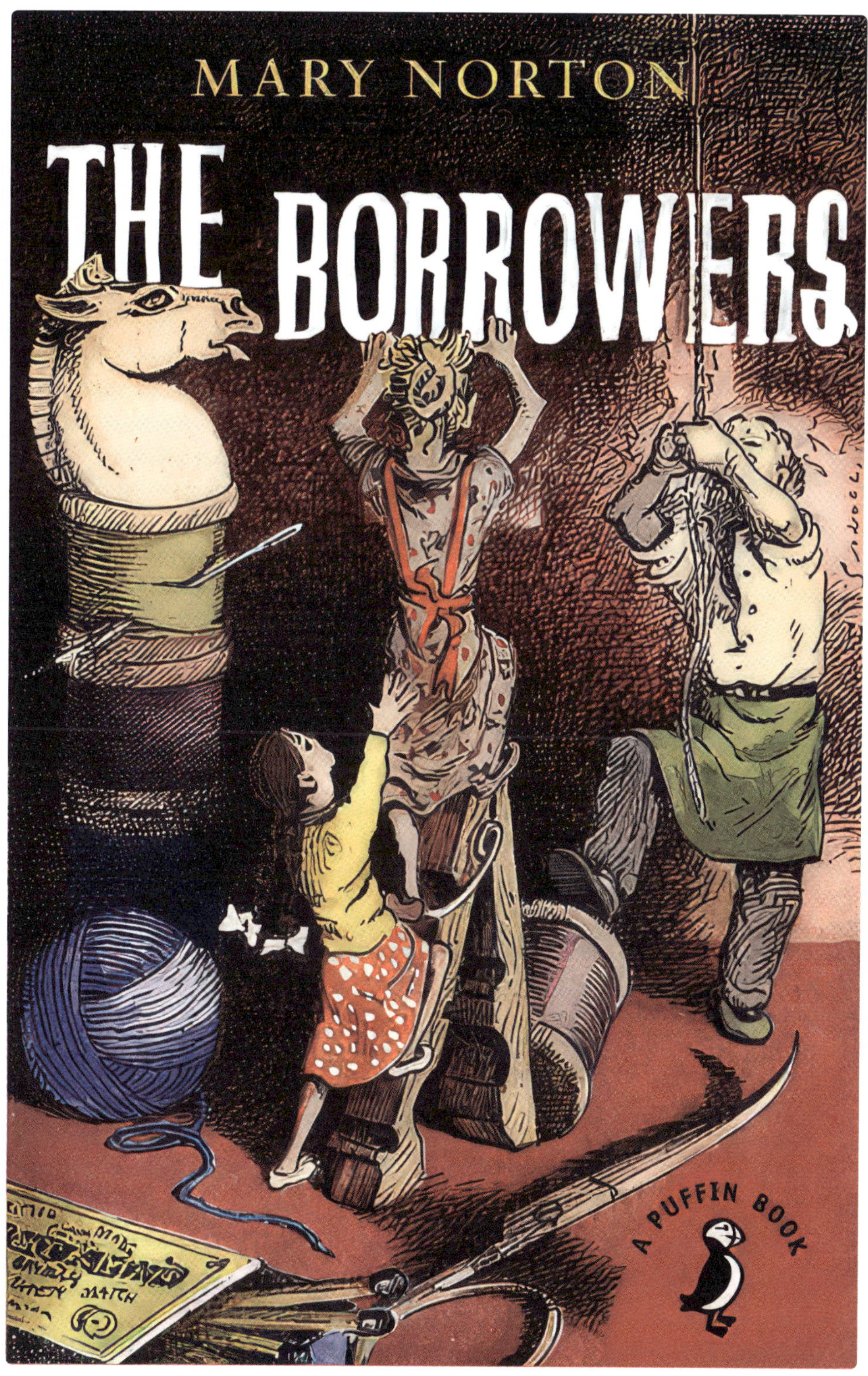
MARY NORTON
THE BORROWERS
A PUFFIN BOOK

A Wizard of Earthsea

Autorin: Ursula K. Le Guin
Erstveröffentlichung: 1968

Es ist wirklich bedauerlich, dass die Diskussion über die Beziehungen zwischen Studio Ghibli und der *Erdsee*-Romanreihe von Ursula K. Le Guin allzu oft in der Kontroverse und dem unglückseligen Nicht-Erfolg des unterschätzten Spielfilms (wenn ihr Jake fragt) *Die Chroniken von Erdsee* aus dem Jahr 2006 hängen bleibt – denn die Verbindung ist durchaus vorhanden und reicht weit tiefer, als man denken mag.

Einer der besagten Gründe, weshalb Hayao Miyazaki sich gegen eine Adaption der Romanreihe entschied und somit den Regiestuhl seinem Sohn Gorō überließ, war, dass er das Gefühl hatte, dies auf Umwegen längst getan zu haben. Beruhten doch sowohl *Prinzessin Mononoke* (1997), *Nausicaä aus dem Tal der Winde* (1984) oder *Chihiros Reise ins Zauberland* (2001) in gewisser Weise alle auf einer Inspiration von Le Guins Romanen. Und außerdem hatte er sich damals – zumindest vorübergehend – schon ganz vom Filmemachen zurückgezogen.

Doch egal, ob euch *Die Chroniken von Erdsee* gefallen hat oder nicht – oder ob ihr von dem Film noch nie etwas gesehen oder gehört habt: ein Blick auf Le Guins *Erdsee*-Romanreihe, die einen umfangreichen Kanon von fünf Bänden umfasst und über einen Zeitraum von fünfzig Jahren publiziert wurde, lohnt sich allemal. Die erste dieser Geschichten in Buchlänge, die im Jahr 1968 erschien, *A Wizard of Earthsea*, liest sich noch heute genauso radikal und klug wie am Tag der Erstveröffentlichung. Es ist eine Coming-of-Age-Geschichte über Ged, einen begabten, jungen Zauberer, der mit Stolz, Scham und den Konsequenzen seines eigenen Handelns zu kämpfen hat, nachdem er eine Schattenkreatur in die Welt gesetzt hatte.
Sein Weg auf der Suche nach Selbstfindung und letztendlich auch Selbstakzeptanz führt ihn in die entlegensten Ecken von Erdsee, wo er beginnt, seine Talente zu fördern und seinen Horizont zu erweitern, indes er unterwegs mit allerlei

Unten (links): Die erste Ausgabe von *A Wizard of Earthsea* mit einem Artwork von Ruth Robbins.

Unten (rechts): Der Einfluss der Schriftstellerin Ursula K. Le Guin auf andere Science-Fiction- und Fantasy-Geschichten ist immens und kaum zu beziffern.

Gegenüber: Goro Miyazakis umstrittene Adaption *Die Chroniken von Erdsee* mag erhaben daherkommen, aber nicht wenige sind der Ansicht, dass sie die Themen des Romans leider etwas missverstanden hat.

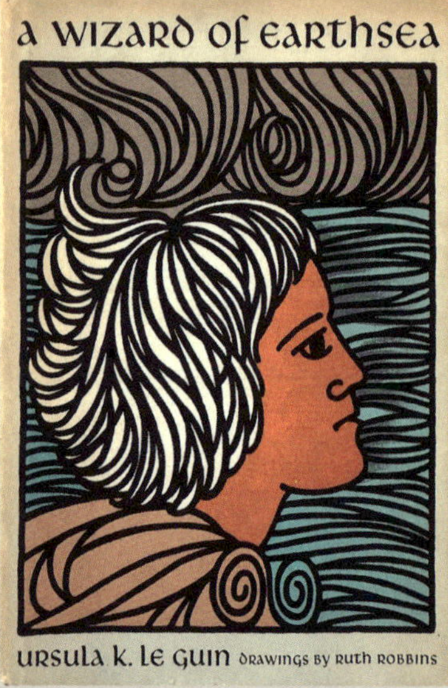

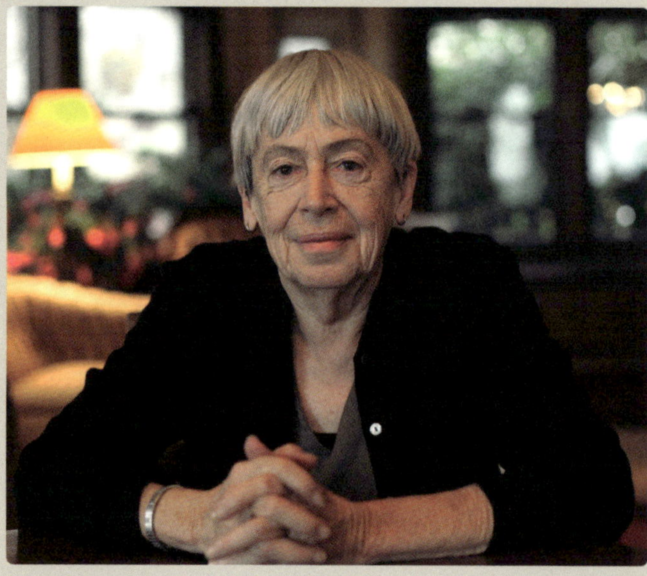

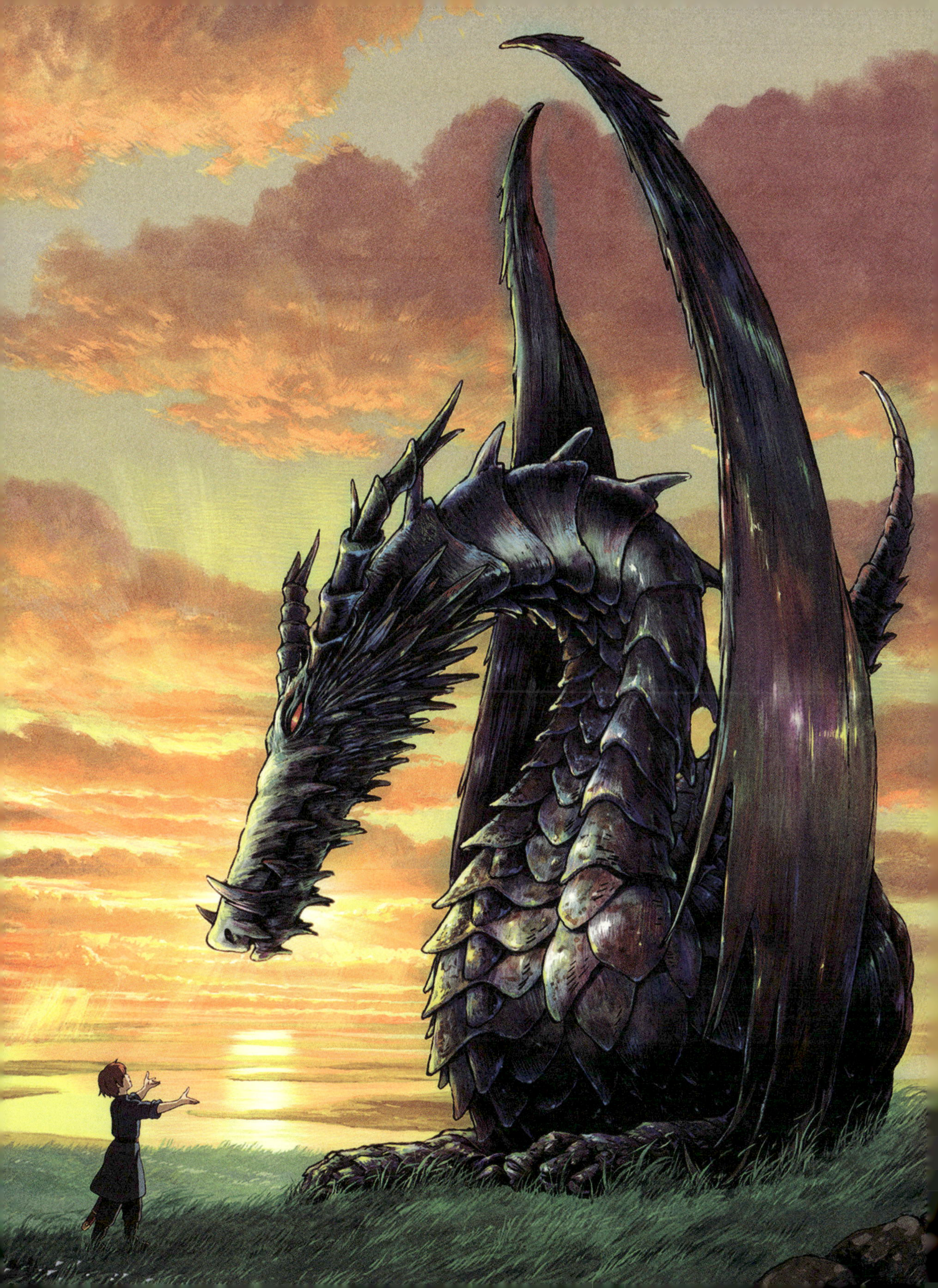

verschiedenen Menschen in Kontakt kommt. *A Wizard of Earthsea* lebt von der überwältigenden Vorstellungskraft und glänzt durch seine Weisheit und eine klare Vision. Le Guins dichte Prosa unterstreicht dies noch und liest sich mitunter wie ein antikes Epos, angereichert mit Geschichte, Sprache, altem Wissen und Landschaftsbeschreibungen, während die progressiven Ideen des Buchs in aller Anschaulichkeit und klar verständlich zum Ausdruck kommen. Es mag Fantasy sein, eine Geschichte, die von Drachen und Zauberern bevölkert wird, doch das viel zu simple Paradigma „Gut gegen Böse" lehnt Le Guin hier entschieden zugunsten eines deutlich komplexeren und persönlich abgesteckten Rahmens ab: Statt die Dunkelheit und die finsteren Mächte zu bekämpfen, ist die Frage hier eher, wie man eine Beziehung zu diesen Schatten aufbauen kann. Selbst die Bösewichte sind in ihrer Erzählung nicht einfach nur Bösewichte, sie kommen vielschichtiger daher; so bekommt es Ged mit inneren Konflikten zu tun und muss verstehen lernen, welche Verbindungen er mit der Welt, die ihn umgibt, teilt. Eine Reise, die der von Ashitaka und San in *Prinzessin Mononoke* durchaus ähnlich ist: zwei junge Protagonisten, zwischen den Fronten zweier verfeindeter Parteien, Erben einer Welt, die dem Untergang geweiht zu sein scheint und mit der Aufgabe betraut, innerhalb dieser zerrütteten Zustände Frieden und Gleichgewicht für sich zu finden.

Selbst in einer Welt voller Magie und Zauber gibt es auch in Erdsee nichts Mächtigeres, als den wahren Namen einer Person oder eines Wesens zu kennen. „Wer den wahren Namen eines Mannes kennt", schreibt Le Guin, „hält das Leben dieses Mannes in seinen Händen."

Miyazaki hat sich diese Idee für seinen Film *Chihiros Reise ins Zauberland* zu eigen gemacht – erst das erlaubt Yubaba, so viel Macht über Haku auszuüben –, Le Guin geht jedoch noch ein Stück weiter. Das große Finale im Buch, Geds Begegnung mit seinem eigenen Schatten-Ich, ist kein fulminanter Showdown,

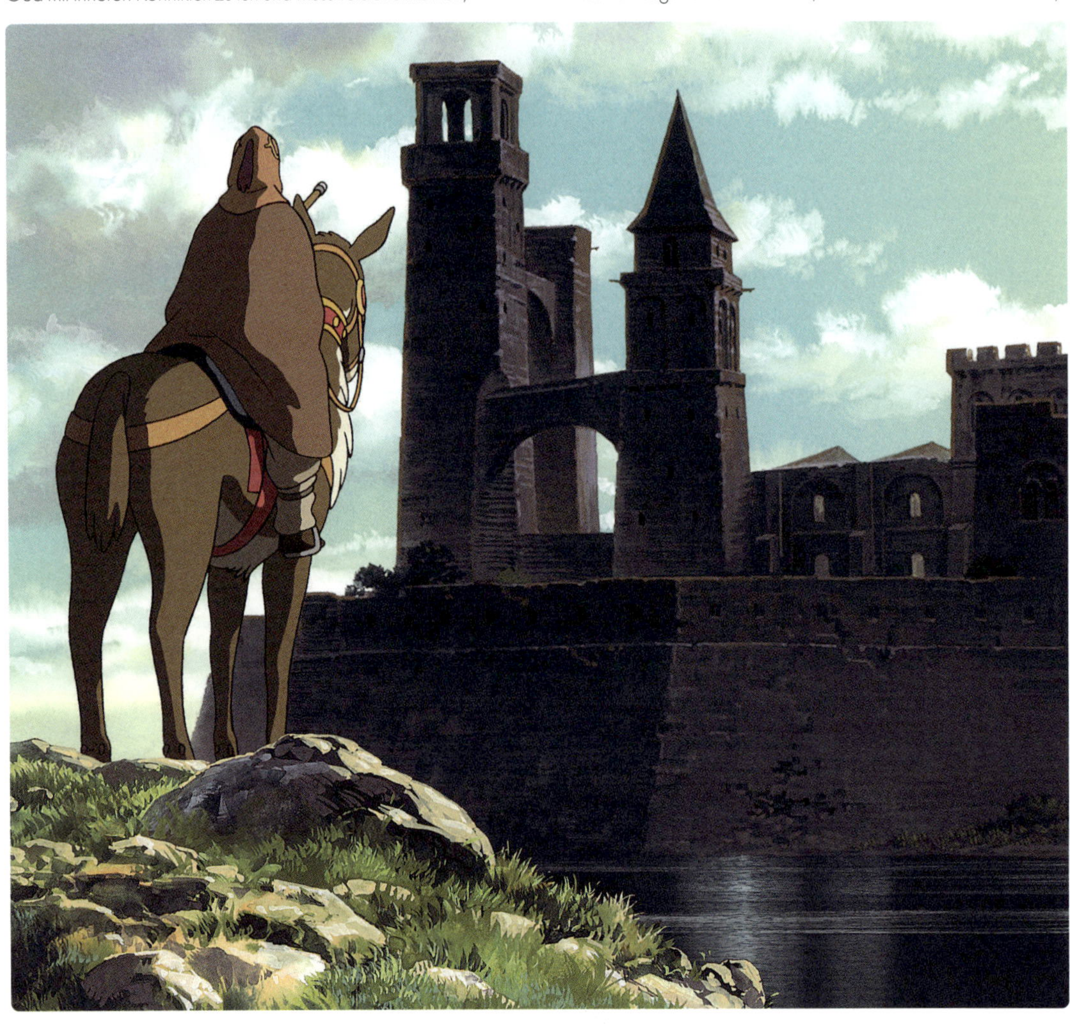

sondern ein ruhiger und bestimmter Moment tiefer Verbundenheit. Indem er seinem Schatten seinen eigenen Namen gibt, hat Ged „weder gewonnen noch verloren ... sondern sich selbst zu einem vollständigen Menschen gemacht und dadurch geheilt: ein Mensch, gesetzt hatte. keiner anderen Macht mehr besessen oder benutzt werden kann als durch sich selbst."

Die Lektüre der Romanvorlage fördert die Schwächen von Ghiblis Interpretation der *Earthsea*-Vorlage offen zutage. Und es war auch immer Le Guin, die als schärfste und vehementeste Kritikerin dieser Umsetzung auftrat. Als sie 2006 ihre Einschätzung zum Film auf ihrer eigenen Website verlautbaren ließ, schrieb sie: „Vieles davon war spannend und durchaus interessant. Jedoch wurde diese Spannung durch ein Ausmaß an Gewalt aufrechterhalten, das meiner Meinung nach dem Geist meiner Bücher zutiefst widerspricht und unangemessen ist." Ebenso nahm sie Anstoß an der Hinzufügung eines ausgesprochenen Bösewichts im Film, dem Zauberer Cob, der in ihren Romanen überhaupt nicht vorkommt. „Die Dunkelheit, die in uns steckt, kann nicht durch das stupide Schwingen eines magischen Schwerts beseitigt werden ... In einer modernen Fantasie (ob nun literarisch oder staatlich bedingt), ist das Töten von Menschen üblicherweise die Lösung, zu der man für den sogenannten Krieg ‚Gut gegen Böse' am liebsten greift. Doch meine Bücher sind nicht auf einen solchen Krieg hin konzipiert und bieten somit auch keine einfachen Antworten auf primitive und aufs Einfachste heruntergebrochene Fragen."

Gegenüber: Ghiblis Reise in die Welt von Erdsee ist vielleicht nicht sonderlich beliebt, aber die Landschaften und Schauplätze bleiben ein unbeirrbares Highlight des Films.

Rechts: Die Szenen im Film sind regelmäßig in goldenes Licht getaucht, und was diesem Werk an erzählerischer Nuance fehlt, macht er (beinahe) durch seine visuelle Schönheit wieder wett.

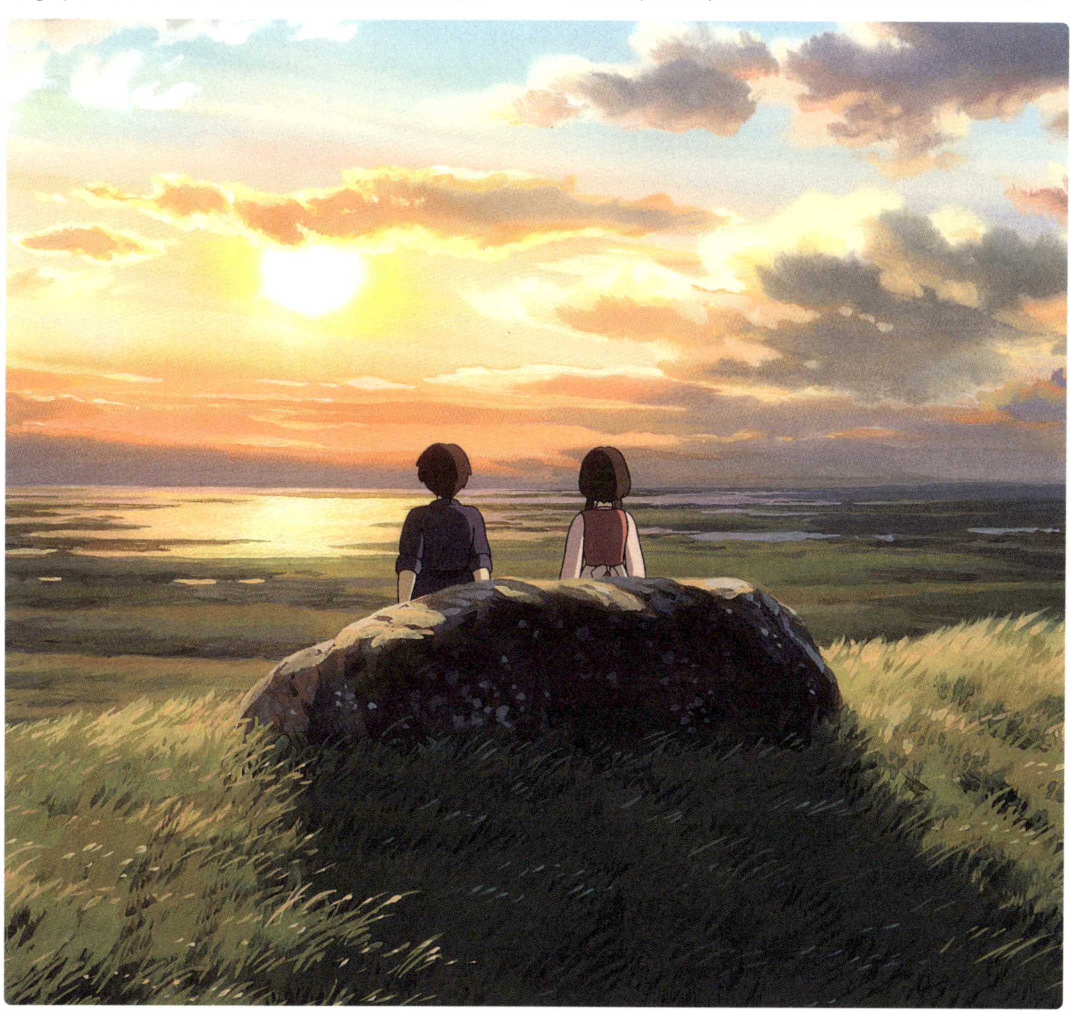

Damals mit Marnie: Glückliche Ferien am Meer

Autorin: Joan G. Robinson
Erstveröffentlichung: 1967

Als zum ersten Mal bekanntgegeben wurde, dass Studio Ghibli *When Marnie Was There* verfilmen würde, war es erstaunlich schwierig, an die englische Romanvorlage zu kommen.

Trotz des Erfolgs und der Würdigung nach der Veröffentlichung im Jahr 1967 und darauf folgenden Adaptionen für Fernsehen und Radio war Joan G. Robinsons *Marnie*-Roman leider vergriffen. Als er dann 2014 in einer Neuauflage herausgebracht wurde, unmittelbar vor dem Japan-Release des Ghibli-Films, schrieb die Tochter der Autorin, Deborah Sheppard, im Nachwort über die fortdauernde Anziehungskraft, die der Roman auf Leserinnen und Leser in Japan ausübt. Sie erinnert sich, wie ein japanischer Tourist es einmal fertigbrachte, auf eigene Faust den Weg von London bis ganz nach Burnham Overy zu finden, der Stadt in Norfolk, die als Inspiration für die fiktive Kulisse „Little Overton" im Buch diente. Wie sie es beschreibt, trug jener japanische Tourist „lediglich eine Ausgabe des Romans als Reiseführer" bei sich. Und so revanchierte Studio Ghibli sich in gewisser Weise mit dieser Adaption und brachte einer neuen Leserschaft Robinsons Werk näher.

Marnie (wie das Werk hieß, ehe die Veröffentlichung des gleichnamigen Alfred-Hitchcock-Films in letzter Sekunde zur Titeländerung führte), lag der Autorin Robinson besonders am Herzen. Wenn man den Berichten glauben darf, war es ihr stets das liebste ihrer Bücher und schöpfte seine Inspiration aus der Küstenlandschaft ihrer Heimat. Hiromasa Yonebayashis Film gelingt es, die Einsamkeit und Sehnsucht der jungen Protagonistin Anna mit viel Liebe und behutsamem Auge einzufangen, und beschreibt auch Annes Begegnung mit einem mysteriösen Mädchen, das durch einen Riss in Raum und Zeit gefallen zu sein scheint – doch das Ursprungswerk besitzt auch Passagen und Qualitäten, die sich nur schwer übertragen lassen. Die Prosa ist gespickt mit lokaler Mundart und detaillierten Beschreibungen aus Flora und Fauna der Küstenlandschaft, die dem Roman ein unvergleichliches Gefühl von Verortung und Lokalkolorit verleihen.

Unten (links): Die stimmungsvollen und sinnträchtigen Arbeiten der Illustratorin Peggy Fortnum lassen sich auch in einigen Ausgaben der *Paddington*-Bücher von Michael Bond wiederfinden.

Unten (rechts): Hiromasa Yonebayashis Adaption verlegte die Handlung zwar nach Japan, behält aber stets den melancholischen Touch der Romanvorlage bei.

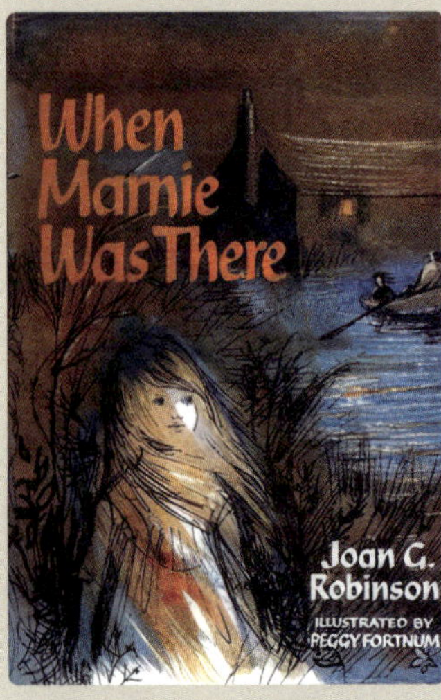

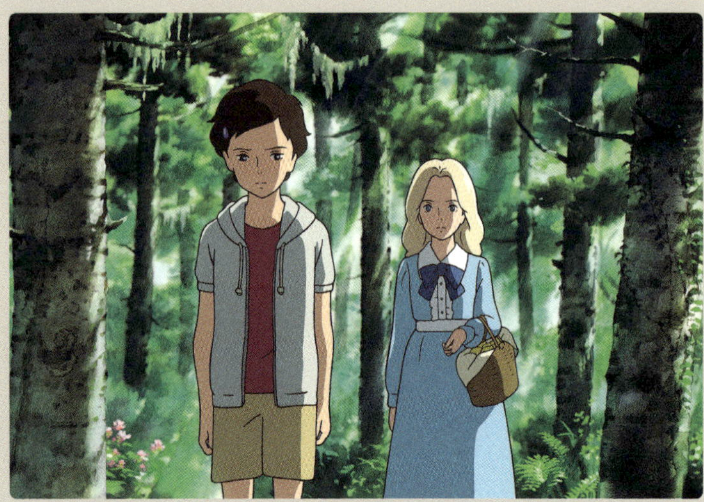

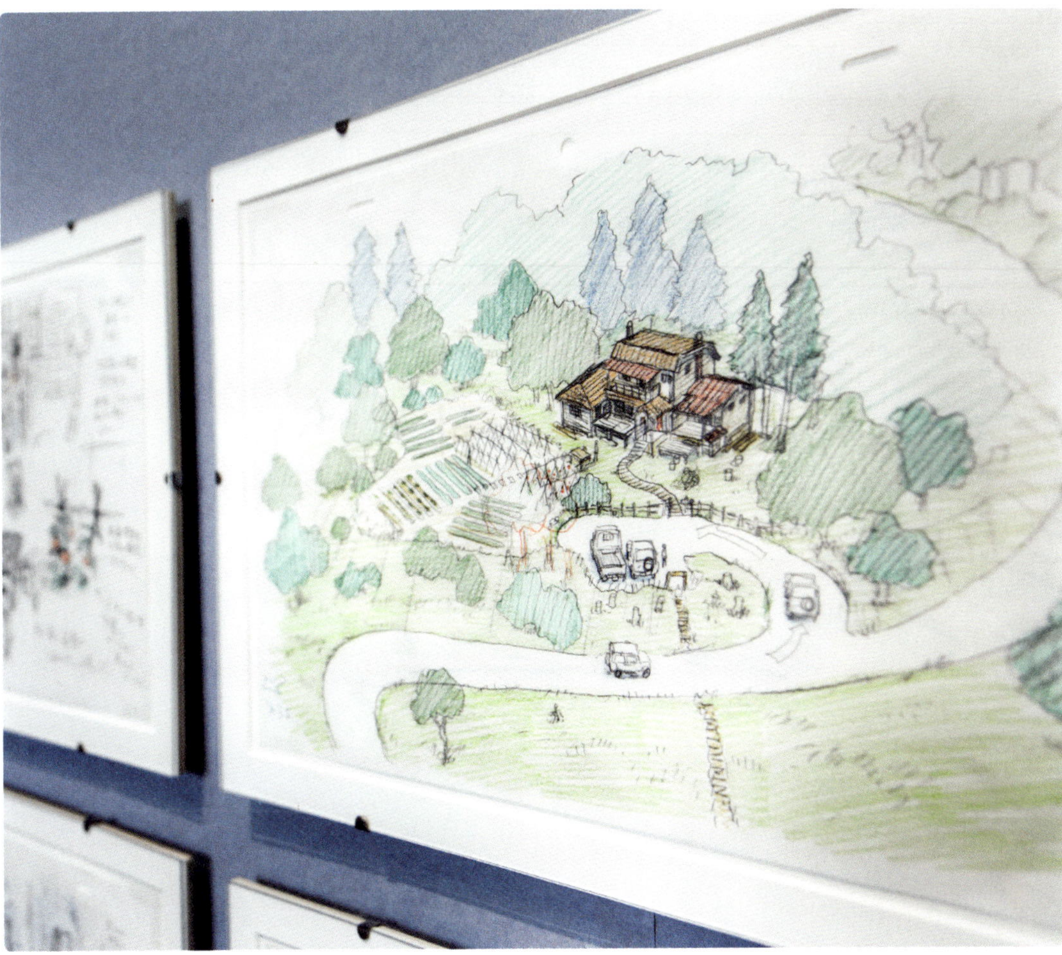

Auf den Seiten erklingen die Strandläufer („O Erbarmen, habt Erbarmen!"), „das Säuseln des Winds in den Dünengräsern" und die „irren, beängstigenden und schusseligen Schreie" der Klebitze. Ebenso bringt Robinson der Leserschaft in ihrer Erzählung auch das unausweichliche (und eben unausweichlich britische) Problemfeld der Klassenunterschiede näher, subtile Erkennungsmerkmale gesellschaftlicher Differenzen, angefangen bei Bingo-Abenden über Boxkämpfe im Fernsehen bis hin zum Diner, dem „Tee", der als „bergeweise weißen Bohnen in Tomatensoße, einem Räucherhering und mit glasurüberzogenen, süßen Brötchen" beschrieben wird. Verglichen mit der etwas bodenständigeren Lebensweise vor Ort, werden die Lindsays, die in das verlassene Haus von Marnie ziehen, sofort als „Londoner" ausgemacht, jedoch nicht „als die Sorte von Londonern, die sich im Dorf direkt unbeliebt machen". Doch es gibt Unmengen zu entdecken in den etwas ungeschliffenen und forcierteren Beschreibungen der Protagonisten des Romans. Während der Film eine passende Metapher für die oftmals unsichtbaren sozialen Zirkel und Begrenzungen findet, die einem das Gefühl geben, dazuzugehören oder eben nicht, wird Annas Einsamkeit im Buch als etwas prekärer und unberechenbarer inszeniert. So wird sie oft derart stark von der eigenen Angst und Furcht übermannt, dass sie sich nicht anders zu helfen weiß, als ihre Emotionen an den Bewohnern auszulassen, selbst wenn sie es nur gut meinen mit ihr. Am Ende findet sie sich zwar als „zugehörig" wieder und ist Teil dieses „inneren Kreises", doch dafür brauchte es erst ihre Begegnung mit Marnie und die Entdeckung, was wirklich hinter ihrer außergewöhnlichen Verbindung zueinander steckt.

Begleitet von Illustrationen von Peggy Fortnum, die die verschwommenen, traumhaften und mitunter schon unheilschwangeren düsteren Töne der Geschichte unterstreichen, ist Robinsons Buch auf seine ganz eigene Art lebensklug und wunderbar – ein Schatz, den es definitiv zu entdecken gilt.

Oben: Eine Schauwand mit Skizzen aus einer Ausstellung von Werken der Ghibli-Adaption des Buchs *When Marnie Was There.*

How Do You Live?

Autor: Genzaburo Yoshino
Erstveröffentlichung: 1937

Inzwischen wissen wir, dass Hayao Miyazakis jüngster Spielfilm *Der Junge und der Reiher*, dem eine lange Entstehungszeit vorausging, keine animierte Buchadaption des japanischen Romans *How Do You Live?* ist. Vielmehr borgte Miyazaki sich lediglich den Titel – im Japanischen *Kimitachi wa dou ikiru ka* – für den Japanrelease seines Films.

Und doch lässt sich kaum verhehlen, dass jahrelang davon ausgegangen wurde, Genzaburo Yoshinos Roman sei die Grundlage für den angeblichen Abgesang und würdevollen Abschied des Filmemachers. Hieran sieht man auch recht schön, wie viel Macht und Einfluss von Miyazaki und Studio Ghibli ausgehen. Allein die Andeutung, er würde einen eher unbekannten japanischen Roman aus den 30er-Jahren adaptieren, hatte genügt, um mehrere Neuauflagen, internationale Übersetzungen des Werks ohnegleichen und beinahe zwei Millionen verkaufter Exemplare allein in Japan nach sich zu ziehen. Noch unmittelbar vor der Kinopremiere von *Der Junge und der Reiher* im Jahr 2023 stellte Produzent Toshio Suzuki unmissverständlich klar, dass der Roman in dem Film nur eine untergeordnete Rolle spiele. Dabei ist die Präsenz der Buchvorlage im Film alles andere als unbedeutend. Als der junge Protagonist Mahito gerade dabei ist, den Tod seiner Mutter zu betrauern und sich durch einen Bücherstapel wühlt, den sie ihm hinterlassen hat, sticht der Roman *How Do You Live?* am meisten hervor. Dieser bezeichnende Titel dient als Anlaufstelle und zentraler Themenschwerpunkt nicht nur dieses Werkes, sondern des gesamten späteren Filmschaffens in Miyazakis Karriere: Wie gelingt es uns, inmitten unsicherer Zeiten eine sinnstiftende und moralisch vertretbare Lebensweise zu finden?

Entgegen den Äußerungen Suzukis gehen die Verbindungen und Überschneidungen zwischen Buch und Filmemacher weit über den Titel hinaus. *How Do You Live?* ist Bildungsroman und allumfassender Lehrplan in einem, der Kunst, Wissenschaft, Sprache, Geschichte, Ethik und Philosophie in sich eint und durch die alltäglichen Erlebnisse eines Schülers namens Copper und die Korrespondenz mit seinem Onkel, der für jede Gelegenheit einen passenden Aufsatz oder eine nachdenklich stimmende Anekdote parat hat, all diese Themen erforscht. Wie so viele von Miyazakis Werken, konzentriert sich auch dieser Film auf Seele und Gemüt eines jungen Menschen, dessen Gedanken noch Form annehmen, während er seiner eigenen Entwicklung durch Selbstwahrnehmung, das Gefühl von Unabhängigkeit und emotionaler Intelligenz allmählich gewachsen zu sein scheint. Während Copper durch die harte Schule des Lebens geht und sich standhaft gegen Gefühle der Angst und Scham zur Wehr setzt, lassen sich deutliche Abfärbungen von Kiki, Chihiro, Ashitaka oder San erkennen. Im Mittelpunkt des gesamten Werks steht ein immerwährendes Gefühl des generationsübergreifenden Austauschs, nicht nur zwischen Onkel und Neffe, sondern eben auch zwischen Autor und Leserschaft. Es erinnert auch ein wenig an Miyazakis Vorschlag für *Stimme des Herzens – Whisper of the Heart*, in dem er schrieb, dass „dieser Film eine Art Herausforderung oder Kampfansage darstellt, die von einer Gruppe Männer mittleren Alters ... an die jungen Leute von heute gerichtet wird. Es soll ein Versuch sein, ein spirituelles Verlangen zu wecken und die Bedeutung einer solchen Sehnsucht und einem Streben nach Höherem für ein Publikum vermitteln, das ... dazu neigt, die Idee, die Hauptrollen ihrer eigenen Geschichte zu sein, allzu leicht [zu verwerfen]."

Der Titel des Werks ist als Frage formuliert, aber fungiert gleichermaßen als Forderung und Prüfung an Leserin und Leser, sich aus dem vorliegenden Werk zu bedienen. Das herauszunehmen, was er oder sie als wichtig erachtet, um es letztendlich auch auf das eigene Leben anzuwenden. Ob nun ein aufschlussreicher Moment aus Coppers Schulzeit oder ein eigenwilliger Exkurs in die Biografie Napoleons – es ist für jeden und jede etwas dabei. Oder um es mit den Worten von Neil Gaiman zu sagen, der in Erwartung einer Filmadaption, die so nie zustande kam, eine Einführung zum Originalroman verfassen sollte: „Es ist nicht nur ein absolut seltsames Buch, sondern auch ein Buch voller Weisheit."

Gegenüber: Das japanische Cover von *How Do You Live?* aus der Reihe *Nihon shokokumin bunko* (Bibliothek der Bücher für die jüngere Generation Japans).

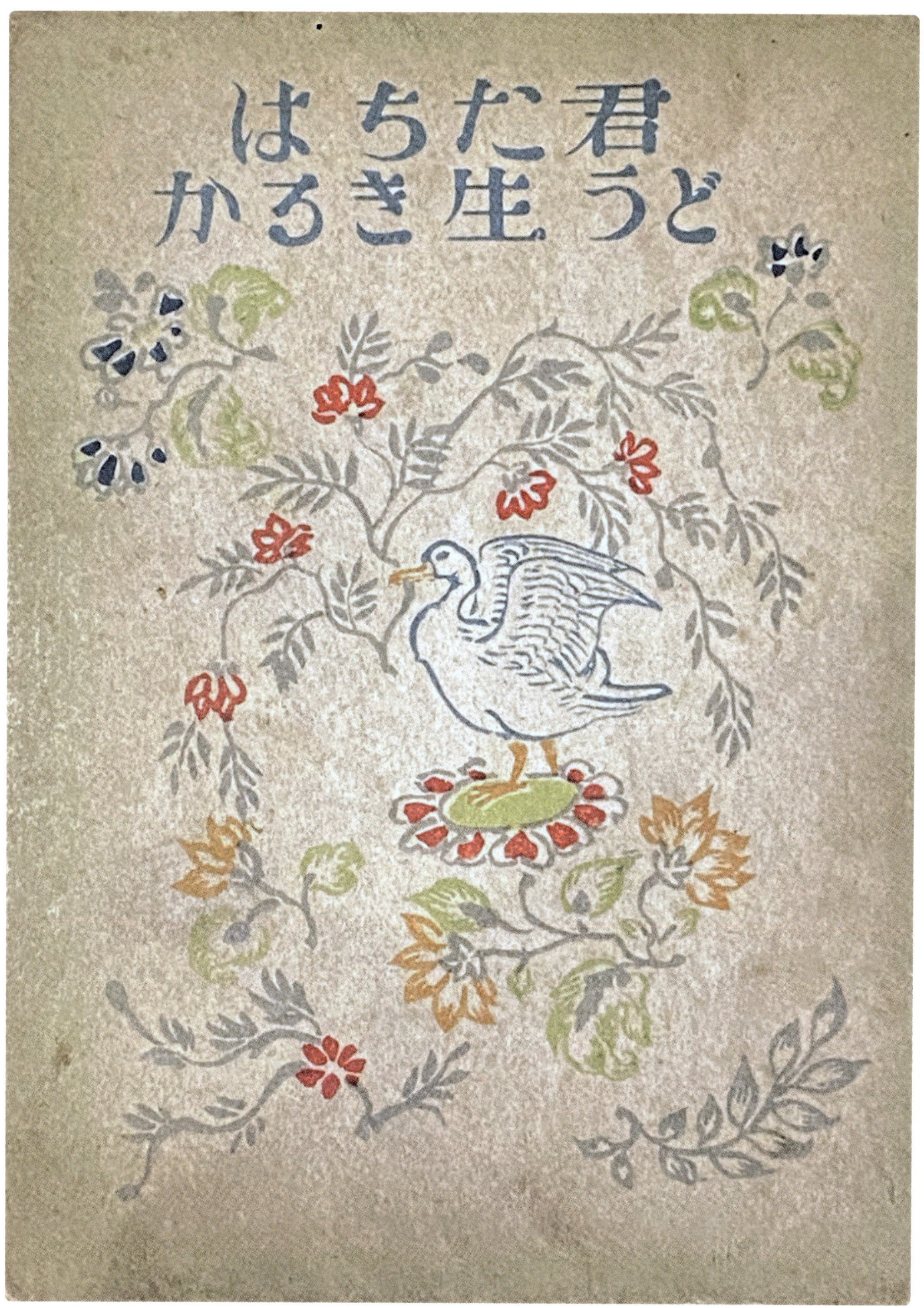
君たちは
どう生きるか

Michaels Ghibli-Buchregal

Wie ihr euch ja inzwischen schon denken könnt, lieben wir Bücher, und vor allem lieben wir Bücher von und über Studio Ghibli. Als wir mit dem Projekt der *Ghibliothek* begonnen haben, gab es leider noch nicht so viele Veröffentlichungen mit Ghibli-Bezug in englischer Sprache, aber glücklicherweise ändert sich das mit jedem Jahr. Wenn ihr euch also wie wir eine kleine oder große Ghibliothek aufbauen wollt, dann findet ihr hier eine Handvoll Empfehlungen für den Anfang ...

Starting Point 1979–1996 / Turning Point 1997–2008
Autor: Hayao Miyazaki

Zwei ganze Bände, vollgepackt mit gesammelten Essays, Interviews, Auszügen aus Pressekonferenzen, Projektvorschlägen und Drehbuchideen, sowie Notizen des Regisseurs, ein großer Rundumschlag über Hayao Miyazakis Karriere, angefangen bei den frühen, prägenden Werken und deren Einflüsse, über die Gründung und den Aufstieg von Studio Ghibli, bis hin zur Produktion von *Ponyo* im Jahr 2008. Eine unverzichtbare Lektüre für alle, die einen tieferen Einblick in die Gedankenwelt, Weltanschauung und den kreativen Prozess des legendären Regisseurs gewinnen wollen.

The Ghibli Art Series

Diese üppigen Bildbände vereinen in sich all die Kunstwerke, die in die Entstehung eines Ghibli-Films einfließen, von Storyboards über Designskizzen und gemalten Hintergründen bis hin zu den fertigen Film Stills. Jeder Band wartet mit einer unübertrefflichen Präsentation auf, die die vielen Talente hinter der Arbeit von Studio Ghibli würdigt. Pickt euch einfach euren Lieblingsfilm heraus und stürzt euch ins Vergnügen. Und wer noch intensiver eintauchen will, dem sei die komplette *e-conte*-Sammlung sämtlicher Storyboards als Japanimport ans Herz gelegt.

Prinzessin Mononoke (Urfassung)
Autor: Hayao Miyazaki

Als Hayao Miyazaki mit der Entwicklung des Spielfilmprojekts *Prinzessin Mononoke* (1997) begann, veröffentlichte Ghibli diese Bildersammlung, die aus seinem ersten, bereits über ein Jahrzehnt zurückliegenden und gescheiterten Versuch, einen Film unter demselben Namen zu veröffentlichen, entstanden ist. Dieses Bilderbuch, das im Wesentlichen Miyazakis Take auf die Erzählung von *Die Schöne und das Biest* darstellt, ist ein faszinierender und überaus unterhaltsamer Blick auf das, was es letztlich hätte werden können – und weist mit seinem grinsenden, katzenhaften Design der etwas pummeligeren Mononoke bereits einen ersten Trampelpfad zu *Totoro*.

Nausicaä of the Valley of the Wind: Watercolour Impressions
Autor: Hayao Miyazaki

Dieser atemberaubende Bildband umfasst Kunstwerke aus der Feder Hayao Miyazakis und erstreckt sich über die gesamte Zeitspanne der Produktion an *Nausicaä*, von Farbseiten für die Manga-Fassung bis hin zu malerischen Kunstwerken aus den Storyboards und Designskizzen für den Film. Am faszinierendsten jedoch ist ein Abschnitt, der „The Way to Nausicaä" (*„Unterwegs nach Nausicaä"*) betitelt wurde und verschiedene Skizzen und Ideen aus den frühen 80ern zusammenträgt. Er lädt uns ein, mitzuverfolgen, wie Miyazaki auf der Suche nach seinem ganz eigenen Stil Versatzstücke aus der japanischen Geschichte, dem Science-Fiction-Genre, Fantasy und Märchen als Inspiration verwendet hat.

Mixing Work With Pleasure: My Life at Studio Ghibli
Autor: Toshio Suzuki

Produzent Toshio Suzuki fungiert so gut wie immer als Sprecher und Ideengeber von Studio Ghibli und übernimmt diese Rolle bereits seit Jahrzehnten mit Vergnügen, möchte man meinen. Dieser dünne, aber durchaus lohnenswerte Band bietet uns seine Perspektive auf das Geschehen Ghibli, angefangen bei seinem unerschütterlichen Einsatz, *Nausicaä* an den Start zu bringen, über intime Einblicke in die Arbeitsweise von Miyazaki und Takahata bis hin zu der oftmals schwierigen Aufgabe, den Staffelstab auch an eine jüngere Generation von Filmemachern weiterzureichen.

Grave of the Fireflies
Autor: Alex Dudok de Wit
In der englischsprachigen Welt kommt Hayao Miyazakis Werk oft eine sehr viel größere Bedeutung zu, weshalb es leider nur wenige Bücher gibt, die sich mit den Filmen seines Kollegen und ehemaligen Mentors Isao Takahata befassen. Dieser aufschlussreiche Beitrag in der *BFI Film Classics*-Reihe des Animationskritikers Alex Dudok de Wit bildet hier eine gelungene Ausnahme und versorgt uns mit einer allumfassenden und gründlich recherchierten Filmanalyse eines Werks, das leider allzu häufig (wenn auch im Positiven) als Antikriegs-Schnulze mit ordentlich viel Taschentuch-Potenzial abgestempelt wird.

Sharing a House with the Never-Ending Man: 15 Years at Studio Ghibli
Autor: Steve Alpert
Diese lebendigen und quirligen Insider-Anekdoten in Form von unterhaltsamen Rückblicken stammen von Steve Alpert, dem einstigen „Gaijin" (Ausländer) von Studio Ghibli, der dem Animationsstudio zu seinem Durchbruch in Amerika verhelfen sollte. Am spannendsten wohl noch die Kapitel über die Veröffentlichung von *Prinzessin Mononoke* und Ghiblis Geschäftsbeziehungen zu Disney und Harvey Weinsteins Miramax, beschert uns Alpert allerdings auch einfühlsame Momentaufnahmen der japanischen Geschäftspraktiken und Unternehmensstrukturen und zeigt so recht schön, wie die Wirklichkeit hinter einem funktionierenden Studiobetrieb aussieht.

Miyazakiworld: A Life in Art
Autorin: Susan Napier
Teils Biografie, teils kritische Studie, ist dieses Buch der Japanologin und Professorin Susan Napier eine verständliche und fesselnde Gesamtschau über Miyazakis bisherige Karriere, angefangen bei der Geburt, seinen Anfängen bei *Toei Animation*, bis hin zu seinem Erfolg als Animator und Filmemacher. Dem Buch kommt es deutlich zugute, eine umfassendere Sicht auf Miyazaki zu werfen, die auch seine veröffentlichten Texte und Manga-Werke miteinbezieht, einschließlich der fulminanten Serie *Nausicaä aus dem Tal der Winde*.

The Anime Encyclopedia
Autoren: Jonathan Clements and Helen McCarthy
Wenn ihr Lust habt, euch auch fernab von Studio Ghibli in tiefere Gewässer der japanischen Animationsgeschichte vorzuwagen, ist das hier genau das richtige Buch, um damit anzufangen. Clements und McCarthy, zwei der führenden Anime-Historiker Großbritanniens, haben ein Tag-Team gebildet und für uns diese universelle Enzyklopädie zusammengestellt, die mittlerweile in einer 3. überarbeiteten Auflage und erweiterter digitaler Fassung vorliegt. Und wer dann noch nicht genug hat, nimmt sich die anderen Werke der beiden Autoren zur Brust wie Clements *Anime: A History* oder McCarthy's *The Art of Osamu Tezuka: God of Manga* und *Hayao Miyazaki: Master of Japanese Animation*.

Spirited Away
Autor: Andrew Osmond
Es mag eines der berühmtesten und weltweit bekanntesten Werke Ghiblis sein, doch die Produktion von *Chihiros Reise ins Zauberland* war alles andere als einfach, wie der Kritiker Andrew Osmond in diesem Band aus der *BFI Film Classics*-Reihe es beschreibt. Darin auch enthalten sind die entscheidende Krisis seiner eigenen Heldenreise zwischen Tod und Auferstehung und die dämmernde Erkenntnis, dass seine ausufernde Kreativität auf dem besten Wege war, einen Dreistundenfilm zu erschaffen. Das veranlasste Miyazaki schließlich zum Umdenken, was drastische Veränderungen in der Erzählung nach sich zog (im Zentrum dieser Revisionen die Figur des Ohngesichts).

My Neighbour Totoro: Soundtrack
Autor: Kunio Hara
Die Rolle, die Joe Hisaishis Musik für die anhaltende Faszination der Studio-Ghibli-Filme spielt, darf nicht unterschätzt werden. Dieser Beitrag in der Monografie-Buchreihe 33 1/3, die sich mit Analysen bedeutender Musik-Alben befasst, bietet eine differenzierte Lektüre über die innovativen und wegweisenden Soundtracks und Filmmusiken, die lange im Ohr bleiben, und hebt sich dank der fachkundigen Analyse des assoziierten Professors für Musikgeschichte, Kunio Hara, deutlich vom Rest ab, da hier klar die Perspektive der Musikgeschichte und Musiktheorie miteinbezogen wurde.

Studio Ghibli: An Industrial History
Autorin: Rayna Denison
Rayna Denison ist eine der führenden Stimmen in der akademischen Film- und Digital-Arts-Welt, die sich mit Anime beschäftigt. Dieses Buch ist ein außergewöhnliches Kleinod, das einen Blick auf Studio Ghibli als funktionierendes Unternehmen wirft, auch die wichtige Rolle des Merchandise und Marketings nicht ausklammert und andere, viel zu selten angeschnittene Projekte unter die Lupe nimmt, die das Studio letztlich auch über Wasser halten konnten. Für eine weiterführende Lektüre schaut auch gern mal hier rein: die wissenschaftliche Essaysammlung *Princess Mononoke: Understanding Studio Ghibli's Monster Princess*, herausgegeben von Denison.

6

Ghibli-Dokus

Hinter den Kulissen des bedeutendsten Animationsstudios der Welt

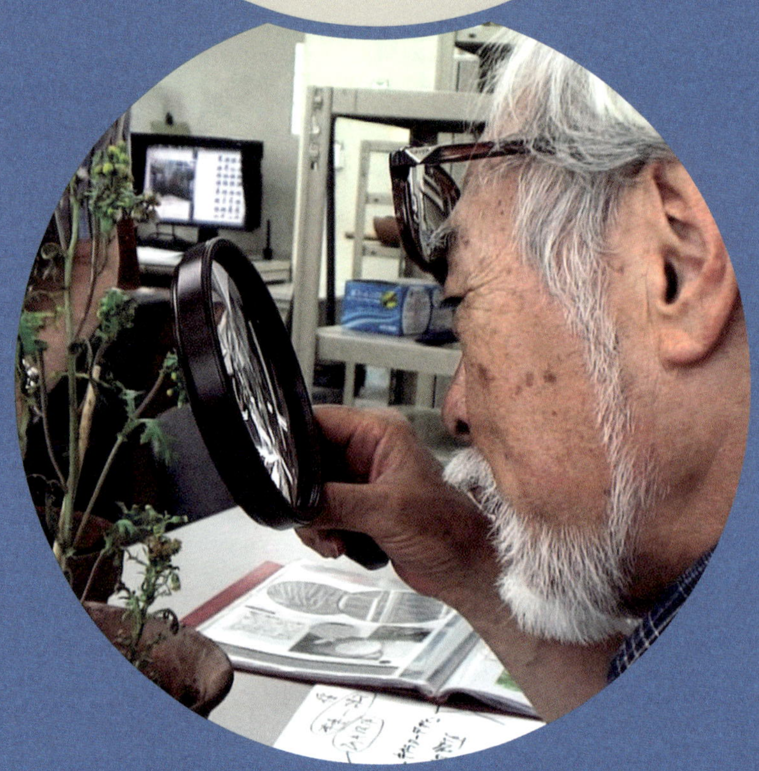

Wenn ihr neugierig seid und wissen wollt, wie die Künstlerinnen und Künstler von Studio Ghibli ihre zauberhaften Filme erschaffen haben, dürft ihr euch glücklich schätzen. Es gibt wohl nur wenige Filmemacher oder Studios, die derart ausführlich und umfassend bei ihrer Arbeit via Film oder Video dokumentiert wurden. Mehrere ausführliche Dokumentarfilme in Spielfilmlänge – einige sogar weit länger! – wurden über Hayao Miyazaki, Isao Takahata, ihr Schaffen, ihre Inspirationsquellen und ihre Mitarbeiterinnen und Mitarbeiter bereits gedreht. Falls ihr die Souvenirläden im Ghibli-Museum und im Ghibli-Themenpark besucht, werdet ihr ganze Abteilungen entdecken, die allein den Ghibli-Dokus gewidmet sind. Viele dieser Werke sind noch unveröffentlicht und für das internationale Publikum nicht übersetzt, einschließlich jener Werke, die in der Spezialkollektion „Ghibli ga Ippai" zu finden sind, ein Titel, den man treffenderweise mit „Ein Haufen Ghibli" übersetzen könnte. Hier stellen wir euch nun einige dieser Dokumentarfilme vor, die Tausende und Abertausende mürrischer „Miyazaki-Memes" nach sich zogen und uns einen Blick hinter die Kulissen bieten, um den Magiern bei der Arbeit zuzusehen.

Journey of the Heart

EPISODEN:
Saint-Exupéry: A Dream for the Sky – From Southern France to Sahara (44 Minuten, 1998)

Dialogue with a Man Who Planted a Canadian Tree (44 Minuten, 1999)

Journey of the Heart war eine Serie von Reiseberichten, die zwischen 1993 und 2003 auf dem japanischen Sender NHK BS2 ausgestrahlt wurde. Dafür reisten Prominente um den Globus und folgten den Spuren von Künstlern und Persönlichkeiten, die ihr Leben beeinflusst und nachhaltig geprägt haben.

Ob nun in *The Kingdom of Dreams and Madness* (2013), *Never-Ending Man* (2016) oder anderen Dokumentarfilmen, die Ghibli zum Thema haben, Hayao Miyazaki und Isao Takahata sind ständig beschäftigt. Sie recherchieren, zeichnen oder casten und sind als Galionsfiguren des Studios natürlich eng an die jeweiligen Produktionsstudios gebunden. Das macht auch den besonderen Reiz von *Journey of the Heart* aus, da beide abseits des normalen Büroalltags zu sehen sind. In zwei Episoden dieser Dokumentarfilmreihe unternehmen Miyazaki und Takahata zwei ganz unterschiedliche Ausflüge – weg von den heimischen Gefilden Ghiblis, hinein in eine gänzlich andere Umgebung. Dadurch entsteht ein sehr subtiles Bild der beiden Ausnahmekünstler. Bei Miyazaki, wie sollte es anders sein, dreht sich alles um Flugzeuge. In *Saint-Exupéry: A Dream for the Sky* folgt er den Spuren seines Heroen, dem Piloten und französischen Schriftsteller Saint-Exupéry. Weltweit beliebt duch seinen Romanklassiker *„Der kleine Prinz"*, war Saint-Exupéry auch als Pilot tätig und flog in den 20er-Jahren Luftfracht von Frankreich in die Sahara. Miyazaki zeichnet in guter alter *Indiana-Jones*-Manier die damalige Flugroute mit roten Linien auf einer Weltkarte nach. Er reist in restaurierten Flugzeugen aus dem frühen 20. Jahrhundert, darunter auch eine Savoia S.21 im gleichen Knallrot wie Porco Rossos Wasserflugzeug. Der jugendlich wirkende, ergraute und ausgesprochen ruppige Miyazaki verwandelt sich bei jedem Blick auf einen Propeller oder aus einem Flugzeugfenster in einen aufgeregten Schuljungen. Durch seine Arbeit wissen wir, wie sehr er die Fliegerei liebt, aber es ist doch etwas Besonderes, Miyazaki umgeben von seiner größten Leidenschaft zu erleben. Er ist mehr umhüllt vom Motiv, fängt es weniger ein. Seine Pilgerreise endet schließlich auf dem Wüstenflugplatz Cap Juby, wo einst auch Saint-Exupéry stationiert war, und hier wird überdeutlich, wie wichtig Miyazaki der Lebensweg seines Helden ist. Das breite Lächeln, die Scharfzüngigkeit, gepaart mit regelmäßigen apokalyptischen Äußerungen – das alles ist hier nicht mehr vorhanden. Miyazaki wird komplett überwältigt von der goldbestäubten Wüstenkulisse. „Es ist schöner als ich es mir je hätte träumen lassen", sagt er – und genauso schön ist es, zu sehen, wie er diese tiefe Verbundenheit zu Saint-Exupéry an diesem besonderen Ort erlebt.

Takahatas Beitrag, *Dialogue with a Man Who Planted a Canadian Tree*, ist etwas realistischer. Der Regisseur reist nach Kanada, um sich mit dem Animator Frédéric Back zu treffen, der einen „Oscar" für seinen Kurzfilm *Crac* (1981) erhalten hat. Es ist die Geschichte eines Schaukelstuhls, der die Industrialisierung durchleben muss und vollständig von Back animiert wurde. Bevor er auf Back trifft, startet Takahata eine Erkundungsreise durch die Wälder auf Prince Edward Island, um den Schauplatz seiner Serie *Anne mit den roten Haaren* (1979) zu erforschen.

Der sanftmütige, weise Takahata, der die Schauplätze seines Werks besichtigt, wirkt so natürlich, wie er vor der Kamera agiert und spricht, dass er auch einen späten Karrierewechsel als Fernsehmoderator in Betracht gezogen haben könnte. Es ist ein Vergnügen zu sehen, wie er interessante, wenn auch nicht überwältigende Aspekte von Prince Edward Island adaptiert und umgeformt hat, um sie an seine Serie anzupassen.

An anderer Stelle zeigt ein Besuch in einem historischen Dorf, wie Takahata sich an traditionellen

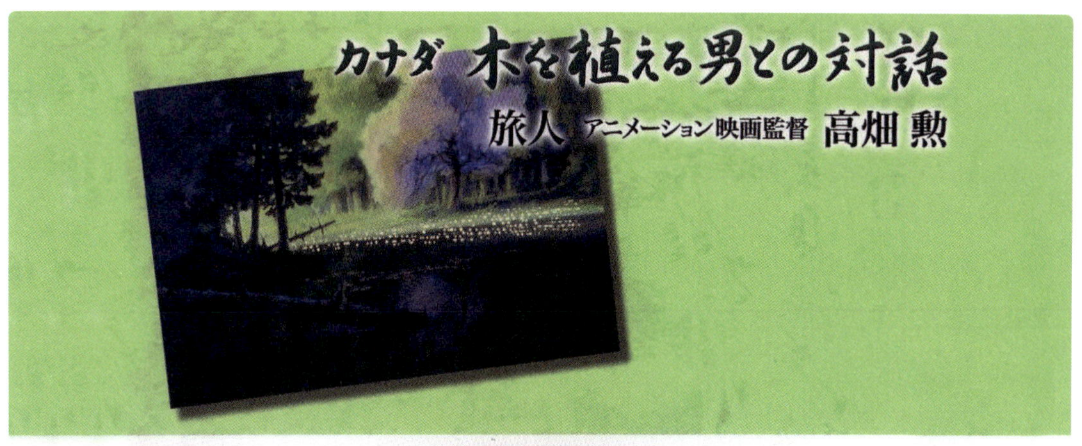

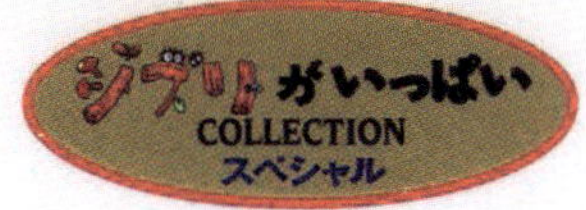

世界・わが心の旅

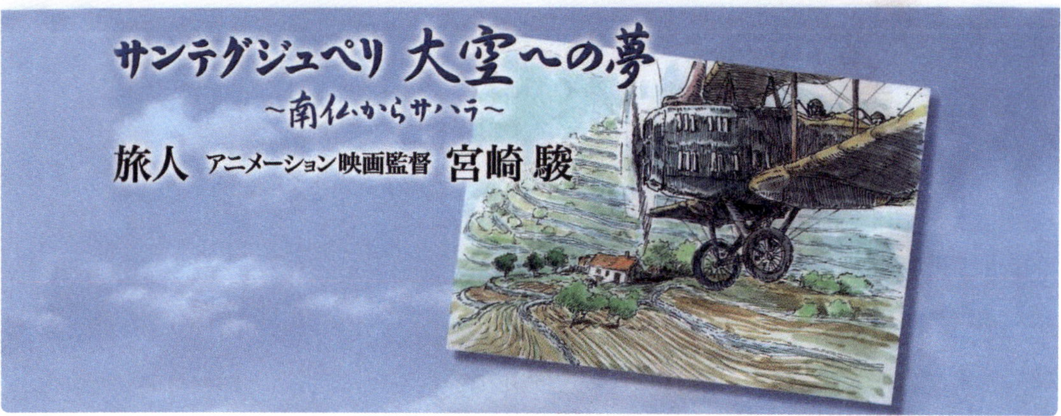

landwirtschaftlichen Methoden erfreut, während ein Besuch bei einem indigenen Volk seine Leidenschaft für die Erhaltung der lokalen Kultur zeigt, sei es Bildhauerei, Sprache oder Tanz. In den Gesprächen mit Back erfahren wir am meisten über den Filmemacher Takahata. Back ist der alleinige Schöpfer seiner Filme, während Takahata bei keinem seiner Filme als Animator tätig war, und doch sind sich die beiden in ihrer Praxis und Philosophie sehr ähnlich. Sie sind Künstler, die sich darauf konzentrieren, direkte Linien zwischen der Kraft der Natur und ihrer fein ausbalancierten Beziehung zum Menschen zu ziehen und neu zu zeichnen.

Oben: Das DVD-Cover der beiden *Journey of the Heart*-Dokus, in denen Miyazaki und Takahata sich auf die Suche nach ihren jeweiligen Inspirationsquellen machen.

The Kingdom of Dreams and Madness

Regie: Mami Sunada
Laufzeit: 118 Minuten / Jahr: 2013

Wenn ihr euch nur einen Dokumentarfilm über Studio Ghibli ansehen wollt, dann wählt diesen. Mami Sunadas wunderbares Werk hebt sich deutlich von der Masse ab, auch dank des lockeren Stils, der subtilen Beobachtungsgabe und der Möglichkeit „Mäuschen zu spielen", und den Mitarbeitenden von Studio Ghibli bei der Arbeit über die Schulter zu schauen.

Im Gegensatz zu einigen der Specials und Serien, die wir in diesem Kapitel vorstellen, handelt es sich bei diesem Werk um eine Spielfilmdokumentation, was sowohl die Laufzeit als auch die Umsetzung angeht.

Der knapp zweistündige Film begleitet Hayao Miyazaki und Isao Takahata bei der Arbeit an den Filmen *Wie der Wind sich hebt* (2013) und *Die Legende der Prinzessin Kaguya* (2013), von denen man damals annahm, dass es definitiv ihre „letzten Werke" seien, und wirft einen ungeschönten Blick auf beide Produktionen. Ursprünglich wurde Sunada von Disney Japan beauftragt, eine Behind-the-Scenes-Dokumentation zu Werbezwecken für die beiden Filme zu produzieren, doch sie hatte eine andere Idee. Sie hatte gerade ihren erfolgreichen Debütfilm herausgebracht, *Ending Note: Death of a Japanese Salaryman* (2011), ein bewegendes Porträt ihres verstorbenen

Gegenüber: Powertrio. Dieses Filmplakat, halb Foto, halb Gemälde, zeigt die drei Schlüsselfiguren des Ghibliversums: Hayao Miyazaki, Toshio Suzuki und Isao Takahata.

Unten: Gedanken zur blauen Stunde. Miyazaki lässt den langen Arbeitstag genüsslich mit einer Zigarette auf der Dachterrasse des Ghibli-Gebäudes ausklingen.

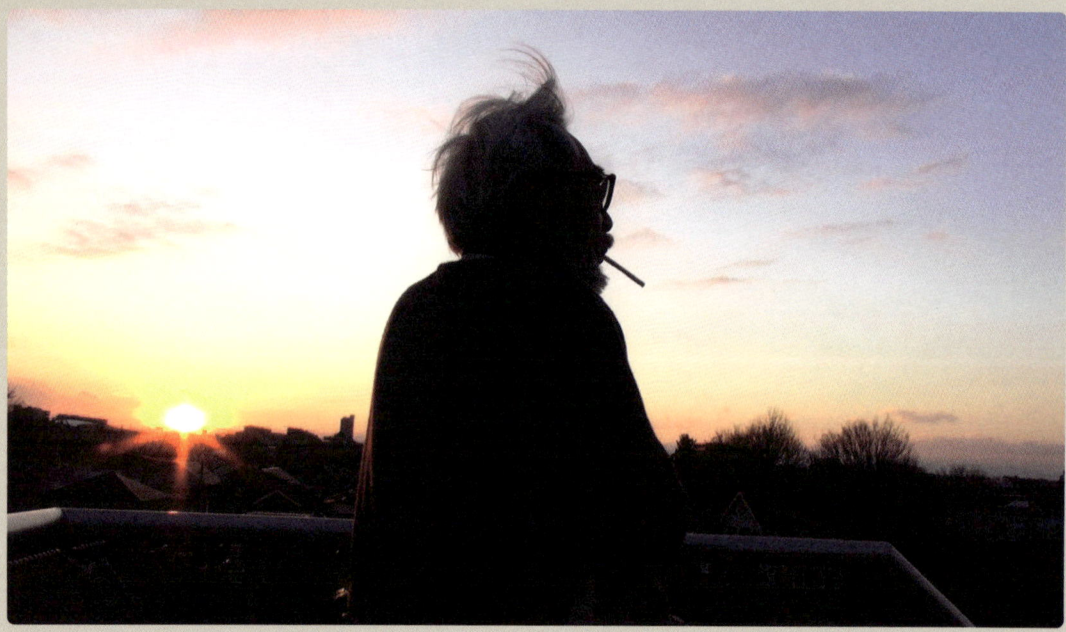

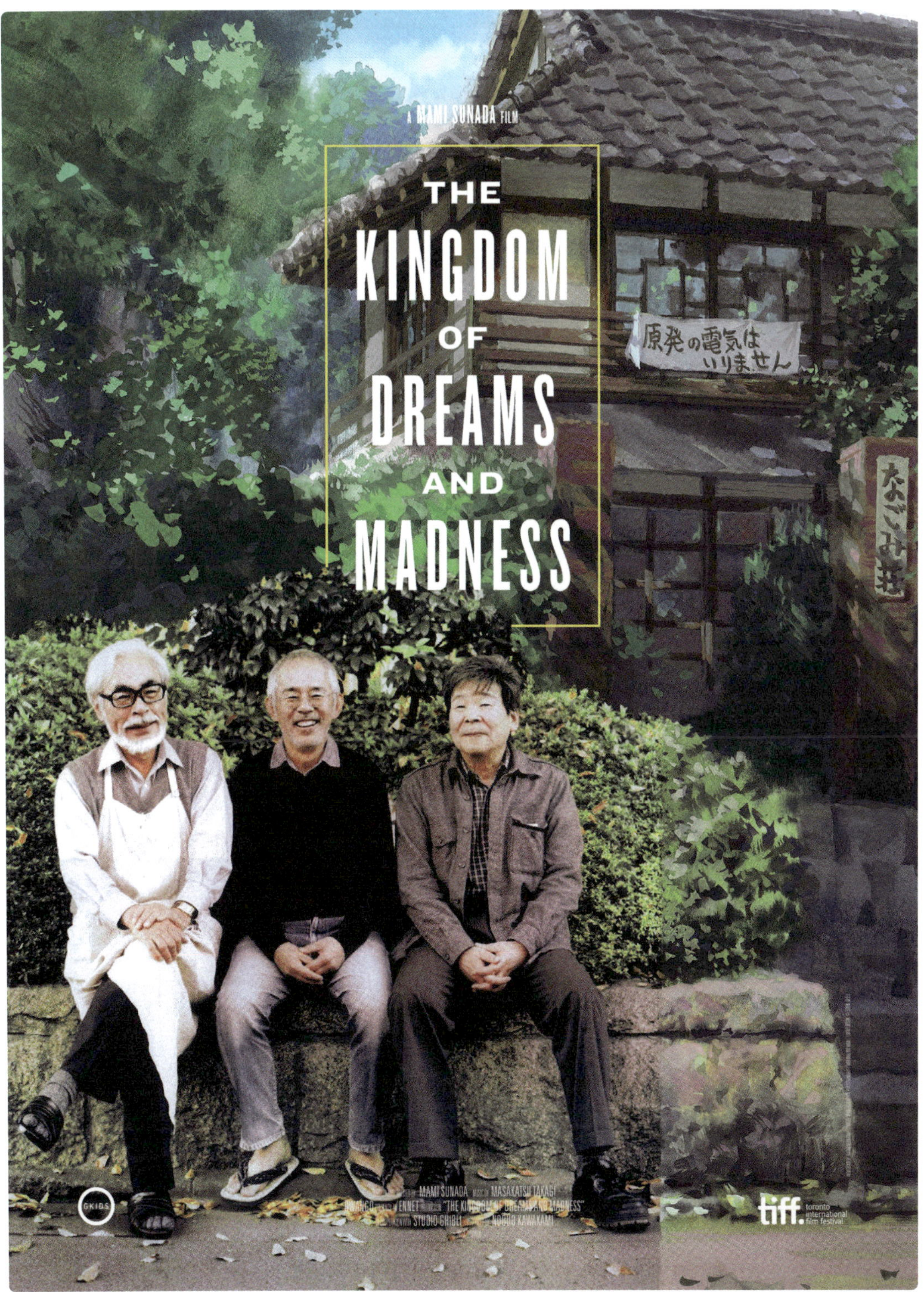
A MAMI SUNADA FILM
THE KINGDOM OF DREAMS AND MADNESS
原発の電気は
いりません
MAMI SUNADA MASAKATSU TAKAGI
STUDIO GHIBLI
GKIDS
tiff. toronto international film festival

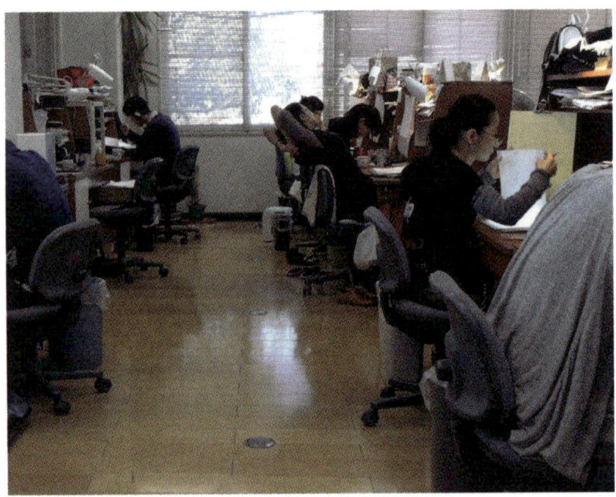

Vaters in seinen letzten Lebensmonaten. Nun trat sie mit einem noch nie dagewesenen Vorschlag an Toshio Suzuki heran: Warum nicht anstelle einer TV-Ausstrahlung oder einer Bonus-DVD einen eigenständigen Dokumentarfilm fürs Kino machen?

Die Idee beeindruckte den Produzenten. „In der Geschichte des Studios gab es schon unzählige Dokumentationen über unsere Arbeit, doch du bist die Erste, die einen KINOFILM über uns drehen will", erinnert sich Sunada an das, was Suzuki damals auf ihren Vorschlag erwiderte.

Daraufhin besuchte Sunada ein ganzes Jahr lang beinahe täglich das Hauptquartier von Studio Ghibli. Sie bekam einen eigenen Schreibtisch, aß mit den Ghibli-Kolleginnen und -Kollegen zu Mittag und wurde am Abend sogar von Toshio Suzuki nach Hause kutschiert. So viel Vertrauen wird einem Filmemacher nur selten entgegengebracht und dementsprechend intim waren die Einblicke, die Sunada dadurch bekam. Der gesamte Film besticht durch eine lockere Atmosphäre, die dadurch entstand, dass Sunada von allen so herzlich empfangen wurde. Die Kamera schwenkt zu Beginn des Films sanft über das Ghibli-Museum und das Hauptbüro des Studios, während die melodische Filmmusik von Masakatsu Takagi im Hintergrund hin und her schwingt. Ähnlich wie Sunada selbst werden wir ins Innere gelockt, wo die Regisseurin ihr persönliches Tagebuch über ihre Zeit im Studio mit uns teilt.

Es erfordert sehr viel Geschick, um eine solch luftige Leichtigkeit zu erzeugen, und man spürt, wie viel handwerkliches Know-how und visionäres Talent in Sunadas Film stecken. Trotz der historischen Doppelpremiere, die ansteht, lässt die Filmemacherin sich keineswegs von der überwältigenden Autorität und dem Vermächtnis des Studios und seiner Gründerväter einschüchtern. Sunada liefert nur dort, wo es nötig ist, Kontext oder kurze Erklärungen und zeigt ansonsten lieber verschiedene Momentaufnahmen des hektischen Studioalltags, welche Bände über den kreativen Prozess und die Eigenheiten Ghiblis als Arbeitsplatz und kreative Gemeinschaft sprechen – beispielsweise ein Team, das sich eine kleine Auszeit nimmt, um auf der Dachterrasse einen besonders schönen Sonnenuntergang zu bestaunen. Sunada zeigt Studio Ghibli als eine große Familie, die sie mit offenen Armen aufgenommen hat. *The Kingdom of Dreams and Madness* wird ähnlich wie ihr Debüt von Feingefühl und Intimität getragen und ihre Lehrzeit beim japanischen Regisseur Hirokazu Koreeda (*Still Walking*, *Shoplifters*), dem Meister des empfindsamen, poetischen Familiendramas, spiegelt sich in den Momentaufnahmen des Studioalltags wider. Auch während die Mitarbeiterinnen und Mitarbeiter an einem weiteren Meisterwerk der Animationskunst arbeiten, sind die Tage geprägt von Ritualen und Routinen, vom gemeinsamen Gymnastik-Programm zu heiterer Musik bis hin zu regelmäßigen Yakult-Lieferungen, um die Energiereserven wieder aufzufüllen.

Diese „Familie" hat drei Eltern: Hayao Miyazaki, stets im Arbeitskittel unterwegs; Toshio Suzuki, der ständig Probleme lösende Produzent, der, wie seine Mitarbeiter sagen, „einen verdammt guten Detektiv abgeben würde", und schließlich der schwer greifbare Isao Takahata, der allein und in seinem ganz eigenen Tempo am anderen Ende der Stadt arbeitet. Sunadas unaufdringlicher Stil – buchstäblich nur sie und eine kleine Kamera – bringt sowohl ihr als auch uns die Menschen hinter Studio Ghibli näher. Wo andere Ghibli-Dokumentarfilme auf Interviews setzen, wirkt dieser Film eher virtuos zusammengesetzt aus Small Talks und leisen Gesprächen zwischen Kolleginnen und Kollegen im Laufe des Tages und über Schreibtische hinweg.

Zudem hat Sunada ein meisterhaftes Auge für gezielte Motivwechsel innerhalb einer Szene. Der Schnitt beschert uns intime Einblicke und kleine Momentaufnahmen, die sich ähnlich der Ghibli-Filme liebevoll auf Details fokussieren. Handschriftliche Notizen oder Kritzeleien auf den Schreibtischen, das Flimmern des Sonnenlichts an der Wand, ein Totoro-Plüschtier auf einem Konferenztisch – all diese Aufnahmen fügen dem runden Bild von Studio Ghibli passende Farben und Schattierungen hinzu. Und dann gibt es natürlich noch den wahren Superstar der gesamten Doku: Ushiko, die Hauskatze von Studio Ghibli, die immer wieder durchs Bild tapst. Sie tut, wonach ihr grad das Schnurrhaar steht, und ist, wie Miyazaki sagt, die Einzige, die „keinen Terminplan" hat – etwas, das man wohl auch über die Macherin dieses bezaubernden Dokumentarfilms sagen könnte.

Doch natürlich gibt es für begierige Fans auch etliche Making-of-Leckerbissen zu bestaunen. In einer Szene sitzen wir praktisch in der ersten Reihe, als heiß darüber diskutiert wird, wer die perfekte Stimme für den exzentrischen Hauptdarsteller in *Wie der Wind sich hebt* haben könnte. Und fast in Echtzeit erleben wir, wie sich der Vorschlag, den Animationsfilmer und einstigen Miyazaki-Schützling Hideaki Anno zu engagieren, von einem kleinen Scherz zu einer unumstößlichen Entscheidung entwickelt.

Wir sehen auch, wie Miyazaki mit der Schlussszene des Films gerungen hat und wie die Änderung eines einzigen Wortes im Dialog in letzter Minute den emotionalen Höhepunkt veränderte.

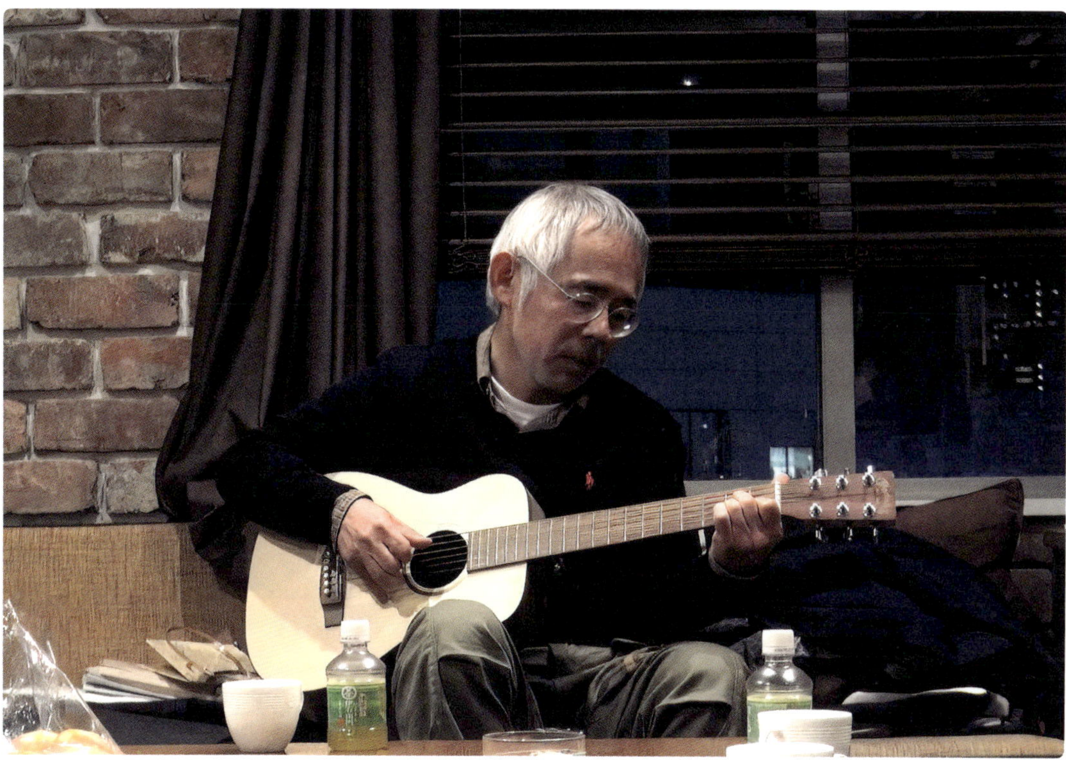

Doch die Einzelheiten der Produktion sind nicht Sunadas oberste Priorität. „Als ich den Film drehte", erzählte sie uns, „stellte ich mir vor, dass ich gern eine Dokumentation darüber sähe, wie diese Legenden des Animationsfilms im täglichen Leben so ticken. Ich wollte sehen, wie ihr Alltag aussieht, was sie tun und denken, wenn sie an ihren Werken arbeiten ... Es sollte ein Porträt über Menschen werden, mit menschlichen Qualitäten und Schwächen, ein Film über Menschen als Menschen und nicht als Filmemacher." So gelang es Sunada, eine bemerkenswert vielschichtige Charakterskizze von Hayao Miyazaki zu zeichnen.

Inzwischen mag der Dokumentarfilm vor allem für die unzähligen Miyazaki-Memes des grummeligen Großmeisters bekannt sein, doch diese ehrlichen Momente der Ernsthaftigkeit wechseln sich mit Augenblicken ab, in denen der Regisseur wie ein liebenswürdiger Onkel auftritt. Das passiert beispielsweise, wenn er mit seiner jungen Kollegin Sankichi, seiner „rechten Hand", plaudert, oder wenn er Mitarbeiter abklatscht, nachdem er verkündet hat, das Storyboard des Films fertiggestellt zu haben. Es ist ein subtiler, komplexer Blick auf einen komplizierten und oft widersprüchlichen Mann, der sich mit dem ineffektiven „großen Hobby" seiner Karriere nicht abfinden kann, während er zur Belustigung der Nachbarskinder vor seinem privaten Atelier Modelle der Ziegen aus *Heidi* ausstellt. In der letzten Szene sehen wir Miyazaki kurz vor der Pressekonferenz, auf der er seinen endgültigen Rücktritt aus der Animationswelt ankündigen will. Er starrt in Gedanken versunken aus dem Fenster auf die Dächer der Stadt und beginnt auf einmal, sich eine gewagte Verfolgungsjagd über die Dächer hinweg vorzustellen. Und hier bricht Sunada zum ersten und einzigen Mal nach knapp zwei Stunden Laufzeit mit ihrem eigenen Format und präsentiert uns eine Montage von Szenen aus Miyazakis Meisterwerken: *Das Schloss des Cagliostro, Nausicaä aus dem Tal der Winde, Das Schloss im Himmel, Chihiros Reise ins Zauberland, Porco Rosso, Prinzessin Mononoke, Mein Nachbar Totoro, Kikis kleiner Lieferservice* – sie alle sind vertreten. Diese Szenen finden sofort den Weg ins Herz der Zuschauer. „Wenn man das Ganze von oben betrachtet, kann man alles sehen und so vieles wird sichtbar", sagt Miyazaki und offenbart uns dadurch den kreativen Funken hinter dem Genie all der beliebten Filme. Ein Funke, der wohl nie erlöschen wird. „Erst hält man es für eine langweilige Stadt, aber sie könnte der Schauplatz eines Films werden."

Oben: Der langjährige Ghibli-Produzent Toshio Suzuki entspannt sich am Abend mit seiner Akustikgitarre.

Gegenüber: Mami Sunadas Film schenkt uns einen intimen Einblick in das Arbeitsumfeld von Studio Ghibli.

Isao Takahata and His Tale of the Princess Kaguya

Regie: Akira Miki, Hidekazu Sato
Laufzeit: 85 Minuten / Jahr: 2013

„Ich denke nicht, dass ich, nur weil es mein letztes Werk ist, alles zusammenfassen und es zu meinem Magnum Opus machen muss … es hat sich einfach so ergeben."

Isao Takahata unterscheidet sich deutlich von Hayao Miyazaki. Während Letzterer von einem Projekt zum nächsten eilte (bis zum lang ersehnten *Der Junge und der Reiher* 2023), in den Ruhestand ging, wieder zurückkam und sich abermals in neue Produktionen stürzte, bummelte und lustwandelte Takahata durch das eigene Schaffen, hatte es niemals eilig und kreierte dabei fast aus Versehen ein karriereweisendes Meisterwerk.

Dieser Film, der ursprünglich in zwei Teilen im japanischen Fernsehen ausgestrahlt wurde und später auch als Begleitfilm zu einer Dokumentation in Spielfilmlänge lief, begleitet Takahata bei der Produktion seines letzten Films, *Die Legende der Prinzessin Kaguya* (2013). Dieser Film im schlichten Tagebuch-Stil kommt zwar nicht sonderlich erfrischend daher (ein ähnliches Problem

Gegenüber: Das wunderschöne japanische Filmplakat für die Kinopremiere von *Die Legende der Prinzessin Kaguya*.

Unten: Regisseur Isao Takahata spricht über seinen Film, im Hintergrund ist das Filmplakat zu sehen.

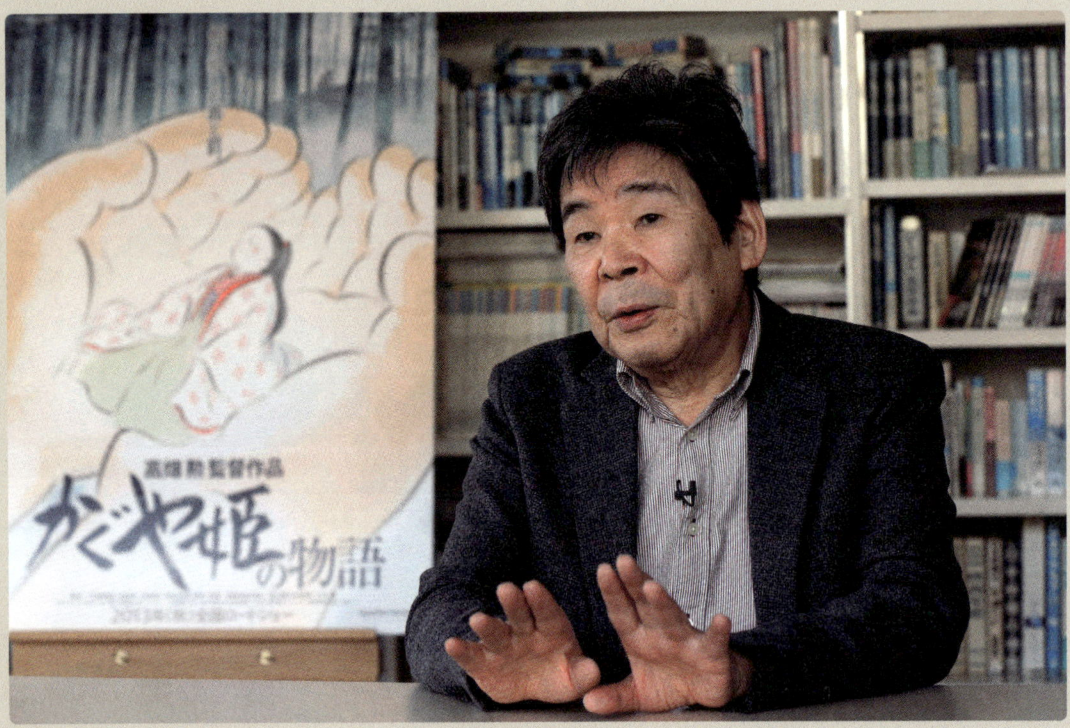

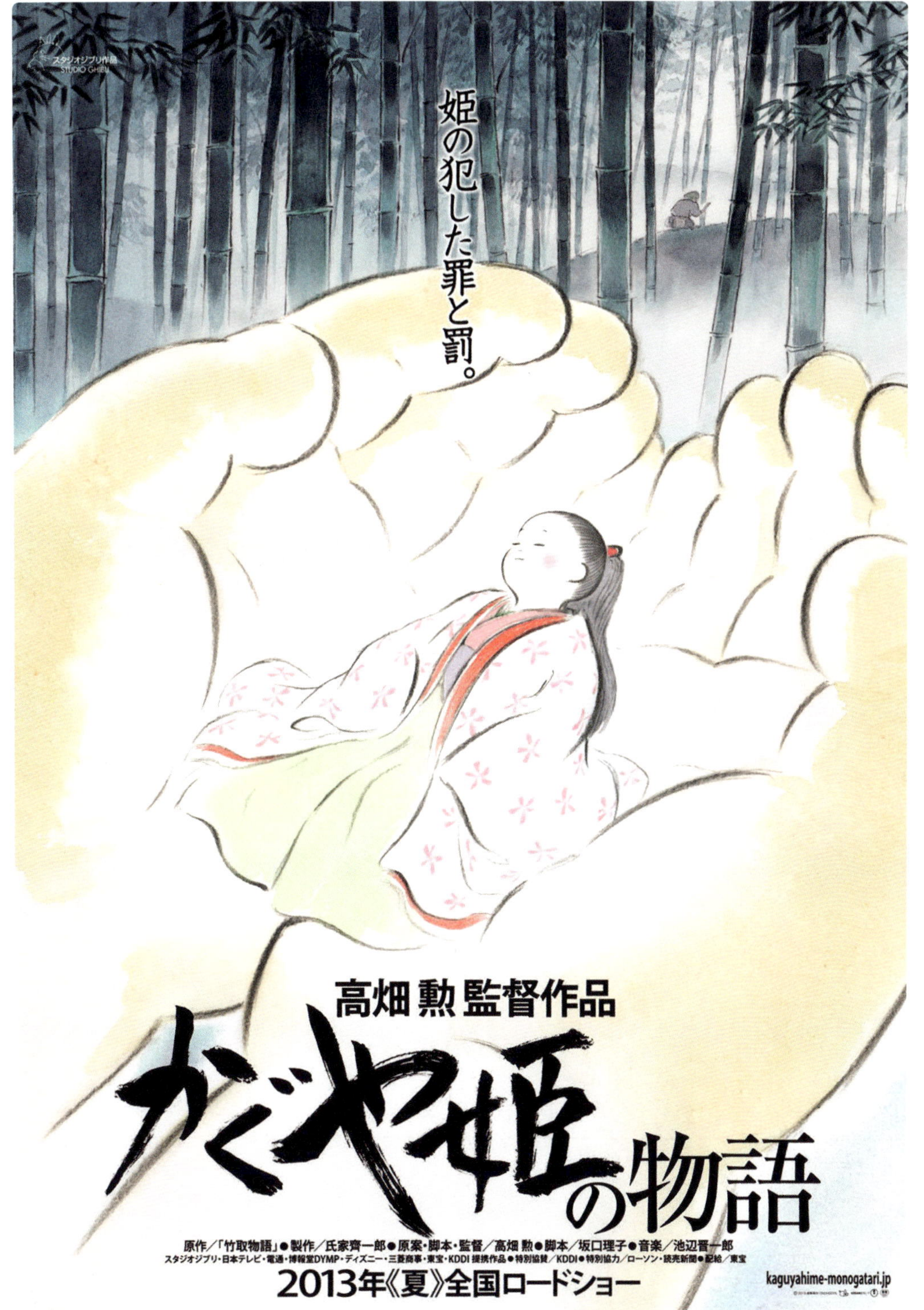
スタジオジブリ作品
STUDIO GHIBLI
姫の犯した罪と罰。
高畑 勲 監督作品
かぐや姫の物語
原作／「竹取物語」●製作／氏家齊一郎●原案・脚本・監督／高畑 勲●脚本／坂口理子●音楽／池辺晋一郎
スタジオジブリ・日本テレビ・電通・博報堂DYMP・ディズニー・三菱商事・東宝・KDDI 提携作品●特別協賛／KDDI●特別協力／ローソン・読売新聞●配給／東宝
2013年《夏》全国ロードショー
kaguyahime-monogatari.jp

gibt es auch bei *Never-Ending Man*, siehe Seite 156), doch es macht Spaß, Takahata bei der Arbeit zuzusehen, wie er ständig lächelnd als unbeirrter Fels in der Brandung auftritt und endlos Weisheiten und Witze zum Besten gibt.

Zu Beginn des Films sehen wir den Mann, der liebevoll damit aufgezogen wird, „von einem riesigen Faultier abzustammen", zusammengerollt auf dem Sofa in seinem Büro, wie er versucht, die realen Albträume des Produktionsalltags im Schlaf wegzuzaubern. Ein einfühlsamer und ehrlicher Alltagsmoment – nicht nur für ihn selbst, sondern auch für das Studio. Der Film ist vollgepackt mit ähnlich faszinierenden Details, die (in manchen Fällen sogar wortwörtlich) ein Bild des Studios und der täglichen Routine malen: Kazuo Oga, der Meister der Hintergründe, der seine Pinsel auspackt, abgenutzte Bleistifte, Trickfilmzeichner in Reih' und Glied, die sich ihre Kopfhörer aufsetzen, um mit der Arbeit zu beginnen, aber auch ganz alltägliche Besprechungen, wie sie in jedem Büro der Welt stattfinden. Es ist faszinierend, Takahata dabei zuzusehen, wie er Regie führt, wenn er erst richtig in Fahrt gekommen ist: Er ist sowohl locker als auch direkt, völlig konzentriert und doch immer bereit, sich anzupassen. Er „kämpft" mit dem Film, doch dessen Entstehung – unter der Regie eines Mannes, der nicht animieren kann und sich daher auf emotionale Beschreibungen verlässt - ist, wie die Mitarbeiter von Ghibli resigniert verlauten lassen – oft nur „flüchtig zu Papier gebracht". Innovativ zu sein, bedeutet in Takahatas Fall nicht rechtzeitig fertig zu werden. Neue hybride Produktionstechniken, eine Mischung aus von Hand Gezeichnetem und CGI, führen dazu, dass die Deadlines immer weiter nach hinten verschoben werden, was schon fast komisch anmutet. Cameo-Auftritte von Wegbegleitern Studio Ghiblis tragen ebenso dazu bei, ein aufschlussreiches Porträt von Takahata und seiner Produktion zu zeichnen. Produzent Yoshiaki Nishimura scheint von der Gelassenheit seines Regisseurs durchdrungen zu sein, obwohl er die meiste Zeit eher als menschlicher Anti-Stress-Ball fungieren und unermesslichem Druck standhalten muss. Doch trotz der ganzen Strapazen verliert er nie die Fassung.

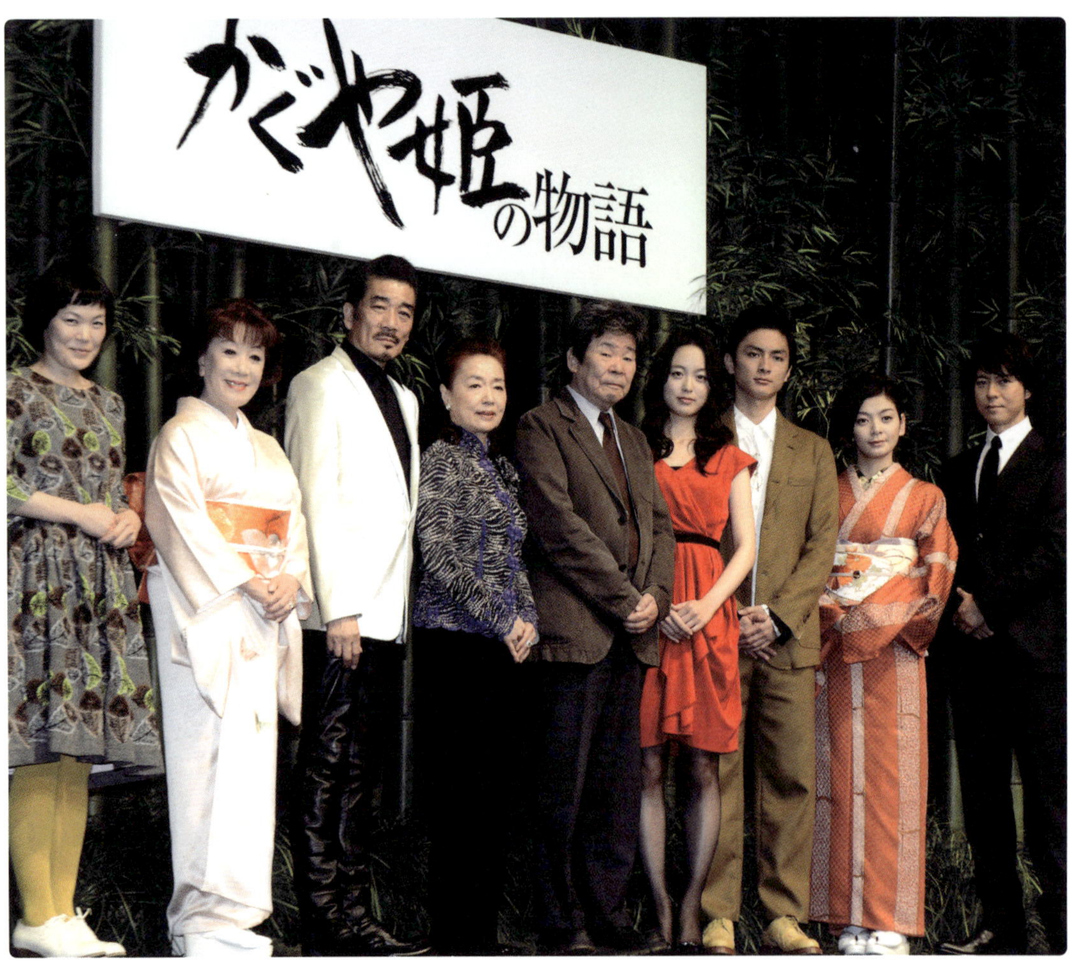

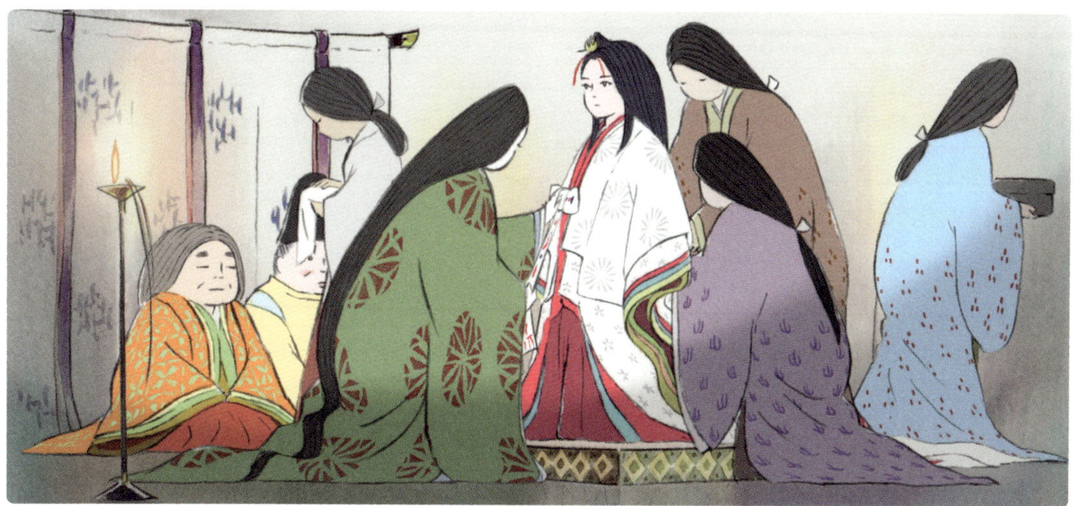

Der Komponist Joe Hisaishi zeigt sein musikalisches Können und sein Verständnis für Takahatas poetischeren Regiestil in einer emotionalen Darbietung, die die Meinung seines Regisseurs über den Film erahnen lässt. Der allgegenwärtige Toshio Suzuki gibt sich leidenschaftlich, aber auch nüchtern, er möchte den Film realisiert sehen, fürchtet aber die Aufgabe, ihn zu machen, da die Produktionsumgebung von Ghibli „für [Takahata] nicht zu gebrauchen ist".

Das Zusammentreffen von Takahata mit seinem alten Freund Hayao Miyazaki ist vielleicht der liebenswerteste und nachhaltigste Moment des Films. Miyazaki, der gerade an einer Sequenz von *Wie der Wind sich hebt* (2013) arbeitet, verwandelt sich in den jungen Mann zurück, der mit seinem Mentor bei *Toei Animation* spricht, und bittet ihn aufgeregt um Hilfe – vielleicht auch Miyazakis aufrichtigster Moment aller auf Film gebannter Momentaufnahmen. Die beiden Männer lächeln sich an, fachsimpeln, scherzen und besprechen Geburtstagspläne. Nachdem sie sich höflich verabschiedet haben, wackeln sie wie eifrige Welpen davon, immer noch voller Liebe. Während der Dreharbeiten zu *Prinzessin Kaguya* zeigt Takahata, dass er die „Freude am Leben" auf die Leinwand bringen will – und in diesen Momenten ist sie auch in seinem eigenen Leben zu sehen.

Oben: *Die Legende der Prinzessin Kaguya* ist eine Glanzleistung der Spielfilmanimation, ein farbenfrohes, sichtbares Wunder.

Unten: Der Kreis des Lebens. *Die Legende der Prinzessin Kaguya* begleitet die Titelheldin von den ersten Schritten bis hin zu ihrer symbolischen Rückkehr zum Mond.

Gegenüber: Isao Takahata und die Hauptdarsteller bei einer Premiere von *Die Legende der Prinzessin Kaguya.*

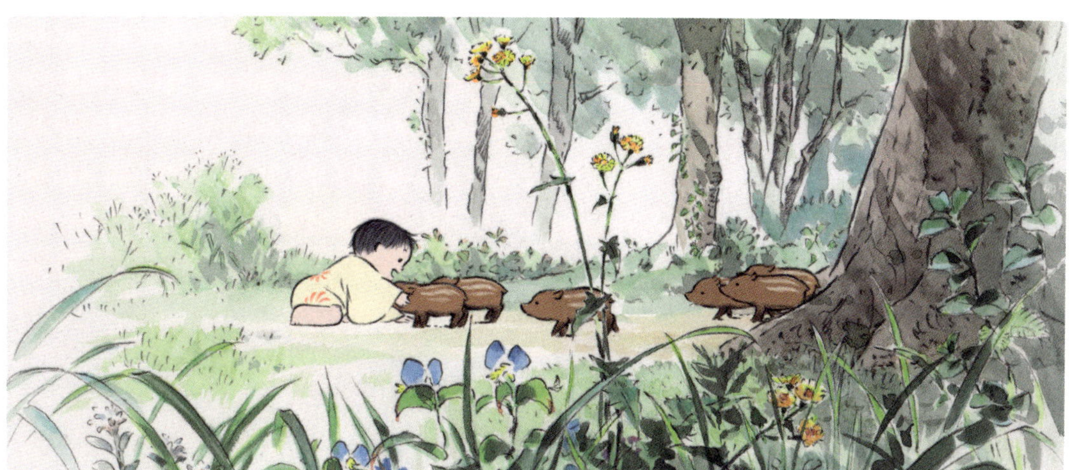

Never-Ending Man: Hayao Miyazaki

Regie: Kaku Arakawa
Laufzeit: 70 Minuten / Jahr: 2016

Dieser Dokumentarfilm wurde in der Zeit zwischen der Fertigstellung des Films *Wie der Wind sich hebt* (2013) und der Wiederaufnahme der Spielfilmproduktion *Der Junge und der Reiher* (2023) gedreht. Er begleitet Regisseur Hayao Miyazaki bei der Entstehung des Kurzfilms *Boro the Caterpillar* aus dem Jahr 2018, der zu den Kurzfilmschätzen des Ghibli-Museums und der kuratierten Filmauswahl des Ghibli-Themenparks zählt.

Diese Low-Budget-Produktion für das japanische Fernsehen kommt in einem sehr nüchternen und sachlichen Dokumentarstil daher, der Miyazakis kuriose Odyssee vom Rentner über den neugierigen Hobbyfilmer bis zurück zum Vollzeit-Regisseur zeigt. Von der Form her eher schlicht, macht es dennoch Spaß, Miyazaki bei seinem täglichen Tun zu beobachten, zwar schnörkellos und unaufgeregt, aber doch nicht minder interessant. Es ist ein großes Vergnügen, einen Blick hinter die Kulissen erhaschen zu dürfen und den Alltag eines großen Filmemachers mitzuerleben: Kaffee kochen, Feuer schüren, Vögel füttern, zeichnen, kritzeln und rauchen (auch wenn er gerade nicht pafft, hängt schon die nächste Zigarette an seiner Unterlippe und wartet auf ihren Einsatz). Doch wenn es dann losgeht mit der Produktion für *Boro* und ein CGI-Team zur Notbesetzung der Ghibli-Büros stößt, fängt das Drama erst richtig an.

Es mag erstaunen, aber Miyazaki zeigt sich durchaus offen für die Möglichkeiten des Computers. Er probiert sogar, an einem Tablet zu arbeiten, doch es bleibt dabei: Wirklich in seinem Element ist er nur, wenn seine Hand mit Stift oder Pinsel übers Papier huscht. Nachdem er mit einer dicken Lupe

Gegenüber: *Never-Ending Man* überzeugt vor allem durch den ungefilterten Blick auf Hayao Miyazaki bei der alltäglichen Arbeit.

Unten: Hayao Miyazaki gibt Feedback zu den Rohentwürfen für die Animationen des Kurzfilms *Boro the Caterpillar*.

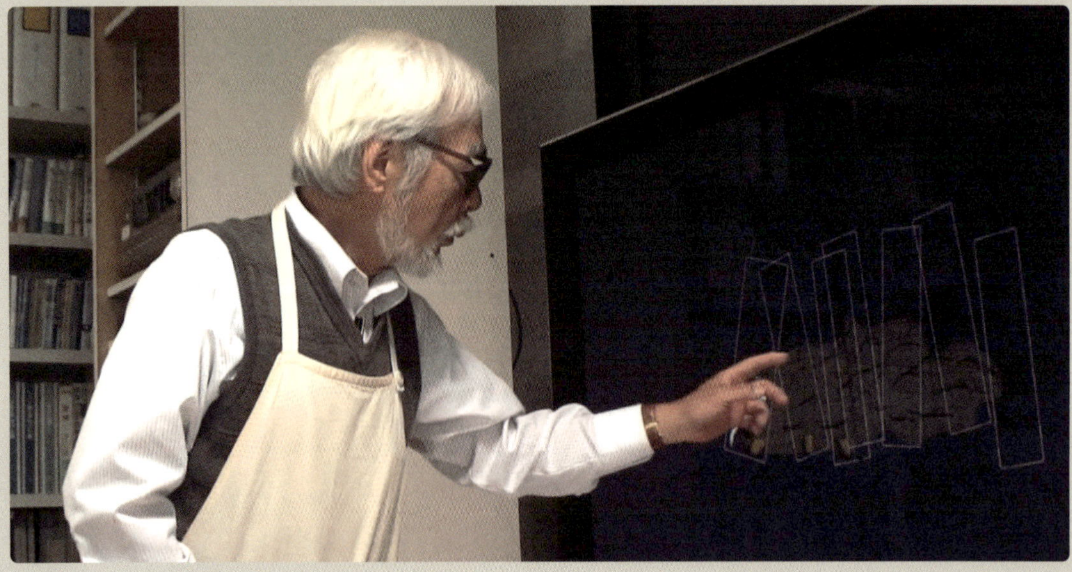

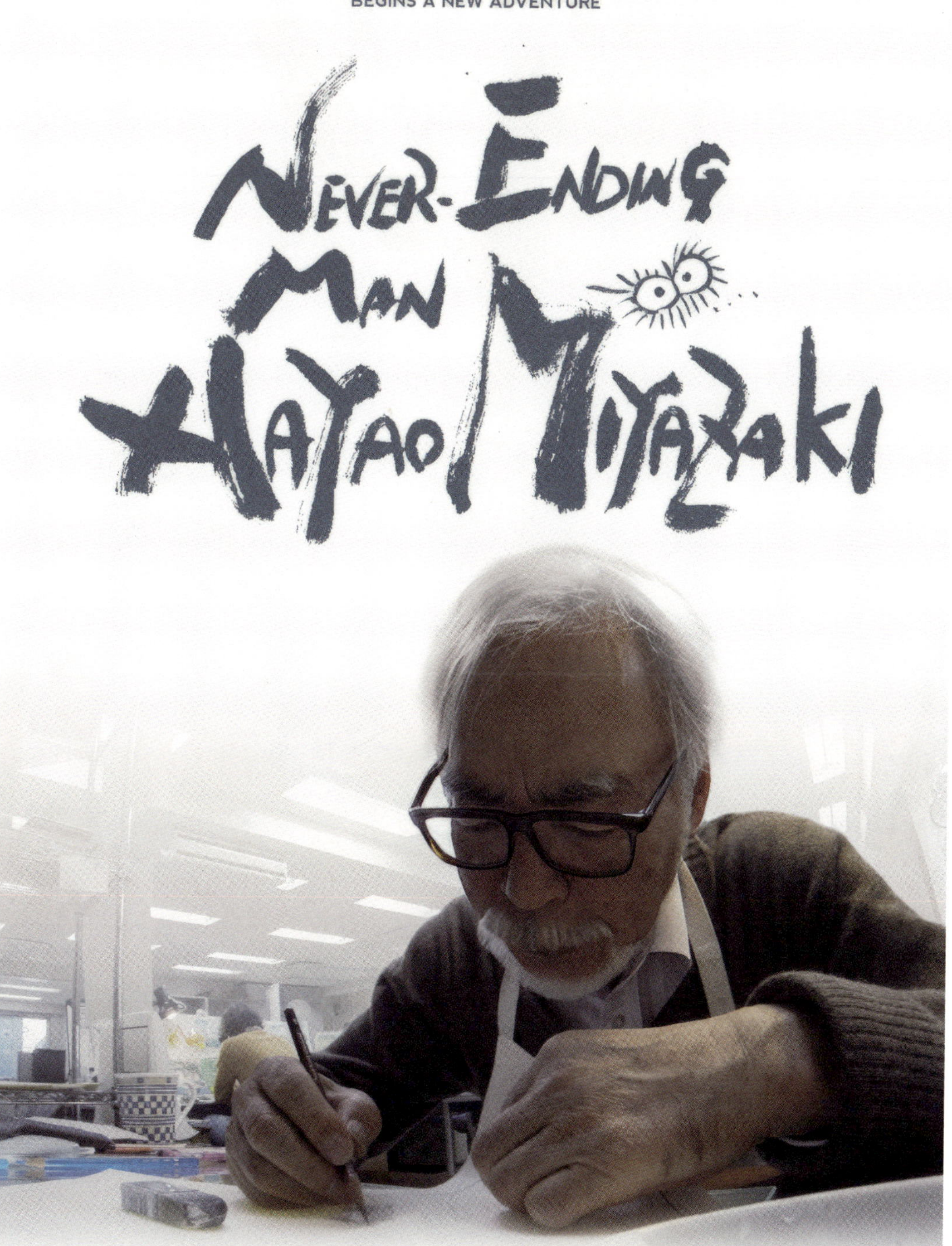
THE ACADEMY AWARD®-WINNING DIRECTOR OF
SPIRITED AWAY, PRINCESS MONONOKE, AND MY NEIGHBOR TOTORO
BEGINS A NEW ADVENTURE
NEVER-ENDING MAN
HAYAO MIYAZAKI

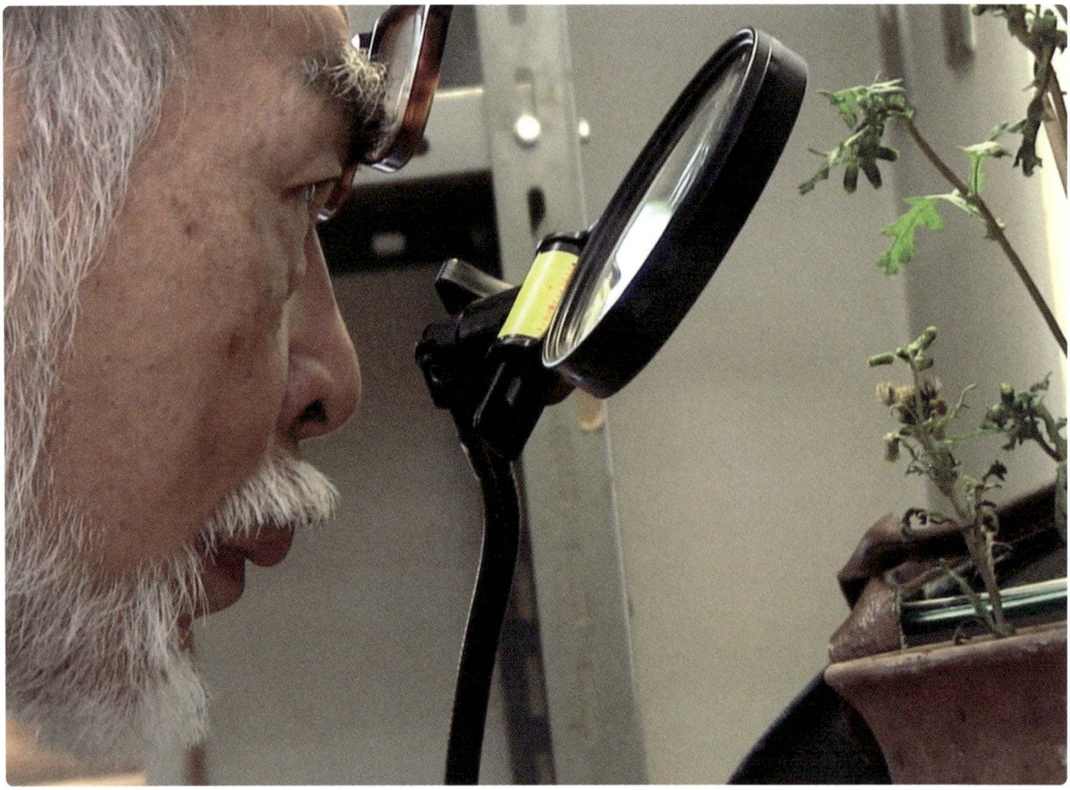

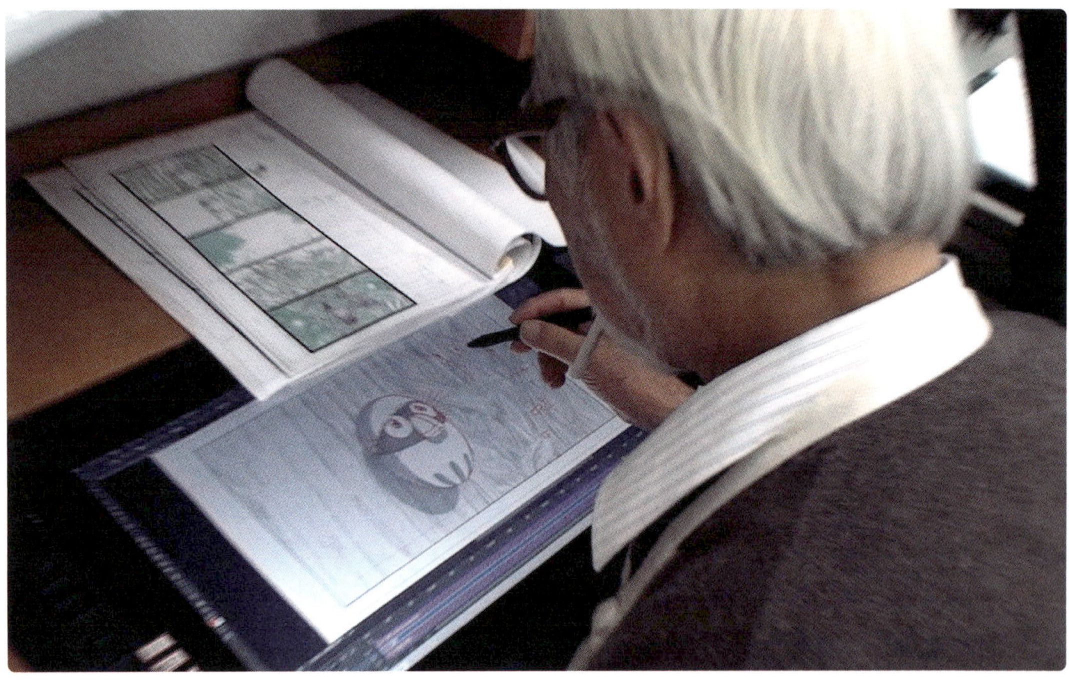

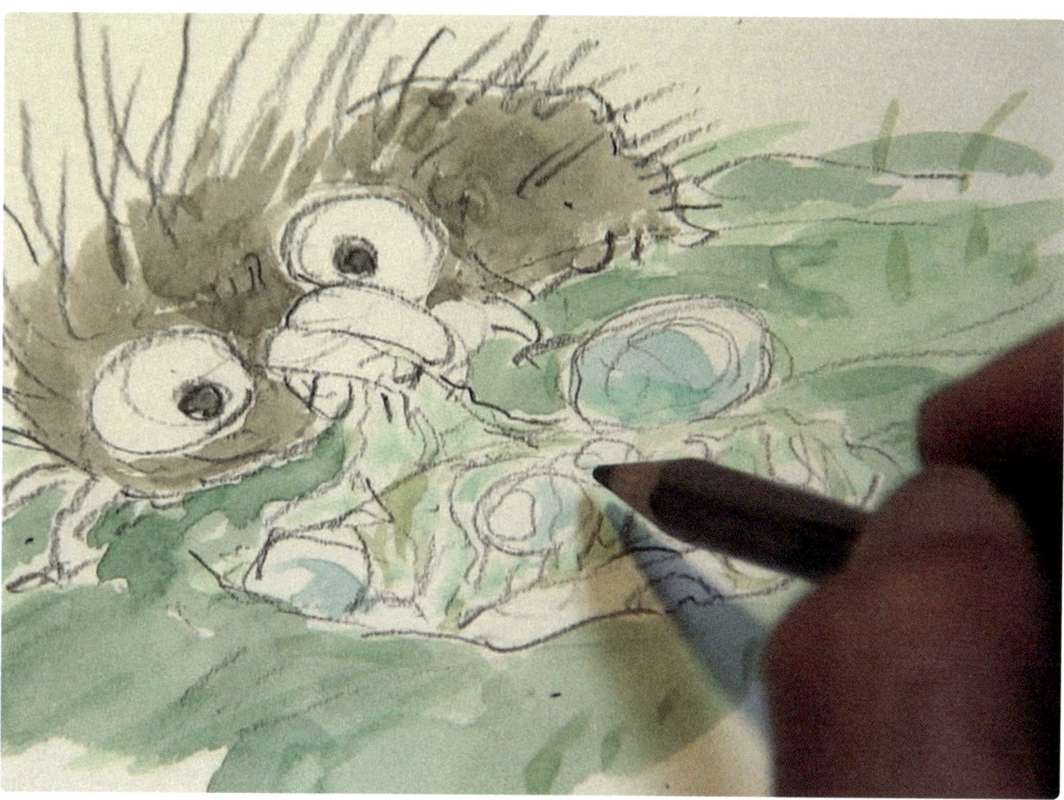

zuerst diverse Pflanzen studiert hat, um das grüne Setting des Films besser einschätzen zu können, beginnt er zu skizzieren. „Ich beginne hier noch keine Geschichte, das würde zu sehr einengen", erklärt er und reicht seinen handgezeichneten Entwurf für den Charakter an das CGI-Team weiter. Dennoch erzeugt der Kontrast zwischen diesen beiden völlig unterschiedlichen Animationsansätzen große Spannungen. Miyazaki äußert seinen Unmut über CGI und erklärt, dass die frühen Versionen von *Boro* aussähen „wie ein neuartiges Virus". Später veranlasst ein inzwischen berüchtigtes Gespräch mit dem AI-geführten CGI-Team Miyazaki dazu, dessen Arbeit als „Beleidigung des Lebens an sich" zu bezeichnen, und er bringt seine Skizzen und Ideen noch präziser als zuvor aufs Papier. Daraufhin lenkt das CGI-Team ein: Eventuell seien handgezeichnete Animationen für diese Produktion doch die schnellere Variante.

Es ist frustrierend, dass ausgerechnet ein so interessanter Abschnitt in der Geschichte des Studios auf derart amateurhafte Weise umgesetzt wurde: veraltete Standardtitel, schlecht abgemischter Ton und kein Gespür für die Identität des Filmemachers (verglichen mit dem konzentrierten Filmvergnügen von *The Kingdom of Dreams and Madness*). Und doch entschädigen die Aufnahmen, die wir zu sehen bekommen, zumindest ein wenig für die schlechte Qualität des Films.

Abgesehen von der Produktion an sich, ist der interessanteste Aspekt des Films vor allem die Auseinandersetzung Miyazakis mit seiner eigenen Sterblichkeit, sowohl biologisch als auch beruflich gesehen. Während er durch die Räume seines Imperiums und an Schreibtischen vorbeischlendert, erzählt Miyazaki vom Tod zweier ehemaliger Mitarbeiter, die jünger waren als er; er spricht davon, potenzielle Nachfolger zu „verschlingen", bis er sie „alle aufgefressen" hat. Er unterhält sich mit Kolleginnen und Kollegen über Natur und Wesen der Arbeit, während er vor einer Wand mit Babyfotos steht. Leben, Arbeit und Tod scheinen hier eng miteinander verschmolzen zu sein, ein Ansatz, den er bereits ganz bewusst in seinem Film *Wie der Wind sich hebt* erforscht hat und den er in *Der Junge und der Reiher* noch vertiefen würde.

Gegenüber (oben): Zeichner durch und durch. Selbst wenn er mit dem Gedanken spielt, für *Boro and the Caterpillar* Computeranimationen zu verwenden, beginnt Miyazaki traditionell mit Bleistift und Aquarellfarben.

Gegenüber (unten): Um die winzige Welt der Insekten und Käfer in *Boro and the Caterpillar* einzufangen, studiert Miyazaki sie zuerst akribisch durch ein Vergrößerungsglas.

Oben: Bei der Produktion von *Boro and the Caterpillar* setzt Hayao Miyazaki sich mit neuen Technologien auseinander.

10 Years with Hayao Miyazaki

Regie: Kaku Arakawa
Laufzeit: 196 Minuten / Jahr: 2019

Von all den Ghibli-Dokus, die einem weltweiten Publikum zugänglich gemacht wurden, ist diese vierteilige Miniserie mit dem Titel *10 Years with Hayao Miyazaki* am einfachsten verfügbar.

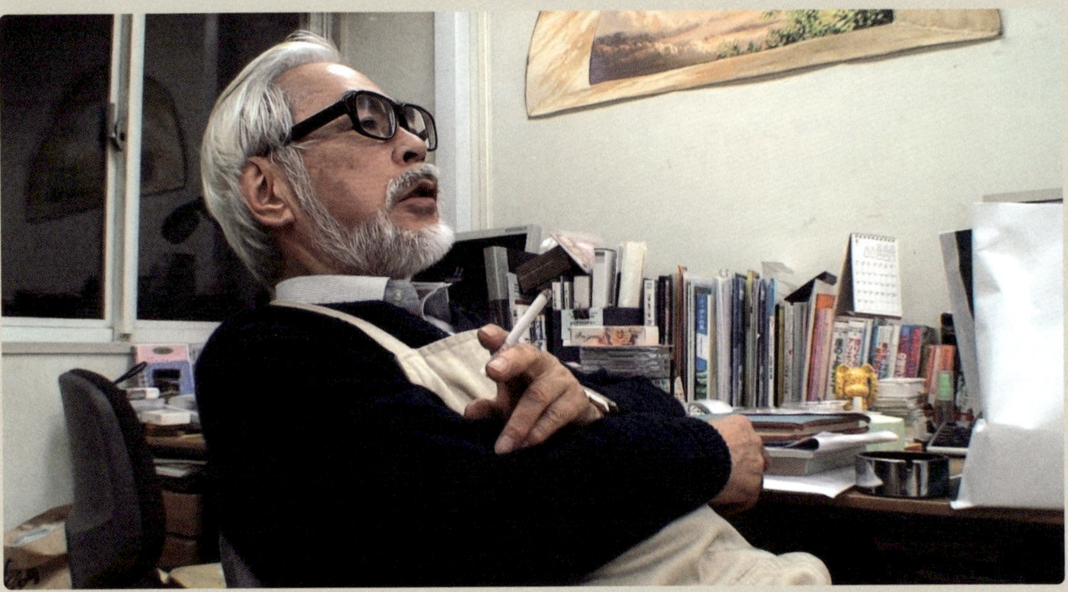

Nach der ersten Fernsehausstrahlung im Jahr 2019 wurde der Film kostenlos auf der On-demand-Plattform von *NHK World* in einer Vielzahl von Sprachen angeboten. Ideal, um von alten und neuen Fans entdeckt zu werden, die nach den grandiosen Streaming-Deals mit Netflix und HBO Max tiefer in die Ghibli-Welt eintauchen wollten. Der geneigte Binge-Watcher bekommt hier einen echten Leckerbissen mit über drei Stunden Laufzeit vorgesetzt, gespickt mit intimen Einblicken und spannenden Momentaufnahmen. Regisseur Kaku Arakawa drehte bereits mehrere Dokumentarfilme über Studio Ghibli und Hayao Miyazaki für das japanische Fernsehen und den Home-Video-Markt. Dieses Werk ordnet sich irgendwo zwischen der 12-stündigen Doku *How Ponyo Was Born* (2009) und dem etwas leichtgewichtigeren 70-minütigen *Never-Ending Man: Hayao Miyazaki* (2016) ein. Während sich diese beiden Dokumentarfilme auf einzelne Produktionen konzentrierten, zeigt *10 Years with Hayao Miyazaki* Material aus mehr als einem Jahrzehnt Ghibli-Geschichte. Der Film begleitet Miyazaki bei der Entstehung von *Ponyo* (2008) und *Wie der Wind sich hebt* (2013), unterbrochen durch kleine Zwischenspiele, in denen es um die Beziehung zu seinem Sohn Goro Miyazaki geht, der gerade dabei ist, seinen zweiten Spielfilm *Der Mohnblumenberg* (2011) vorzubereiten.

Oben: Miyazaki mag entspannt wirken, doch die Doku *10 Years with Hayao Miyazaki* fängt einige sehr persönliche Konflikte des Filmemachers ein.

Die erste Episode *„Ponyo is Here"* ist das absolute Highlight des Films, insbesondere in Bezug darauf, wie die frühen Phasen von Miyazakis kreativem Schaffensprozess beleuchtet werden. Er beginnt mit einer einzigen Zeichnung von Ponyo, die sich zu einer Reihe von nicht narrativen Storyboards entwickelt, bevor es einen Hinweis auf ein Drehbuch oder eine Geschichte gibt.

Über die Rolle und Kunst des Dokumentarfilmers scheint es ebenso viele Missverständnisse zu geben wie über die des Animationsfilmers. Wenn ihr das Handwerk des Dokumentarfilms studieren wollt, ist es durchaus lohnenswert, diese Miniserie mit dem Kinofilm *The Kingdom of Dreams and Madness* von Mami Sunada zu vergleichen. Beide Filme entstanden unter ähnlichen Produktionsauflagen, beide Filmemacher übernahmen selbst die Kameraarbeit und erhielten auch weitestgehend denselben intimen Zugang zu Hayao Miyazaki. Sie durften ihm bei der täglichen Arbeit an zukünftigen Filmen über die Schulter schauen und exklusiv in unmittelbarer Nähe des Geschehens als beobachtende Instanz am kreativen Prozess teilhaben. Es gab sogar Überschneidungen bei der Drehzeit, da die Besuche Arakawas, die sich über ein Jahrzehnt erstreckten, sich mit Sunadas einjährigem Aufenthalt bei Studio Ghibli überschnitten.

So sind beispielsweise beide Filmemacher bei der Produktionsbesprechung anwesend, in der zum ersten Mal der Vorschlag gemacht wird, Hideaki Anno könne doch die Stimme der Hauptrolle in *Wie der Wind sich hebt* übernehmen. Sie drehen hier Seite an Seite und lockern dadurch die Atmosphäre der Intimität auf, die Sunada in ihrem Film so sorgfältig geschaffen hat. Arakawas Werk präsentiert sich verständlicherweise telegener, da es perfekt auf die Ausstrahlung im japanischen Fernsehen zugeschnitten ist. Es gibt viele Überblendungen zu Clips aus den einzelnen Filmen und Einspieler aus Archivmaterial, um die Szenen zu illustrieren. Die störende, aufdringliche Filmmusik will jedoch nicht so recht zum Thema passen. Verglichen mit Sunadas Film ist die Kameraführung hier unruhiger, der Bildschnitt journalistischer und die erzählerische Gestaltung der geschnittenen Episoden viel bewusster. Am deutlichsten wird dies in der Episode mit dem Titel *„Go Ahead – Threaten Me"*, die das Spannungsfeld zweier Generationen aufgreift und Diskussionen zwischen Hayao und seinem Sohn Goro Miyazaki zeigt. Manchmal hat man allerdings das Gefühl, dass Arakawa etwas entgeht, trotz seines langjährigen Zugangs und der epischen Laufzeit der fertigen Serie.

Doch selbst, wenn es ihm nicht gelingt, mit dem Studio und den Menschen dahinter auf Tuchfühlung zu gehen, so beschert er uns den wahrscheinlich mürrischsten Miyazaki, der je in einem Dokumentarfilm zu sehen war. Arakawa scheint ein weitaus weniger geduldeter Beobachter zu sein als Sunada es war, die Miyazakis freche und gesprächige Seite gekonnt hervorlockte. Dafür ist Arakawa auch in Krisenzeiten und Momenten, die von Angst und Stress geprägt sind, präsent, beispielsweise wenn der Regisseur mit dem Schatten von *Totoro* zu kämpfen hat, während er versucht, mit *Ponyo* wieder einen Film für ein jüngeres Publikum zu machen.

Doch ganz gleich, in welcher Verfassung oder Situation, es ist und bleibt ein großes Vergnügen, einem derart faszinierenden Künstler wie Hayao Miyazaki bei der Arbeit über die Schulter zu schauen.

Einen Schritt weiter

Falls die bereits vorgestellten Dokumentarfilme euren Hunger nach intimen Einblicken in die Welt von Studio Ghibli nicht gestillt haben, dann könnt ihr noch tiefer eintauchen – allerdings solltet ihr ein japanisches Wörterbuch mitbringen, denn während der Recherche für unser Buch gab es diese Filme noch nicht mit englischen Untertiteln.

Welche Freude euch erwartet, wenn ihr euch intensiver einlasst auf die Welt der Ghibli-Dokus! Liebt ihr *Prinzessin Mononoke*? Die Reihe *How Princess Mononoke Was Born* (2001) liefert euch eine ausführliche, 400-minütige Dokumentation über die Produktion und Veröffentlichung des Films. Ihr könnt von Joe Hisaishi und seiner Musik nicht genug kriegen? Dann schaut euch den fantastischen Konzertfilm *Joe Hisaishi in Budokan – 25 years with the Animations of Hayao Miyazaki* (2009) an. Euer Ding sind Outdoor und Ausflüge in die Natur? Dann werft einen Blick auf die Reihe *Scenery of Ghibli*, die uns zu den realen Schauplätzen der Filme mitnimmt, die die atemberaubenden Naturkulissen von älteren Serien wie *Anne mit den roten Haaren* oder *Heidi* inspiriert haben.

Oder interessieren euch eher die Genies hinter den Genies? Dann schaut euch die Dokumentationen an, die Art Director Kazuo Oga (*A Ghibli Artisan – Kazuo Oga Exhibition – The Man Who Painted Totoro's Forest*, 2007) und dem einflussreichen Animator Yasuo Otsuka (*Yasuo Osuka's Joy of Motion*, 2004) gewidmet sind. Letzterer war in der Zeit vor Ghibli Miyazakis und Takahatas Mentor und ein zuverlässiger Partner.

7

Ghiblis Vermächtnis

Es wird niemals einen zweiten Hayao Miyazaki geben. Und doch wird darüber diskutiert …

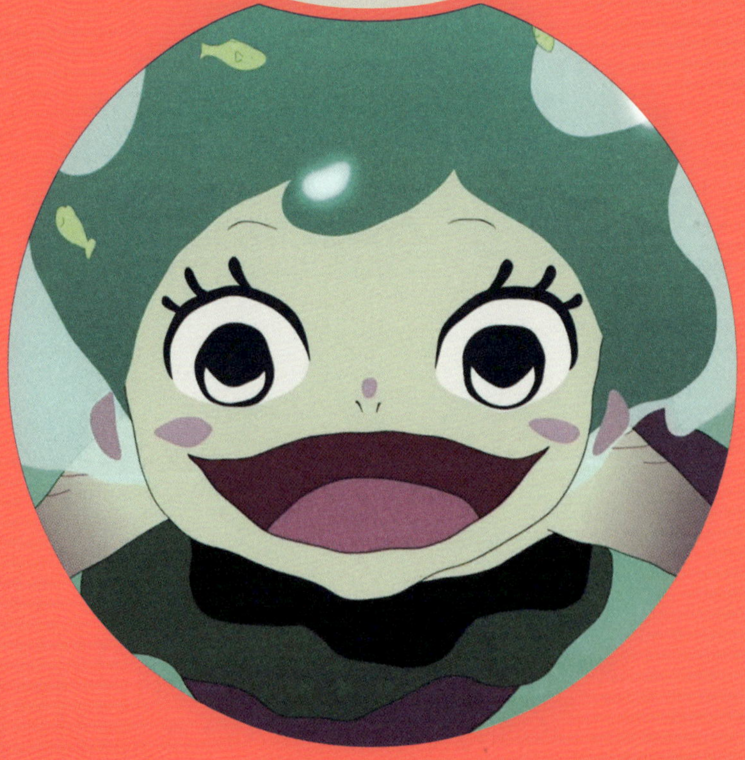

Wenn ihr am Ende eurer Ghibli-Reise angekommen seid und euch jetzt fragt, wohin es als Nächstes gehen soll, haben wir ein paar Vorschläge für euch. In diesem Kapitel befassen wir uns mit Filmemachern, die von Fans, Kritikern oder sogar von Studio Ghibli selbst als „der nächste Miyazaki" bezeichnet werden. Wir stellen euch ehemalige Schützlinge vor, die inzwischen ihren eigenen Weg gehen – alte Hasen, die dem Studio, das sie einst ihr Zuhause nannten, die Ehre erweisen, und Filmemacher, die den Zauber Miyazakis in ihre eigenen Werke einfließen lassen. Der Einfluss und die Bedeutung von Studio Ghibli sind enorm und man kann ihn über mehrere Generationen des japanischen Animationsfilms deutlich spüren. Einige Regisseure taten sich schwer mit der Assoziation, während andere die alten Meister mit ihren eigenen Waffen schlugen oder sich dafür entschieden, das Regelwerk zu zerreißen und ihre individuelle Vision für die Zukunft der Animation zu entwerfen.

Die Macht des Zaubersteins

Regie: Hideaki Anno
39 Folgen / Erscheinungsjahr: 1990

Seit Hideaki Anno das Büro von Hayao Miyazaki betrat und einen Job als Key Animator für *Nausicaä aus dem Tal der Winde* (1984) bekam, sind die Karrieren der beiden Männer eng miteinander verknüpft.

Seither ist Anno selbst zu einer Legende geworden, doch es gibt ein Projekt mit Miyazaki-Flair, das eine Schlüsselrolle in seiner Entwicklung als individueller Künstler spielt. Der Film *Die Macht des Zaubersteins* geht auf einen Vorschlag zurück, den Miyazaki in den 1970er Jahren der Produktionsfirma Toho unterbreitete: eine Adaption von Jules Vernes Science-Fiction-Geschichte *20.000 Meilen unter dem Meer*, die Berichten zufolge den Titel *Unter Wasser rund um die Welt* tragen sollte. Das Projekt kam zwar nicht zustande, doch man findet einige Aspekte davon in Miyazakis Werken aus dem darauffolgenden Jahrzehnt wieder, beispielsweise in *Die Abenteuer des Sherlock Holmes* (1984) und *Das Schloss im Himmel* (1986).

Ende der 80er griffen Toho und der Fernsehsender NHK die Idee erneut auf und vergaben den Auftrag an die aufstrebende Animationsfirma *Gainax*, die ihr

Gegenüber: Das Artwork zu *Die Macht des Zaubersteins* fängt die Mischung aus Science-Fiction und Fantasy der Serie ein.

Unten: Durch *Die Macht des Zaubersteins* entdeckte Regisseur Hideaki Anno seine ganz eigene kreative Ader, ehe er sein Meisterwerk *Neon Genesis Evangelion* erschuf.

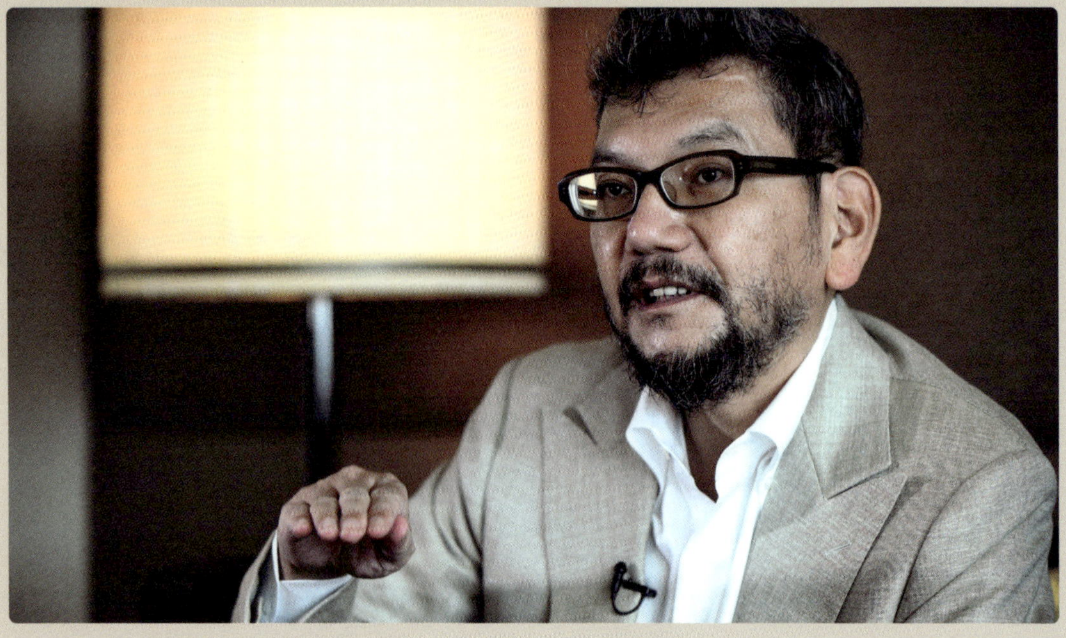

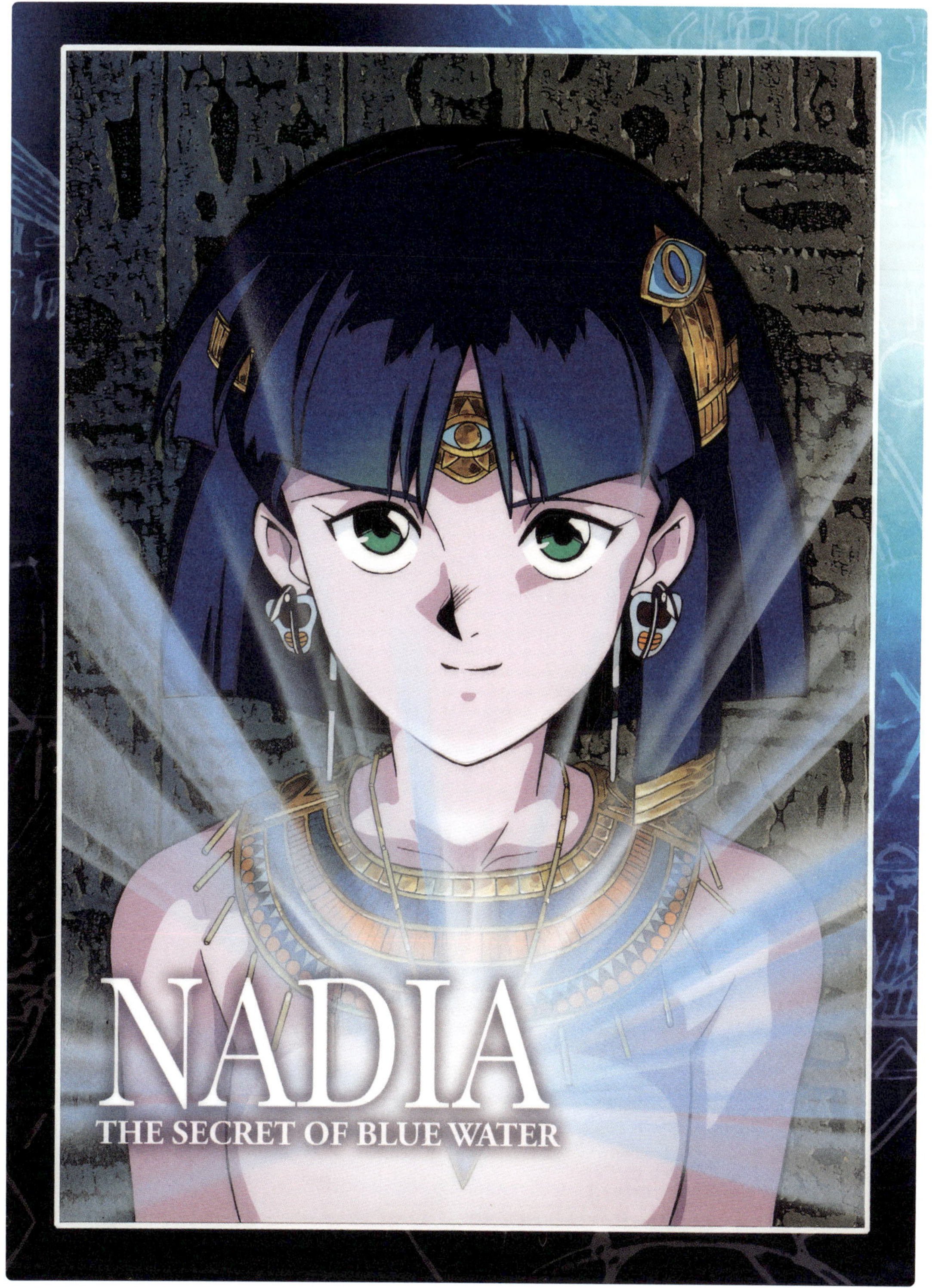
NADIA
THE SECRET OF BLUE WATER

Spielfilmdebüt mit *Wings of Honneamise* (1987) gab und mit der OVA-Serie *Gunbuster* (1988) einen kommerziellen Erfolg verbuchen konnte.

Zu diesem Zeitpunkt glich Gainax eher einer Seifenoper als einem professionell geführten Studio, und hinter den Kulissen gab es viele Dramen, Säbelrasseln zwischen kreativen Egos und eine sehr ehrgeizige (oder einfach nur naive) Budgetplanung für den ersten Fernsehserienauftrag, die die Finanzen des Unternehmens in ziemliche Unordnung brachte. Im Auge des Sturms befand sich Hideaki Anno. Auf der offiziellen Website von Studio Khara, für das er danach tätig war, steht in Annos ehrlicher „persönlicher Biografie", dass er bei *Die Macht des Zaubersteins* „die Schrecken der Produktion einer TV-Animationsreihe aus erster Hand erfahren hat". Etwas von diesem Chaos ist über die gesamte Laufzeit der Serie zu spüren, beispielsweise während eines Blocks von 12 Episoden, die gedreht wurden, als Anno wegen Erschöpfung nicht weiterarbeiten konnte. Doch trotz all dieser Widrigkeiten wurde *Nadia* zu einem Liebling der Fans, vor allem im weiteren Kontext von Annos Karriere, in dem die angespannten, realen Qualen mit genauso viel Ehrerbietung behandelt werden wie das, was sich auf dem Bildschirm abspielt.

Berichten zufolge gefielen Anno die Drehbücher nicht, die NHK für die Serie vorbereitete. Er schrieb sie selbst um und entfernte sich im Laufe der Episoden immer weiter von der ursprünglichen Handlung. Sie sieht man als Zuschauer, wie sich im Laufe der Zeit die Geschichte von einer höchst unterhaltsamen Hommage an Miyazaki in etwas Düstereres und für Anno Typisches verwandelt. In den ersten Episoden kämpfen Nadia und ihr junger bebrillter Erfinderfreund Jean auf den Straßen vom Paris der Jahrhundertwende mit Juwelendieben, bevor sie Kapitän Nemo treffen und beginnen, die Geheimnisse des seltsamen Kristalls zu untersuchen, den Nadia in ihrem Besitz hat. Dann taucht die wahre Bedrohung auf: der Erzschurke Gargoyle und seine Organisation Neu-Atlantis, die die Weltherrschaft an sich reißen wollen.

In den letzten Episoden stößt die Serie in spektakuläres Sci-Fi-Territorium vor und wir sehen Szenen mit gewaltigen Schlachten zwischen riesigen Raumkreuzern und fliegenden Schlachtschiffen. Diese stehen in starkem Kontrast zu den Momenten gequälter Selbstreflektion der Charaktere – all dies verweist auf Annos nächstes Projekt *Neon Genesis Evangelion* (1995), die Serie, die ihn unsterblich machen sollte.

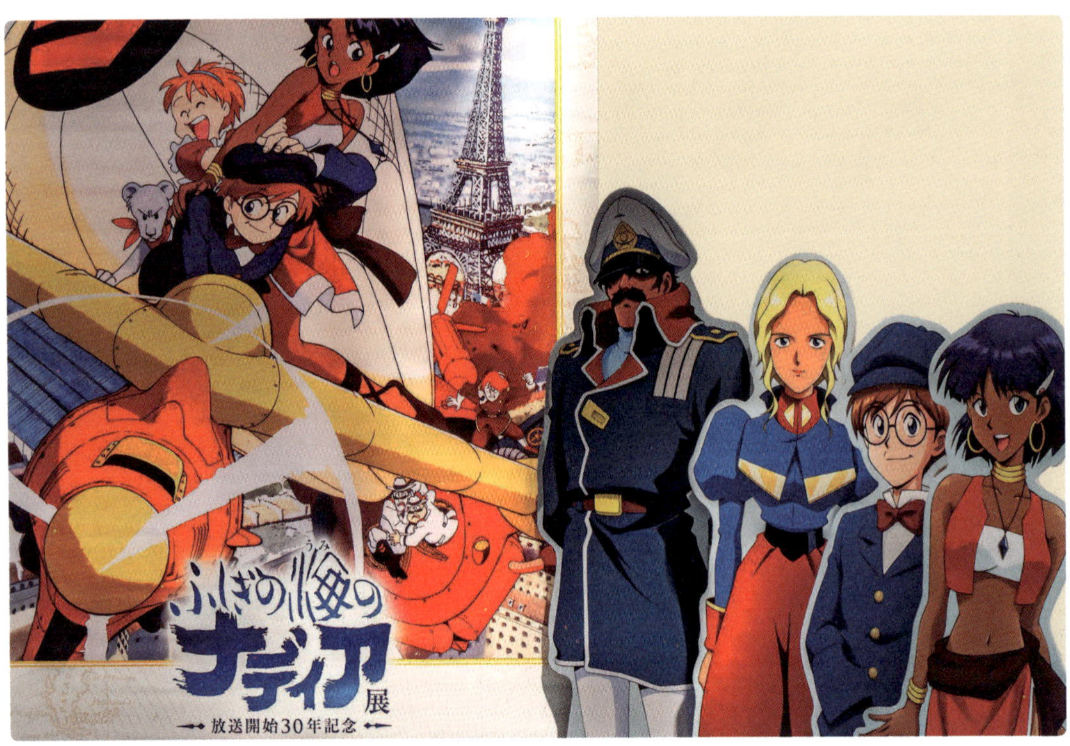

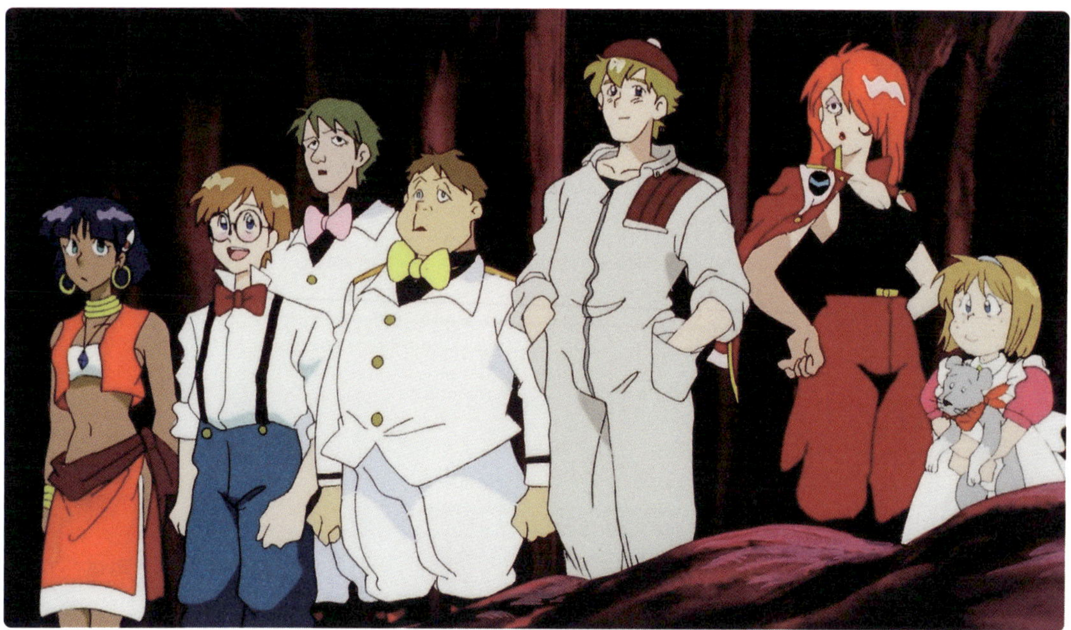

Gegenüber: Acryl-Figuren der Charaktere aus *Die Macht des Zaubersteins* zum 30. Jubiläum der Erstausstrahlung der Serie.

Oben: Nadia findet neue Freunde und Komplizen, darunter Grandis Bande von Juwelendieben.

Unten: Die aufkeimende Beziehung zwischen Nadia und Jean zieht sich wie ein roter Faden durch die Serie.

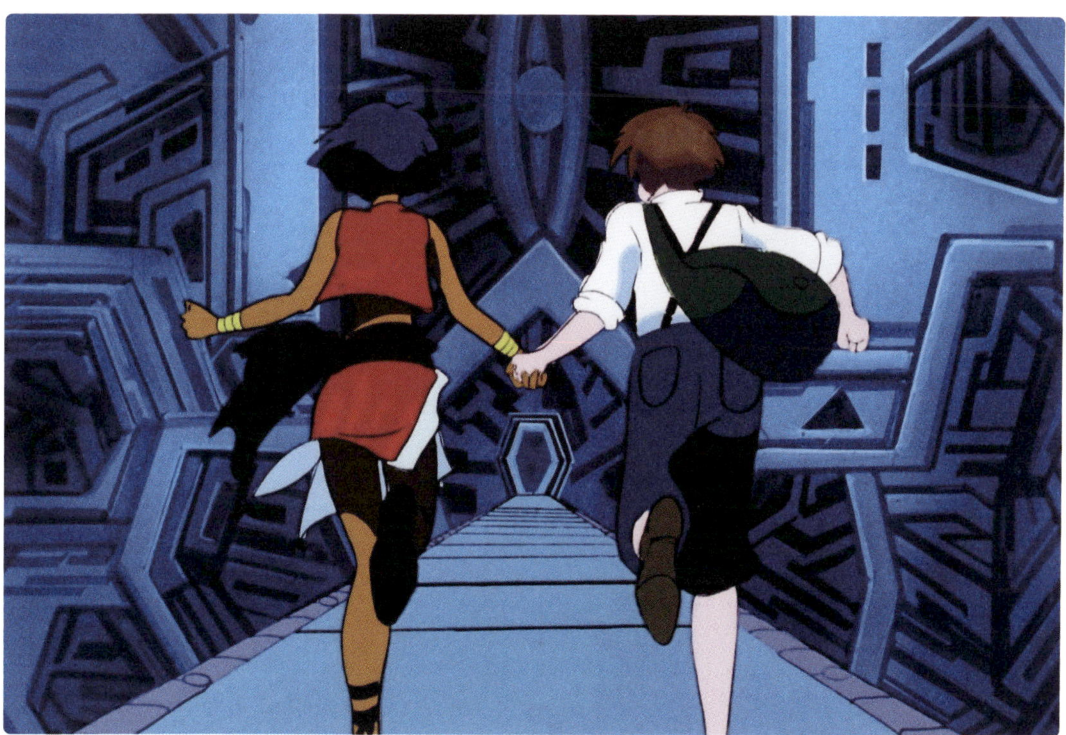

Princess Arete

Regie: Sunao Katabuchi
Laufzeit: 105 Minuten / Jahr: 2001

Sunao Katabuchi studierte noch an der Universität, als er begann, mit Hayao Miyazaki zu arbeiten. Nachdem er in jüngeren Jahren mit *Future Boy Conan* (1978) in Berührung gekommen war, fand sich der Filmstudent schließlich inmitten der Drehbuchschreiber von Miyazakis *Die Abenteuer des Sherlock Holmes* (1984–1985) wieder.

Es muss wohl der eine oder andere kreative Funke übergesprungen sein, denn nur wenige Jahre später (nachdem er am Blockbuster *Little Nemo: Abenteuer im Schlummerland*, der es bis über den großen Teich schaffte, mitgewirkt hat) wurde er 1989 als Regisseur für *Kikis kleiner Lieferservice* ausgewählt. Gerüchten zufolge waren die Geldgeber nicht begeistert, dass der Film zwar von Studio Ghibli produziert wurde, Miyazaki selbst aber nicht Regie führte. So kam es, dass Miyazaki sich mitten in der Produktion plötzlich doch auf dem Regiestuhl wiederfand und Katabuchi ihm als Regieassistent zur Seite stand, obwohl er nach der Produktion von *Mein Nachbar Totoro* im Vorjahr eigentlich eine kleine Pause einlegen wollte (es sollte nicht das einzige Mal sein, dass Miyazaki eine laufende Produktion übernahm). Auch danach blieb Katabuchi dem Studio treu und förderte in den frühen 90ern neue Talente. Doch erst als er zu Studio 4°C (*Memories, Mind Game, Tekkonkinkreet*) wechselte, nahm Katabuchi sein eigenes Spielfilmdebüt *Princess Arete* (2001) in Angriff, das der Filmemacher gemeinsam mit einer liebgewonnenen Kollegin realisierte: seiner Frau Chie Uratani. Uratani, die mit ihrem Mann entweder als Animationsregisseurin oder Regieassistentin zusammenarbeitet (unter anderem bei *In This Corner of the World* von 2016, dem bejubelten, durch eine Crowdfunding-Kampagne finanzierten Kriegsdrama, das durch atemberaubende Animationen hervorsticht) ist „für die Zeichnungen verantwortlich", erklärte Katabuchi gegenüber *Anime World News*. Er fügte hinzu, dass seine „besten Ideen aus der Überlegung entstehen, was seine Frau am ehesten zu ihren Animationen inspirieren könnte".

Die Geschichte handelt von einer Prinzessin, die einsam und verlassen ihr Leben in einem goldenen Käfig, genauer gesagt einem Schlossturm, fristet. Wissbegierig und voller Neugier auf das Leben draußen nutzt sie jede Gelegenheit, um sich aus dem Schloss zu schleichen und sich unter die arbeitende Stadtbevölkerung zu mischen. Alles weckt ihr Interesse, von der Glasherstellung bis zum Sockenstopfen saugt sie jedes Detail in sich auf. Nachdem bereits einige Männer mit geplünderten übernatürlichen Gegenständen um ihre Hand angehalten hatten, wird sie schließlich von einem goldenen Käfig in den nächsten weitergereicht: Buchstäbliche durch eine List wird sie mit einem bösen Zauberer verlobt und zu seinem Anhängsel. In einem Gefängnisturm fristet sie fortan ein noch viel einsameres Dasein und muss einen Weg finden, zu fliehen.

Der Film basiert auf Diana Coles englischsprachigem Roman *The Clever Princess* (1983) und trägt deutlich das Ghibli-Gen in sich, von den Grundzügen der Erzählung bis hin zu den winzigen Details. Der grafische Stil mit feinen Gesichtszügen und Konturen und einer herbstlichen Farbgebung wirkt im Vergleich zum üblichen „Anime"-Look eher europäisch. Darin spiegeln sich auch die Neugier und die Begeisterung der Prinzessin für das Alltägliche und die große Kunst des Handwerks wider, besonders in den zarten Details, die ihre spätere Isolation umso schmerzvoller machen. Doch mit Einfallsreichtum und Pragmatismus und auch dank ihres feministischen Standpunkts ist sie letztlich in der Lage, dem Bösen Einhalt zu gebieten, dem Patriarchat zu entkommen und ihre Unabhängigkeit zu finden (Kiki und Prinzessin Arete wären definitiv befreundet gewesen).

Die Geschichte von Arete ist von märchenhafter Vertrautheit und bewegt sich in einem langsamen Tempo, das es der Animation ermöglicht, die Welt in aller Ruhe zu betrachten und emotional mit Arete mitzufiebern. Der sich daraus ergebende gemächliche Rhythmus mag für manche frustrierend sein, ist aber für die einfühlsame Umsetzung des Themas Einsamkeit unerlässlich und ginge in einer einfachen Gutenachtgeschichte wohl schnell verloren.

In This Corner of the World brachte Katabuchi später den Spitzenplatz auf der namhaften *Kinema Jumpo Film of the Year*-Liste ein. Der einzige andere Animationsfilm, der einen Preis erhielt, war *Mein Nachbar Totoro*. Es lohnt sich wirklich, sich für das Spielfilmdebüt von Sunao Katabuchi etwas Zeit zu nehmen. *Princess Arete* ist nicht nur wunderschön anzuschauen, meditativ und voller Innovation, sondern zeigt auch das Können eines Filmemachers, der innerhalb der Mauern von Studio Ghibli geprägt wurde, nun aber auch außerhalb des Palastes für Furore sorgt.

Gegenüber: Das japanische Filmplakat für *Princess Arete* mit einer stimmungsvollen und farbenfrohen Skizze der Heldin.

こころのちから。

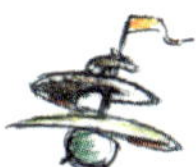

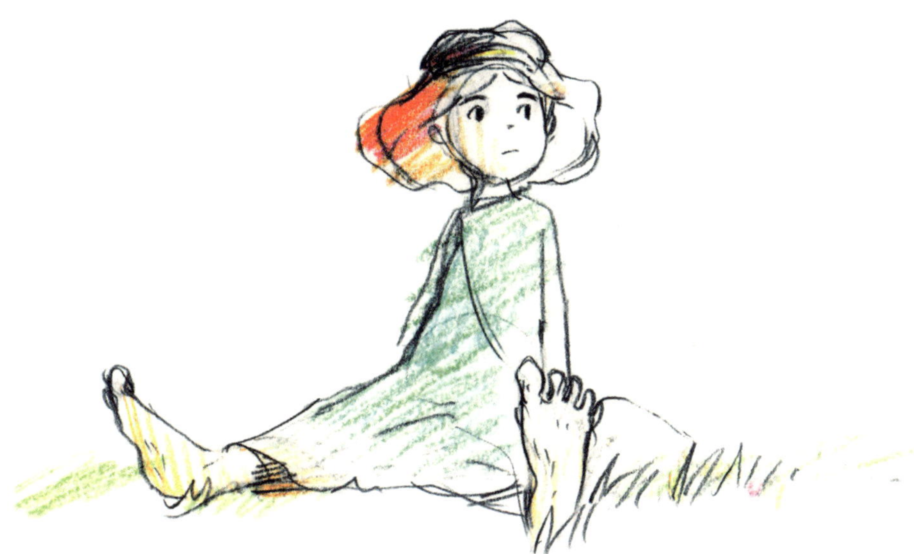

PRINCESS ARETE

アリーテ姫

Director/Screenplay : Sunao Katabuchi
Original Story : "The Clever Princess" by Diana Coles (published from Gakuyo Shobo)
Music : Akira Senju/Title Song : Taeko Onuki
Theme song: ORIGA/Original Soundtrack : Toshiba EMI
Producer : Eiko Tanaka/Character Design : Satoko Morikawa/Supervising Animator : Kazutaka Ozaki
Art Director : Minoru Nishida/CGI Director : Keisuke Sasagawa

Color Design : Akiko Hayashi/Audio Director : Hiroyuki Hayase/Editor : Takeshi Seyama
Houko Kuwashima/Tsuyoshi Koyama/Minami Takayama/Yusuke Numata/Satomi Koorogi
color/vista/DOLBY SR/105 min./2000/digital animation for cinema release
Presented by : Arete Project(Beyond C./Dentsu/Shogaku-kan/Imagica/Omega Project)
Production : STUDIO 4°C
Distribution : Omega Entertainment

www.movie-eye.com/arete

Children Who Chase Lost Voices

Regie: Makoto Shinkai
Laufzeit: 116 Minuten / Jahr: 2011

Bei Makoto Shinkai geht es weniger um die Form als um die Finanzen, wenn man bedenkt, wie er als Miyazaki-Nachfolger bekannt wurde.

Sein Erfolgshit *Your Name* von 2016 überholte kurzzeitig *Chihiros Reise ins Zauberland* (2001) an den japanischen Kinokassen – er hatte den König vom Thron gestoßen ... bis *Chihiro* erneut in die Kinos kam und sich seinen Platz zurückeroberte. Die beiden darauf folgenden Filme *Weathering With You* (2019) und *Suzume* (2022) vervollständigen eine Trilogie von Charakterstudien im Katastrophenfilmgewand, die alle mit hyperdetaillierten Animationen, ausgelassener Speedrock-Musik und Teenager-Melodramen aufwarten, und auch die beiden letztgenannten Filme wurden Kassenschlager. Hier war ein Mann mit einer ausgeprägten filmischen Vision, der eigenständige Animationsgeschichten mit einem unverwechselbaren Stil schuf und an den Kinokassen große Erfolge erzielte. Ganz wie Miyazaki.

Doch stilistisch sind diese jüngsten Erfolge nicht besonders Miyazaki-mäßig; sie sind voll von scharfen, urbanen Oberflächen, Handy-Manierismen und übersteigerten Emotionen. Am nächsten kam Miyazaki diesen Shinkai-Filmen vielleicht beim Drehbuch für die Teenager-Tändelei *Stimme des Herzens – Whisper of the Heart* von 1995. Wenn man jedoch

Unten: Zwei junge Liebende, umrahmt von einer atemberaubenden Kulisse. Ein vertrauter Anblick in einem Makoto-Shinkai-Film.

Gegenüber: Shinkais Filme sind prächtig, wie man auf dem Cover dieses offiziellen Begleitbuchs sieht.

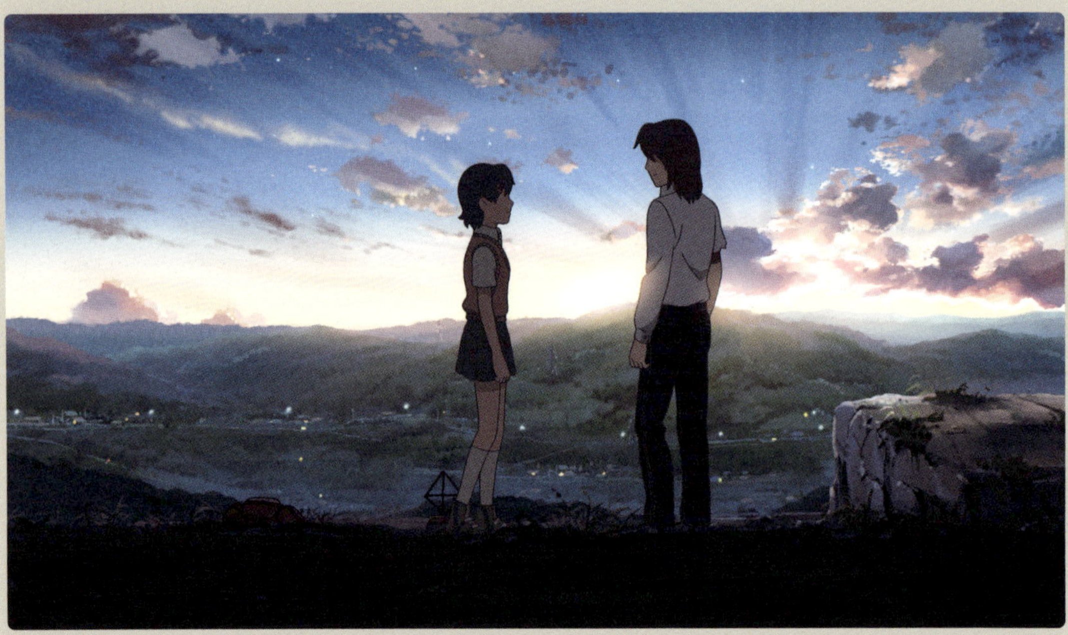

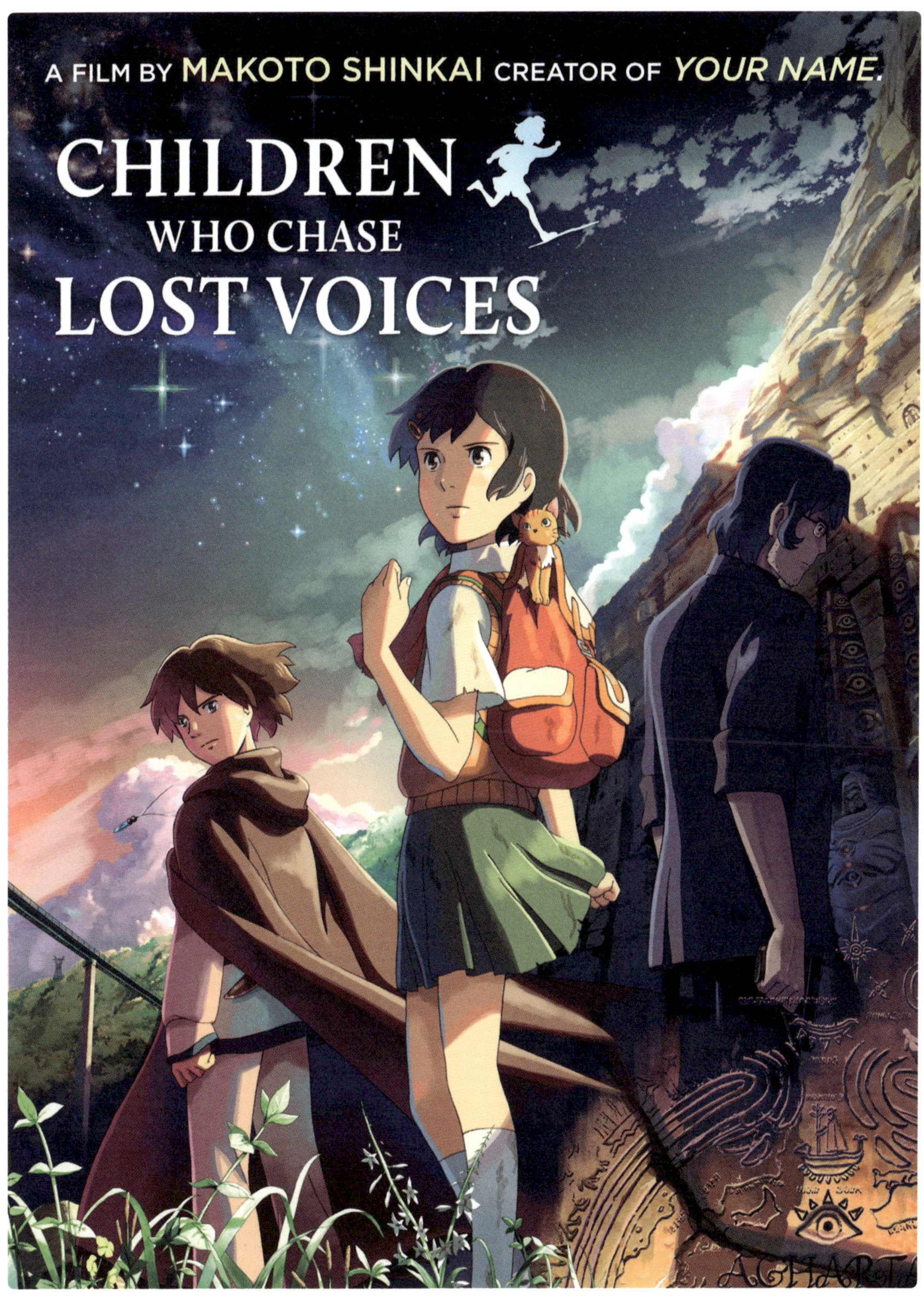
A FILM BY MAKOTO SHINKAI CREATOR OF YOUR NAME.
CHILDREN
WHO CHASE
LOST VOICES

ins Jahr 2011 zurückblickt, bevor Shinkai im Animationsbereich weltweit bekannt wurde, findet man *Children Who Chase Lost Voices*. Der Film war keineswegs ein Hit auf Miyazaki-Niveau, aber einer, der seinen Einfluss, gleichzeitig aber auch die gesamte Bandbreite von Shinkais Kreativität zeigt.

Die Geschichte spielt zwischen Stadt und Land und beginnt mit Asuna, einem jungen Mädchen, dessen Vater gestorben ist und das am Rande eines Waldes Trost und Einsamkeit findet, indem es außerweltliche Radiosendungen aus in einem mysteriösen Kristallradio hört. Ein kurzes und letztlich tragisches Zusammentreffen mit dem magischen Jungen Shun lässt Asuna auf eine Reise ins Innere ihres Kummers und zum Kern des Planeten Erde aufbrechen, auf der Suche nach den Toten. Mit ihr reisen ihr Lehrer Ryuji, ein ebenfalls von Trauer geplagter Charakter, der sich ihr in ruchloser Soldatenmanier anschließt, und Shuns jüngerer Bruder Shin. Das Trio begibt sich gemeinsam auf eine Odyssee in das verborgene Fantasie-Königreich Agartha. Obwohl die Erzählung an ungewöhnliche Orte führt, zieht sich die Melancholie durch jeden der zahlreichen Schauplätze des Films, getragen von Asuna, Ryuji und Shin, die sich nach Eltern, Ehepartnern und Geschwistern sehnen.

Während die Geschichte in die verschiedenen Ebenen unserer planetaren Existenz hinabsteigt, treten die für Shinkai so typischen urbanen Schauplätze in den Hintergrund und erlauben es dem Regisseur, der für seine messerscharfen Realitätsabbilder bekannt ist, das genaue Gegenteil darzustellen und ihn als expressionistischen und surrealistischen Bildgestalter zu zeigen. Für Makoto Shinkai fungiert Agartha als alchemistischer Spielplatz voller Mythen und Legenden, auf dem sich Figuren der griechischen Mythologie wie Orpheus und Eurydike, aztekisch inspirierte Götter und biblische, Lovecraft-artige, allessehende engelsgleiche Monster tummeln. Die kühlen Töne von Metall und Glas weichen hellen Schwaden blühender Natur und brutal gezeichneten Teufelswesen. In dieser Welt bietet jede neue Szene Gelegenheit uns zu überraschen, zu schockieren oder mit neuen Charakteren und spannender Action zu unterhalten – am besten veranschaulicht durch die Szene, in der ein nackter einarmiger Riese unsere Helden komplett verschlingt, um dann von einer Klippe zu springen.

Außerhalb der Haupthandlung gibt es einen komprimierten, chaotischen Weltenaufbau – als würde man

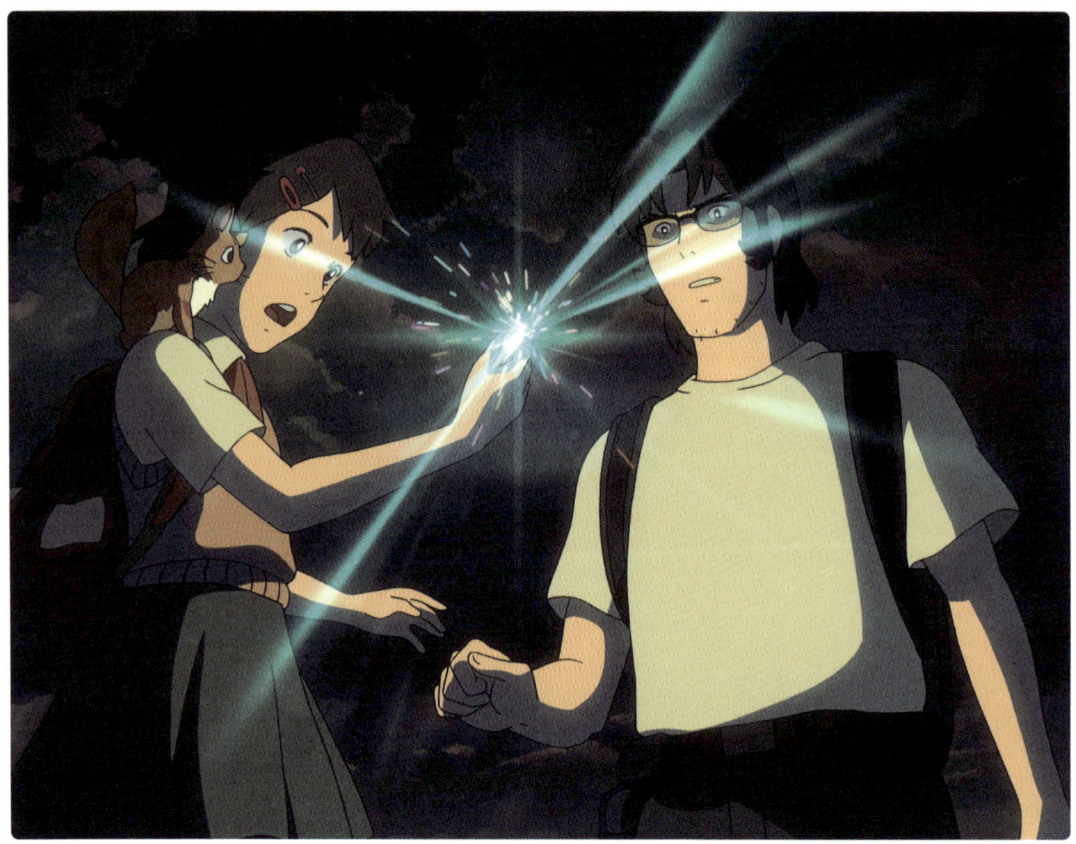

versuchen, den ganzen *Herrn der Ringe* in zwei Stunden zu packen, etwas, das in angeseheneren Fantasy-Abenteuern wie *Prinzessin Mononoke* (1997) oder *Das Schloss im Himmel* vermieden wird. Während Shinkais Film bestrebt ist, sämtliche Details seiner Welt zu erklären, gehen Miyazakis Filme den umgekehrten Weg und geben den mannigfaltigen Details die Möglichkeit, die Welt, die sie umgibt, zu erklären. Seine Filme sind eher unvollendete Landkarten, die vieles andeuten, keine vollständigen Enzyklopädien. Und auch wenn *Children Who Chase Lost Voices* vielleicht nicht die erzählerische Finesse einiger Ghibli-Werke besitzt, wirkt der Film doch visuell und thematisch vertraut und es schimmert durch, bei wem Shinkai vor seinem fantastischen Streifzug durch die Animationswelt studiert und gelernt hat. Figuren sausen durch die Luft, während sie explodierende Edelsteine umklammern, nicht anders als im Film *Das Schloss im Himmel*; es gibt detaillierte Aufnahmen von Käfern und anderen Kreaturen, die auch aus *Mein Nachbar Totoro* (1988) stammen könnten; und Mimi, Asunas fuchsähnliche Katzengefährtin, könnte eine Nachfahrin von Nausicaäs scharfzahniger Teto sein (oder von den Bewohnern Laputas abstammen). Einige delikate Familienmahlzeiten, ein paar zufriedenstellende Reinigungsarbeiten und sogar ein Moment, in dem man sich auf grünem Gras vor einem strahlend blauen Himmel ausruhen kann – wenn man die Augen zusammenkneift, könnte das Land Agartha ein weiteres Ziel für das *Wandelnde Schloss* sein. Man spürt den Respekt und die Neugierde für Natur und Spiritualität und wie beide miteinander verwoben sind, umrahmt von einem herrlich seltsamen Design, das einen ganz anderen Filmemacher zeigt als den, der mit *Your Name* in die Stratosphäre aufgestiegen war. Obwohl sperrig und surreal, hat Shinkais Welt hier einen sehr menschlichen und emotionalen Kern, und der berühmte Hyperrealist findet die Realität im Bizarren.

Gegenüber: Mit diesem Abenteuer begab sich Makoto Shinkai auf Miyazaki-Terrain und zeigte Bekanntes wie magische Kristalle ...

Unten: ... und wundersame Flugapparate, die an Filme wie *Das Schloss im Himmel* erinnern – der erste Film, den der Regisseur, bezahlt von seinem eigenen Taschengeld, im Kino sah.

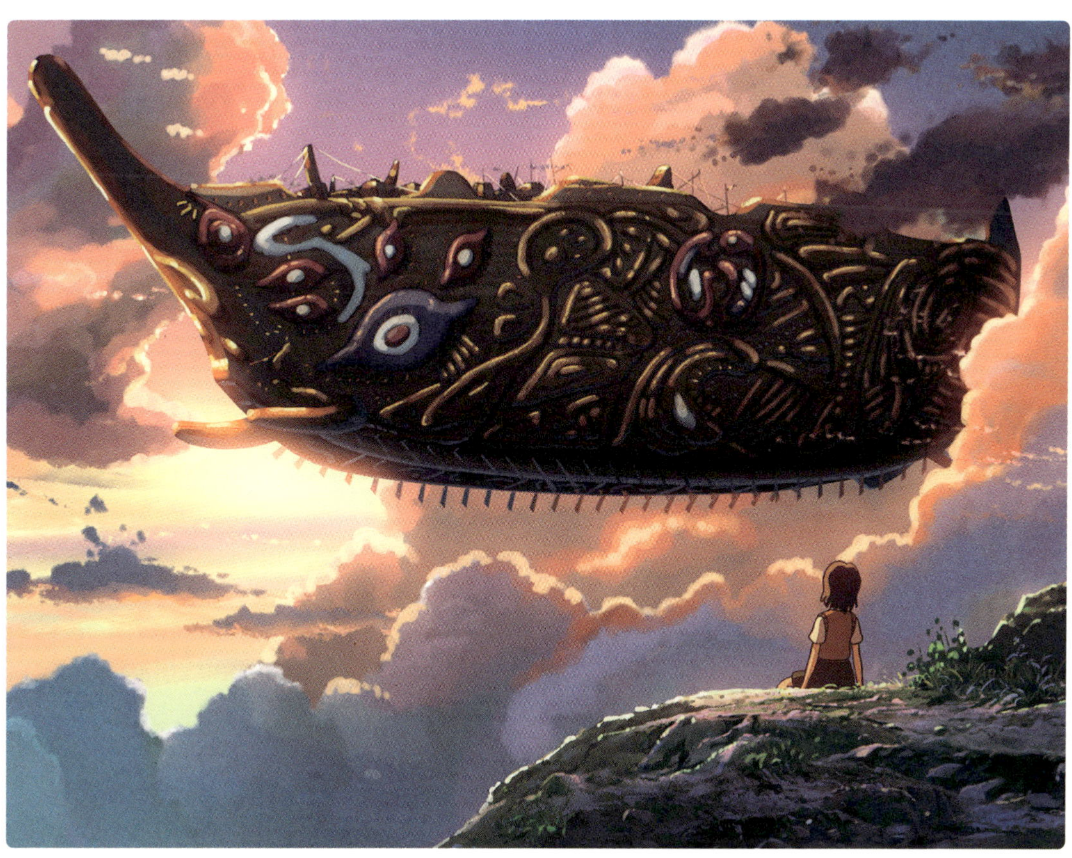

A Letter to Momo

Regie: Hiroyuki Okiura
Laufzeit: 120 Minuten / Jahr: 2011

A Letter to Momo ist eine überraschende 180-Grad-Wende des Regisseurs Hiroyuki Okiura, einem Star-Animator, der jahrzehntelang im Bereich der Sci-Fi-Animation mit Filmen wie _Akira_ (1988), _Patlabor 2: The Movie_ (1993), _Ghost in the Shell_ (1995) und _Memories_ (1995) brillierte.

Mit diesen Werken hatte er sich einen Ruf als einer der führenden Vertreter des Anime-Animationsstils erworben, der fast bis zum Fotorealismus detailliert ist. In einem Interview mit dem unverzichtbaren Animations-Blog *Full Frontal* beschrieb Toshiyuki Inoue, der häufig mit ihm zusammenarbeitet, Okiuras Ansatz einmal mit den Maximen „hohe Präzision" und „Genauigkeit ohne jede Lüge". Okiuras Regiedebüt *Jin-Roh: The Wolf Brigade* (1999) war ein düsteres, dystopisches Melodram, doch sein zweiter Spielfilm ist eine skurrile Mischung aus menschlichem Drama und japanischer Folklore, die dem Filmemacher Vergleiche mit Miyazaki einbrachte. *A Letter to Momo* erzählt von einer jungen Frau, die nach dem Tod ihres Vaters von Tokio auf eine kleine Insel im Seto-Inlandsee zieht. Dort, in der Heimatstadt ihrer Mutter, trifft sie auf drei freche Yokai-Wesen, die bei den Einheimischen für Unruhe sorgen, bevor sie ihr helfen, ihre Trauer zu verarbeiten und sich wieder auf die Welt einzulassen.

Im Ernst, hättet ihr für jede Erwähnung der Worte „ghibliesque" oder „Miyazaki-like" in der englischen Presseberichterstattung über den Film einen Cent bekommen, ihr hättet ausgesorgt. Kritiker verglichen die Thematik und die Schauplätze ständig mit Filmen wie *Mein Nachbar Totoro* oder *Chihiros Reise ins Zauberland*. Allegra Frank von *Film Comment* hob den Film als Paradebeispiel eines Anime aus der „Post-Miyazaki-Ära" hervor, während der *Hollywood Reporter* anmerkte, dass das Werk „locker als neuer Film aus der Studio-Ghibli-Schmiede durchgehen könnte". Doch das war wenig überraschend.

Obwohl Okiuras Werdegang ihn nie zu Studio Ghibli führte, waren etliche seiner wichtigsten Mitarbeiter bei diesem Projekt alteingesessene Ghibli-Veteranen, darunter auch der Animationsregisseur und Charakterdesigner Masashi Ando (der hier den gleichen Job machte wie bei *Prinzessin Mononoke* und *Chihiros Reise ins Zauberland*), sowie Hiroyuki Morita (Regisseur von *The Cat Returns*),

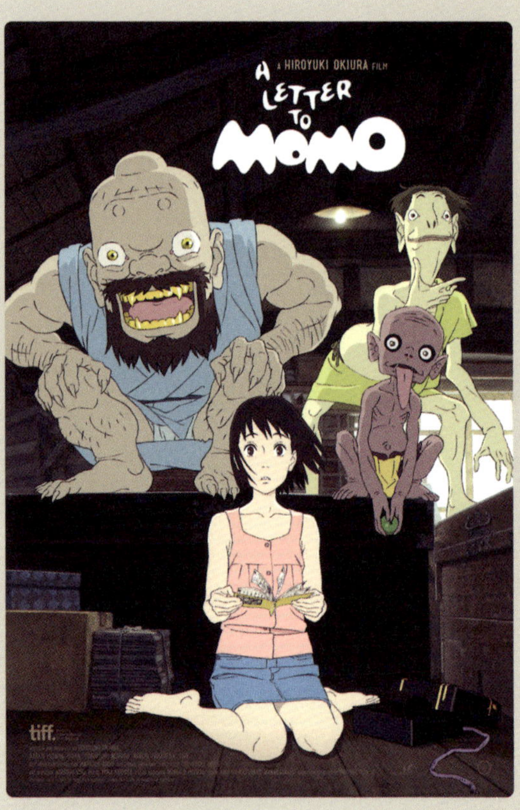

Oben: Dieses Werbeplakat für *A Letter to Momo* zeigt die Hauptfigur, umrahmt von den übernatürlichen Trickstern, den Yokai.

Gegenüber: Wie die besten Miyazaki-Filme stellt auch *A Letter to Momo* das Alltägliche dem Übersinnlichen gegenüber.

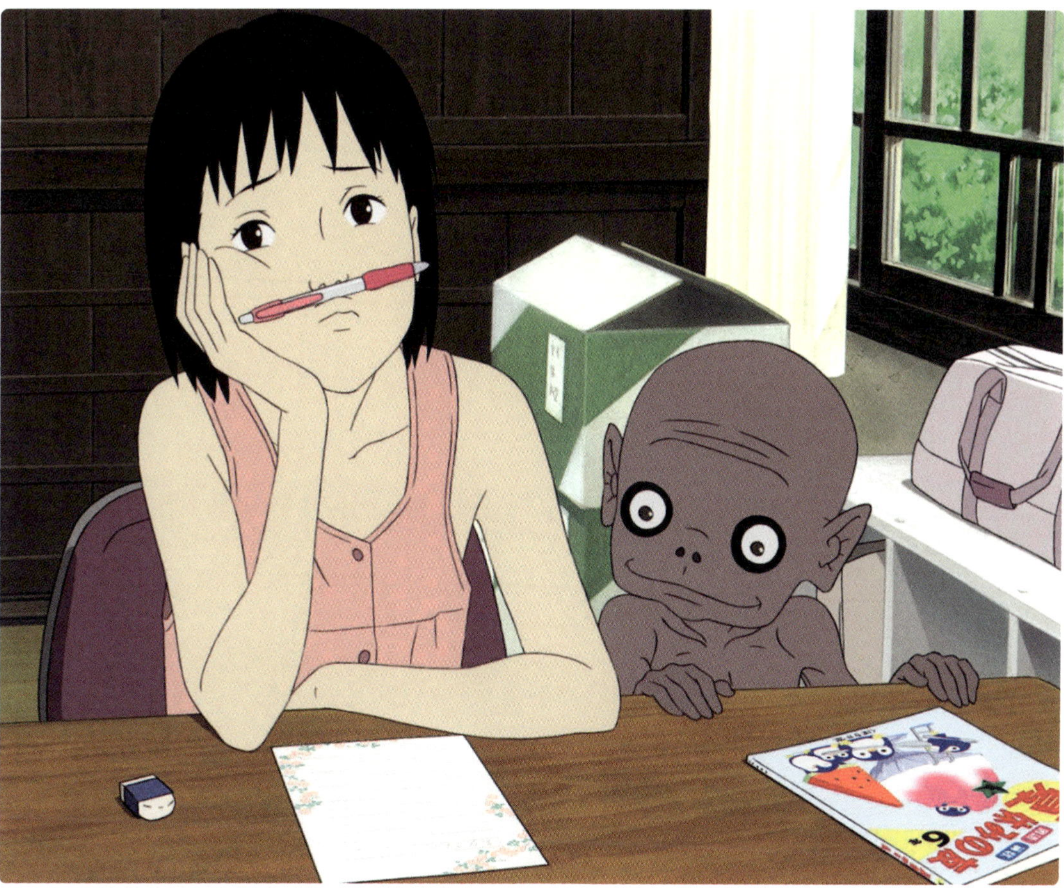

Takeshi Honda und Toshiyuki Inoue. Viele dieser Animatoren wurden im Ghibli-Stil geschult, doch hier arbeiteten sie ohne die strenge Hand von Hayao Miyazaki.

Das macht *A Letter to Momo* zu einem bemerkenswerten Vertreter der Gattung Film, die sich nach „Post-Miyazaki" anfühlt, doch die enge Verbindung zum Studio Ghibli endet hier noch nicht. Nach der Veröffentlichung des Films arbeitete Okiura am Ghibli-Film *Erinnerungen an Marnie* (2014) mit. Dieser wurde als erstes Projekt ohne direkte Beteiligung der älteren Generationen angepriesen, Hiromasa Yonebayashi saß auf dem Regiestuhl und Masashi Ando schlüpfte erneut in die Rolle des Animation Directors und Charakterdesigners. Und als Miyazaki für *Der Junge und der Reiher* (2023) erneut eine Auszeit von seinem Ruhestand nahm, veranlasste ihn auch sein fortgeschrittenes Alter mehr und mehr dazu, Aufgaben an sein Animationsteam zu delegieren, das viele Mitarbeiter der Momo-Crew vereinte, nicht zuletzt Takeshi Honda, der inzwischen zum Animation Director befördert worden war.

Ein letzter Hinweis: Während *A Letter to Momo* in der Tat ein erwachsener und herzerwärmender Film ist, kann man das von Okiuras einziger Regiearbeit in den Jahren danach nicht behaupten. *Robot on the Road* (2015) ist ein wunderschön animierter, aber unglaublich kindischer Kurzfilm über die Erlebnisse eines degenerierten Anhalter-Roboters, der versucht, freizügige Fotos von der ahnungslosen jungen Frau zu machen, die ihn mitnimmt. Viele Mitglieder von Momos Animationsteam kehrten für dieses Projekt zurück und steuerten außergewöhnliche Charaktere bei, doch der geschmacklose Inhalt war möglicherweise eine Verschwendung ihrer Talente.

Ame & Yuki – Die Wolfskinder

Regie: Mamoru Hosoda
Laufzeit: 117 Minuten / Jahr: 2012

Mamoru Hosoda zählt zu den großen Filmemachern und Chronisten unseres heutigen Internet-Zeitalters.

Von seinem mittellangen Debüt *Digimon Adventure: Our War Game!* (2000), das die Monster der Franchise mit der Bedrohung eines Cyberangriffs verband, über *Summer Wars* (2009), der das gemütliche Treffen mit den Schwiegereltern mit einer globalen, webbasierten Apokalypse kombiniert, bis hin zu seinem Märchen-Remix *Belle* (2021), der *Die Schöne und das Biest* kurzerhand ins Metaversum verlegt. Mamoru Hosoda ist ein Regisseur, der die sich entwickelnde Sprache des Internets über zwei Jahrzehnte hinweg konsequent verstanden hat. Im Vergleich dazu ist Studio Ghibli nicht gerade bekannt dafür, Computertechnik und IT in ihren Geschichten eine Bühne zu geben. Sie geben lieber der Natur, der Tradition und dem Spirituellen den Vorzug. Daher mutet es seltsam an, wenn man bedenkt, dass Mamoru Hosoda einmal die Zukunft von Ghibli sein sollte.

Mit 12 sah er *Das Schloss des Cagliostro* (1979) und war begeistert: Seine Lieblings-Animeserie war Takahatas *Anne mit den roten Haaren* (1979). Seitdem war er „wie besessen von Animation und der Produktion von Animationen". Als Ghibli ihm nach dem Erfolg seines *Digimon*-Films die Chance bot, bei *Das wandelnde Schloss* (2004) Regie zu führen, wäre er beinahe dorthin zurückgekehrt, wo seine Leidenschaft ihren Anfang genommen hatte. Wie wir heute wissen, hat er diesen Film nicht realisiert, die genauen Gründe sind allerdings nach wie vor unklar. Später erzählte er *Polygon* allerdings: „Wenn ich *Das wandelnde Schloss* so hätte machen müssen, wie Ghibli es wollte, wäre meine Karriere wohl vorbei gewesen ... als ich aus dem Projekt ausgestiegen bin, dachten die Leute: ‚Oh, er ist gescheitert, es ist vorbei.' Doch es ist gut, dass ich mein eigenes Ding gemacht habe, anstatt es so zu machen, wie Miyazaki es gemacht hätte."

Miyazaki machte also *Das wandelnde Schloss* und Hosoda gelang 2006 mit dem Zeitschleifen-Abenteuer *Das Mädchen, das durch die Zeit sprang* der Durchbruch, gefolgt von *Summer Wars*, den er drei Jahre später veröffentlichte. Er bewunderte Ghibli, arbeitete mit ihnen und verließ sie wieder. Als er dann sein eigenes junges Animationsstudio Studio Chizu gründete, beschloss Hosoda, seinen (bis heute) besten Ghibli-Film zu machen: *Ame & Yuki – Die Wolfskinder*. Es ist die Geschichte einer Frau, die sich in einen Wolfsmenschen verliebt, seine ebenfalls wölfischen Kinder zur Welt bringt und sie nach einer Tragödie allein in einem neuen Haus auf dem Lande aufziehen muss. Der Film erkundet die Identität sowohl der Mutter als auch der Kinder, und er erforscht die Kluft zwischen Stadt und Land, Mensch und Natur, dem Alltäglichen und dem Fantastischen – alles beobachtet mit einem scharfen Blick für die Details unserer Umwelt und die Schwächen der Menschen. Wie auch in anderen Werken – am ungeheuerlichsten in *Der Junge und das Biest* (2015) – kann der Filmemacher leider nie der Versuchung widerstehen, seine Erzählungen in ein destruktives Finale zu treiben, hier in Form einer gewaltigen Flut (ein Thema, das Miyazaki in *Ponyo* von 2008 ironischerweise mit mehr Anmut und Verstand behandelt). Das zeigt einen Mangel an Vertrauen in seine eigentlich recht ausgefeilte Charakterarbeit, indem er seinen Rollen ein Melodram aufzwingt, um Emotionen hervorzurufen, anstatt sie organisch aus ihnen erwachsen zu lassen. Obwohl der Film enttäuschend endet, zeigt *Ame & Yuki – Die Wolfskinder*, dass Mamoru Hosoda einen hochrangigen Ghibli-Film hätte machen können, wenn er beim Studio geblieben wäre und die richtige Anleitung bekommen hätte.

Doch eigentlich ist es spannend, dass er es nicht getan hat, denn nur so konnte Hosoda sich auch außerhalb des Ghibli-Universums zu einem der wichtigsten und aufregendsten Animationsregisseure weltweit entwickeln.

Gegenüber: *Ame & Yuki – Die Wolfskinder* ist Mamoru Hosodas Hommage an alle Mütter und an die harten Prüfungen, die das Eltern-Dasein mit sich bringt.

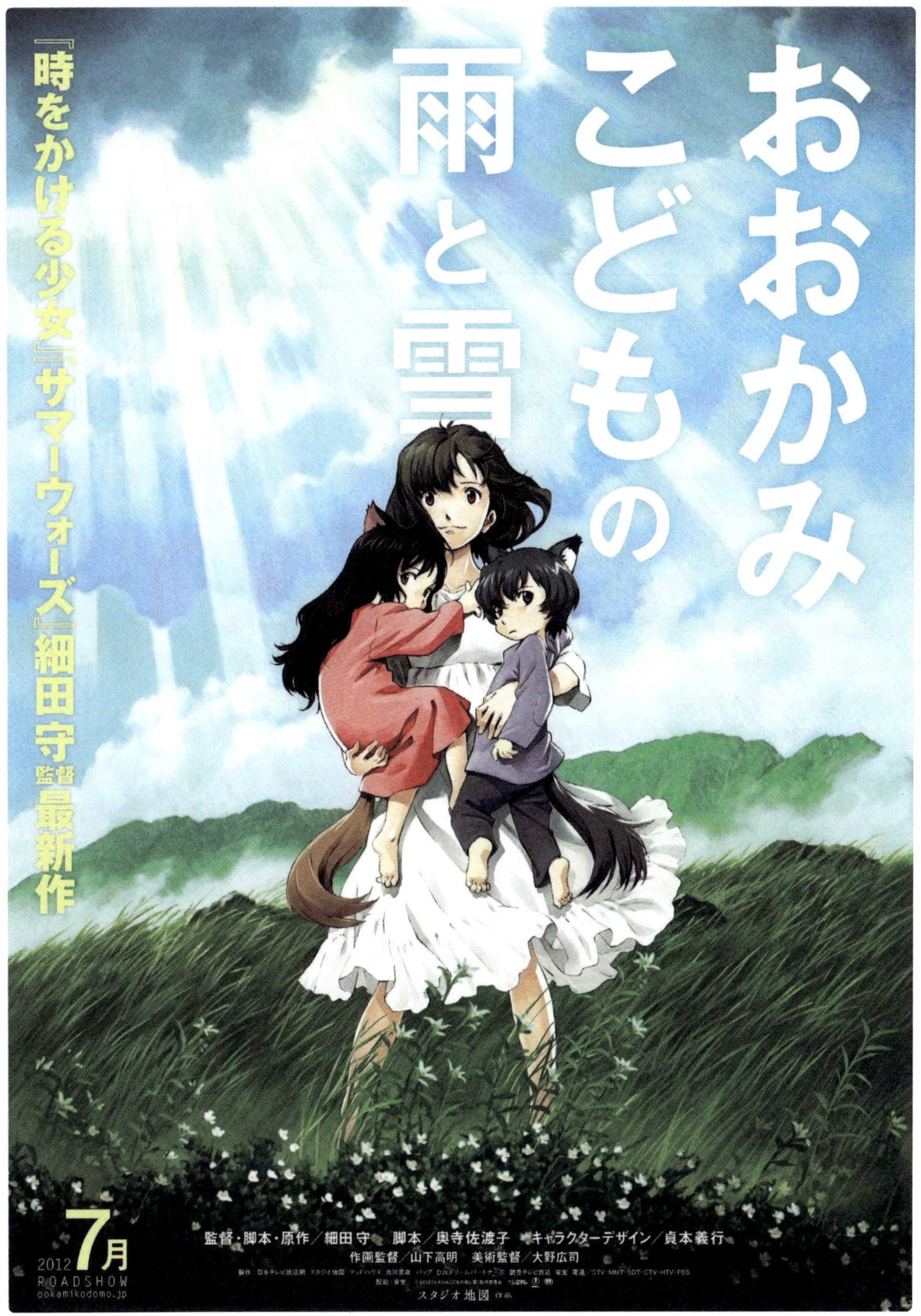
おおかみこどもの雨と雪
『時をかける少女』『サマーウォーズ』細田守監督最新作
2012 7月 ROADSHOW
ookamikodomo.jp
監督・脚本・原作／細田 守　脚本／奥寺佐渡子　キャラクターデザイン／貞本義行
作画監督／山下高明　美術監督／大野広司
製作：日本テレビ放送網 スタジオ地図 マッドハウス 角川書店 バップ D.N.ドリームパートナーズ 読売テレビ放送 東宝 電通／STV·MMT·SDT·CTV·HTV·FBS
配給：東宝
スタジオ地図 作品

Mary und die Blume der Hexen

Regie: Hiromasa Yonebayashi
Laufzeit: 103 Minuten / Jahr: 2017

Wie heißt es so schön? „Nachahmung ist die aufrichtigste Form der Schmeichelei" – und es könnte kein aufrichtigeres Kompliment für Ghibli geben als den Film *Mary und die Blume der Hexen.* Mit diesem Spielfilm schuf Studio Ponoc die größte Studio-Ghibli-Tribute-Band.

Natürlich sind wir hier meilenweit entfernt von einer Beatles-Tribute-Band. Die bessere Analogie wäre wahrscheinlich eine talentierte Begleitband, die ins Rampenlicht tritt, nachdem der Hauptact die Bühne bereits verlassen hat.

Ponoc wurde von einer jüngeren Generation ins Leben gerufen, die durch die überraschende Schließung von Ghibli nach der Veröffentlichung von *Wie der Wind sich hebt* (2013), *Die Legende der Prinzessin Kaguya* (2013) und *Erinnerungen an Marnie* (2014) im Stich gelassen wurde, um das Engagement des Studios für qualitativ hochwertige Animationsfilme, die Kinder und Erwachsene gleichermaßen begeistern, zu bewahren. Studiogründer Yoshiaki Nishimura war Produzent der beiden letztgenannten Filme, und er heuerte Regisseur Hiromasa Yonebayashi an, der gerade *Marnie* gedreht hatte sowie ein All-Star-Team von Ghibli-

Gegenüber: Vertraute Szenen: *Mary und die Blume der Hexen* ist eine gelungene Hommage an die Filme Ghiblis.

Unten: Mary fügt sich nahtlos in die Reihe der weiblichen Protagonisten wie Kiki, Chihiro und Arrietty von Ghibli ein.

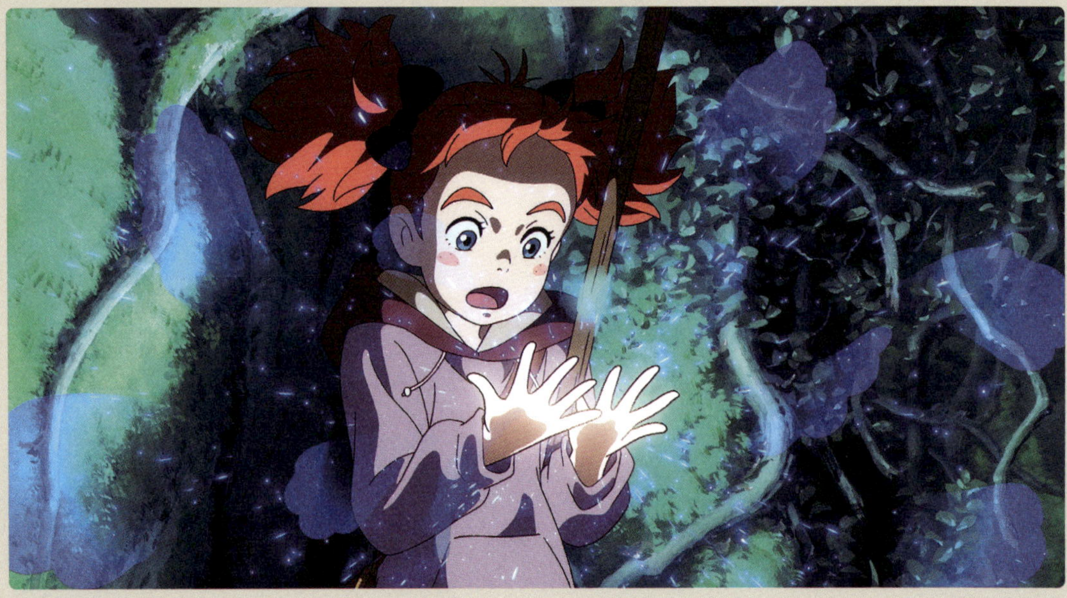

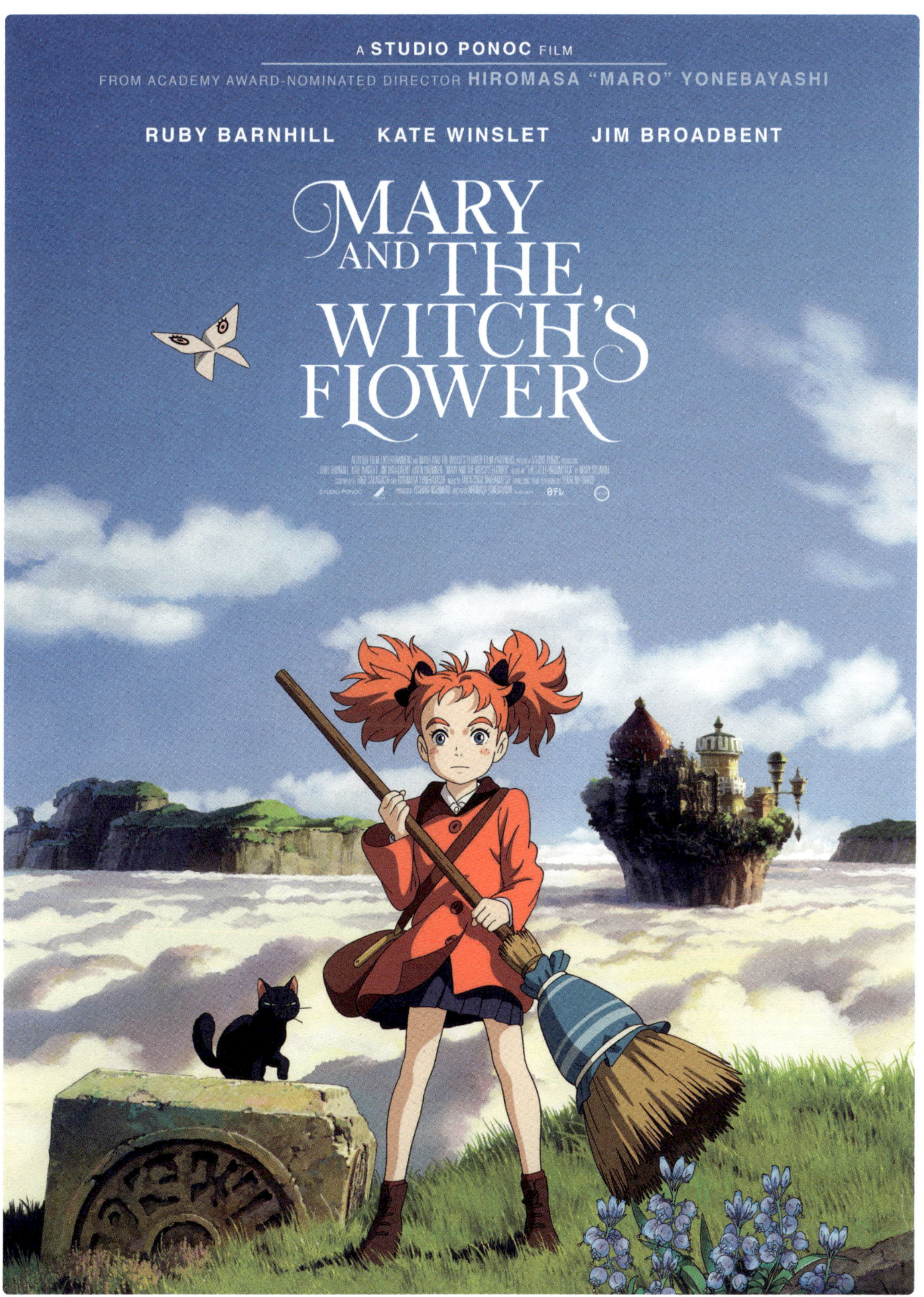
A STUDIO PONOC FILM
FROM ACADEMY AWARD-NOMINATED DIRECTOR HIROMASA "MARO" YONEBAYASHI
RUBY BARNHILL
KATE WINSLET
JIM BROADBENT
MARY AND THE WITCH'S FLOWER

Veteranen, darunter Animationsdirektor Takeshi Inamura, Assistenz-Animationsdirektor Ei Inoue und wichtige Animatoren wie Masashi Ando, Akihiko Yamashita und Shinji Otsuka. Sie alle kehrten später zu Ghibli zurück, um an *Der Junge und der Reiher* (2023) mitzuarbeiten.

Mary und die Blume der Hexen hat etwas herrlich Unheimliches an sich. Durch den gesamten Entstehungsprozess hindurch schien *Studio Ponoc* sich exakt an ein Rezept für ein faszinierend-fesselndes Ghibli-Abenteuer zu halten. Eine skurrile englischsprachige Romanvorlage? Check. Eine ganz normale Alltagswelt, die plötzlich durch Magie zu neuem Leben erwacht? Check. Ein Mädchen auf einem Besen, ein Junge auf einem Fahrrad, eine schwarze Katze als Gefährtin? Check, check, check. Und doch ist Mary nicht Kiki, sosehr die Schlagworte des Films und die Akzente der Animation es auch vermuten lassen. Mary Stewarts Romanvorlage *The Little Broomstick* ist sogar noch wundersamer und abgedrehter, beinahe ein wenig psychedelisch. Schließlich macht Mary ihre erste Erfahrung mit Magie, nachdem sie eine seltsame, verrückte Blume gesehen hat, und auch an anderen Stellen ist der Roman von düsteren Themen aus Religion und Geschichte inspiriert, angefangen beim Namen der Zauberschule, in die Mary entführt wird, Endor College (in Anlehnung an die biblische Hexe von Endor) bis hin zum Namen eines ihrer Lehrer, Dr. Dee, eine Anspielung auf den elisabethanischen Wissenschaftler und Okkultisten John Dee.

Ponocs Adaption ist randvoll mit magischen Ideen, unverwechselbaren Charakterdesigns und bravourösen Animationssequenzen, die an die schwindelerregenden Höhen vergangener Ghibli-Filme erinnern. Die üppigen Landschaften der erkennbar britischen Schauplätze erinnern an die charakteristischen grünen Hügel und den blauen Himmel aus so manchem Ghibli-Klassiker, während der Überfluss an Zaubersprüchen und Experimenten in Endor College an die überbordende Fantasie und die unzähligen Kreaturen im Badehaus von *Chihiros Reise ins Zauberland* erinnern. Ja, sogar das Design der Zauberschule, eine über den Wolken schwebende Insel, erinnert stark an *Das Schloss im Himmel.* Doch im Herzen der Geschichte liegt eine Sehnsucht, denn Mary entdeckt nicht nur Magie, sondern auch ein magisches Erbe und damit eine Familiengeschichte. Damit kehren Nishimura und Yonebayashi zu dem thematischen Faden zurück, den sie selbst in *Erinnerungen an Marnie* zu knüpfen begonnen haben – und schmuggeln einen eigenen Song in die Greatest-Hits-Setliste.

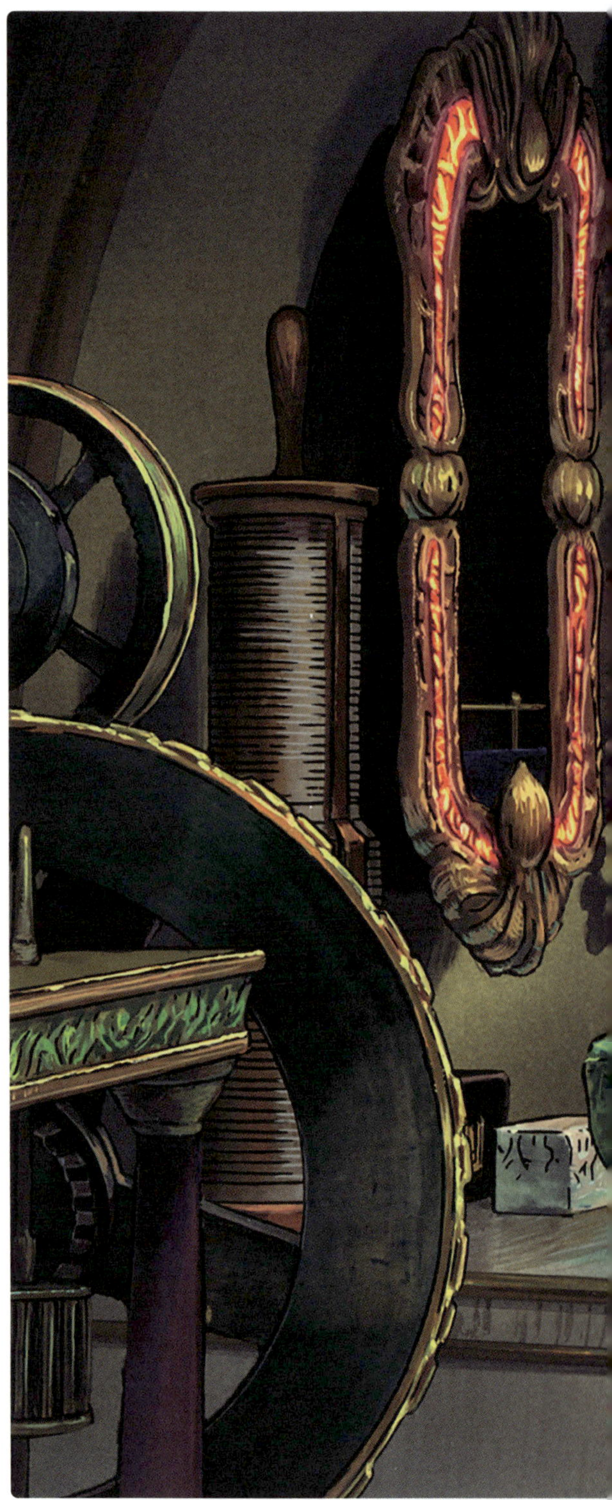

Rechts: Für mehr Zauber und Fantasy von Autorin Mary Stewart nehmt euch die Romantrilogie vor, die die Artus-Legende aus der Perspektive Merlins erzählt.

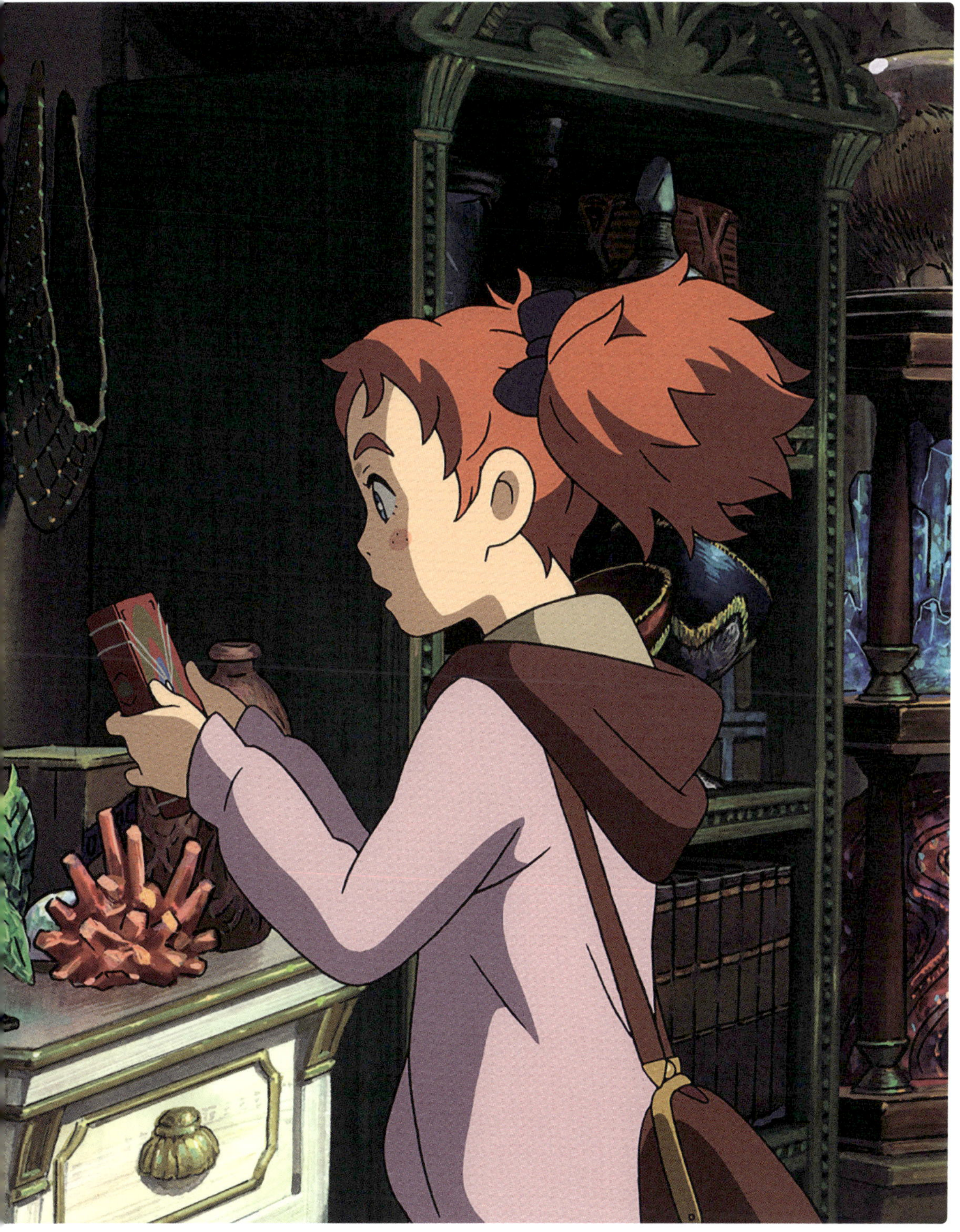

Lu Over the Wall

Regie: Masaaki Yuasa
Laufzeit: 112 Minuten / Jahr: 2017

In Masaaki Yuasas Arbeit einzutauchen ist stets eine überaus anregende und überraschende Erfahrung.

Sein Spielfilmdebüt *Mind Game* aus dem Jahr 2004 zeigte ein Gespräch zwischen Mensch und Gott, wobei die Gottheit als formwandelnde Verkörperung der Animation selbst dargestellt wurde; sein 2021 veröffentlichtes, weltweit gefeiertes Werk *Inu-Oh* kombinierte historisches Epos und Rockoper; und seine Serie *Keep Your Hands Off Eizouken!* aus dem Jahr 2020 untersuchte und förderte die Entstehung von Animationsfilmen anhand eines kleinen Anime-Clubs, der von liebenswerten Teenager-Fans geleitet wird (die zu Fans wurden durch die Betrachtung von Miyazakis *Future Boy Conan*). Yuasa ist ein produktiver Geschichtenerzähler, der sowohl mit Serien als auch mit Einzelerzählungen arbeitet und 2017 zwei Filme veröffentliche: *Lu Over the Wall* und die Romanze *Night Is Short, Walk On Girl* – ein fantastischer Film, der aber nicht so viel Ghibli-DNA (oder Figuren-Cameos) enthält wie *Lu*. Der Film spielt in einer kleinen Küstenstadt und erzählt die Geschichte von Kai, einem einsamen, unbeholfenen, und musisch veranlagten Jungen, der sich mit zwei anderen jungen Musikern und einer Meerjungfrau (oder Ningyo) anfreundet. Obwohl Kai älter und einsamer ist als Ponyos Hauptfigur Sosuke, ist sein Abenteuer dem Film *Die kleine Meerjungfrau* von Miyazaki aus dem Jahr 2008 nicht unähnlich. Wenn Kai mit seiner Band auf der mystischen und gefährlichen Merfolk-Insel spielt, plätschern die Klänge durch die Wellen und begeistern Lu, die halb Mensch und halb Fisch ist. Sie fühlt den Groove so sehr, dass sich ihre Schwanzflosse in zwei tanzende Füße teilt und sie sich der musikalischen Truppe anschließt. Mit ihrer gummiartigen Verwandlung und ihrem froschähnlichen Gesicht könnte Lu durchaus mit Ponyo verwandt sein, und da auch sie schließlich in eine Überschwemmung gerät, könnte man sagen, dass sie zudem ähnliche Hobbys haben.

Yuasa ist sich der Verbindung zwischen seinem Film und dem Miyazakis sehr wohl bewusst und macht auf mehr oder weniger subtile Weise auf die Ähnlichkeiten aufmerksam. Eine besonders nasse Szene wird mit Wagners *„Walkürenritt"* untermalt – ein Stück, das in fröhlichem Widerspruch zu Ponyos freudigem Wellenhüpfen steht.

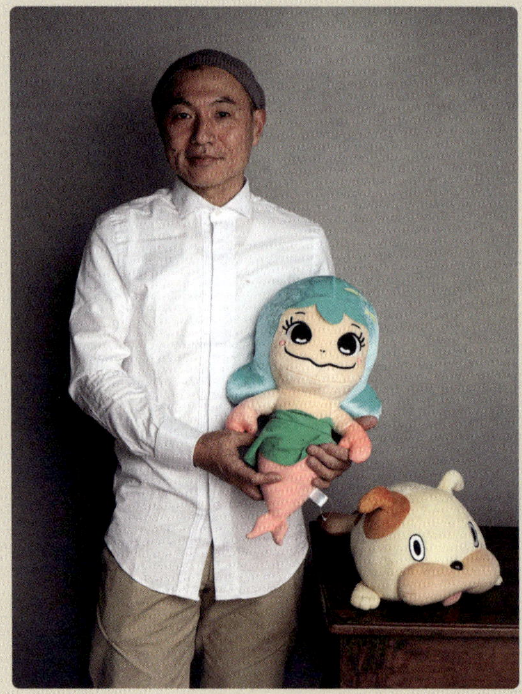

Ein noch auffälligeres Beispiel sind die klar erkennbaren Undercuts von Sosuke und seiner Mutter Lisa während der Flut (einer Flut, die auch von Isao Takahatas *Die Abenteuer des jungen Panda: Zirkus im Regen* inspiriert wurde, mehr dazu auf Seite 17).

Oben: Regisseur Masaaki Yuasa posiert mit einer Spielzeugversion der Meerjungfrau aus seinem Film *Lu Over the Wall.*

Gegenüber: Dieses Artwork für *Lu Over the Wall* zeigt den skurrilen, fast psychedelischen Stil des Films.

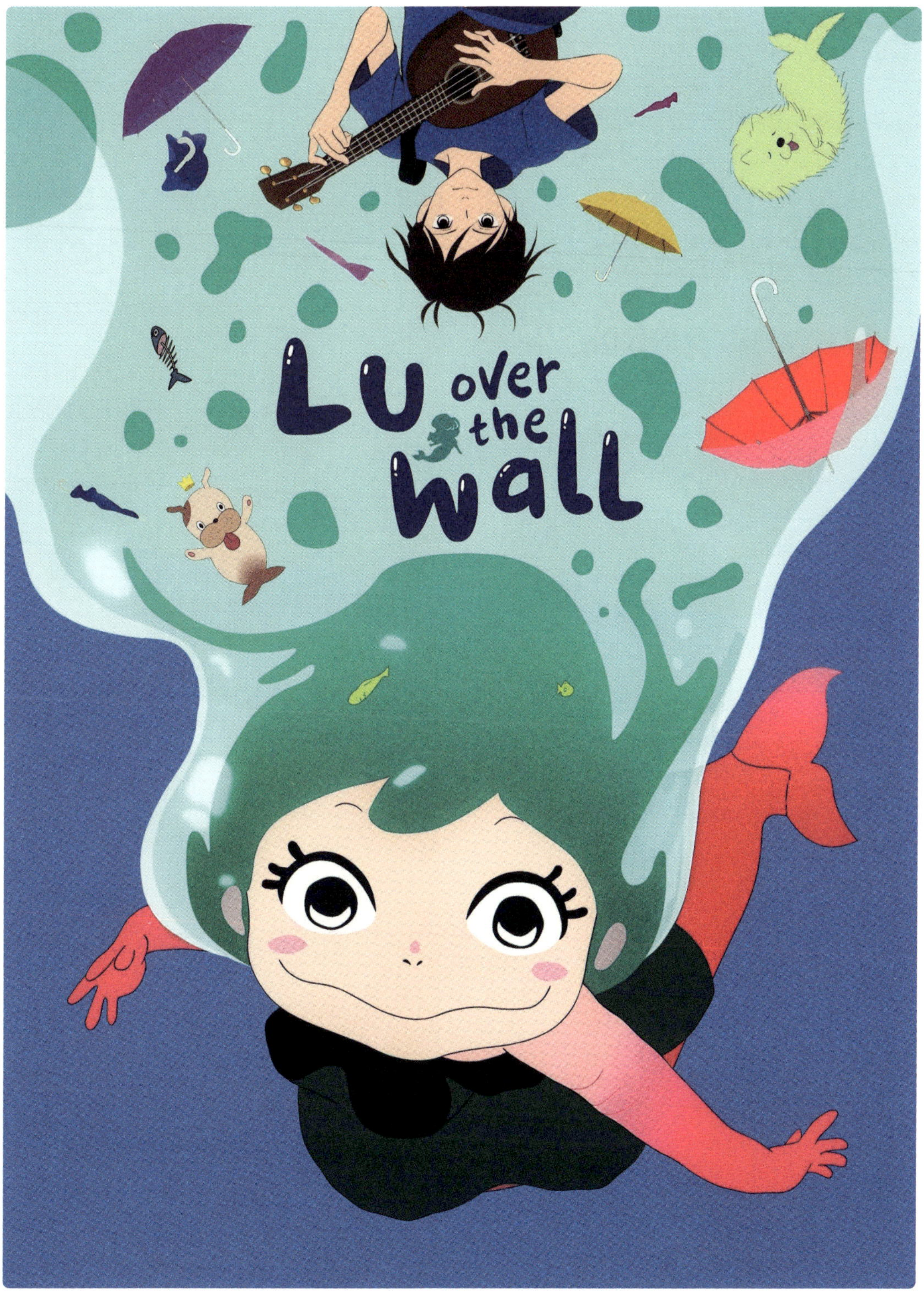
Lu over the wall

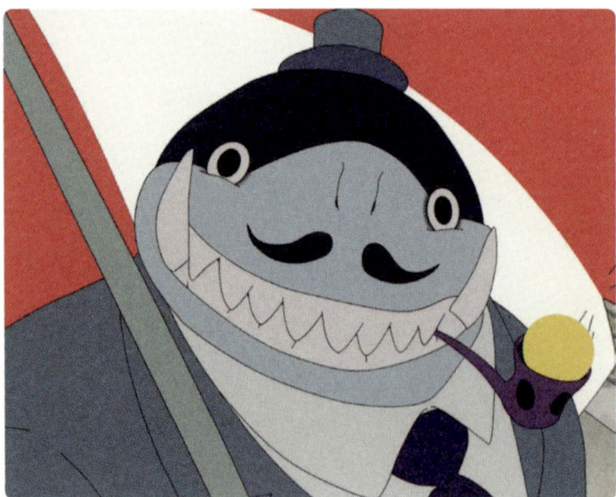

Doch bei *Lu* geht es nicht nur um Anerkennung und Verehrung für die Ghibli-Filme: Die exzentrische und offene Sensibilität Yuasas zeigt sich in einer breiten Palette von Einflüssen, vor allem in den musikalischen Sequenzen des Films, angefangen beim psychedelischen Farbrausch von *Yellow Submarine* (1968) über die geometrische Komplexität eines Busby Berkeley bis hin zu Jacques Demys Arthouse-Film *Die Regenschirme von Cherbourg* (1964). Dazu kommen fantastische Charaktere wie ein riesiger wandelnder Hai, eine Truppe von Fischskeletten und ein Team von Mer-Hunden, die es dem Zuschauer nicht leichtmachen, mit dem großen Erfindungsreichtum auf der Leinwand Schritt zu halten.

Obwohl *Lu* seine Inspirationen deutlich auf dem Neoprenanzug trägt, ist es dennoch unverkennbar Yuasas Film, denn es sind seine Fingerfertigkeit und seine Bereitschaft zu Experimenten und Formschwankungen, die ihn als Regisseur so faszinierend und aufregend machen. Während die eine Szene anmutet, als würde man Wassertropfen in der Lasershow eines Planetariums aufleuchten und tanzen sehen, erinnert eine andere an Kinderzeichnungen, die an Kühlschränken prangen und in animierter Form in den Film integriert wurden. Für den Großteil der Zuschauerinnen und Zuschauer kann die Entdeckung und Erkundung von Yuasas Werk durchaus eine transformative Erfahrung sein, denn auch in seinen Animationen ist das Thema Verwandlung allgegenwärtig und macht seine Filme so wertvoll, aufregend und besonders.

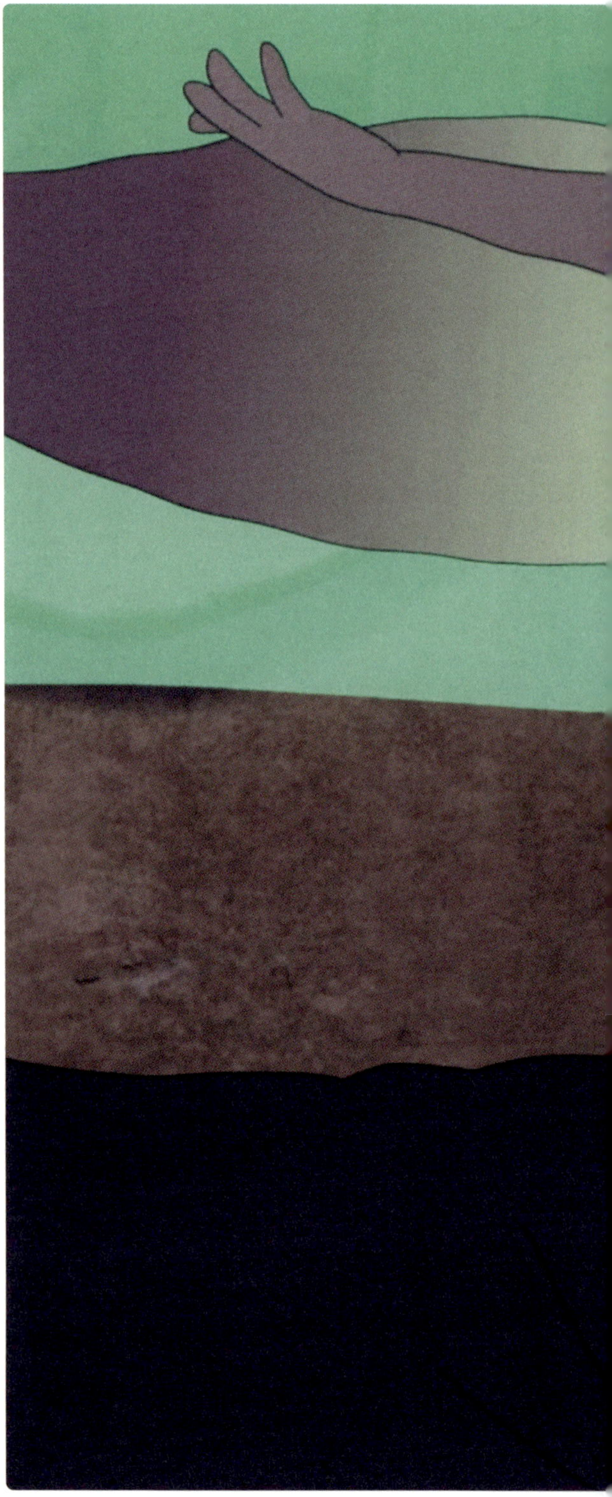

Oben: Einer der bizarrsten Charaktere des Films ist Lus grinsender, kaum verkleideter Hai-Vater.

Rechts: Der unbeholfene Teenager Kai findet sich in unbekannten Gewässern wieder, als er die magische, musikliebende Meerjungfrau Lu trifft.

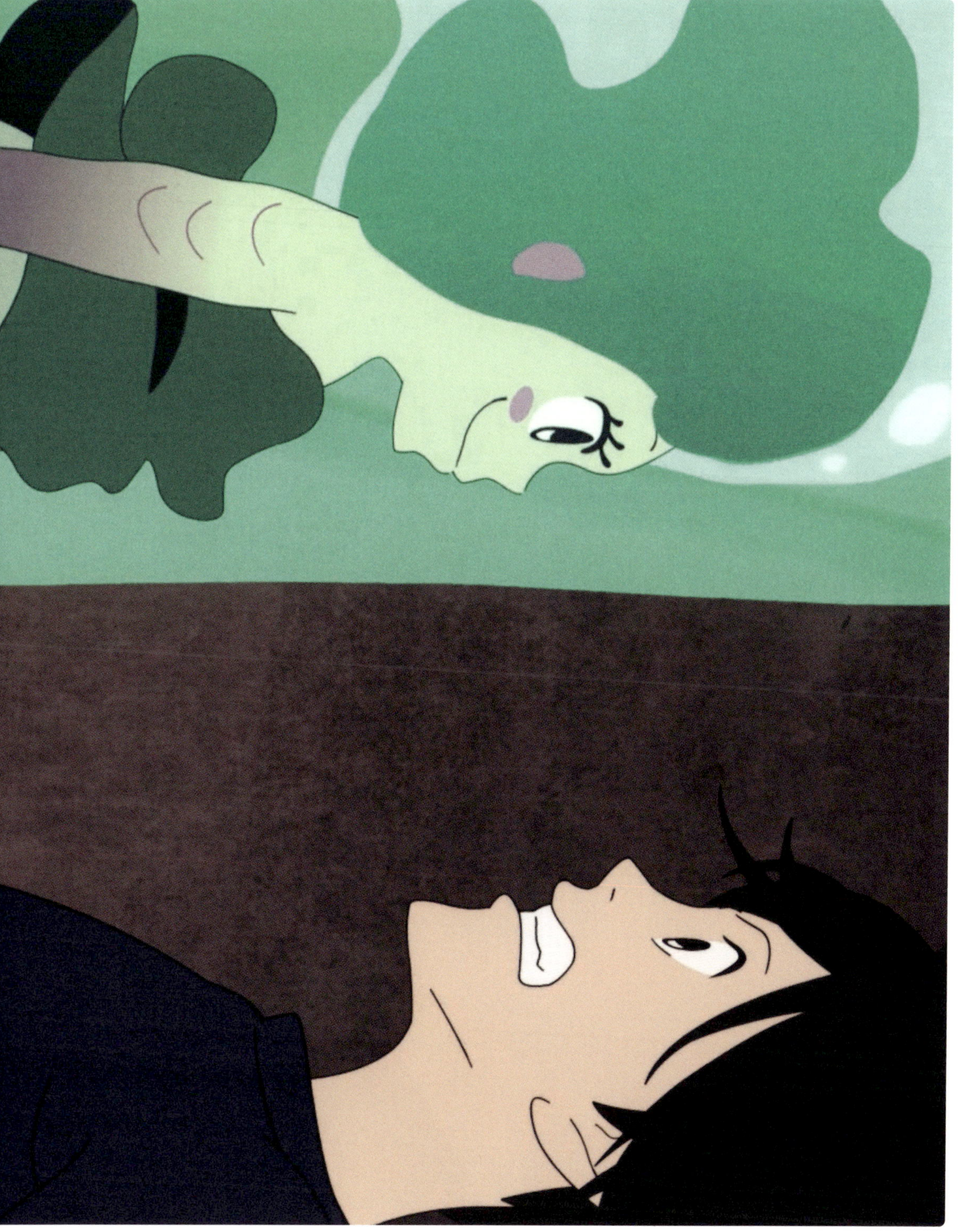

The Deer King

Regie: Masashi Ando, Masayuki Miyaji
Laufzeit: 113 Minuten / Jahr: 2021

Der Hirschkönig (2021) ist eine Abenteuergeschichte, die sich mit der Landwirtschaft ebenso befasst wie mit der Artillerie, in der sich die Figuren auf einer möglicherweise vergeblichen Suche nach Frieden mit Krieg, Krankheit und glitschigen, gewalttätigen Monstern auseinandersetzen müssen.

Kurzum, der Film könnte sich angenehm vertraut anfühlen, wenn ihr auf Ghibli-Filme à la *Prinzessin Mononoke* (1997) steht. Ein rascher Blick auf den Werdegang der beiden Regisseure Masashi Ando und Masayuki Miyaji verrät, weshalb es sicher nicht schwerfiel, gerade diese beiden für die Umsetzung der fantastischen Erzählung zu gewinnen. Ando war einer der wichtigsten Animatoren bei Filmen wie *Porco Rosso* (1992), *Prinzessin Mononoke* und *Meine Nachbarn die Yamadas* (1999). Darüber hinaus arbeitete er mit Wegbereitern des Storytellings wie Satoshi Kon (*Paprika*), Hideaki Anno (*Evangelion: 3.0 You Can (Not) Redo*) und Makoto Shinkai (*Your Name*) zusammen, und 2017 sogar mit *Studio Ponoc* an deren filmischer Hommage an Ghibli, *Mary und die Blume der Hexen*. Im Gegensatz zu Ando kann Miyaji zwar nicht allzu viele Credits aus der Ghibli-Filmografie vorweisen, doch dafür hat er sehr eng mit dem Meister zusammengearbeitet und als Regieassistent an Hayao Miyazakis Film *Chihiros Reise ins Zauberland* und *Mei and the Baby Cat Bus* mitgewirkt, einem Kurzfilm-Sequel zu *Mein Nachbar Totoro*, welches ausschließlich im Ghibli-Themenpark und dem Ghibli-Museum zu sehen ist (mehr dazu auf Seite 54). *The Deer King* erblickte 2014 als Roman des Schriftstellers Nahoko Uehashi das Leben.

Später wurde eine Manga-Serie daraus, bevor es schließlich zu einer Filmadaption kam, die von *Production*

Unten: Mit einer verfluchten Wunde am Arm und seinem gehörnten tierischen Begleiter hat Van durchaus Ähnlichkeit mit Ashitaka, dem männlichen Hauptdarsteller aus *Prinzessin Mononoke*.

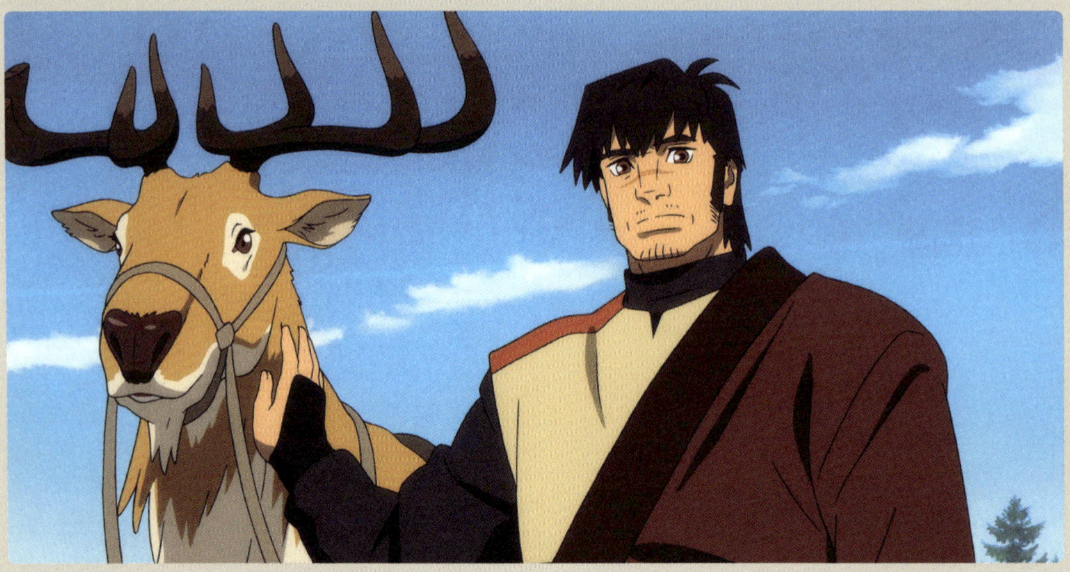

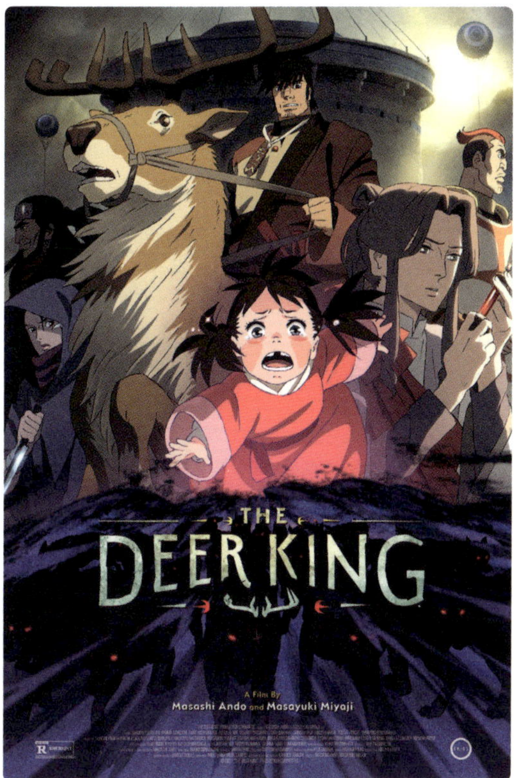

I.G. produziert wurde. Dort wurden bereits die Spielfilme *Ghost in the Shell* (1995), *Jin-Roh* und der in diesem Kapitel bereits besprochene Film *A Letter to Momo* (2011) realisiert. Die Geschichte spielt in einer Welt voller Magie und ist eingebettet in eine mittelalterlich anmutende Szenerie. Sie erzählt von Van, einem inhaftierten Sträfling, dessen Gefängnis von einem Rudel giftiger Hunde angegriffen wird. Die Hunde verwüsten den Ort und hinterlassen Van eine verfluchte Bisswunde am Arm (sehr Ashitaka-like) und die Berufung, sich um die einzige weitere Überlebende, ein junges Waisenmädchen namens Yuna, zu kümmern. Yuna und Van beginnen ein einfaches, idyllisches Leben, unbedarft und unschuldig bewirtschaften sie gemeinsam das Land und erfreuen sich an seiner schlichten Schönheit. In der Erforschung und Darstellung der Natur ist *The Deer King* stark, er verbindet gefühlvolle Bilder – wie das Stillen mit dem Melken von Kühen oder Äste mit den Fingerspitzen – durch passende Schnitte, um die Ähnlichkeit und die voneinander abhängige Beziehung zwischen dem Menschen und seiner Umwelt zu unterstreichen. All diese Details werden in strahlend helles Licht getaucht und präzise gezeichnet, sie zeigen die Sorgfalt, die hier nicht nur durch das Handwerk der Animatoren, sondern auch durch die Charaktere und ihr Tun in die Welt einfließt. Die Natur wird gehegt und gepflegt. Dieser Ansatz macht die unvermeidliche Zerstörung umso brachialer, denn sobald die Schrecken des Krieges über Yuna und Van hereinbrechen, wird auch die Schönheit ihrer Umgebung von jetzt auf gleich verwüstet. Doch der fadenscheinige Krieg zerstört nicht nur die Schönheit der flüchtigen Momente; er schmälert leider auch ein wenig die Story selbst. Große Teile von *The Deer King* sind von Reden über die zermürbende Bürokratie erfüllt, was die Zuschauer ermüdet und dazu führt, dass die Ereignisse des Films zwar gründlich erklärt, aber nicht zufriedenstellend erzählt werden. Im Gegensatz zur spannenden moralischen Komplexität, die *Prinzessin Mononoke* den Zuschauern bietet, führt sie hier zu Komplikationen – und diese wiederum zu Langeweile. Die Nebenhandlung über ein Virus und die Entdeckung eines Heilmittels (der Film selbst wurde wegen der COVID-19-Pandemie verschoben) ist zwar zeitgemäßer und spannender als die permanenten Diskussionen des Films, aber *The Deer King* überzeugt am ehesten mit seinen beiden Hauptfiguren und ihren Ausflügen in die Natur. Philosophisch und stilistisch werden Ghibli-Fans mit *The Deer King* sicherlich auf ihre Kosten kommen, aber neue Wege werden nicht beschritten, der Film landet im Niemandsland.

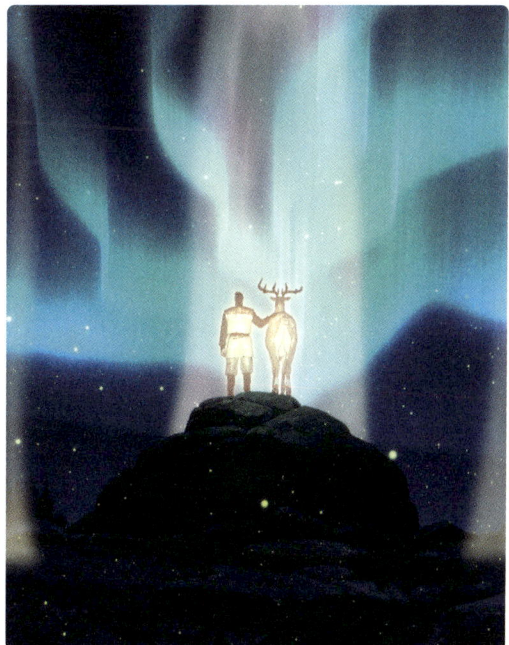

Oben: Ein actiongeladenes Filmplakat für *die amerikanische Premiere des Films*, der dort vom Verleih *GKIDS* vertrieben wurde.

Unten: Trotz einer spannenden Geschichte und politischer Intrigen ist *The Deer King* am stärksten, wenn die Schönheit der Natur im Mittelpunkt steht.

Weiterführende Lektüre und Dokumentationen

Zusätzlich zu den unten aufgeführten wertvollen Büchern und Artikeln möchten wir uns bei GKIDS, StudioCanal, Anime Ltd und Elysian Films für die Bereitstellung von Pressematerialien bedanken, die uns geholfen haben, das Ghibliversum zu erkunden. Wie bei unserem vorherigen Buch *Ghibliothek* haben wir auch hier auf persönlicher Recherche aus über einem Jahrzehnt zurückgegriffen, darunter zwei Reisen nach Japan und Interviews mit Isao Takahata, Toshio Suzuki, Goro Miyazaki, Mami Sunada, Makoto Shinkai, Mamoru Hosoda, Hiromasa Yonebayashi, Yoshiaki Nishimura, Steve Alpert, Rebecca Sugar, Enrico Casarosa, Alex Dudok de Wit, Tom Morton-Smith und Basil Twist.

Bücher

Alpert, Steve, Sharing a House with the Never-Ending Man (Berkeley, Stone Bridge Press, 2020)

Clements, Jonathan & McCarthy, Helen, The Anime Encyclopedia, 3rd rev. ed. (Berkeley, Stone Bridge Press, 2015)

Clements, Jonathan & Osmond, Andrew, Future Boy Conan: Miyazaki's Directorial Debut (Glasgow, Anime Ltd, 2021)

Denison, Rayna, Studio Ghibli: An Industrial History (New York, Springer International Publishing, 2023)

Denison, Rayna (ed.), Princess Mononoke: Understanding Studio Ghibli's Monster Princess (London, Bloomsbury Academic, 2018)

Dudok de Wit, Alex, BFI Film Classics: Grave of the Fireflies (London, Bloomsbury Publishing, 2021)

Ghibli Museum, Mitaka (The Tokuma Memorial Cultural Foundation for Animation, 2010)

Ghibli Park: Official Guide Book (Ghibli Park Co., Ltd, 2022)

Ghibli Roman Album: Conan, the Boy in Future (Tokyo, Tokuma Shoten, 2003)

Ghibli Warehouse: Official Pamphlet (Ghibli Park Co., Ltd, 2022)

Hara, Kunio, 33 1/3 Japan: My Neighbour Totoro Soundtrack (London, Bloomsbury Academic, 2020)

Kadono, Eiko, Kiki's Delivery Service, translated by Emily Balistrieri (Penguin Random House Children's, 2020)

Kelts, Roland (ed.) Essays on Grave of the Fireflies (New York, Anime: Masters & Masterpieces, 2008)

Le Guin, Ursula K. The Books of Earthsea (London, Gollancz, 2018)

McCarthy, Helen, Hayao Miyazaki: Master of Japanese Animation (Berkeley, Stone Bridge Press, 1999)

Miyazaki, Hayao, Nausicaä of the Valley of the Wind Box Set (San Francisco, VIZ Media, 2012)

Miyazaki, Hayao, Shuna's Journey, translated by Alex Dudok de Wit (New York, First Second Books, 2022)

Miyazaki, Hayao, Starting Point: 1979–1996, translated by Beth Cary and Frederik L. Schodt (San Francisco, VIZ Media, 2009)

Miyazaki, Hayao, Turning Point: 1997–2008, translated by Beth Cary and Frederik L. Schodt (San Francisco, VIZ Media, 2014)

Miyazawa, Kenji, Night Train to the Stars, translated by John Bester (London, Vintage Classics, 2022)

Napier, Susan, Miyazakiworld: A Life in Art (London, Yale University Press, 2018)

Niebel, Jessica, Hayao Miyazaki (Los Angeles, Academy Museum of Motion Pictures, 2021)

Norton, Mary, The Borrowers Anthology (London, JM Dent and Sons, 1966)

Odell, Colin & Le Blanc, Michelle, Studio Ghibli: The Films of Hayao Miyazaki and Isao Takahata (Harpenden, Hertfordshire, Kamera Books, 2009)

Osmond, Andrew, BFI Film Classics: Spirited Away (London, Bloomsbury Publishing, 2008)

Robinson, Joan G., When Marnie Was There (London, HarperCollins, 2014)

Royal Shakespeare Company, My Neighbour Totoro (show programme, 2022)

Studio Ghibli, Hayao Miyazaki and the Ghibli Museum (Tokyo, Iwanami Shoten, 2021)

Studio Ghibli, Studio Ghibli: The Complete Works (New York, Vertical, 2022)

Suzuki, Toshio, Mixing Work with Pleasure: My Life at Studio Ghibli, translated by Roger Speares (Tokyo, Japan Publishing Industry Foundation for Culture, 2018)

Thomas Smith, Karl, Now Go: On Grief and Studio Ghibli (Edinburgh, 404 Ink, 2022)

Wynne Jones, Diana, Earwig and the Witch (London, HarperCollins Children's Books, 2011)

Wynne Jones, Diana, Howl's Moving Castle (London, HarperCollins Children's Books, 2009)

Yoshino, Genzaburo, How Do You Live?, translated by Bruno Navasky (London, Rider, 2021)

Artikel, Interviews und Blogs

'Hideaki Anno confesses episodes from his time as director of "Aim for the Top!" & "Nadia: The Secret of the Sea"!', Cinema Café, 2014. https://www.cinemacafe.net/article/2014/10/28/26930.html

'Iwata Asks, Volume 8: Yoichi Kotabe: The Search for Greater Creativity'. https://web.archive.org/web/20130613050241/https://iwataasks.nintendo.com/interviews/#/ds/dsi/7/1

Alderdice, Kit. 'Q&A with Diana Wynne Jones', Publisher's Weekly, 2008. https://www.publishersweekly.com/pw/ by-topic/authors/interviews/article/5902-q-a-with-dianawynne-jones.html

Dockery, Daniel, 'Spirited Away Stage Director Discusses Meeting Miyazaki and Adapting a Classic Anime Film', Crunchyroll News, April 17, 2023. https://www.crunchyroll. com/news/interviews/2023/4/17/interview-spirited-awaystage-director-discusses-meeting-miyazaki-and-adapting-aclassic-anime-film

Frank, Allegra, 'Getting fired from a Miyazaki movie was "a good thing" for this anime director', Polygon, October 20, 2018. https://www.polygon.com/2018/10/20/18001588/mamoru-hosoda-fired-howls-moving-castle-interview

Horn, Carl Gustav, 'The Conscience of the Otaking: The Studio Gainax Saga in Four Parts', Animerica, 4 (2), (1996). Available at:https://gwern.net/doc/anime/eva/1996-animericaconscience#part-4

Inoa, Christopher L, 'How the Chaos of Making Nadia: The Secret of Blue Water Almost Killed an Anime Studio', IGN Southeast Asia, August 6, 2022. https://sea.ign.com/nadia-the-secret-of-blue-water/188752/feature/how-the-chaos-of-making-nadia-the-secret-of-blue-water-almost-killed-an-anime-studio

Iwabuchi, Deborah, 'How Do You Live? An Interview with Translator Bruno Navasky', SCBWI Japan Translation Group, February 2, 2022. https://ihatov.wordpress.com/2022/02/02/how-do-you-live-an-interview-with-bruno-navasky/

Le Guin, Ursula K, 'Tales from Earthsea or Gedo Senki' (Studio Ghibli, 2006). https://www.ursulakleguin.com/adaptationtales-of-earthsea

Martin, Elyse, 'The Magic of Translation: Interviewing Kiki's Delivery Service Author Eiko Kadono and Translator Emily Balistrieri', Tor.com, August 6, 2020. https://www.tor.com/2020/08/06/the-magic-of-translation-interviewing-kikis-delivery-service-author-eiko-kadono-and-translator-emilybalistrieri/

Meyer, Joshua, 'Spirited Away: Live On Stage Director John Caird On Achieving The Impossible', Slashfilm.com, April 17, 2023. https://www.slashfilm.com/1253182/spirited-away-live-on-stage-director-exclusive-interview/

Miller, Bob, 'The Secrets of Howl's Moving Castle', Starlog, August 2005, pp. 36–40. Available at: https://scrapsfromtheloft.com/movies/the-secrets-of-howls-moving-castle-by-bob-miller/

Mukhtar, Amel, 'Mei Mac Recreates Anime Magic On The Barbican Stage In My Neighbour Totoro', British Vogue, November 19, 2002. https://www.vogue.co.uk/arts-and-lifestyle/article/mei-mac-interview

Nakajima, Junzo, 'The schedule was tough, but this work was blessed with good luck', Ghibli Museum, 2010. https://www.ghibli-museum.jp/anne/kataru/nakajima/

Nguyen, Hanh, 'Studio Ghibli's Miyakazi — No, the Other One — On Inheriting His Father's Legacy with "Ronja, the Robber's Daughter"', Indiewire, February 2, 2017. https://www.indiewire.com/features/general/ronja-the-robbers-daughter-goro-miyazaki-studio-ghibli-animation-1201777087/

Peters, Megan, 'Spirited Away: Live on Stage Interview: Director John Caird on Ghibli's Legacy and Puppet Wrangling', Comicbook.com, April 24, 2023.. https://comicbook.com/anime/news/studio-ghibli-movie-spirited-away-playinterview/

Phillips, Jevon, 'Goro Miyazaki helps guide "Ronja, the Robber's Daughter" to Amazon', Los Angeles Times, February 22, 2017. https://www.latimes.com/entertainment/herocomplex/la-etst-goro-miyazaki-ronja-robbers-20170222-story.html

Robinson, Tasha, 'Spirited Away's stage director says Hayao Miyazaki is a sweetheart — and a songwriter', Polygon, April 20, 2023. https://www.polygon.com/23689921/spirited-away-live-on-stage-director-interview-john-caird

Takahata, Isao, 'When I Heard about the Release, I Was Surprised at First, but Now I'm Happy I Was Asked to Do It'. Ghibli Museum, 2010. https://www.ghibli-museum.jp/anne/kataru/takahata/

Watzky, Matteo, 'World Masterpiece Theater Production History', Animétudes, 2021-2022. https://animetudes.com/category/series/world-masterpiece-theater-production-history/

Index

Bildnachweise

Der Verlag möchte den folgenden Quellen für die freundliche Erlaubnis danken, die Bilder in diesem Buch abzudrucken:

Key: p = page, t = top, l = left, r = right, b = bottom, tl = top left, tr = top right, bl = bottom left, br = bottom right, cr = centre right.

p4 STUDIO GHIBLI / Album / Newscom; p6bl & br Album / Alamy Stock Photo; p7tl Associated Press / Alamy Stock Photo; p7tr TOKUMA SHOTEN / Album / Newscom; p8-9 Photo by Jeremie Souteyrat / Figarophoto / Camera Press, London; p10 Miles Gowar; p11 Henry St John / Shutterstock; p12, p15 Photo 12 / Alamy Stock Photo; p16 Tokyo Movie Shinsha; p17, p18 TMS All Rights Reserved; p19 Allstar Picture Library Limited / Alamy Stock Photo; p20 Newscom / Alamy Stock Photo; p21 Kyodo / Newscom; p22 Genoa Edition / Nippon Animation Co Ltd; p23, p25, p26, p27, p28, p29, p30 Nippon Animation Co Ltd; p32, p33, p34 Original Comic Books Created by Monkey Punch All Rights Reserved / TMS All Rights Reserved; p37, p38, p39 Photo 12 / Alamy Stock Photo; p40 TMS All Rights Reserved; p41tl, p41tr, p42-43 TMS All Rights Reserved; p44 Amazon / Everett Collection Inc / Alamy Stock Photo; p47 Studio Ghibli; p49l Real Cast Inc. (Produced by Studio Ghibli); p49r Newscom / Alamy Stock Photo; p51 2002 Toshio Suzuki / Studio Ghibli, NDHMT; p52 Photo by Jeremie Souteyrat / Figarophoto / Camera Press, London; p53 Gonzalo Azumendi / Alamy Stock Photo; p54-55 Authors; p56 NHK; p57tl 2002 Studio Ghibli; p57tr Studio Ghibli Records; p58 2006 Studio Ghibli; p59 2007 Ghibli Museum; p60 2019 OLM, Inc. / Warner Bros; p61t 2019 OLM, Inc. / Warner Bros / SFG/ Licensed by BANDAI NAMCO Entertainment Inc.; p61b Malcolm Park / Alamy Stock Photo; p62, p63, p64-65 Everett Collection Inc / Alamy Stock Photo; p67 2002 Studio Ghibli; p68 Photo 12 / Alamy Stock Photo; p70 1992 Studio Ghibli - NN; p71 Getty Images / WireImage / Jean Baptiste Lacroix; p72tl A Symphonic Celebration courtesy of Deutsche Grammophon Gesellschaft mbH; p72tr, p73t 2013 - Studio Ghibli - NDHDMTK; p73b 2013 Hatake Jimusho - Studio Ghibli - NDHDMTK; p74 Simone Ferraro / Alamy Stock Photo; p76-77 Photo by Laurent KOFFEL / Gamma-Rapho via Getty Images; p78 Classic Picture Library / Alamy Stock Photo; p79t , p79b2011 Chizuru Takahashi - Tetsuro Sayama - Studio Ghibli NDHDMT; p80 Photo by MARTIN BUREAU / AFP via Getty Images; p81 2016 Studio Ghibli - Wild Bunch - Why Not Productions - Arte France Cinéma - CN4 Productions - Belvision - Nippon Television Network Dentsu - Hakuhodo DYMP - Walt Disney Japan - Mitsubishi - Toho; p82 1989 Eiko Kadono-Studio Ghibli-N; p83 2013 Studio Ghibli-NDHDMTK; p85 TOKUMA SHOTEN / Album / Newscom; p86-87 1995 Aoi Hiragi / Shueisha - Studio Ghibli - NH; p88 Jeremy Sutton-Hibbert; p90 coward_lion / Alamy Stock Photo; p91 Jeremy Sutton-Hibbert; p92t, p9293 coward_lion / Alamy Stock Photo; p94 cowardlion / Shutterstock; p95 Photo by Jeremie Souteyrat / Figarophoto / Camera Press, London; p96l Frederic Soreau / agefotostock / Alamy Stock Photo; p96tr, p96cr, p96br Jeremy Sutton-Hibbert; p97 coward_lion / Alamy Stock Photo; p98t, p98b Jeremy Sutton-Hibbert; p99 Clemeny Cazottes / Alamy Stock Photo; p100 Authors; p101 POOL / Jiji Press / Newscom; p102 Authors; p103, p104t, p104b, p105 The Yomiuri Shimbun / Associated Press / Alamy Stock Photo; p106 2001 Studio Ghibli - NDDTM; p107 2001 Studio Ghibli - NDDTM-Toho Co,. Ltd.; p108, p109 2022 Toho Co,. Ltd.; p110 1988 Studio Ghibli; p111, p112-113, p114t, p115 Photos by Manuel Harlan © RSC with Nippon TV; p114c Photo by Dave Benett / Getty Images; p116 2004 Studio Ghibli-NDDMT; p118 1984 Studio Ghibli - H; p119 Album / Alamy Stock Photo; p120tl Hayao Miyazaki/ Tokuma Shoten; p120tr 1984 Studio Ghibli - H; p120b Imaginechina Limited / Alamy Stock Photo; p121 The Yomiuri Shimbun / Associated Press / Alamy Stock Photo; p123 Macmillan / Studio Ghibli; p123 The Yomiuri Shimbun / Associated Press / Alamy Stock Photo; p124, p125 Photo by Kyodo News Stills via Getty Images; p126bl, p126-127 The Yomiuri Shimbun / Associated Press / Alamy Stock Photo; p128bl Jos A. Smith; p128br Jeff Morgan 13 / Alamy Stock Photo; p129, p130 2004 Studio Ghibli-NDDMT; p131bl Harper Collins Children's Books; p131br 2020 NHK, NEP, Studio Ghibli; p133 Matthew Ashmore / Alamy Stock Photo; p134bl Parnassus Press / photo: picturethiscollection.com; p134br Photo by Dan Tuffs / Getty Images; p135, p136, p137 2006 Studio Ghibli - NDHDNT; p138bl Estate of Peggy Fortnum; p138br 2014 Studio Ghibli - NDHDMTK; p139 Photo by Jeremie Souteyrat / Figarophoto / Camera Press, London; p141 Photo Wendy Uchimura by kind permssion of Shinchosha Co., Ltd.; p144 TC/Prod. DB/Alamy Stock Photo; p147 NHK World TV; p148, p149, p150, p151 2013 dwango; p152 Shizuo Kambayashi / Associated Press / Alamy Stock Photo; p153 STUDIO GHIBLI / Album / Newscom; p154 Photo by Kyodo News Stills via Getty Images; p155t, p155b 2013 Hatake Jimusho - Studio Ghibli - NDHDMTK; p156 GKids / courtesy Everett Collection Inc / Alamy Stock Photo; p157 NHK; p158t GKids / courtesy Everett Collection Inc / Alamy Stock Photo; p158b TCD / Prod. DB / Alamy Stock Photo; p159 GKids / courtesy Everett Collection Inc / Alamy Stock Photo; p160 NHK World TV; p162 GKids / Courtesy Everett Collection / Alamy Stock Photo; p164 Photo TOSHIFUMI KITAMURA / AFP via Getty Images; p165 NHK, NEP; p166 CLEMENT CAZOTTES / Alamy Stock Photo; p167t, p167b NHK, NEP; p169 Omega Entertainment, JP; p170, p171, p172, p173 Makoto Shinkai / CMMMY; p174 2021 "The Deer King" Production Committee; p175 Photo 12 / Alamy Stock Photo; p177 FUNimation / courtesy Everett Collection / Alamy Stock Photos; p178, p179, p180-181 2017 M.F.P.; p182, p183, p184t, p184-185 2017 Lu Film Partners; p186, p187t, p187b 2021 "The Deer King" Production Committee.

Danksagungen der Autoren

Die Ghibliothek entwickelte sich aus lockeren Gesprächen von Schreibtisch zu Schreibtisch und ist mittlerweile zu einem eigenen Universum geworden. Wir möchten uns bei allen bedanken, die uns bei diesem wilden Abenteuer begleitet haben – Podcast-Hörerinnen und -Hörer, der Leserschaft, den Kinogängern – und auch bei all den Mitarbeiterinnen und Mitarbeitern, die uns auf unserem Weg tatkräftig unterstützt haben, angefangen bei unseren Produktionspartnern Steph Watts und Harold McShiel, die von Anfang an mit dabei waren, bis hin zu Podcast-Gästen, Filmprogrammierern, Veranstaltungsmitarbeitern vor Ort und allen, die in den letzten fünf Jahren mit uns zusammengearbeitet haben.

Es war eine große Freude und eine unglaubliche Ehre, dass wir dieses epische Ghibliverse-Projekt übernehmen durften, und wir sind dem Team von Welbeck/Headline, darunter Joe Cottington, Conor Kilgallon, Russell Knowles und Julia Ruxton, sehr dankbar, dass sie daran geglaubt und uns geholfen haben, es auf die Beine zu stellen. Wir hatten außerdem das große Glück, für die Recherche zu diesem Buch nach Japan reisen zu dürfen. Wir bedanken uns bei Miho Oguri und Matthew Joslin von der Japan National Tourism Organization für ihre Unterstützung und Beratung bei der Planung der Reise sowie bei Terue Ogawara vom Hotel Higashiyama in Kyoto, Sayaka Maekawa vom Nagoya Marriott Associa Hotel und Emi Sotome vom Shiba Park Hotel in Tokio für den herzlichen Empfang.

Ein großes Lob geht an unseren Ghibli Park-Reisebegleiter und inoffiziellen Fotografen Greg Kythreotis. Danke an Robbie Collin, Sam Clements, Louise Owen, Beth Webb, Jamie Maisner, Grace Hebditch, Paul Williams, Goblin Heath und Noah Oskow für die unverzichtbaren Reisetipps. Wir danken Bethany Arnold, Kate Evans und Armani Ur-Rub von der Royal Shakespeare Company für ihre wertvolle Unterstützung bei der Recherche für dieses Buch; Rachel Tregenza und Naohiro Fukao von Universal Music; Chance Huskey, Lucy Rubin und Dave Jestaedt vom Animationsgiganten GKIDS; Andrew Partridge, Kerry Kasim und Anna Francis vom grandiosen Anime Limited; Nick McKay von Elysian sowie Evan Ma und Nao Amisaki von Studio Ghibli.

Natürlich kann ein solches Projekt nicht im leeren Raum existieren, weshalb wir auch die unermüdliche Arbeit der vielen Mitstreiterinnen und Mitstreiter aus der Ecke des Filmjournalismus und der Filmkritik erwähnen wollen. Wir danken Helen McCarthy für die ständige Inspiration und die anregenden Gespräche, Kambole Campbell, Alex Dudok de Wit, Andrew Osmond, Ryan Gaur, Matteo Watsky und den Teams von Animation Obsessive und Full Frontal dafür, dass sie uns immer wieder auf Zack gebracht haben. Wir danken James Hunt, Nicholas Moran, David Jenkins, Matt Turner und Pamela Hutchinson für die WhatsApp-Nachrichten, Sprachnachrichten und Gespräche. Und nicht zuletzt danken wir Louisa, Mim, und Ivo und dem erweiterten Leader-, Cunningham- und Maycock-Clan für ihre Liebe und ihr Verständnis während unserer Odyssee an den Rand des Ghibliversums und wieder zurück.